"十三五"高职院校财经精品系列教材

跨境电子商务实务

主　编◎冯　静　韩倩倩　刘峻兵
副主编◎许海燕　聂滟苏　黄　珍　陈　霞

西南财经大学出版社
Southwestern University of Finance & Economics Press
中国·成都

图书在版编目(CIP)数据

跨境电子商务实务/冯静,韩倩倩,刘峻兵主编.—成都:西南财经大学出版社,2021.4(2022.8 重印)
ISBN 978-7-5504-4643-4

Ⅰ.①跨… Ⅱ.①冯…②韩…③刘… Ⅲ.①电子商务—高等职业教育—教材 Ⅳ.①F713.36

中国版本图书馆 CIP 数据核字(2020)第 227991 号

跨境电子商务实务

主　编　冯　静　韩倩倩　刘峻兵
副主编　许海燕　聂滟苏　黄　珍　陈　霞

责任编辑:李晓嵩
责任校对:杜显钰
封面设计:何东琳设计工作室
责任印制:朱曼丽

出版发行	西南财经大学出版社(四川省成都市光华村街 55 号)
网　　址	http://cbs.swufe.edu.cn
电子邮件	bookcj@swufe.edu.cn
邮政编码	610074
电　　话	028-87353785
照　　排	四川胜翔数码印务设计有限公司
印　　刷	郫县犀浦印刷厂
成品尺寸	185mm×260mm
印　　张	17
字　　数	426 千字
版　　次	2021 年 4 月第 1 版
印　　次	2022 年 8 月第 2 次印刷
印　　数	2001— 3000 册
书　　号	ISBN 978-7-5504-4643-4
定　　价	39.80 元

前言

QIANYAN

全球化背景下，我国经济发展日新月异，机遇与风险并存。2008年的全球金融危机使我国传统外贸行业遭受了很大的打击，很多外贸企业特别是中小企业纷纷倒闭。正是在这个时候，跨境电商抓住了机会，并迎接挑战，呈现出良好的发展势头。特别是电子信息技术和经济全球化的进一步发展，使电子商务在跨境贸易中的影响力和关键作用日渐凸显。电子商务已成为中国出口贸易的市场趋势。国内企业纷纷布局出口跨境电商市场。相对于传统外贸模式，出口跨境电商将国产优势商品直接对接国外消费者，减少了贸易中间环节，降低了商品流转成本。

2018年，经济全球化和“一带一路”倡议成为关键词，我国进出口总额增幅连创新高，跨境电商在经济全球化过程中扮演了重要角色。2020年，新型冠状病毒肺炎疫情席卷全球。疫情在国内蔓延时，工厂停工、物流停摆，外贸出口行业和其他诸多行业一样面临巨大的挑战。一方面，传统的外贸企业生产和订单面临困难，中国卖家陷入集体的焦虑中；另一方面，随着国内生产的恢复，海外用户居家线上购物爆发，意外地推动了跨境电商的发展。据海关统计，2020年中国跨境电商进出口总额达1.69万亿元，增长了31.1%。跨境电商正成为“稳外贸”的重要力量。上万家传统外贸企业触网上线、提质增效，跨境电商成为企业开展国际贸易的首选和外贸创新发展的排头兵。从出口看，出口跨境电商卖家已经从广东、江苏、浙江地区向中西部地区扩展，产品已经从低毛利率标准品向服装、户外用品、健康美容、家居园艺和汽配等新类目扩张，这将为中国跨境电商发展提供新的空间。从进口看，随着计算机技术的普遍推广、基础设施的逐步完善、“四八新政”的持续推开，中国跨境电商的发展空间将进一步扩大。全球贸易逐渐向线上发展的趋势已经非常明显。新兴国家电商市场的快速发展给外贸企业带来了更多的机遇，给跨境电商带来了更大的发展空间。

近年来，我国政府也不断加大对跨境电商的扶持，先后出台了增设跨境电商综合试验区、免征部分出口货物税费等政策。这些举措扩大了受益外贸企业的范围，使跨境电商的主流趋势更为明显。在此大趋势下，高等职业院校的电子商务专业也需要跟上时代发展的步伐。职业教育主要培养适应市场需求、受到行业企业认可的高素质的技术技能型人才。跨境电商的快速发展带来了大量的人才缺口。人才的培养需要紧跟人才的岗位要求，高等职业院校的电子商务专业在培养人才时必须与行业的发展及企业的需求精准匹配、与时俱进。与传统外贸相比，跨境电商在贸易方式、交易环节等方面都发生了变化，对高等职业院校的相关专业的人才培养提出了新的要求。除了英语语言能力、国际贸易与国际商务相关知识以外，跨境电商岗位还需要从业者掌握电子商务、网页设计、网站运营与维护等知识和技能。作为新生事物的互联网国际贸易平台，跨境电商以一日千里的速度发展变化着。若跨境电商的教材不能时时与行业对接、与企业对接、与产品对接、与平台对接，则有可能今天培养出的技能，明天就已经过时了。如何紧跟行业发展，积极开展校企合作、创新跨境电商产教融合的跨境电商人才培养模式，成为各高等职业院校的相关专业共同关注并积极探索的问题。

本书紧跟行业发展动态，注重跨境电商理论与实践的结合、内容广度与深度的合理把握。本书的理论知识体系完整，基本覆盖了目前跨境电商实际操作的各个环节。每一个任务后都配备了编者精心设计的案例分析或实训材料，以提升教学效果。本书以跨境电商的业务流程为主体框架，包括了跨境电商概述、跨境电商的政策、跨境电商的出口平台、跨境电商的进口平台、跨境电商平台选品、跨境电商物流、跨境电商支付、跨境电商平台的营销与推广、跨境电商风险、跨境电商客户服务与纠纷处理等。本书采取任务驱动的方式，将理论知识与实训操作整合在一起，为学生提供体验实践的情境和感悟问题的情境，使学生围绕任务展开学习，以任务的完成结果检验和总结学习过程等，改变学生的学习状态，使学生主动建构探究、实践、思考、运用、解决问题的学习体系。任务驱动有利于激发学生的学习兴趣，培养学生分析问题、解决问题的能力。本书每个项目下的任务后都有相应的实训。实训以小组的方式完成，可以提高学生自主学习及与他人协作的能力。与一众纯理论的同类教材相比，本书更能满足高等职业院校人才培养的要求。

本书共 10 个项目。项目 1、项目 3、项目 8 由冯静和陈霞编写，项目 2、项目 4、项目 9 由韩倩倩编写，项目 5 由许海燕编写，项目 6 由黄珍编写，项目 7 由聂滟苏编写，项目 10 由刘峻兵编写，最后由冯静完成统稿工作。本书的编写还得到了西南财经大学出版社李晓嵩编辑的热情鼓励和指导，在此深表感谢。

跨境电商方兴未艾，跨境电商领域的知识也在持续快速更新中，因此学界对很多概念和观点可能还未达成共识。由于编者水平有限，加之编写时间短、编写任务重，书中难免会有一定的知识疏漏和不当之处，望读者不吝指正，我们将会在修订时予以更新。

冯静

2021 年春于广州

目录

MULU

项目 1　跨境电商概述

【学习目标】

知识目标	掌握跨境电商的基本概念 掌握跨境电商的模式与特点 了解国内电子商务的发展 了解跨境电商的发展现状与趋势
能力目标	能够深刻了解跨境电商的内涵、模式分类与特征 能够了解跨境电商发展的现状和发展趋势
素养目标	能够查找关于跨境电商发展规模的数据 能够从跨境电商发展现状中找出其发展特征 能够通过所学知识预测跨境电商的发展趋势

任务 1.1　跨境电商的概念与特征

【任务引入】

1995 年 7 月 16 日，杰夫·贝索斯成立了亚马逊公司（以下简称亚马逊）。亚马逊在成立伊始是网上书店，是全球最早开始经营电子商务的公司之一。目前，亚马逊有非常广泛的业务范围，是全球商品品种最多的网上零售商和全球第二大互联网企业。亚马逊目前有 18 个站点，主流站点分别是北美站、日本站、欧洲站、印度站、澳洲站、中东站以及在新型冠状病毒肺炎疫情（以下简称新冠疫情）期间（2020 年 8 月 27 日）开放的瑞典站。亚马逊也是中国外贸人士最早接触的跨境电商平台，是全球最具知名度的 B2C 跨境电商平台。

那么，什么是跨境电子商务呢？它和电子商务有什么区别呢？它又有什么特点呢？为什么我们要学习跨境电子商务呢？带着这些问题，我们进入任务 1.1 的学习。

扩展学习

请用电脑打开亚马逊官方网站（https://www.amazon.com/），了解亚马逊网站。

1.1.1 跨境电子商务的概念

跨境电子商务（cross-border e-commerce）简称跨境电商，是指分属于不同关境的交易主体，通过电子商务手段将传统进出口贸易中的展示、洽谈和成交环节电子化，并通过跨境物流及异地仓储送达商品、完成交易的一种国际商业活动。这个定义往往多指跨境零售，即外贸小额批发或零售。跨境电商是相对于传统进出口贸易而言的，传统进出口贸易主要针对大额度进口商（B2B）签订外贸购销合同，提供货品清单、报关单等纸质单证。跨境电商的流程如图 1-1-1 所示。可见，跨境电商将传统的对外贸易无纸化、电子化、碎片化了。

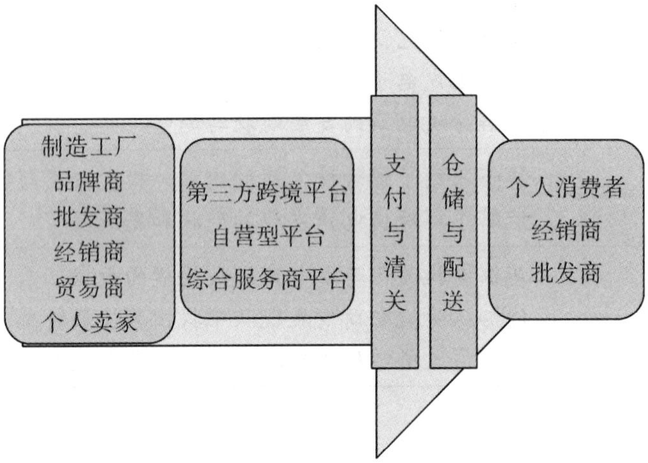

图 1-1-1 跨境电商的流程

跨境电商的兴起不是偶然的，它是电子商务全球化的延伸。传统国际贸易依托互联网的发展，实现低成本的无纸化交易，以方便快捷的谈判方式降低了企业交易成本，借助国际物流将商品送达全球。跨境电商可以分为跨境零售（B2C 和 C2C）和跨境批发（B2B）两种模式，而每种模式有不同的跨境平台代表。我们会在后续项目中展开详细介绍。

1.1.2 跨境电商的生态圈

为了更好地理解跨境电商的概念，我们对跨境电商的生态圈进一步加以阐释。世界经济一直在不断演化，传统的对外贸易的链状结构在互联网以及经济全球化、交易无纸化的影响下，越来越呈现出网状的结构。目前，我国的跨境电商取得了一定的成就，且未来发展势头良好，但是也存在一定的问题，如平台运作和物流产业链之间的联动机制尚未形成协同发展模式，信息共享还未达成。这对跨境电商物流效率产生不利的影响。

跨境电商生态圈就是要解决流程问题，使参与跨境电商流程的各类企业实现有效联动，共享信息，提升效率。一个良好的跨境电商生态圈将会大大降低交易流程成本，使各参与主体之间平等互利、协同发展（见图 1-1-2）。

根据跨境电商中企业的不同类型和特点，我们可以把我国的跨境电商生态圈分为三个层次，分别是核心层、支撑层和技术服务层。

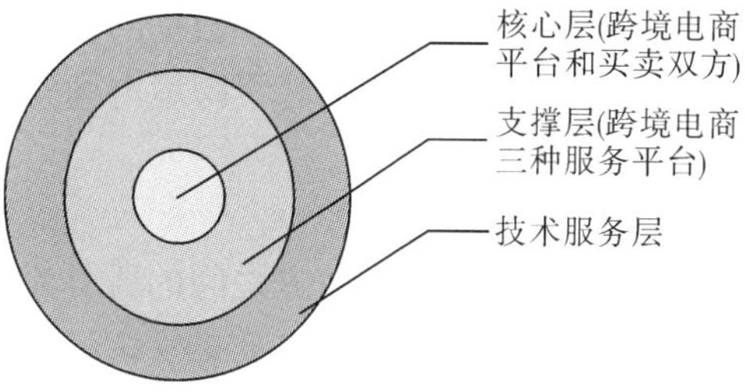

图 1-1-2 跨境电商生态圈

核心层主要包括跨境电商平台和买卖双方，是生态圈服务的主要对象。核心层把交易信息第一时间传输给支撑层，实现信息的快速传递。支撑层位于核心层下方、技术服务层上方，起到一个纽带的作用。支撑层集中了我国目前最主要的三种跨境电商服务商：通关服务平台、公共服务平台和综合服务平台。其中，通关服务平台的主要工作内容是对上一层次传递的报关单、物流单等单据进行审核，同时还要对即将出口的货物进行检疫，完成清关。公共服务平台对核心层传递的数据进行分析、统计，并完成与政府监管统计数据的对接。综合服务平台主要服务中小企业和个人卖家，为其提供代理服务，处理与海关和政府部门的关系，最终完成跨境商品交易。三个平台都由不同类型的组织担任，分别为海关、政府、相关企业。三者相互联系，形成一个有机的整体，实现数据传递和交换、资源共享，构成了跨境电商生态圈的支撑层。第三层次是技术服务层，其为前两个层次的平台或企业提供技术支持，维持生态圈的顺利运转。

1.1.3 跨境电商的特征

跨境电商是传统国际贸易与电子商务整合的一种形态，具备两者的特征。与国内电商相比，跨境电商还涉及跨境的清关、检疫、跨境物流，因此跨境电商更加复杂。如果跨境电商的各流程中产生的信息流、资金流、物流等信息没有能够紧密结合、相互协同的话，则会阻碍整个跨境电商活动的完成。另外，跨境电商的流程较国内电商更加繁杂，因为我国近年来出台了相关的政策来确保整个流程中通关、检疫、支付、税收等的合规，使跨境电商在法律上规范化。2020 年，新冠疫情暴发，国际政治、经济的宏观环境面临很大的变化，也给跨境电商增加了很多不确定风险。我们可以将跨境电商的特征归为以下几点：

1.1.3.1 全球性

“买全球，卖全球。”21 世纪以来，随着互联网及通信技术的发展，全球进入了信息技术时代，这使得传统的国际贸易向数字化转型。互联网让任何人在任何时候、任何地方都可以相互联系、进行交易，成为跨境交易的参与者。这突破了传统贸易的地理局限，极大地扩展了交易对象，特别是让个人消费者（B2C 中的 C 端）参与进来。虽然目前 B2C 在整个跨境贸易中的比重还不足以与 B2B 相比，但是跨境电商可以覆盖全球任何一个拥有互联网的个人。

1.1.3.2 信息交互性

跨境电商的完整交易流程包含了交易双方的交流询价、议价、订单、支付、物流、清关、税收等，这些流程全部都被数据记录下来。这些数据在不同的组织中共享，如消费者可以在交易平台实时追踪自己的商品物流信息。这些数据的交互使得跨境电商企业可以从源头对整个流程进行监控。流程数据的一体化构建了跨境电商完善的生态圈，在提高了交易效率的同时也保障了产品与服务的质量。

1.1.3.3　无纸化

电子商务基于互联网技术，使传统的贸易双方之间的所有流程通过互联网完成。虽然跨境电商涉及通关、检疫、税收等环节，比国内电商更复杂，但我国相关的政策也在不断释放无纸化红利，如“清单核放、汇总统计”的监管方式，将交易过程中产生的信息通过数据流在各部门和各环节进行传递，摆脱了纸张的限制，降低了成本。

1.1.3.4　多边化

传统的对外贸易主体往往是双边的。双边贸易是国际上大宗商品交易的主流形式。跨境电商可以实现在A国的交易平台下单，在B国的支付平台结算，在C国的物流平台接收物流信息，呈现多边的贸易关系，实现贸易从链状的交易结构转化为网状的交易结构。这种网状的交易结构依托完善高效的跨境电商生态圈。未来的跨境电商必然是“基于云和数据的全球电商生态圈”。限制中小企业及个人卖家参与跨境电商的时代过去了，中小企业及个人卖家可以在多边的跨境电商生态圈中获得需要的服务。

1.1.3.5　透明化

跨境电商不仅可以通过电商交易与服务平台实现多国企业之间、企业与最终消费者之间的直接交易，而且在跨境电商模式下，供求双方的贸易活动可以采取标准化和电子化的合同、提单、发票、凭证，使得各种相关单证在网上即可实现瞬间传递，增加贸易信息的透明度，减少信息不对称造成的贸易风险。传统贸易中一些重要的中间角色被弱化甚至被替代了，国际贸易供应链更加扁平化，形成了制造商和消费者的共赢局面。

1.1.3.6　即时性

跨境电商相较传统对外贸易来讲，借助互联网电商平台，可以将各个不同的流程串联在一起，共享数据，加上无纸化降低成本，极大地改善了交易体验，而M2C（厂商直接通过跨境电商平台将产品卖给消费者，无中间商）能够做到厂商与消费者的直接交易，缩短了交易流程，实现了传统对外贸易无法实现的即时性。

实训1.1　从事跨境电商，从认识跨境电商开始

如果你想从事跨境电商，那么就要从认识跨境电商开始。

关于国内电商，相信每位读者都有所了解。人们经常逛的淘宝就是国内知名的B2C/C2C类型的电商平台，另外还有京东、天猫、拼多多、唯品会等。跨境电商分为跨境出口电商和跨境进口电商，我们常说的跨境电商主要是指服务于中国卖家的跨境出口电商，也指境内卖家通过电商平台将产品销售到境外的活动。

如果你想从事出口跨境贸易，那么就要做好事先准备，全方位地了解跨境电商，特别是出口跨境电商。一般来说，整个跨境电商活动过程包含以下几个环节：第一，平台选择；第二，产品选择；第三，编辑上架；第四，推广营销；第五，采购发货；第六，收货汇款。

关于平台选择，目前知名的跨境电商平台有哪些？它们是怎么运营的，主要针对的消费群体是什么？它们适合什么样的卖家类型进驻，对卖家有哪些扶持措施？卖家的进驻成本以及经营成本高不高？怎样开通店铺？怎样上架产品？怎样进行站内的营销推广，让产品被更多的消费者看到从而提升订单量？如何收款？如果结汇？如何发货最经济实惠且快速？有哪些快递公司可供选择？快递公司的收费情况怎样？这些都是从事跨境电商活动需要提前了解的内容。

可见，要想从事跨境电商，是需要事先做好相关调研的，不是凭直觉或拍脑袋就能决定的。

通过阅读以上的介绍完成以下实训任务：

（1）请查阅相关资料，了解目前我国跨境电商出口平台有哪些？

（2）如果你已经决定想要成为跨境电商卖家，那么你应该如何去找你的供应商呢？有哪些渠道可以拿到货物呢？

任务1.2 跨境电商的模式分类

【任务引入】

2004年，敦煌网成立，它是国内首个为中小企业提供B2B网上交易的网站，致力于帮助中国中小企业通过跨境电商平台走向全球市场。2005年，敦煌网完成模式认证，实现在线交易。2007年，敦煌网的业绩实现8倍增长。2008年，敦煌网2.0正式上线。2009年，敦煌网与国际著名物流企业美国联合包裹运送服务公司（UPS）结成合作伙伴，后陆续与全球四大商业快递公司签约合作。2011年，敦煌网入选商务部重点推荐的第三方外贸电商平台。敦煌网开创了“为成功付费”的在线交易模式，突破性地采取佣金制，免注册费，只在买卖双方交易成功后收取费用。

那么，跨境电商还有哪些模式呢？不同的模式之间有什么区别呢？它们有什么特点呢？带着这些问题，我们进入任务1.2的学习。

扩展学习

雨果网是比较著名的跨境电商信息网站，请用电脑或手机打开网址https://www.cifnews.com/Article/50597，了解更多跨境电商模式。

1.2.1 按终端用户类型的不同，可以将跨境电商的模式分为B2B、B2C、C2C

B2B是英文business-to-business的缩写，是企业对企业的商业模式。B2B是指分属于不同关境的企业通过专用网络或互联网，进行数据信息的交换、传递，通过电商平台达成交易、进行支付结算，并通过跨境物流送达商品、完成交易的一种国际商业活动模式。B2B将企业内部网络和企业的产品及服务，通过B2B网站或移动客户端与客户紧密结合起来，借助网络的快速反应，为客户提供更好的服务。

B2C是英文business-to-customer的缩写，表示商业机构对消费者的电子商务。在B2C模式下，我国企业直接面对国外消费者，以销售个人消费品为主，在物流方面主要采用航空小包、邮寄、快递等方式。其报关主体是邮政或快递公司，目前大多未纳入海关登记。

B2B和B2C最本质的区别是针对的客户群体不一样，两者可以简单理解为批发与零售。因为在B2B市场上，消费者的购买决策不是由一个人做出的（在B2C市场上，购买决策可以由消费者自己做出），所以其购买行为更复杂。目前，单纯从量上考虑，B2B无疑占据大头，但如果是对真正的制造商而言，B2C其实更具促进作用，因为制造商能够迅速捕捉市场动态、消费者需求，并及时作出响应。

C2C是英文customer-to-customer的缩写，表示消费者与消费者之间的电子商务。例如，一位消费者的一台旧电脑通过网上拍卖，卖给了另外一位消费者，这种交易类型就称为C2C。相对于商家而言，买家的数量是巨大的。在无法找到合适的商家之前，买家模式是最适合建立平台的。

1.2.2 按经营主体类型的不同，可以将跨境电商的模式分为平台型、自营型与混合型（平台+自营）

平台型模式，即通过邀请国内外商家入驻来运营，也称为开放平台模式。开放平台开放的内容涉及出口电商的各个环节。这种模式除了开放买家和卖家数据外，还开放商品、店铺、交易、物流、评价、仓储、营销推广等各环节和流程的业务，实现应用和平台的系统化对接，并围绕平台建立自身开发者生态系统。代表性平台有阿里巴巴国际站、敦煌网、亚马逊、全球速卖通、天猫国际等。

自营型平台对其经营的产品进行统一生产或采购、产品展示、在线交易，并通过物流配送将产品投放给最终消费者群体。自营型模式通过量身定做符合自身品牌诉求和消费者需要的采购标准，来引入、管理和销售各类品牌的商品，以可靠品牌为支撑点，突显自身品牌的可靠性。商品的引入、分类、展示、交易、物流配送、售后保障等整个交易流程中的各个重点环节均发力布局，通过管理互联网信息系统、建设大型仓储物流体系，实现对全交易流程的实时管理。代表性平台有兰亭集势、环球易购、米兰网、网易考拉、京东全球购等。

混合型模式即综合了平台型模式和自营型模式的模式。

1.2.3 按平台服务类型的不同，可以将跨境电商的模式分为信息服务平台和交易服务平台

信息服务平台指通过第三方平台进行信息发布或者信息搜索，完成交易撮合的服务模式。代表性平台有阿里巴巴国际站、生意宝国际站、环球资源、中国制造网等。会员费是信息服务平台的主要收入来源。增值服务，如竞价排名、点击付费、展位推广服务等也走向成熟。

交易服务平台指构建能够实现供需双方网上交易和支付的平台商业模式。代表性平台

有敦煌网、速卖通、易宝（deal extreme）、米兰网、大龙网等。交易服务平台的盈利主要来自佣金及展示费用。

1.2.4 按交易方向的不同，可以将跨境电商的模式分为进口跨境电商与出口跨境电商

1.2.4.1 进口跨境电商

进口跨境电商指基于国内买家的购买行为，商品从境外经过海关到达国内消费者手中。可以说我国进口跨境电商起源于早期的海外个人代购和海淘。从进口跨境电商的交付模式上看，其主要分为海外直邮模式、保税备货模式和集货直邮模式。

通过跨境电商平台，海外经销商与国内消费者直接联系起来。跨境电商平台制定适合进口跨境电商交易的规则和消费流程，营造良好的用户体验。盈利主要来源于商家的入驻费用和交易佣金。海外直邮模式建立在买卖双方的聚集程度上，该类模式对平台的流量和服务要求较高。因此，海外直邮模式一般要求供应商具有海外零售资质和授权，并且需要提供相应的本地售后服务。该模式为消费者提供了多样化的商品选择及高效便捷的购物体验，加之平台提供保证，因此用户的信任度较高，且商品一般采用海外直邮的方式送达国内消费者手中。品牌端的管控及供应链的缩短是海外直邮模式发展的主要趋势。代表性平台有天猫国际、京东全球购、苏宁海外购、亚马逊海外购。

保税备货模式以自营型 B2C 平台为主，平台直接参与到货源的组织、物流仓储以及销售过程中。商家通过大数据分析，提前将热卖商品屯放在国内的保税区，在消费者下单之后，直接从保税区发货。一方面，这节省了商家的物流和人力成本，使物流速度几乎与国内订单无异；另一方面，通过保税备货模式进入仓库的货物，可以个人物品清关，在税收和检验检疫的环节都享有优势。该模式要求电商企业对市场消费需求的把握比较精准，在选品方面对企业提出了较高的要求，也限制了产品的丰富程度。同时，采购需占用企业大量的资金，对中小卖家会是个不小的挑战。因此，该模式下的企业通常会采用限时特卖或直邮闪购等运营方式，以丰富品类及缓解供应链压力。

集货即收货，就是在外贸出单之前把不同来源的货物集中在一起。建立集货中心的目的是使原来分散的、小批量的、规格和质量混杂的、不容易进行批量运输和销售的货物，经过集货中心处理，形成批量运输的起点，从而实现大批量、高效率、低成本和快速的快递运作。集货直邮是指商家在接到订单之后将货物集中存放在海外的集货仓，等包裹达到一定量之后再将其统一发回国内。以洋码头平台为代表，其通过海外买手入驻平台开店，建立起海外买手与国内消费者的联系，进而达成交易，这是典型的平台型 C2C 模式。其盈利模式一般为提供转运物流服务等以及平台本身的一些增值服务，而一般不对平台入驻收取任何费用。买手模式在品类上以长尾非标品为主，兼有个性化的商品。买手模式的优点如下：所覆盖的行业及商品较为广泛，买手对海外市场的敏感度较高，产品迭代速度较快，消费黏性较高，存在一定的价格优势，满足了在进口消费中个性化、细致化、多样化

的需求。买手模式的缺点如下：商品交付一般以个人行邮为主，整个模式比较依赖买手，服务体验参差不齐，信任度及品牌授权等法律风险问题或将限制其发展。买手模式在初期发展迅猛，但随着海关政策的进一步完善，该模式的合规问题也日益凸显，合规合法成为买手模式创新的关键。跨境进口电商平台 C2C 的最大优势为商品属性的丰富性。正品保障有待加强，平台对卖家的把控有限，这是在未来发展中需要解决的难点。

1.2.4.2 出口跨境电商

出口跨境电商其实就是有专门的平台允许全球各个国家的商家入驻，将其拥有的资源发布到平台上，然后展示给全球买家，在买家找到自己需要的商品并下单后发货。该模式和国内的电商平台在本质上基本一样，但是和国内的电商平台相比，出口跨境电商面对的消费者更多、更广泛，并且在招商范围上面向全球商家。出口跨境电商平台由于涉猎广泛，因此不同的地区有不同的电商平台。人们熟知的亚马逊、沃尔玛等属于北美地区的电商平台，而东南亚比较著名的电商平台是虾皮（Shopee）。不同的平台在运营方式上有很大差别，但基本遵循的都是本地风土人情和消费习惯，以更好地融入本地市场。此外，在人员任用方面，国内电商平台的要求相对会低一些，而出口跨境电商要面对的是全球各个地区的消费者，因此对工作人员有一定的要求。因为涉及的语种繁多，平台也会有专门的客服小组帮助卖家了解客户需求。出口跨境电商的发货方式分为海外仓发货和自发货，而不同的发货方式会导致不同的时效性。出口跨境电商会随着经济的不断发展而越来越普遍，其发展也会越来越成熟。目前，主流的四大出口跨境电商平台是亚马逊、易贝（eBay）、速卖通、维什（Wish）。

1.2.5 按平台提供的产品品类的不同，可以将跨境电商的模式分为综合类的跨境电商平台与垂直类的跨境电商平台

1.2.5.1 综合类的跨境电商平台

综合类的跨境电商平台面向所有类型的用户，并销售各种类别的商品。其商品门类齐全、数量巨大，用户呈多元化。很多进口类的跨境电商平台，如天猫国际、京东全球购，出口类的跨境电商平台，如亚马逊，在导购、物流、品质等方面已经有了一定的基础，在拓展业务方面较为轻松，因此发展成综合类的跨境电商平台。传统电商大户在综合类的跨境电商平台有天然的优势，而对创业者来说，其生存空间就比较小了。

1.2.5.2 垂直类的跨境电商平台

垂直类的跨境电商平台的产品门类只针对某一细分领域，因此平台的目标客户特征明显。目前，主流垂直类的跨境电商平台在品类偏好方面的集中度比较高，产品主要是消费者最热衷购买的护肤美妆、婴幼儿食品、服饰、保健品、电子产品五大类消费品。例如，母婴类跨境电商平台蜜芽只销售母婴类产品，美妆类跨境电商平台聚美海外购只销售美妆类产品。垂直类的跨境电商平台具有产品专门性强、目标用户明确等特点，通过有针对性的运营、产品设计、商品设置增加用户的黏性。

实训 1.2　跨境电商平台不同模式案例

我们在课堂上学习了不同的跨境电商平台的运营模式，知道了不同模式都有对应的平台。深入了解这些平台的运营模式对今后进入跨境电商行业有极大的帮助。

（1）买手制模式。买手制模式分为买手制 C2C（以个人买手为主）、买手制 B2C（以商家性质买手为主）。洋码头、HIGO 等平台为该模式的典型代表。在该模式中，海外买手直接采购，并通过自营物流发货或第三方物流发货。这种模式有一个弊端：如果平台对买手的身份审核不严、对商品的真假监管不力，那么极易出现售假等不利于消费者的行为。这也是买家在该模式中的平台购物时最关心的问题，交易纠纷也经常由此产生。

（2）海淘返利模式。该模式以 55 海淘平台为典型代表。海淘返利模式主要是指依托其他平台或渠道的流量，引导消费者通过分享形成订单，平台对成功的订单进行返利。这种模式充分利用互联网技术，结合大数据的应用，将用户数据、商家数据、商品数据、物流数据进行充分整合，构建竞争壁垒，为商家引流，向用户让利。海淘返利模式目前也存在较多问题，以国内网购返利平台为例，不按承诺返利、返利到账时间长、返利不到账等问题较多。目前，互联网获取流量的方式也发生了很大的变化，玩法更是五花八门，这就对运营管理提出了更高的要求。55 海淘平台从导购返利，延伸到内容营销、效果营销、整合营销。在互联网技术环境下，让用户在适当的时间接触到想要的信息，并做出成交的决策变得至关重要。这就要通过互联网，以更加简洁、快捷的方式将产品呈现给用户。

（3）社区型自营 B2C 模式。该模式以小红书平台为代表。与其他跨境电商平台所不同的是，小红书的前身是分享社区。社区中的用户自发分享海外购物心得，其他用户可以参考这些内容，制定自己的海外购物清单。在完成一次购物之后，用户即可增加“海淘”的购物经验，之后还可以将使用心得分享到社区中，使其作为一条原创的海外购物笔记而被其他用户看到。这就可以让用户在社区和购物平台之间流连，除了提高平台的使用率及增加使用时间外，还能提升平台的口碑。

（4）自营+平台模式。相比于买手制模式、C2C 模式以及直邮模式，自营模式在产品质量、服务标准、物流配送方面更有保障，如蜜芽、网易考拉海购、丰趣海淘通过保税仓发货，商品的物流配送更有时效性，并且有平台作为担保，服务、售后等更便捷、放心。

结合以上案例介绍，完成以下实训任务：

（1）请根据以上案例分析，并结合自己的课外阅读资料，谈谈不同的模式的优缺点。

（2）你觉得以上模式中哪些模式在未来的发展前景更好？为什么？

任务 1.3 跨境电商的发展现状与未来发展趋势

【任务引入】

2020 年 1 月 21 日，京东启动抗击新冠疫情专项行动，累计投入了近 10 亿元用于抗击新冠疫情，累计承运医疗应急物资约 3 000 万件、近 1 万吨；2020 年 2 月，天猫国际开展“网紫带你宅家看世界”公益直播活动，积极筹措捐赠医疗物资，在这个过程中，跨境电商企业积极承担社会责任。2019 年 3 月，拼多多入局跨境电商；2019 年 8 月，小米有品宣布正式上线海购频道；2019 年 9 月，iHerb 高调进入中国市场；2019 年 11 月，亚马逊联手拼多多展开跨境电商合作。可以预料到，跨境电商将在对外贸易中发挥越来越大的作用。

2020 年跨境电商的发展越来越多样化，运营模式也在不断创新，如融合发展、直播带货、社交化传播、布局跨境电商线下体验店、海淘直播等。

随着互联网的普及和智能手机的广泛应用，“地球村”的进程俨然已经加快了，各个国家的时空距离缩短了，国际交往日益便利和频繁。新冠疫情也加快了跨境电商的发展，我们每一个人都能感知到跨境电商平台火热的运营以及激烈的竞争。那么，跨境电商发展的现状如何呢？未来又有怎样的发展趋势呢？其如何在竞争中生存并不断发展壮大呢？带着这些问题，我们进入任务 1.3 的学习。

扩展学习

请用电脑打开网址 http://tv.cctv.com/2017/09/13/VIDA91zFKSCcaGBQ3rfEGz7y170913.shtml，观看《辉煌中国》系列节目，更多了解中国的发展，特别是电子商务及跨境电商的发展。

1.3.1 进口跨境电商的发展现状

中国的进口跨境电商起源于 2005 年（见表 1-3-1）。彼时中国的代购产业开始起步，在国外的中国留学生和工作人员人工代购进口产品，这是进口跨境电商最初的原型。这一时期可以称为进口跨境电商 1.0 时代。2007 年，中国的进口跨境电商开始进入海淘时代，也就是进口跨境电商 2.0 时代。这一时期形成了常规的买方市场和卖方市场，跨境网购用户的消费渠道逐渐从人工代购转向进口跨境电商平台（如网易考拉、天猫国际等）。

2010 年前后，中国的进口跨境电商开始萌芽，呈现出企业数量快速增长和规模快速扩张的态势。2014 年是进口跨境电商爆发式增长的一年，流程繁琐的人工代购催生了进口跨境电商的出现。2015 年，随着政策变化及社会经济的发展，进口跨境电商加速发展，跨境购物开始走向规范化，进口跨境电商进入 3.0 时代。在这个过程中，货源越来越丰富，售后服务越来越完善，电商企业的经营模式也越来越多样化。考拉海购（前身为网易考拉，后被阿里巴巴集团收购，更名为考拉海购）、天猫国际、京东全球购物等领先平台逐步形成。各进口跨境电商平台的市场不存在垄断，有利于行业良性竞争的形成。

表1-3-1 中国的进口跨境电商发展历程

2005年：起源 中国的代购产业开始起步，在国外的中国留学生和工作人员人工代购进口产品。
2007年：探索 淘宝创立淘宝全球购，壮大行业市场，也使刚兴起的代购市场日趋完善。
2008年：发展 海外代购业务加速发展。
2014年：爆发 2014年8月1日，海关总署“56号文”（《关于跨境贸易电子商务进出境货物、物品有关监管事宜的公告》）生效，规定个人物品将按行邮税征税。海外代购走出灰色地带。
2016年：挑战 根据监管规定，跨境电商进口商品被定性为“货物”，将按一般贸易的方式监管。跨境电商第一次面临“熔断”危机。
2018年：扩张 跨境电商进口商品延续个人自用入境物品监管。
2019年：合规 《中华人民共和国电子商务法》正式实施，进口跨境电商迎来合规化发展新时期。
2020年：逆势发展 新冠疫情对传统外贸的冲击很大，但也给了跨境电商新的发展契机。2020年4月7日，国务院宣布新设46个跨境电商综合试验区，全国有105个综合试验区。

1.3.1.1 进口跨境电商商业模式相互补充发展

在进口跨境电商的发展过程中，商业模式也在发生变化。在发展初期，商业模式主要体现为C2C采购模式，如洋码头平台。爆发式增长阶段以天猫国际等平台为代表。此时，众多互联网巨头纷纷进入市场。目前，平台和自营的商业模式发展较好，因为这种模式不仅可以通过自营有效提升购物体验、保证商品的质量和物流速度，还可以通过平台投资保证其品类的丰富和相对稳定的收入。

1.3.1.2 进口跨境电商消费者市场情况

从顾客群体来看，顾客群体以80后和90后群体为主，性别以女性为主。《中华人民共和国电子商务法》的正式实施，对小型海外代购团队造成了较大冲击，再加上各大跨境电商平台在正品保障方面的不断升级，因此选择代购的消费者不断减少。随着各大跨境电商平台在线下不断布局，线下渠道的比例也得到了一定程度的提升。用户正迅速从沿海发达省份向内陆省份渗透。消费品品类从集中到多样化，从奢侈品到实用品，不断丰富。消费者最青睐的商品主要来自美国、日本、韩国、澳大利亚和德国等国家。热销产品主要集中在美容、母婴、食品等方面。从2019年中国海淘消费者海淘渠道偏好分布情况（见图1-3-1）来看，海淘渠道主要分为代购、线上渠道以及线下渠道三种。从线上渠道来看，66.4%的消费者经常通过线上渠道消费；3.8%的消费者很少通过线上渠道消费。25.2%的消费者经常通过代购消费，28.2%的消费者经常通过线下渠道消费。2020年上半年，跨境电商平台的促销活动成为用户提升购买意愿最主要的原因，活动节点的促销已经成为年轻用户最大的消费推动因素。各平台不断顺应用户需求，不断完善节日促销主题的布局，提升市场竞争力。

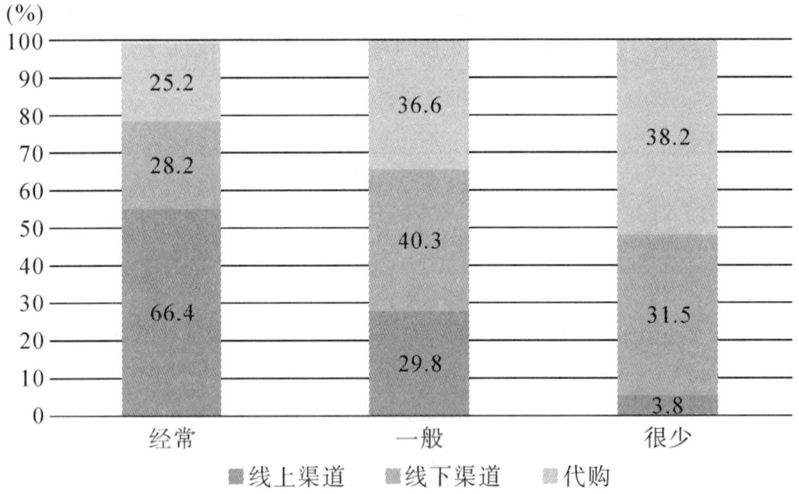

图 1-3-1　2019 年中国海淘消费者海淘渠道偏好分布情况

从进口国家与地区来看，日本是我国跨境电商进口的大国，其化妆品最受追捧。2019 年上半年，主要跨境电商平台的零售进口额同比增长超过 20%。从原产地看，日本、美国、韩国的进口额排名前三，占比分别为 19.1%、13.9%和 10.7%。从品类看，化妆品、粮油食品和日用品的进口额排名前三，占比分别为 34.8%、24.7%和 9.6%。从用户性别看，在 2018 年我国跨境网购用户的性别分布中，男性占比约为 14.7%，女性占比约为 85.3%。女性消费者相较于男性消费者来说，更倾向于跨境网购。在海淘商品的选择上，男性更加偏向选择数码类、运动类、保健类等产品，且更关注商品的性价比和商品的性能。从品类看，2018 年我国跨境网购用户最爱购买的品类排名前十位的分别为美妆护理、鞋和服装、饰品箱包、母婴用品、家居用品、运动户外、食品、数码家电、生鲜水果、保健品。其中，美妆护理和母婴用品是消费占比最高的品类。根据跨境网购用户的属性，年轻的消费者、新生儿父母是消费主体，“脸面”消费与家庭消费成为跨境网购的主流。

1.3.1.3　进口跨境电商的交易规模快速提升

国民消费的升级和用户对产品质量与产品种类的要求的提高，使跨境电商平台不断满足消费者对高品质商品的追求。需求的发展及国际物流链的完善推动着跨境电商交易规模的逐年增长。2019 年，中国跨境电商交易规模突破了 10 万亿元大关，在整个货物进出口中的比例达到了 34.3%。这个比重一直在不断增加，显示出跨境电商强大的生命力。2020 年上半年，中国跨境电商进出口行业保持增长的态势。

2008—2019 年中国跨境电商交易规模与中国货物进出口总值如图 1-3-2 所示。

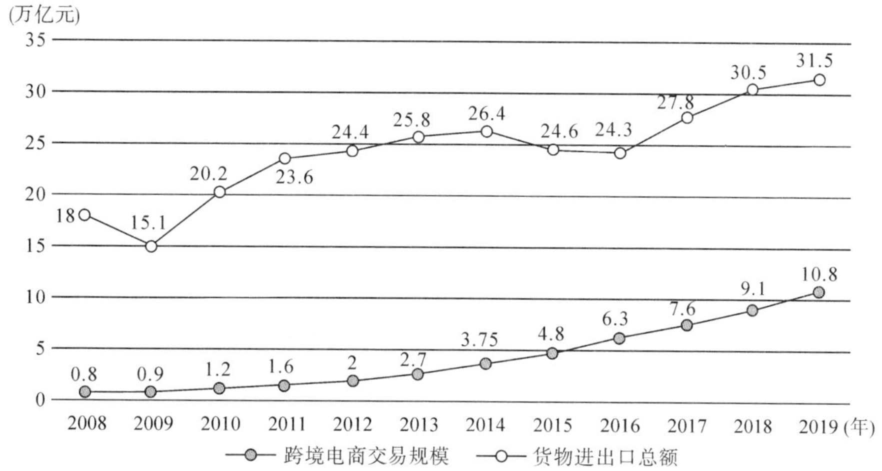

图 1-3-2 2008—2019 年中国跨境电商交易规模与中国货物进出口总值

随着人们生活水平的不断提高和信息技术的快速发展，跨境电商也逐渐成为我国交易模式的主流。海关统计数据显示，2016—2019 年，我国跨境电商零售进出口商品总额分别为 499.6 亿元、902.4 亿元、1 347 亿元、1 862.1 亿元，同比分别增长 38.7%、80.6%、50.0%、38.2%。2019 年我国跨境电商零售进出口商品总额是 2015 年的 5 倍。在跨境电商交易的快速发展下，我国已有 9 家跨境电商企业上市，占已上市电商企业总量的 18.75%。同时，电商服务平台或企业也逐渐增多，我国目前约有 5 000 家电商平台企业。从服务内容来看，有提供信息服务的平台，如环球资源、聚贸，也有提供交易服务的平台，如敦煌网、易堂；从运行模式来看，有平台型企业，如全球速卖通、eBay、亚马逊，也有自营型企业，如京东全球购、考拉海购、小红书、兰亭集势。此外，跨境电商的发展离不开政策的支持。近年来，国家出台多项政策推进跨境电商的发展。当前，传统外贸受到新冠疫情的冲击，需要进一步发挥跨境电商独特的优势，开展在线营销，实现在线交易，保订单、保市场、保份额，以新业态和新模式助力外贸攻坚克难。2020 年年初，商务部会同中央网信办等 13 个部门，深入研究评估，提出政策和工作建议。2020 年 4 月 7 日，国务院决定新设 46 个跨境电商综合试验区，加上已经批准的 59 个跨境电商综合试验区，全国将有 105 个跨境电商综合试验区，已经覆盖了 30 个省、自治区、直辖市，形成了陆海内外联动、东西双向互济的发展格局。跨境电商成为拉动进出口、促进经济增长的一种新动力。

1.3.1.4 进口跨境电商供应链越来越完善

目前，常见的跨境电商供应链模式包括以下四种：

①国外货源方模式。该模式主要通过当地渠道组织跨境货源，如厂家拿货、渠道批发、商超扫货等。要想在国外组织货源，在当地则需要有一定的资源，可以说货源实力取决于拿货能力、资金实力以及仓储能力。

②中间贸易商模式。该模式由传统贸易商或国际物流公司、转运公司组成中间贸易商，因为这些公司在早期传统贸易中熟悉贸易规则和国外渠道以及货源。

③跨境供应链巨头模式。跨境供应链巨头主要是资金实力雄厚的巨头，多以上市公司和国有企业为主，主营跨境进口供应链 B2B 业务，不涉及保税仓一件代发。部分跨境供应

链巨头还有供应链金融服务，集中体现为批量采购货物，在保税区采取 B2B 模式将货物分销给各家电商，账期能力强。

④国内保税区供应链公司模式。该模式以保税区一件代发为主，为中小电商平台，如淘宝全球购、微店、微商等提供跨境商品一件代发。由于跨境电商入驻保税区的门槛相对较高，对企业的技术、资金和时间都有一定要求，虽然大部分小微企业有做跨境商品的需求，但缺少供货能力，因此跨境商品代发公司就有了生存的空间。例如，淘宝全球购商家有近 40 万家，这些商家及其他的微商、部分中小电商在进入跨境领域时，往往从代发开始。

中国的经济增长已经发生了从以投资、出口主导增长到消费主导增长的转变。伴随着人均收入水平的提升和中等收入人群的扩大，中国居民的消费需求不断升级，对跨境电商平台的进口货品需求也越来越强烈。2019 年，中国跨境电商政策全面迈入稳定期，跨境电商综合试验区也大规模同步增设。个人跨境消费的单次、年度限额分别提升至 5 000 元、26 000 元。此外，进口环节增值税税率与个人行邮税税率再次下调，国民消费获得持续激励。随着跨境电商的快速发展，消费者对各类商品的需求逐渐增加，商品的流通周期变长，顾客的反应时间也变长。目前，跨境电商的供应链较长，且跨区域的信息集成难度较大。因此，如何快速响应需求，将国外的商品送到国内的顾客手中，对跨境电商平台的供应链管理能力提出了很高的要求。从初期的个人代购到规范化的跨境电商，如今跨境电商的进口货源种类已经覆盖了几乎所有的热门商品品类。可见，跨境电商平台在这方面具有明显的优势。

1.3.1.5 我国跨境电商市场结构相对集中

作为新兴业态，跨境电商正是在政策的支持下得以快速发展的。从跨境电商进出口结构来看，在 2019 年中国跨境电商的交易模式中，跨境电商 B2B 交易占比达 70.9%，跨境电商 B2C 交易占比为 29.1%。B2B 交易在跨境电商的交易模式中的占比超过七成。多年来 B2B 交易一直是主导的商业模式。跨境电商 B2B 交易模式的优势在于去中间化，让品牌商和产品直接接触，通过用户来反作用生产方和品牌方。越来越多的跨境电商 B2C 交易平台建立起来，跨过众多的中间环节直接连接工厂与消费者，减少了交易成本，消除了信息不对称。B2C 交易模式通过化整为零，使面向终端的销售模式比传统外贸等形式更为灵活。目前，在我国跨境电商中，出口仍占主导地位，但近年来其占比在慢慢下滑，而进口占比则在不断提升。整体来看，在我国跨境电商进出口占比结构中，出口占比将近八成，而进口占比超过两成。

2016—2020 年中国跨境电商 B2B 交易规模与 B2C 交易规模如图 1-3-3 所示。

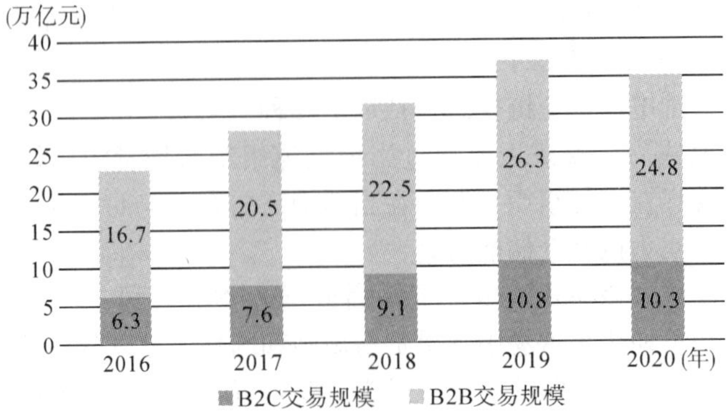

图 1-3-3　2016—2020 年中国跨境电商 B2B 交易规模与 B2C 交易规模

1.3.1.6　进口跨境电商平台可以分为“三个梯队”

我国跨境电商的市场参与者众多，经营模式多样，不同主体各具优势。第一梯队为头部平台，在进口跨境电商市场中处于领先地位，初步显现寡头效应，包括考拉海购、天猫国际、海囤全球，具有规模大、营业收入高、人气旺、口碑好、实力强、现金流充沛、流量大、品牌多等特征。第二梯队为准一线平台，包括洋码头、唯品会（唯品国际）、小红书、聚美极速免税店。第三梯队为二线平台，包括蜜芽、贝贝、宝宝树、宝贝格子、什么值得买等平台，大多是母婴类产品平台。我国进口跨境电商部分平台见表 1-3-2。

表 1-3-2　我国进口跨境电商部分平台

代表性平台	经典模式	模式介绍
考拉海购	自营模式、综合电商平台	电商平台从源头采购商品并销售给国内消费者
天猫国际	生产厂家对消费者（M2C）模式：平台招商	电商平台将第三方商家引入平台，提供商品服务
海囤全球	B2C 模式：保税自营+直采	一部分自营，另一部分允许商家入驻
洋码头	直发、直运平台模式	客户下单后，海外个人买手或商家从当地采购
唯品会	闪购模式	凭借积累的闪购经验及用户黏性，采取低价抢购策略
蜜芽	垂直社交电商、闪购	专注垂直母婴类产品，注重用户分享与体验
什么值得买	导购返利平台模式	通过编辑海外电商消息达到引流目的，再将订单汇总给海外电商

1.3.1.7　物流体验度有待提高

由于跨境电商涉及不同国家之间的贸易，因此其交易流程及物流过程相对比较复杂和繁琐。跨境电商物流一般包括国内物流、通关、清关、国外运输四个环节，其中涉及的报关、通关等流程的运作时间长、手续复杂等问题给跨境电商带来了不便。各国在报关、交接等环节的规定各不相同，使跨境电商活动难以快速完成。另外，天气也是影响物流运输的一个不确定因素，若遇到恶劣天气，将耽误配送，延长运输时间。随着全球买家对进口货品购物体验的要求逐渐提高，艾媒咨询（iiMedia Research）的数据显示，退换货难、等待时间长和运输成本高成为2020年上半年中国跨境消费年轻用户面临的主要问题（见图1-3-4）。跨境电商因其独特的物流体系，对平台服务商提出了更高的要求。平台应持续加大供应链建设力度，为用户打造更完善的跨境购物体验。许多进口跨境电商企业正试图通过保税仓库和库存仓库来解决这一问题。未来，智能供应链和运筹学中优化技术的广泛应用将使跨境电商供应链越来越完善。

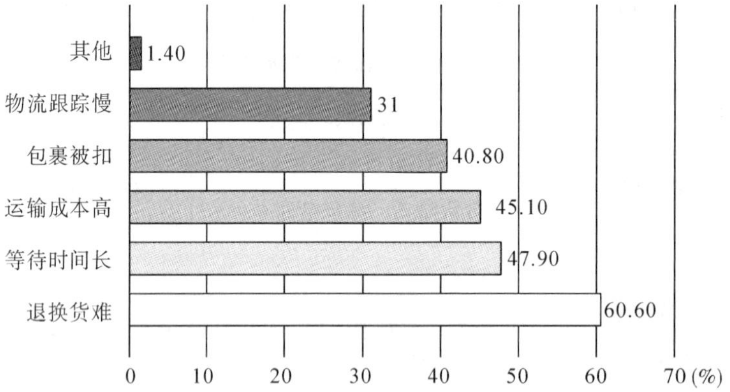

图1-3-4 2020年上半年中国跨境消费年轻用户面临的主要问题

与此同时，跨境物流的成本高。运费受货物体积、重量、目的地和速度等多方面的影响。以价格相对便宜的中国邮政速递（EMS）为例，根据2019年发布的价格标准，跨境邮寄1千克的物品，最低运费为160元，最高运费达到了490元，可见物流成本之高。根据全球领先的国际快递服务商（DHL、TNT、UPS、FedEx）公布的2019年价目表，可以发现，各大快递公司均提高了价格，物流成本将会越来越高。

1.3.2 出口跨境电商的发展现状

出口跨境电商脱胎于跨境贸易。最早的跨境贸易基本上是通过线下交易完成的。随着互联网在社会生活的各个层面的普及，各种基于商务网站的电子商务业务和网络公司开始涌现。我国出口跨境电商经历了十余年的发展，现已步入稳健增长阶段。受政策支持、市场环境改善等诸多利好因素影响，中国出口跨境电商保持持续扩张。2019年，中国出口跨境电商交易规模为8.03万亿元，同比增长13.09%。目前，中国境内已经拥有超过5 000家的平台类企业，而通过这些平台类企业开展跨境电商业务的外贸企业超过25万家。B2B、B2C和C2C的各种贸易方式共存互补，一同推动着中国的出口跨境电商继续向前发展。中国出口跨境电商的发展得益于多种因素的共同促进作用。

1.3.2.1 出口跨境电商蓬勃发展的原因

①电子商务的全球化。电子商务的全球化浪潮已然势不可挡，这在一定程度上成为中国出口跨境电商蓬勃发展的重要推动力，使中国的产品能够快速出现在国外消费者的面前。尤其是2008年的全球经济危机，迫使一些外国消费者在网络上寻找物美价廉的消费品，这个契机让中国的商品进入了他们的视线。

②国家政策的大力支持。在国家“一带一路”倡议和各地政府大力建设跨境产业园的

相关背景下，出口跨境电商迎来了诸多机遇。在2016年的二十国领导人（G20）峰会上，跨境电商首次进入了G20议程。随着出口跨境电商利好政策的连续出台以及跨境电商从业者的积极推动，出口跨境电商成为外贸领域中的一匹“黑马”，成为推动中国经济增长的一个重要组成部分。

③中国制造的优势地位。中国大部分的生产制造商都强于产品的研发，而弱于产品的营销和推广，使得一些真正的好产品并没有完全走出国门。其实，很多国外的消费者对中国的数码产品、服装和配饰的渴求度非常高，而2008年的全球经济危机给了中国产品一个“走出去”的好机会。虽然后来的全球经济形势有所好转，但大部分外国消费者已经依赖上了中国生产的产品，中国制造的优势地位凸显，这也令中国出口跨境电商迈上了一个新的台阶。

④跨境电商平台的大力招商。以易贝、亚马逊等为代表的跨境交易平台看到了中国巨大的产品供应能力，也看到了国外消费者对中国产品的喜爱，加大了在中国招商的力度，增加了中国区域招商经理的人数，并且通过各种跨境峰会和论坛宣传自己。因此，中国的卖家也大量涌入这些平台，将自己的产品卖给海外的消费者，增加自身的销售额和利润额，促进了出口跨境电商卖家数量的迅速增长和规模的迅速扩大。中国也出现了越来越多的出口跨境平台，如阿里巴巴国际站、敦煌网、全球速卖通、中国制造网等，大大促进了出口跨境电商的发展。

1.3.2.2 出口跨境电商的蓬勃发展

①多种业务模式补充发展。出口跨境电商从萌芽到兴盛的整个过程中，衍生出了各种各样的组织形态和业务模式，如B2C、C2C、B2B等。一方面，跨境生产工厂或跨境贸易公司通过在跨境平台上开设店铺，使产品直抵境外终端消费者；另一方面，跨境商家通过网络寻找外国经销商，开展国际批发业务。当然，还有一些出口跨境电商巨头为了避免对跨境电商平台的过度依赖，也开始建立和运营品牌独立的官方跨境电商网站。

跨境电商企业在发展，中国出口跨境电商监管模式也在不断创新。中国出口跨境电商监管模式主要包括了一般出口模式（9610出口）和备货模式。一般出口模式（9610出口）采用“清单核放、汇总申报”的方式，将电商出口商品以邮件、快件方式分批运送，要求海关凭清单核放出境，定期把已核放清单的数据汇总，形成出口报关单，电商企业或平台凭此办理结汇、退税手续。海关监管方式代码“1210”的全称为保税跨境贸易电子商务，简称保税电商，俗称备货模式。备货模式是指运营企业采用境外货物B2B方式整批进入保税物流中心集中备货、分拣包裹后以B2C方式“散出”离境。商品经集中采购，在被海关、检验检疫部门查验后进入保税仓库储存。生产企业提前退税。当国外消费者在网上下单时，商品在海关、检验检疫部门监管下完成清关查验，由物流公司从保税仓库直接配送至海外消费者。通过这种方式，海外消费者网购后收到中国商品的时间更短，生产企业退税也更便捷。

②跨境电商业务量由B2B向B2C转移。B2B由于交易金额的优势，因此订单量较为稳定且交易金额巨大，一直是我国出口跨境电商的主流。但近年来，我国出口B2C市场的占比越来越大，越来越多的中国出口跨境电商卖家在追求更高利润的驱动下，建立起了自有品牌，并将品牌在诸如亚马逊、易贝等平台和官方网站上进行宣传与推广。虽然未来较长的一段时间内，出口跨境电商的主体形式依旧会是B2B，但随着智能手机的广泛应用、网络消费的兴起以及物流、支付系统的完善，业务量会逐渐由B2B向B2C转移，因为最终的产品是

要卖给消费者的。这体现了跨境电商缩短产业链的优势，即以更低的价格提供更优质的产品。

③跨境电商的交易品类较为集中。我国畅销的出口跨境电商的交易品类较为集中，主要为数码电子产品、服装服饰、家居用品、鞋帽箱包和母婴玩具等。2018 年，在我国出口跨境电商的卖家品类分布中，数码电子产品占比 18.5%、服装服饰占比 12.4%、家居用品占比 8.5%、户外用品占比 6.5%、健康美容占比 5.2%、鞋帽箱包占比 4.7%、母婴玩具占比 3.5%、汽车配件占比 3.2%、灯光照明占比 2.3%、安全监控占比 1.7%、其他占比 35.2%。数码电子产品、服装服饰等消费品一直是跨境电商平台最畅销的品类，此外，家居用品、户外用品等的需求也较大。我国在这些产品的制造方面存在一定的优势。同时，这些产品属于标准化产品，便于运输和存储且退货率相对较低，容易通过电商这种渠道销售给跨境买家。随着各国在通关、物流、仓储方面的持续改进，汽车等大型产品的销售也会进一步拓展，以丰富出口跨境电商产品的品类。

④卖家主要集中在外贸发达的地区。目前，中国出口跨境电商卖家主要集中在外贸较为发达的沿海地区，因为地理位置相对优越、居民头脑活络、总体经济实力较强。例如，广东、浙江、江苏、福建四个省的出口跨境电商交易总额就占中国出口跨境电商交易总额的七成以上。这几个省份原本就是外贸大省，由包括电商生产企业、跨境电商平台、跨境配套企业、政府相关政策在内的各个方面，一同构建起了一个相对良好的跨境生态圈。

⑤欧美发达国家在出口端所占比例很高。中国卖家当前针对的主要跨境市场为美国、英国、德国、法国等欧美发达国家。基础设施完善、网购环境较为成熟和高购买力的消费者群体等因素都使这些国家的电子商务发展程度较高。对于一些新兴市场，如巴西、印度、俄罗斯等，也有一些卖家在涉足。其他诸如中东、非洲、东南亚等市场的交易额也在不断增长。2018 年，中国出口跨境电商在主要国家和地区的分布如下：美国（17.5%）、法国（13.2%）、俄罗斯（11.3%）、英国（8.4%）、巴西（5.6%）、加拿大（4.5%）、德国（3.7%）、日本（3.4%）、韩国（2.5%）、印度（2.4%）、其他（27.5%）。很多新兴国家的政府开始渐渐意识到跨境电商所带来的好处，在海关、物流、税费等方面都做出了一定的改善和调整。

1.3.3 进口跨境电商的未来发展趋势

1.3.3.1 跨境平台的融资市场回暖

随着国际传统外贸的发展，跨境电商得到了一定程度的重视，加上政策的倾斜，跨境电商行业越来越规范，也得到了资本的青睐。自 2018 年起，多个跨境电商平台已成功获得投资。2019 年，我国跨境电商领域的投融资金额达 214.72 亿元，其中出口跨境电商的投融资金额达 41.46 亿元，占比 19.3%；进口跨境电商的投融资金额达 169.97 亿元，占比 79.2%；跨境服务商的投融资金额达 3.29 亿元，占比 1.5%。进口跨境电商的融资事件数量虽然仅占 1/3，但融资金额占 4/5，可见进口跨境电商仍在跨境电商中占有主导地位。在经济全球化发展的大背景下，跨境电商未来可期。

1.3.3.2 开启全渠道模式

随着消费者需求的逐渐碎片化、个性化，消费者对商品的丰富性要求更高，消费者的选择范围从境内扩大到全世界，且消费者也越来越追求高品质消费。要想更好地提升消费者的购物体验，必须倒逼市场升级，那么全渠道模式成为必然。2018 年以来，进口跨境电商纷纷在线下开设实体店，将渠道从线上发展到线下。考拉海购的首家线下实体店——

“海淘爆品店”在杭州开业时，通过接连宁波、郑州等地，抢占新零售、新消费风口下的先机。天猫国际线下店也在杭州开业。小红书则把线上社区搬到了线下。此前虽然也有不少进口跨境电商、进口商采用 O2O 模式，但更多的是局限于线下展示、线上购买以及包含线下购买完税的模式，解决的只是消费者在海淘时不了解海外商品的问题。未来则不同，消费者可以不用通过出境游去境外免税店购物，只需要在自家城市核心商圈就能买到全球同价、全球同步的正品进口商品。全渠道模式能够打造完整的跨境消费闭环，挣脱了时间和空间的束缚，为消费者带来即买即用的购物体验。线上与线下两种模式的结合能将两者的优点进行结合，因此未来潜力无限。

1.3.3.3　下沉中小城市和广大农村

进口跨境电商的用户目前大部分在一、二线城市。在国家促进农村基础设施建设、互联网及农村电商发展的背景下，电商平台未来将逐步下沉到中小城市和广大农村。跨境产品越来越成为大众产品并进入千家万户。跨境电商行业的整体效益进一步提升。

1.3.3.4　跨境电商行业发展越来越规范

进口跨境电商行业在中国经历了快速发展的阶段，各种跨境平台都遇到过假货、维权困难、捆绑搭售、大数据“杀熟”等乱象。《中华人民共和国电子商务法》及一系列跨境电商规范的出台对商品安全、税收、物流、售后等方面做出了明确规定，有利于改变原有跨境电商平台良莠不齐、行业野蛮生长的状况，使企业有章可循、规范发展，推动市场有序竞争。同时，相关规章制度也加强了对消费者权益的保护，有利于促进购买，提升市场整体品质，推动行业健康发展。

1.3.3.5　“数据+生态”双轮驱动明显

随着大数据在电商平台中的应用，营销活动越来越有针对性。未来跨境电商也将以数据为依托，提高跨境电商企业的效率和运营的精确程度。“数据+生态”双轮驱动是跨境电商发展的未来，同时也将为跨境电商企业带来真正的竞争力。因此，各大跨境电商企业想要真正提高竞争力，就要重视“数据+生态”双轮驱动。任何一个方面缺乏，都可能会使企业的竞争力下降。

1.3.4　出口跨境电商的未来发展趋势

2020 年伊始，新冠疫情开始在全球肆虐，对全球经济造成了严重冲击，使主要经济体面临着经济严重衰退的危险。作为全球化的代表行业，跨境电商行业在新冠疫情之初也受到了重大的影响。随着经济的逐步恢复，跨境电商行业的供应链也基本恢复。

1.3.4.1　跨境电商交易范围将高速拓展，从欧亚地区拓展到欧洲、亚洲、美洲、非洲等地，新兴市场崛起

在 2018 年跨境电商消费额增长最快的 30 个国家中，有 13 个亚洲国家，包括越南、以色列、韩国等；有 13 个欧洲国家，包括匈牙利、意大利、保加利亚、波兰等；另外还有南美洲的智利、大洋洲的新西兰、横跨欧亚的俄罗斯和土耳其。此外，非洲国家摩洛哥、阿尔及利亚也在 2018 年跨境电商消费中实现了较快的增长。很多国家在 2016 年与中国跨境电商的交易金额还是零，而在 2018 年均实现了零的突破。非洲、南美洲、北美洲等地区的民间商贸开始在线上流通起来。从存量来看，欧美主流市场依旧是行业的主力。从增量来看，新兴市场的发展速度远远快于欧美市场的发展速度。

1.3.4.2 越来越有品牌意识

跨境电商，在经历了流量圈地、价格混战后，发展趋势趋于平稳，而一直以来的低价策略已经不能成为长期发展之计，因此企业必须发展自己的品牌，靠品牌升级抢占市场，从而获得更稳固的市场地位。各大第三方跨境电商平台正不断地出台新措施，打击各类侵权行为。产品的知识产权保护及品牌化成为众多跨境电商企业的共识，这些企业开始从后端走向前台，开始构建自身的海外销售渠道，试图改变传统的贴牌模式，在增加出口交易额的同时构建起独特的竞争壁垒，建立海外客户对自身品牌的认知。一些中国品牌已经在这方面取得了不错的成效。相信未来会有更多的中国企业意识到这一点，并在行动上有所体现。

1.3.4.3 各种业务模式蓬勃发展

出口跨境电商契合了“互联网+”“一带一路”等，为中国出口贸易提供了宽松的环境和更广阔的国际舞台，也衍生出了各种各样的组织形态和业务模式。

1.3.4.4 卖家的地域和类型更多元化

我国参与出口跨境电商的卖家的地域和类型更多元化。卖家的地域分布日益广泛，从珠三角地区、长三角地区不断向内陆延伸，且海西经济区、中部地区、北部地区的卖家规模快速扩大。与此同时，卖家的类型也更加多元。出口跨境电商行业不仅涌现出很多知名的互联网原生品牌，如出门问问、安克等，而且吸引了传统制造业企业、传统外贸企业、传统知名品牌等的不断加入，谋求新的业务增长机遇。

1.3.4.5 供应链升级是未来出口跨境快速平稳发展的保障

中国跨境电商有“全球货源基地”的制造基础、高度市场化和完备化的电商服务生态、领先全球的跨境电商顶层设计，并且中国跨境电商企业目前已渗透至全球各地。2018年，主流跨境电商平台分布在全球200多个国家和地区，其中中国跨境电商市场的收入全球第一，达1.34万亿美元，美国紧随其后（5 045.82亿美元）、日本排在第三位（816.93亿美元）。中国跨境电商的主要推动力在于供应链升级和良好的采购模式。未来，中国跨境电商除了面对全球多元化的消费结构、各地独特的法律制度、复杂的市场结构和产业链结构以及差异较大的基础设施环境外，还要在资金管理、市场营销、产品运营，特别是供应链管理等方面破解诸多难题。

实训1.3 中国外贸企业转型跨境电商

2018年，虽然各国政府开始针对跨境电商征收增值税（VAT），且有美国有意退出万国邮政联盟、各国海关严查跨境包裹、各大平台开始执行更加严格的政策规定，但仍有越来越多的企业、工厂进入跨境电商领域。这一系列的变化都在说明一个事实：跨境电商行业很火热，并且竞争很激烈。在度过了2014—2018年的意气风发后，对于经历过迅猛生长的跨境电商行业来说，遍地是金的时代已经过去。

广州万化（化名）公司的创始人就在传统外贸转型跨境电商的路上有过很多的故事。广州万化是一家从传统制造商成功转型为跨境电商的企业。从2018年开始，万化公司走上了它的转型之路。

(1) 10年外贸代工厂。在2015年之前，万化公司还是众多加工代工厂中的一员，服务于很多跨国大品牌。“当我们从过去的客户主动找上门，变为现在的拼命找客户，就深刻体会到原本粗放型的传统外贸业务已经成为鸡肋。”万化公司的负责人说道。万化公司的负责人表示，以前接到的订单多是来自国内品牌企业的产品加工，以大额订单为主，即使服务的企业数量比较有限，交易额也相当可观。后来原材料成本的大幅提升及劳动力成本的增加导致利润空间被压缩，加上业务增长缓慢，可拓展的空间也变得狭小，这给外贸代工企业造成了不小的冲击。

（2）向死而生：转型跨境电商。2015 年，万化公司开始尝试转型跨境电商。一开始，万化公司在各个平台上投入了大量资金。万化公司的负责人说：“当时阿里巴巴国际站不是很火吗？我们就随大流，在阿里巴巴建站。刚开始，都还没搞清楚各种规则，包括大促、备货、物流等问题。比如说备货，以前都是客户下单后我们才生产，下多少做多少，最多可能会留一点备货。跨境电商肯定是要备货销售的，但是备什么类型的货？备多少货？货备在国内还是国外？货备在国内，从国内发货物流周期就会比较长，根本没有竞争力；货备在国外，风险过高，货物滞销亚马逊要被收取高额长期仓储费，或者是店铺遇到问题被关，钱货两空。”万化公司的负责人感慨：“过去的 10 年，加工企业给大型销售公司做贴牌，只需负责生产、品控、交期等环节，而现在客户直面终端市场，因此要从产品开发、生产、包装、物流、运营和售后等角度，全方位去仔细研究。”

跨境电商市场是时刻变化着的，因此万化公司也必须适应并调整。

①销售地区从欧美转向东南亚。一开始万化公司接到的订单多是来自欧美经销商的大额订单，但近年来随着欧美电商市场的逐渐成熟，欧美的经销商数量逐渐在下降，而东南亚、非洲的采购商数量慢慢增多。

②订单逐渐碎片化。很多欧美的小客户直接绕过上面的经销商，找万化公司采购。原来大的经销商的采购量也逐渐减少，订单呈现出碎片化。在原有的 B2B 的基础上，万化公司开始拓展 B2C 渠道。

③加强研发投入。无论是传统外贸还是跨境电商，卖家都必须形成自己的壁垒。中国的制造业企业以加工型企业居多，长期以贴牌方式为海外企业加工并实现出口销售，产品附加值低，技术创新以及品牌意识仍非常淡薄。

一款新兴产品如果加以改造和升级，通过适当的推广和销售，很可能就是市场的新宠。除此之外，倘若能够在产品外观上植入一些更具多元化及富有当地特色的创意，那么产品的附加值无疑就能翻倍，且还能给企业发展带来全新的利润点。

目前，中国的制造业企业都面临转型，传统的制造业企业要想把制造作为自己生存的核心竞争力，就要成为业界数一数二的企业。现实是，中小型制造业企业占据主流，它们没有庞大的制造中心，虽然有上千人的工厂，但依旧无法与大型制造业企业竞争，因此只能选择转型。一旦面临转型，就会有很多需要去改变的地方，毕竟只有疼痛才能改变。

跨境电商是大趋势，企业的发展肯定要跟着趋势走，但传统的制造业企业要想在国际上站住脚，那就得找对人、走对路。

通过以上案例回答下列问题：

（1）外贸公司转型的动机和压力来自哪些方面？

（2）传统的外贸工厂应该如何转型？

（3）目前外贸订单的变化趋势是什么？

（4）向跨境电商转型有什么优点？

项目2 跨境电商政策

【学习目标】

知识目标	熟悉跨境电商的核心法律制度 掌握跨境电商的监管政策 掌握跨境电商的进出口政策 掌握跨境电商的通关制度和流程 了解疫情对跨境电商的政策影响
能力目标	能够深刻了解跨境电商政策的作用和意义 能够根据政策指引进行跨境通关作业
素养目标	树立规则意识，培养民族自豪感、社会责任感和自信心 培养国际视野

任务2.1 跨境电商贸易、商务、运输相关法律法规

【任务引入】

跨境电商行业有一些核心的法律制度，主要体现在税收、检验检疫、跨境支付、平台责任、信息使用与大数据、消费者权益保护、外资准入等几个方面。

①税收。沿用了一段时期的行邮税随着跨境电商零售进口税收政策的出台而成为了历史。跨境电商在税收上慢慢和普通贸易相同。这种情况可能会加剧灰色清关，然而海关也会在这个领域开展更严厉的执法，因此如何让商品在税收上合法化、阳光化，同时保持跨境电商对普通进出口贸易的优势值得研究。

②检验检疫。保税区的检验检疫主要依据“四法三条例”（《中华人民共和国进出口商品检验法》《中华人民共和国进出口动植物检疫法》《中华人民共和国国境卫生检疫法》《中华人民共和国食品卫生法》《中华人民共和国进出口商品检验法实施条例》《中华人民共和国进出境动植物检疫法实施条例》《中华人民共和国国境卫生检疫法实施条例》）以及《进出境邮寄物检疫管理办法》等相关部门规章。保税区的检验检疫目前只适用符合性检测标准，即当地的生产标准、国际互认标准，因此在实际操作中比较灵活。

③跨境支付。跨境支付包括跨境第三方支付和跨境人民币支付。跨境第三方支付须遵

照 2013 年 3 月国家外汇管理局下发的《支付机构跨境电商外汇支付业务试点指导意见》的规定。

④平台责任。境内法律法规对交易平台规定了多项法定义务。此外，跨境交易平台还要考虑境外商家能否入驻、数据中心与网站服务器的选择等诸多问题。

⑤信息使用与大数据。信息、大数据的收集和使用方面主要指消费者权益保护法规定的正当、合法、必要三原则。

⑥消费者权益保护。在跨境电商场景下，境内关于消费者保护的一些规定（如七天无理由退货）就很难实现，这样就影响了消费者的购物体验。境外品牌商在开展跨境电商业务时也会参考境内商家对消费者的服务标准，以保护消费者权益。需要注意的问题是，根据现行规定，消费者享受行邮税购买的货物被退回是不能再次销售的，不然商家会涉嫌走私。此外，有不少职业打假人利用成分、标签不符合国家标准等跨境电商的“软肋”，发起规模化维权。

⑦外资准入。根据商务部 2015 年修订的外商投资产业指导目录与工业和信息化部关于放开在线数据处理和交易处理业务（经营类电子商务）外资股比限制的通告，外资进入电商领域已经完全放开，那么下一步的问题在于如何界定经营类电子商务的范围，这也是决定外资施展的空间有多大的问题。

任何一个行业的从业者，必须要了解行业的相关法律法规，才能够确保自己的利益是合法的，是受法律保障的，否则很容易因为对政策的不了解而致使利益受损。那么跨境电商的从业者应该了解哪些相关的政策法规呢？这些政策法律又是如何影响跨境电商行业的呢？带着这些问题，我们进入任务 2.1 的学习。

扩展学习

我国跨境电商目前在使用的法律法规如下：

①《中华人民共和国电子商务法》。

②《关于跨境电子商务零售进出口商品有关监管事宜的公告》（海关总署公告 2018 年第 194 号）。

③《关于实时获取跨境电子商务平台企业支付相关原始数据接入有关事宜的公告》（海关总署公告 2018 年第 179 号）。

④《关于实时获取跨境电子商务平台企业支付相关原始数据有关事宜的公告》（海关总署公告 2018 年第 165 号）。

⑤《财政部 海关部署 税务总局关于完善跨境电子商务零售进口税收政策的通知》（财关税〔2018〕49 号）。

⑥《关于调整跨境电商零售进口商品清单的公告》（财政部公告 2018 年第 157 号）。

⑦《市场监管总局关于做好电子商务经营者登记工作的意见》（国市监注〔2018〕236 号）。

⑧《商务部 发展改革委 财政部 海关总署 税务总局 市场监管总局关于完善跨境电子商务零售进口监管有关工作的通知》（商财发〔2018〕486 号）。

⑨《关于跨境电子商务综合试验区零售出口货物税收政策的通知》（财税〔2018〕103 号）。

⑩《国务院关于同意在北京等22个城市设立跨境电子商务综合试验区的批复》（国函〔2018〕93号）。

（读者可以登录网址 http://www.100ec.cn/zt/zck/，查看更多跨境电商政策。）

2.1.1 跨境电商的政策概述

2013年8月29日，国务院办公厅发布了商务部等九个部门联合制定的《关于实施支持跨境电子商务零售出口有关政策的意见》（国办发〔2013〕89号，简称“89号文”），从海关监管模式、出口检验、收付汇、跨境支付和税收等方面提出了总体方针和政策。此后，为落实“89号文”的相关精神，多个部门相继出台了相应的政策与规定来规范和促进跨境电商的发展，从而逐步搭建起了我国跨境电商的法规和制度体系。

跨境电商的生态圈涵盖了物流、信息流、资金流、单证流。配套企业包括软件公司、代运营公司、支付公司、物流公司、报关公司。服务内容包括质检、保险、网站运营、物流、退换货、图片翻译描述、金融服务、营销、网店装修等。监管部门包括海关、外汇管理、商务、市场监督、央行等政府机关。国家相关法律法规支持跨境电商健康发展，即跨境电商只要不违背我国现行法律法规和标准要求，可在发展中规范，在规范中发展。跨境电商企业和跨境电商平台必须了解和读懂国家的相关法律法规要求，清楚所承担的质量安全主体责任，只有遵守法律法规和标准，才能避免因盲目经营而造成损失。

鉴于2020年以来海外新冠疫情的持续蔓延改变了消费者的行为习惯，使线下线上零售市场被迫重新洗牌，给跨境电商的渗透带来了新的机会，因此国内各地先后出台了一系列政策，扶持中小型企业复苏，支持跨境电商行业发展。

2.1.2 跨境电商法律法规

2.1.2.1 关于跨境电商的界定

根据《商务部 发展改革委 财政部 海关总署 税务总局 市场监管总局关于完善跨境电子商务零售进口监管有关工作的通知》（商财发〔2018〕486号）的规定，跨境电商零售进口是指中国境内消费者通过跨境电商第三方平台经营者自境外购买商品，并通过“网购保税进口”（海关监管方式代码1210）或“直购进口”（海关监管方式代码9610）运递进境的消费行为。上述商品应符合以下条件：

第一，属于《跨境电子商务零售进口商品清单》内、限于个人自用并满足跨境电商零售进口税收政策规定的条件。

第二，通过与海关联网的电子商务交易平台交易，能够实现交易、支付、物流电子信息“三单”比对。

第三，未通过与海关联网的电子商务交易平台交易，但进出境快件运营人、邮政企业能够接受相关电商企业、支付企业的委托，承诺承担相应法律责任，向海关传输交易、支付等电子信息。

2.1.2.2 关于跨境电商的经营主体问题

跨境电商的经营主体，首次由“89号文”进行了明确的界定，即经营主体分为以下三类：

第一，自建跨境电子商务销售平台的电子商务进出口企业。

第二，利用第三方跨境电子商务平台开展电子商务进出口的企业。

第三，为电子商务进出口企业提供交易服务的跨境电子商务第三方平台。

根据“89 号文”的规定，经营主体要按照现行规定办理注册、备案登记手续。在政策未实施地区注册的电商企业可以在政策实施地区被确认为经营主体。

根据《商务部 发展改革委 财政部 海关部署 税务总局 市场监管总局关于完善跨境电子商务零售进口监管有关工作的通知》的规定，跨境电商零售进口主要包括以下参与主体：

第一，跨境电商零售进口经营者（以下简称跨境电商企业）：自境外向境内消费者销售跨境电商零售进口商品的境外注册企业，为商品的货权所有人。

第二，跨境电商第三方平台经营者（以下简称跨境电商平台）：在境内办理工商登记，为交易双方（消费者和跨境电商企业）提供网页空间、虚拟经营场所、交易规则、交易撮合、信息发布等服务，设立供交易双方独立开展交易活动的信息网络系统的经营者。

第三，境内服务商：在境内办理工商登记，接受跨境电商企业委托，为其提供申报、支付、物流、仓储等服务，具有相应运营资质，直接向海关提供有关支付、物流和仓储信息，接受海关、市场监管等部门后续监管，承担相应责任的主体。

第四，消费者：跨境电商零售进口商品的境内购买人。

2.1.2.3　跨境电商的海关监管模式

①明确监管原则：个人自用。相关部门对跨境电商零售进口商品按个人自用进境物品监管，不执行有关商品首次进口许可批件、注册或备案要求，但对相关部门明令暂停进口的疫区商品和对出现重大质量安全风险的商品启动风险应急处置时除外。

②明确监管方式：清单核放、汇总申报。“89 号文”明确提出建立电子商务出口新型海关监管模式，对出口商品进行集中监管，并采取清单核放、汇总申报的方式办理通关手续。《关于跨境贸易电子商务进出境货物、物品有关监管事宜的公告》（海关总署公告 2014 年第 56 号，简称“56 号文”）确立跨境电商的通关模式，即采取“清单核放、汇总申报”方式办理电子商务进出境货物报关手续。在该模式下，企业无需每进（出）口一票货物就要办理报关、结汇、退税等一系列手续，而只需按该公告的规定提交《中华人民共和国海关跨境贸易电子商务进出境物品申报清单》（简称《货物清单》），办理报关手续，再于每月 10 日前将上月结关的《货物清单》按规定进行归并，汇总形成《进出口货物报关单》并向海关申报。在传统货物贸易报关制度下，每一票货物均需要单独办理清关手续。由于跨境电商普遍具有单笔货物金额少、单量多的特点，因此“56 号文”确立的新型通关模式将极大地便利电商企业。

③明确监管主体范围。“56 号文”明确规定了通过与海关联网的电子商务平台进行跨境交易的进出境货物、物品范围，企业注册和备案要求，同时明确了监管范围和监管要求。“56 号文”明确规定“电子商务企业或个人通过经海关认可并且与海关联网的电子商务交易平台实现跨境交易进出境货物、物品的，按照本公告接受海关监管。”

在主体上，监管主体范围包括境内通过互联网进行跨境交易的消费者、开展跨境贸易电子商务业务的境内企业、为交易提供服务的跨境贸易电子商务第三方平台。

在渠道上，监管主体范围仅指通过与海关联网的电子商务平台的交易。

在性质上，监管主体范围应为跨境交易。对于未满足前述条件的货物和物品，仍按传统贸易办理通关手续。

④明确报关流程。“56 号文”进一步规定了电商企业如需办理报关业务，应按照海关对报关单位注册登记管理的相关规定，在海关办理注册登记。未进行登记注册的企业和个人将不能按此规定进行报关和办理收付汇与退税手续。

⑤调整通关作业时间和时限。海关总署将对跨境贸易电子商务监管海关作业时间和通关时限进行调整，要求各地海关保持 365 天×24 小时的作业时间。

2.1.2.4　跨境电商的检验检疫制度

“89 号文”提出对电子商务出口企业及其产品实行检验检疫备案或准入管理，利用第三方检验鉴定机构进行产品质量安全的合格评定。我国实行全申报制度，以检疫监管为主，一般工业制成品不再实行法检。我国实施集中申报、集中办理相关检验检疫手续的便利措施。为进一步落实“89 号文”的要求，推动跨境电商产品检验检疫的便利化，2015 年 5 月 14 日，国家质检总局发布《关于进一步发挥检验检疫职能作用促进跨境电子商务发展的意见》，提出加快构建跨境电子商务发展的检验检疫工作体制机制，建立跨境电商清单管理制度，实施跨境电子商务备案管理。该意见列出了八大禁止以跨境电子商务形式入境的包裹。此外，该意见提出了构建跨境电商风险监控体系和质量追溯体系；同时，进一步明确对跨境电子商务商品实行全申报管理，对出境跨境电子商品实行集中申报、集中办理放行手续，不断完善质量安全监督抽查机制，加大第三方检验鉴定结果采信力度。

2.1.2.5　跨境电商的税收制度

一直以来，跨境电商的出口退税和进口关税问题都是困扰行业发展的难题，为解决这一难题，“89 号文”提出对符合条件的电子商务出口货物实行增值税和消费税免税或退税政策。为落实这一要求，2013 年 12 月 30 日，财政部、国家税务总局发布《财政部 国家税务总局关于跨境电子商务零售出口税收政策的通知》，明确规定包括自建平台出口企业和电商应用企业在满足该通知有关要求的条件下，可以适用增值税、消费税退（免）税政策。该通知所规定的要求包括电子商务出口企业属于增值税一般纳税人并已办理出口退（免）税资格认定；出口货物取得海关出口货物报关单；出口货物在退（免）税申报期截止之日内收汇；电子商务出口企业属于外贸企业的，购进出口货物取得相应的增值税专用发票、消费税专用缴款书（分割单）或海关进口增值税、消费税专用缴款书，且上述凭证有关内容与出口货物报关单（出口退税专用）有关内容相匹配。该通知还明确了为电子商务出口企业提供交易服务的跨境电子商务第三方平台，不适用该通知规定的退（免）税政策，按现行有关规定执行。

当然，有关跨境电商的进口关税的征缴，实务中还面临着跨境电商进口企业以化整为零、货运分拆方式进口，把每件商品的价格控制在行邮税免缴税的额度之内，由此引发争议。

2.1.2.6　跨境电商的跨境支付和收付汇制度

“89 号文”提出鼓励银行机构和支付机构为跨境电子商务提供支付服务。支付机构办理电子商务外汇资金或人民币资金跨境支付业务，应分别向国家外汇管理局和中国人民银行申请并按照支付机构有关管理政策执行。我国不断完善跨境电子支付、清算、结算服务体系，切实加大对银行机构和支付机构跨境支付业务的监管力度。为了进一步推动跨境电商支付的改革，国家外汇管理局于2015年1月20日发布了《支付机构跨境外汇支付业务试点指导意见》，在全国范围内开展支付机构跨境外汇支付业务试点。该指导意见规定支付机构办理“贸易外汇收支企业名录”登记后可试点开办跨境外汇支付业务，同时将跨境支付的单笔交易限额由1万美元提高至5万美元。该指导意见允许支付机构集中办理收付和结售汇业务，事后完成交易信息逐笔还原，从而提高支付机构的办理效率，以满足跨境电子商务海量的支付需求。

2.1.2.7　现行跨境电商法律规范体系的问题

当前跨境电商的法规体系，虽然在海关监管和通关方式改革、检验检疫、税收和结汇支付等方面已具备了基本的可操作规范，但这些规范仍然存在一些难以完全契合跨境电商特征的弊端。同时，目前的法规普遍是以部门通知、部门规范的形式发布的，法律位阶较低，同时因为系各部门各自制定的规范性文件，难免存在内容互相冲突或不一致的情况。为实现对跨境电商更全面和有效的规范，我国应在各部门提出的规范性文件的基础上，结合跨境电商的发展特点和趋势，制定一部统一的跨境电商法律及相关实施条例，以促进跨境电商的健康和持续发展。

任务2.2　跨境电商监管（通关、商检、外汇、税收等）相关法律法规

【任务引入】

海关助力跨境电商“双11”进出口创新高

2020年11月1日和11日“双11”“双峰”当日，全国通过海关跨境电商进出口统一版系统共处理进出口清单5 226.95万票，处理清单峰值达14.5万票/分钟，较2019年增长129.9%，各项指标均创新高。

单峰变双峰，保障不放松。2020年“双11”购物节，电商企业促销高峰期由11月11日一天变为11月1日和11月11日两天。促销期的整体拉长不仅减轻了海关通关压力，而且延长了通关保障时间。

为此，海关监管部门制定业务和技术应急预案，及时处置突发情况，严格落实处长巡视、科长带班制度，做好24小时应急值守，各地技术运维单位做好技术保障工作，现场24小时业务和技术巡检，协调业务量大的电商企业合理安排数据推送时间和节奏，确保作业设备保持正常工作状态。“双11”高峰时段，海关跨境电商相关作业系统运行总体平稳，企业反响良好。

通关更便利，物流提效能。每年的“双11”，是消费者和商家的狂欢，更是海关通关效率的大考。宁波是全国主要网购保税进口口岸之一。2020年11月1日，宁波海关在宁波保税区、慈溪出口加工区两个大促活动主战场分别放行申报清单441.3万票和117万票。

为保证通关效率，全国业务量较大的海关统筹监管现场人力资源，结合企业生产安排和预估单量情况，优化现场人员排班配置，现场加班加点，便利企业通关。

2020 年 11 月 2 日，南京空港跨境电子商务产业园内，南京海关关员轻点手机屏幕，为一辆装载 280 万元的“双 11”预售服装、烘焙用品的监管车辆施加“智能锁”。货物运抵机场后系统自动验核信息并解锁，不影响卸货装运，每一步都无缝衔接。

跨境电商货物往往要赶当天的航班，对时效性要求很高。加快物流运转速度就是降低运营成本，是最直观的改革红利。

稳定供应链，发力双循环。与往年不同，2020 年新冠疫情对整个跨境电商业态造成了不小的影响。国内外的线上消费习惯进一步养成，更多消费者倾向于“安坐家中买遍全球”，这对货品储备提出了更高要求。

在南沙海关支持保障下，菜鸟国际供应链在南沙的业务量日益增长。目前在南沙综合保税区内已设有 5 个跨境电商备货库区，存储面积超过 20 万平方米。

2020 年 11 月 11 日，厦门邮局海关快速为厦门至荷兰马斯特里赫特首发货运包机载运的跨境电商商品办结手续。在中原腹地郑州，郑州海关支持航空公司开通跨境电商出口专线，通过“空空”“空陆”多式联运等方式帮助本省及周边地区的跨境电商企业快捷出口。2020 年“双 11”，电商企业发力海外市场，将促销活动延伸至东南亚、欧洲、美国等地，同步开展跨境电商出口促销活动。在海关支持下“卖全球”更加便捷，跨境电商越走越远。

如果没有严格有序的监管，进出口贸易必然会乱象丛生，不利于国家机关的进出口统计工作，也不利于社会的安全与稳定。那么对于跨境电商行业来讲，我国有哪些监管政策？如何进行监管？带着这些问题，我们进入任务 2.2 的学习。

为做好跨境电子商务零售进出口商品监管工作，促进跨境电子商务健康有序发展，根据《中华人民共和国海关法》《中华人民共和国进出境动植物检疫法》《中华人民共和国进出口商品检验法》《中华人民共和国电子商务法》等法律和《商务部 发展改革委 财政部 海关总署 税务总局 市场监管总局关于完善跨境电子商务零售进口监管有关工作的通知》（商财发〔2018〕486 号）等国家有关跨境电子商务零售进出口相关政策的规定，海关总署就海关监管事宜发布了一系列公告。

2.2.1 通关方面的法律法规

海关对于跨境电商零售进口监管的制度是多维度的，既有对消费者身份、电商企业的注册等要求，也有对物流、交易、支付等环节的监管。这种交易模式的核心是特定主体对特定商品在进口通关环节享有税收的优惠。

2.2.1.1 海关监管政策和法律法规的适用范围

进口跨境电商与一般贸易一样，需要报关，接受海关监管。

跨境电子商务企业、消费者（订购人）通过跨境电子商务交易平台实现零售进出口商品交易，并根据海关要求传输相关交易电子数据，接受海关监管。

监管原则为对跨境电子商务直购进口商品及适用“网购保税进口”（监管方式代码 1210）进口政策的商品，按照个人自用进境物品监管，不执行有关商品首次进口许可批件、注册或备案要求。

2.2.1.2　相关企业实行海关注册登记管理制度

跨境电子商务平台企业、物流企业、支付企业等参与跨境电子商务零售进口业务的企业，应当依据海关报关单位注册登记管理相关规定，向所在地海关办理注册登记；境外跨境电子商务企业应委托境内代理人（以下简称跨境电子商务企业境内代理人）向该代理人所在地海关办理注册登记。

跨境电子商务企业、物流企业等参与跨境电子商务零售出口业务的企业如需办理报关业务，向所在地海关办理注册登记。

物流企业应获得国家邮政管理部门颁发的快递业务经营许可证。在直购进口模式下，物流企业应为邮政企业或已向海关办理代理报关登记手续的进出境快件运营人。

支付企业为银行机构的，应具备银保监会或原银监会颁发的金融许可证；支付企业为非银行支付机构的，应具备中国人民银行颁发的支付业务许可证，支付业务范围应当包括互联网支付。

参与跨境电子商务零售进出口业务并在海关注册登记的企业，纳入海关信用管理，海关根据信用等级实施差异化的通关管理措施。

2.2.1.3　推行全程通关无纸化

海关搭建跨境电子商务通关管理和通关服务平台，实现涵盖企业备案、申报、审单、征税、查验、放行、转关等各个环节的全程通关无纸化作业。报关企业通过平台向海关申报电子清单，同时电商企业、物流企业、支付企业通过平台向海关传输交易、物流、支付电子信息，使清单信息和“三单”信息实现对接。缴纳税款采用网上支付、电子支付的形式。海关审核、查验、放行后将验放指令电子回执反馈报关企业。

2.2.1.4　明确“三单”数据传输主体，统一传输标准

①“三单”数据传输主体。交易信息由电商企业或电商平台企业提供；物流信息由物流企业提供；支付信息中，出口商品由电商企业（含外贸综合服务企业）提供实际收款信息，进口商品由支付企业传输交易、支付信息，邮政企业和进出境快件运营人在对所传信息真实性承担法律责任的前提下可代为传输交易、支付信息。

②“三单”数据格式标准。交易信息包括订单号、商品名称、数量、零售价格、运费、保险费、订购人姓名、订购人身份证号、订购人电话或手机号码等信息；支付信息包括支付类型、支付人姓名、支付人身份证号、支付人电话或手机号码、支付金额等信息；物流信息包括运单号、承运商品的订单号、运抵国或地区（进口为启运国或地区）、收货人姓名、收货人身份证号、收货人电话或手机号码。

2.2.1.5　出口实行简化申报、清单核放、汇总统计

①简化申报。对不涉及出口征税、出口退税、许可证件管理，且单票价值在人民币 5 000 元以内的跨境电子商务 B2C 出口商品，电商企业可以按照进出口税则 4 位税号申报。

②清单核放。电商企业或其代理人向海关提交《中华人民共和国海关跨境电子商务零售进出口商品申报清单》（以下简称《申报清单》），办理出口商品通关手续，经税务部门和外汇管理部门同意后，不再汇总申报《中华人民共和国海关出口货物报关单》。

③汇总统计。符合以上条件的跨境电子商务出口商品，按《申报清单》汇总统计。

2.2.1.6 进口申报通过“单一窗口”实行“三单合一”监管政策

①跨境电子商务零售进口商品申报前。跨境电子商务平台企业或跨境电子商务企业境内代理人、支付企业、物流企业应当分别通过国际贸易“单一窗口”或跨境电子商务通关服务平台向海关传输交易、支付、物流等电子信息，并对数据真实性承担相应责任。

在直购进口模式下，邮政企业、进出境快件运营人可以接受跨境电子商务平台企业或跨境电子商务企业境内代理人、支付企业的委托，在承诺承担相应法律责任的前提下，向海关传输交易、支付等电子信息。

②跨境电子商务零售进口商品申报时。跨境电子商务企业境内代理人或其委托的报关企业应提交《中华人民共和国海关跨境电子商务零售进出口商品申报清单》（以下简称《申报清单》），采取“清单核放”方式办理报关手续。

跨境电子商务综合试验区内符合条件的跨境电子商务零售出口商品申报时，可采取“清单核放、汇总统计”方式办理报关手续，不再汇总形成《中华人民共和国海关进（出）口货物报关单》。《申报清单》与《中华人民共和国海关进（出）口货物报关单》具有同等法律效力。

2.2.1.7 对B2C销售模式按照B2B

在零售进口模式下，电商企业或其代理人采取清单申报方式，代办申报、纳税等海关手续，并承担法律责任。在零售出口模式下，电商企业或其代理人采取清单申报方式，按照货物办理海关通关手续，并承担法律责任。

2.2.1.8 有效管控风险

“制度+科技+人工”三位一体的风险管控机制和前、中、后全方位综合监管体系建立。“制度”，即建立规范，对外明确清单和“三单”数据内涵与申报要求，对内规范海关作业，为风险管控奠定基础；“技术”，即依托大数据、云计算，全面采集清单、“三单”和海关作业以及相关部门数据，并创新技术方法，为风险管控提供保障；“人工”，即将人工智慧和机器智能相结合，依托信息化手段开展风险分析和处置。事前预设域值类风险参数，对超量、超额购买等进行有效控制；事中在实施清单和“三单”相关数据自动比对基础上，下达布控指令和设置风险参数，重点防控安全准入风险，同时提示并处置税收风险；事后适时对企业实施稽查。

2.2.2 商检方面的法律法规

进口法检货物应凭检验检疫机构签发的通关单办理海关通关手续。对跨境电商零售进口政策明确了跨境电商商品货物属性的，检验检疫机构应依法签发通关单。

为提高跨境电商商品通关效率，相关部门在通关单管理上采取了相应的便利措施。一是通关单仅针对跨境电商零售进口中的网购保税商品，而对跨境电商零售进口中的直购商品，免于签发通关单。二是将通关单的签发环节设定在“一线”，避免在“二线”出区时对小包裹逐个签发通关单，缩短通关时间、降低企业成本。三是实施通关单联网核查，检验检疫机构将通关单电子数据直接发送海关，尽最大可能实现通关单无纸化，进一步提高通关效率。四是清单内仅有约36%的编码在“法检目录”内，需要凭通关单验放，其余都不需要通关单即可办理海关通关手续。

2.2.3 外汇管理方面的法律法规

2020 年 5 月 20 日，国家外汇管理局发布了《国家外汇管理局关于支持贸易新业态发展的通知》（汇发〔2020〕11 号，以下简称《通知》），便利相关外汇业务的办理。

《通知》主要内容如下：

一是拓宽贸易新业态结算渠道。外汇管理局支持符合条件的银行凭交易电子信息办理外汇业务。

二是便利跨境电商出口业务资金结算。跨境电商企业可将境外仓储、物流、税收等费用与出口货款轧差结算。

三是优化跨境电商相关税费的跨境代垫。企业可以为客户跨境代垫相关的仓储、物流、税收等费用。

四是满足个人对外贸易结算的需求。个人可以通过外汇账户办理跨境电商和市场采购贸易项下的外汇结算。

五是完善市场采购贸易资金结算。对在市场采购贸易平台备案的主体，银行可以凭平台信息为其办理委托第三方报关的收汇、结汇业务。

六是支持外贸综合服务企业代办出口收汇。符合技术条件的外贸综合服务企业可以通过具备审核交易电子信息能力的银行，为其服务的客户代办出口收汇手续。

七是便利企业远程办理外汇业务。企业可以与外汇管理局系统直连，实现更多外汇业务的网上办理。

八是优化小额交易涉外收付款申报。外汇管理局支持企业以自身名义汇总申报小额涉外收支，满足其出口退税、融资的申报需求。

九是持续跟踪贸易新业态的创新发展。外汇管理局按照“服务实体、便利开放、交易留痕、风险可控”的原则，主动回应市场主体对外汇业务的新诉求。

此外，外汇管理局将加强事中、事后监管，并指导银行和支付机构完善内控，强化风险防范。

《通知》优化了贸易新业态下的外汇结算模式，扩大了账户收支范围，推动了更多业务在网上办理，在降低市场主体综合成本的同时，提升了跨境结算效率。

2.2.4 税收方面的法律法规

跨境电商的蓬勃发展在推进贸易全球化、信息化、便利化的同时，也给现行的税收法律体系造成了冲击，加速了传统法规及征管方式的调整。

2.2.4.1 “四八新政”

“四八新政”是指 2016 年 4 月 8 日，财政部联合海关总署、国家税务局共同出台《关于跨境电子商务零售进口税收政策的通知》（财关税〔2016〕18 号），要求跨境电商平台的零售进口品不再按物征收行邮税，而是按照货物征收关税、进口环节增值税、消费税等，同时行邮税率也相应调整。“四八新政”从法规的层面认可了跨境电商。为保证跨境电商的平稳过渡，该法规的执行先后经历两个延长的过渡期。

2016 年 4 月 8 日起，我国正式实施跨境电子商务零售进口税收政策，规定如下：

①跨境电商零售进口商品不再按物品征收行邮税，而是按货物征收关税、增值税、消费税。

②公布跨境零售进口电商正面清单，跨境零售进口商品的品类受到一定的限制。

③规定个人购买限额，跨境电子商务零售进口商品的单次交易限值为 2 000 元，个人年度交易限值为 2 万元。

④跨境零售进口的标准提高，化妆品、婴幼儿配方奶粉、医疗器械、特殊食品等的首次进口需提供许可批件、注册或备案证明。跨境监管政策规范调整的内容较多，但给出了一定的过渡期，部分政策于 2018 年起开始实行。2017 年 9 月，跨境电商零售进口监管过渡期再次延长，延长至 2018 年年底。过渡期的两次延长给了跨境电商企业更多的调整空间，使之整体处于政策利好期。

2.2.4.2　2019 年 1 月 1 日起执行《财政部 海关总署 国家税务总局关于完善跨境电子商务零售进口税收政策的通知》

新的税收政策调整主要包括以下内容：

①年度交易限值由每人每年 20 000 元调整至 26 000 元，今后随着居民收入的提高，相机调增；单次交易限值由每人每次 2 000 元调整至 5 000 元。

②明确完税价格超过单次交易限值 5 000 元但低于年度交易限值 26 000 元且订单下仅一件商品时，可以通过跨境电商零售渠道进口，按照货物税率全额征收关税和进口环节增值税、消费税（必须按照一般贸易的税率缴税），交易额计入年度交易总额。

③明确已经购买的电商进口商品不得进入国内市场再次销售。原则上不允许网购保税进口商品在海关特殊监管区域外开展“网购保税+线下自提”模式。

④其他事项请继续按照《关于跨境电子商务零售进口税收政策的通知》（财关税〔2016〕18 号）的有关规定执行。

2.2.4.3　综合试验区零售出口货物“无票免税”政策

2018 年 9 月，财政部、国家税务总局、商务部、海关总署联合发布《关于跨境电子商务综合试验区零售出口货物税收政策的通知》（财税〔2018〕103 号），对跨境电商综合试验区内跨境电商企业未取得有效进货凭证的货物，凡符合规定条件的，出口免征增值税和消费税，即实施“无票免税”政策。

2019 年 10 月，为支持跨境电商新业态发展，推动外贸模式创新，配合落实“无票免税”政策，国务院常务会议决定，发布《关于跨境电子商务综合试验区零售出口企业所得税核定征收有关问题的公告》（以下简称《公告》）。国家出台更加便捷的企业所得税核定征收办法，即应税所得率统一按照 4%确定，进一步明确跨境电商企业所得税核定征收有关问题，促进跨境电商企业更好地开展出口业务。新政策落地意味着未来跨境出口政策趋向明朗，总体形势较为乐观，对出口企业而言是一大利好，但监管力度也会不断加大。

2020 年 1 月 17 日，商务部、发展改革委、财政部、海关总署、国家税务总局、市场监管总局六部门联合印发《关于扩大跨境电商零售进口试点的通知》，将石家庄等 50 个城市（地区）及海南全岛纳入跨境电商零售进口试点范围。

我国跨境电商零售进口实现平稳健康发展。据海关统计，2019 年，我国跨境电商零售进口额为 918.1 亿元，同比增长 16.9%，对丰富国内产品供给、促进新业态和新模式发展、吸引消费回流、更好满足居民需求发挥了积极作用。

2.2.5 跨境电商综合实验区的监管政策

2.2.5.1 综合实验区的含义

综合试验区是为适应新型商业模式发展的要求，通过制度创新、管理创新、服务创新和协同发展，破解跨境电子商务发展中的深层次矛盾和体制性难题，实现跨境电子商务自由化、便利化、规范化发展的综合试验区。

综合试验区将着力在跨境电子商务交易、支付、物流、通关、退税、结汇等环节的技术标准、业务流程、监管模式和信息化建设等方面先行先试，破解跨境电子商务发展中的深层次矛盾和体制性难题，打造跨境电子商务完整的产业链和生态链，逐步形成一套适应和引领全球跨境电子商务发展的管理制度和规则。

2.2.5.2 基本原则

①综合试验区坚持先行先试、循序渐进。突出重点，大胆探索，适时调整，逐步推广，有力、有序、有效推动综合试验区建设发展。

②综合试验区坚持创新发展、有序规范。通过制度创新、管理创新、服务创新，推动跨境电子商务自由化、便利化、规范化发展，同时控制好试点试验的风险，保障安全。

③综合试验区坚持政府引导、企业主体。

④正确处理政府与市场的关系，充分发挥市场在资源配置中的决定性作用，更好发挥政府的引导作用。综合试验区坚持综合改革、协同发展。综合试验区加强部门协同协作和相关政策衔接，通过综合改革、集成创新，形成适应跨境电子商务发展的监管服务模式和制度体系，打造跨境电子商务完整的产业链和生态链。

2.2.5.3 综合试验区设立的意义

①规范管理。综合试验区实行跨境电子商务模式的改革，规范管理，让传统的 B2C 跨境商品交易的过程逐步阳光化、透明化、合规化，既有利于保障消费者的利益，也利于监管部门规范管理，同时还给企业带来了新的发展契机。

②便捷通关。综合试验区使民众通过便捷的通关、快速的物流、简易的支付享受全球众多的商品，实现“足不出户、购遍全球”。

③增加就业。跨境电子商务作为“大众创业、万众创新”的新业态，会为广大民众提供更多的创业渠道，也会创造出更多的就业机会，对扩大就业、增加居民收入、促进经济社会发展具有重要意义。

2.2.5.4 综试区发展战略

经过 3~5 年的改革试验，综合试验区力争建设成以“线上集成+跨境贸易+综合服务”为主要特征，以“物流通关渠道+单一窗口信息系统+金融增值服务”为核心竞争力，“关”“税”“汇”“检”“商”“物”“融”一体化，线上“单一窗口”平台和线下“综合园区”平台相结合，投资贸易便利、监管高效便捷、法治环境规范的全国跨境电子商务创业创新中心、跨境电子商务服务中心和跨境电子商务大数据中心。

2.2.5.5 综试区获批历程

2020 年 5 月 6 日，国务院发布《关于同意在雄安新区等 46 个城市和地区设立跨境电子商务综合试验区的批复》（以下简称《批复》），同意在雄安新区、大同、满洲里、营口、盘锦、吉林、黑河等 46 个城市和地区设立跨境电子商务综合试验区。加上之前已经获批的59个跨境电商综合试验区，至此国家批准设立了5批共105个跨境电商综合试验区，覆盖30个省、自治区、直辖市。其中，前两批13个跨境电商综合试验区主要位于东部地区的大中型城市，第三批22个跨境电商综合试验区和第四批24个跨境电商综合试验区开始向中西部地区和东北地区倾斜，第五批46个跨境电商综合试验区形成区域全面覆盖的格局（见表2-2-1）。

表2-2-1　全国105个跨境电商综合试验区

批次	时间	数量	城市（地区）
第一批	2015年3月	1个	杭州
第二批	2016年1月	12个	宁波、天津、上海、重庆、合肥、郑州、广州、成都、大连、青岛、深圳、苏州
第三批	2018年7月	22个	北京、呼和浩特、沈阳、长春、哈尔滨、南京、南昌、武汉、长沙、南宁、海口、贵阳、昆明、西安、兰州、厦门、唐山、无锡、威海、珠海、东莞、义乌
第四批	2019年12月	24个	石家庄、太原、赤峰、抚顺、珲春、绥芬河、徐州、南通、温州、绍兴、芜湖、福州、泉州、赣州、济南、烟台、洛阳、黄石、岳阳、汕头、佛山、泸州、海东、银川
第五批	2020年4月	46个	雄安新区、大同、满洲里、营口、盘锦、吉林、黑河、常州、连云港、淮安、盐城、宿迁、湖州、嘉兴、衢州、台州、丽水、安庆、漳州、莆田、龙岩、九江、东营、潍坊、临沂、南阳、宜昌、湘潭、郴州、梅州、惠州、中山、江门、湛江、茂名、肇庆、崇左、三亚、德阳、绵阳、遵义、德宏傣族景颇族自治州、延安、天水、西宁、乌鲁木齐

在地区分布上，除北京、天津、上海、重庆四个直辖市都获批外，其他省份以获批城市数量为标准可以划分为三大梯队。第一梯队为大于或等于10个城市的省份；第二梯队为大于或等于5个城市但小于10个城市的省份；第三梯队为小于5个城市的省份。

第一梯队：广东省（13个）、浙江省（10个）、江苏省（10个）。

第二梯队：山东省（7个）、福建省（6个）、辽宁省（5个）。

第三梯队：湖南省（4个）、四川省（4个）、河北省（3个）、内蒙古自治区（3个）、黑龙江省（3个）、吉林省（3个）、安徽省（3个）、江西省（3个）、河南省（3个）、湖北省（3个）、山西省（2个）、广西壮族自治区（2个）、海南省（2个）、贵州省（2个）、云南省（2个）、陕西省（2个）、甘肃省（2个）、青海省（2个）、宁夏回族自治区（1个）、新疆维吾尔自治区（1个）。

从第二批到第五批，试点城市获批的时间间隔越来越短，每批次中获批试点的城市数量越来越多，政策不断加码，跨境电商模式持续被寄予厚望。《批复》称，要复制推广前四批综合试验区的成熟经验做法，推动产业转型升级，开展品牌建设，引导跨境电子商务全面发展，全力以赴稳住外贸外资基本盘，推进贸易高质量发展。

扩展学习

《中国（广州）跨境电子商务综合试验区实施方案》

（http://www.100ec.cn/detail--6336132.html）

实训 2.2　模拟“三单对碰”

请分组进行角色扮演，模拟“三单对碰”操作以及可能遇到的走私行为。

对案例进行分析总结，归纳出跨境电商涉税走私形式分为以下两类：

第一类是伪造物流、信息流、资金流“三单”信息，盗用、冒用消费者个人信息进行限额内“刷单”，将本应以一般贸易方式进口的货物以跨境电商形式进口，以骗取税收优惠政策。以网购保税进口为例，其具体走私方式如图 2-2-1 所示。

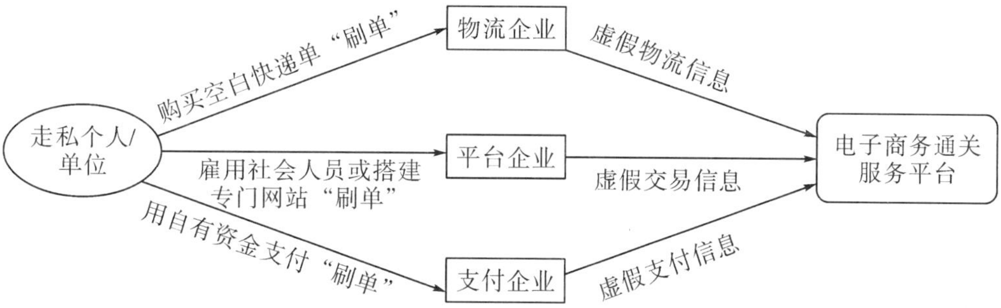

图 2-2-1　**走私方式**

◆物流：商品以一般货物形式进入保税区，走私个人或单位利用快递行业监管漏洞，购买空白快递单号，制作虚假快递单，将货物以零售商品形式批量运出保税区。

◆信息流：走私的个人、单位搭建虚假跨境电商平台，雇用社会人员或利用互联网技术，购买或获取网络用户的身份信息，以此为基础制作虚假订单，集中“刷单”，瞒骗海关审核。

◆资金流：支付企业选用支付机构，利用支付机构监管漏洞，使用自有资金支付虚假订单，伪造支付单。

此时，伪造的信息在电子商务通关服务平台上构成了“三单对碰”，走私个人或单位享受了税收优惠和便利化通关。

第二类是低报价格。与伪造“三单”信息、不存在任何跨境电商零售进口交易基础不同，低报价格是基于真实有效的订单进行价格造假（见图 2-2-2）。

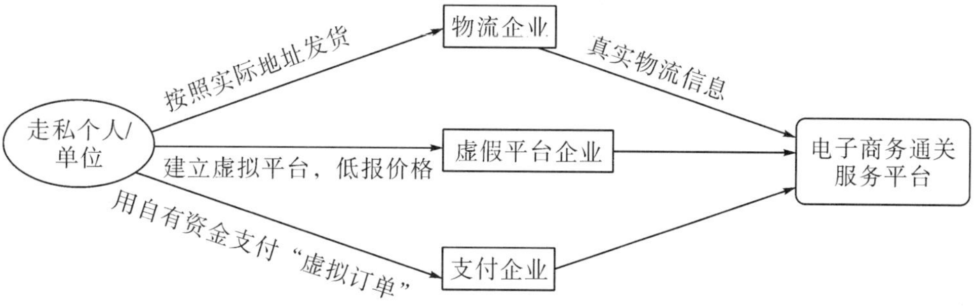

图 2-2-2　**走私方式**

◆物流：物流企业依照真实的订单进行商品派送，物流信息真实。

◆信息流：走私的个人、单位根据其他电商平台的真实订单中的个人买家身份信息、收件地址、货品名称、数量，在虚假平台上生成虚拟“订单”，其价格为自行制定的低报价格。

◆资金流：支付企业依照低报价格的假订单进行收付款，由此形成了虚假支付信息。

在“三单”信息中，物流信息为真，交易信息、支付信息为假，走私个人或单位同样享受了税收优惠和便利化通关。

任务 2.3 针对跨境零售出口的政策

【任务引入】

上海口岸跨境电商 B2B 出口试点迎来“开门红”

自 2020 年 9 月 1 日启动试点以来，浦东国际机场快件口岸的跨境电商出口 B2B 清单量以迅猛的速度增长。据统计，试点首月出口清单量已达到 30 万票，即平均每天有 1 万票电商货物通过新开放的 B2B 监管模式出口至全球各地。2020 年 10 月的出口清单量达 46 万票，平均每个工作日 2 万票，单日单量相比首月接近翻倍。海关为稳外贸、促就业、全面提升跨境电商贸易效率而采取的一系列举措收到了实效。

2020 年以来，新冠疫情在全球蔓延，大量传统贸易订单转为线上成交，跨境电商出口需求进一步增长。海关研究推出新的跨境电商出口监管模式，企业可以通过一次登记、一点对接，享受海关优先查验、一体通关、自动比对、便利退货等优惠措施。

在新的监管方式下，跨境电商的货物出口流程简化、效率提升。尤其是中小微企业，在出口单票价值较低的货物时，只要单票金额在 5 000 元以下，不涉证、不涉检、不涉税，即可选择以清单模式申报，将十位税号简化为六位税号。全程通关无纸化，申报更为便捷。参加试点的某物流企业负责人反映，申报一票电商货物时，在数据匹配成功 5 分钟后，就可以收到海关的快速放行信息，货物随即将搭乘最近一趟航班出运。

针对不少电商和物流企业对新政还存有一定的疑虑，上海海关在试点之前反复与企业进行沟通，召开了多场政策宣讲会，最终确定了 11 家物流企业、9 家电商企业加入首批试点。试点启动后，浦东机场快件口岸跨境电商试点工作组开始“白+黑”模式，一方面忙着建立跨境电商 B2B 出口专窗、安排专人专岗负责受理试点业务，另一方面建立关企试点工作群，在线答疑解惑，从企业注册登记、海外仓备案、系统对接、通关申报到货物验放离境，提供全程通关指导，为提升企业便利度和获得感下足了功夫。在试点运行过程中，工作组基本上要保持 7×24 小时微信在线，及时沟通解决各种技术故障和其他难题。

试点 2 个月，新政成效初显。通过新监管方式出口的商品主要包括塑料制品、仿首饰、服装鞋靴、箱包、液晶装置、玩具等 450 余种，出口目的地覆盖了 13 个国家和地区，标志着上海口岸开启了规模化“卖全球”的跨境电商贸易新征程，为上海稳住外贸外资基本盘、推进贸易高质量发展提供了有力支撑。

试点期间，上海海关又进一步放出“大招”，于 2020 年 9 月 29 日启动了跨境电商 B2B 出口电子放行，让数据多跑路，让企业少跑腿，进一步提升了物流效率，方便“中国制造”驶上便捷出口的快车道。

上海义达国际物流有限公司（以下简称义达公司）的总经理表示：“我公司自 2020 年 9 月在上海口岸使用出口跨境电商 B2B 申报以来，通关时效有了明显提升，仓库流转加快，整个仓储物流链更加顺畅，我们的客户对此非常满意。”

据了解，除了上海本地电商企业外，多家注册在江浙地区的出口电商企业也已经或者准备向上海快件口岸申请开展 B2B 出口业务，期望借政策东风，更好地占领全球市场。2020 年 10 月，已有 2 家注册地在上海以外地区的电商企业通过审核，开始在上海口岸开展出口业务。

跨境零售是很多跨境 B2C 或 C2C 平台卖家非常关心的政策，这些政策的实施日益规范了我国的出口跨境行业行为，特别是将个人包裹与商业交易日益区别开来，对于国家的外汇管理、税收管理也是极大地完善。作为卖家，其应该关心跨境出口政策的变化。那么目前有哪些新政策呢？政策对卖家的交易流程产生了怎样的影响呢？会增加卖家的成本还是减少卖家的成本呢？带着这些问题，我们进入任务 2.3 的学习。

2018 年 9 月，财政部、国家税务总局、商务部、海关总署联合发布了《关于跨境电子商务综合试验区零售出口货物税收政策的通知》（财税〔2018〕103 号），对跨境电子商务综合试验区（以下简称综试区）内的跨境电子商务零售出口企业（以下简称跨境电商企业）未取得有效进货凭证的货物，凡符合规定条件的，出口免征增值税和消费税（以下简称“无票免税”政策）。

为支持跨境电商新业态发展，推动外贸模式创新，配合落实“无票免税”政策，国务院常务会议决定，出台更加便利企业的所得税核定征收办法。因此，国家税务总局发布公告，进一步明确跨境电商企业所得税核定征收有关问题，促进跨境电商企业更好地开展出口业务。

2.3.1 《关于跨境电子商务综合试验区零售出口货物税收政策的通知》的主要内容

该通知从核定征收范围、条件、方式、程序、优惠政策等方面对综试区内跨境电商企业核定征收企业所得税的相关事项进行了规定，旨在为综试区内跨境电商企业提供更为便利的操作办法。

2.3.1.1 核定征收范围

为配合落实好“无票免税”政策，跨境电商企业是指符合财税〔2018〕103 号文件规定的企业，即自建跨境电子商务销售平台或利用第三方跨境电子商务平台开展电子商务出口的企业。

2.3.1.2 核定征收条件

跨境电商企业通过商务平台出口货物，是近几年发展的新业态。为鼓励跨境电商发展，针对跨境电商企业出口货物无法取得进货发票的实际情况，财政部、商务部、海关总署和国家税务总局联合发布了财税〔2018〕103 号文件，对符合规定条件的跨境电商企业，可以试行“无票免税”政策。对于这些符合规定的企业，可以试行采取核定方式，征收企业所得税。

2.3.1.3 核定征收方式

由于跨境电商企业可以准确核算收入，为简化纳税人和税务机关的操作，综试区内核定征收的跨境电商企业统一采用核定应税所得率方式核定征收企业所得税。同时，考虑到跨境电商企业出口货物的采购、销售，主要是通过电子商务平台进行的，不同地区之间差异较小，为进一步减轻企业负担，促进出口业务发展，综试区核定征收的跨境电商企业的应税所得率按照《国家税务总局关于印发〈企业所得税核定征收办法〉（试行）的通知》（国税发〔2008〕30 号，国家税务总局公告 2018 年第 31 号修改）中批发和零售贸易业最低应税所得率确定，即统一按照 4%执行。

2.3.1.4 核定征收程序

综试区内跨境电商企业和税务机关均应按照有关规定办理核定征收相关业务。税务机关应及时完成综试区跨境电商企业核定征收鉴定工作，跨境电商企业应按时申报纳税。

2.3.1.5 优惠政策

综试区内核定征收的跨境电商企业，主要可以享受以下两类优惠政策：

一是符合《财政部 税务总局关于实施小微企业普惠性税收减免政策的通知》（财税〔2019〕13 号）规定的小型微利企业优惠政策条件的，可享受小型微利企业所得税优惠政策（上述规定如有变化，从其规定）。

二是取得的收入属于《中华人民共和国企业所得税法》第二十六条规定的免税收入的，可享受相关免税收入优惠政策。

2.3.2 监管要求

在跨境电子商务零售出口商品申报前，电子商务企业或其代理人、物流企业应当分别通过服务平台如实向海关传输交易、收款、物流等电子信息。

电子商务企业或其代理人应提交《中华人民共和国海关跨境电子商务零售进出口商品申报清单》，出口采取“清单核放、汇总申报”方式办理报关手续。

在跨境电子商务零售商品出口后，电子商务企业或其代理人应当于每月 10 日前（当月 10 日是法定节假日或法定休息日的，顺延至其后的第一个工作日；12 月的清单汇总应当于当月最后一个工作日前完成），将上月（12 月为当月）结关的《申报清单》依据清单表头同一收发货人、同一运输方式、同一运抵国、同一出境口岸以及清单表体同一 10 位海关商品编码、同一申报计量单位、同一币制规则进行归并，汇总形成《中华人民共和国海关进（出）口货物报关单》并向海关申报。

除特殊情况外，《申报清单》《中华人民共和国海关进（出）口货物报关单》应当采取通关无纸化作业方式进行申报。

扩展学习

《海关总署关于开展跨境电子商务企业对企业出口监管试点的公告》

海关总署积极推进跨境电商“三单”对比、全程无纸化监管、出口退货创新举措等，积极支持跨境电商新业态健康快速发展。《2020 年国务院政府工作报告》中明确要求加快跨境电商等新业态发展。国务院发布的《关于同意在雄安新区等 46 个城市和地区设立跨境电子商务综合实验区的批复》（国函〔2020〕47 号）中，要求国务院有关部门要在跨境电商 B2B 相关环节着力技术标准、业务流程、监管模式和信息化建设等方面的探索创新，研究出台更多支持措施。

跨境电商 B2B 出口监管试点政策的解读参见网址 http://tjs.customs.gov.cn/customs/302249/302270/302272/3173188/index.html。

实训 2.3 小组讨论

请分小组讨论 B2B 出口监管试点政策出台的意义。

任务 2.4 针对跨境零售进口的政策

【任务引入】

2016 年 5 月以来，我国对跨境电商零售进口实行“暂按个人物品监管”的过渡期安排，有效促进了行业稳定发展，但也存在各方权责不清、政策预期不稳定等问题。经国务院常务会议审议通过，商务部、发展改革委、财政部、海关总署、国家税务总局、市场监管总局于 2019 年 11 月 28 日联合印发了《关于完善跨境电子商务零售进口监管有关工作的通知》（以下简称《通知》），明确了过渡期后跨境电商零售进口的有关监管安排。

《通知》详细规范了电商平台在境内、经营者在境外的进口跨境电商各方的权利义务及合规要点。新规自 2019 年 1 月 1 日起实施，2019 年 3 月 31 日前为过渡期。

2.4.1 《关于完善跨境电子商务零售进口监管有关工作的通知》

2.4.1.1 跨境电商零售进口的政策含义

跨境电商零售进口是指中国境内消费者通过跨境电商第三方平台经营者自境外购买商品，并通过“网购保税进口”（海关监管方式代码 1210）或“直购进口”（海关监管方式代码 9610）运递进境的消费行为。从海关监管机制上看，跨境电商是一种特有的海关清关通道，区别于常规的个人快件清关通道、一般贸易清关通道等。

跨境电子商务企业、消费者（订购人）通过跨境电子商务交易平台实现零售进出口商品交易，并根据海关要求传输相关交易电子数据的，按照政策接受海关监管。

2.4.1.2 跨境零售进口的商品范围

跨境电商企业进口的商品必须属于《跨境电子商务零售进口商品清单》内的商品，不得进口涉及危害口岸公共卫生安全、生物安全、进口食品和商品安全、侵犯知识产权的商品以及其他禁限商品。

上述商品应符合以下条件：

①限于个人自用并满足跨境电商零售进口税收政策规定的条件。

②通过与海关联网的电子商务交易平台交易，能够实现交易、支付、物流电子信息“三单”比对。

③未通过与海关联网的电子商务交易平台交易，但进出境快件运营人、邮政企业能够接受相关电商企业、支付企业的委托，承诺承担相应法律责任，向海关传输交易、支付等电子信息。

2.4.1.3 跨境电商零售进口商品监管的总体原则

跨境电商零售进口商品必须直接面对消费者且仅限于个人自用。监管部门明确对跨境电商零售进口商品按个人自用进境物品监管，不执行首次进口许可批件、注册或备案要求。

但对相关部门明令暂停进口的疫区商品和对出现重大质量安全风险的商品启动风险应急处置时除外。

2.4.1.4 明确各参与主体责任，规范主题行为，确保政策执行

相关部门统筹考虑促进行业发展和保护消费者权益的要求，按照政府部门、跨境电商企业、跨境电商平台、境内服务商、消费者各负其责的原则，明确各方责任，实施有效监管。

①跨境电商零售进口经营者——跨境电商企业（卖家，货权所有人）。跨境电商企业承担质量安全主体责任，承担消费者权益保障责任，包括但不限于商品信息披露、提供商品退换货服务、建立不合格或缺陷商品召回制度、对商品质量侵害消费者权益的赔付责任等。

跨境电商企业须履行对消费者的提醒告知义务，如相关商品符合原产地有关质量、安全、卫生、环保、标识等标准或技术规范要求，但可能与我国标准存在差异。消费者自行承担相关风险。相关商品直接购自境外，可能无中文标签，消费者可以通过网站查看商品中文电子标签。消费者购买的商品仅限个人自用，不得二次销售。

跨境电商企业须建立健全网购保税进口商品质量追溯体系，追溯信息应至少涵盖国外启运地至国内消费者的完整物流轨迹，鼓励向海外发货人、商品生产商等上游溯源。

跨境电商企业须建立商品质量安全风险防控机制，包括收发货质量管理、库内质量管控、供应商管理等。

跨境电商企业须向海关实时传输交易电子数据，如订单、支付、物流数据。

②跨境电商第三方平台经营者——跨境电商平台。跨境电商平台须建立平台内交易规则、交易安全保障、消费者权益保护、不良信息处理等管理制度。

跨境电商平台须建立消费纠纷处理和消费维权自律制度。当消费者在平台内购买商品，且其合法权益受到损害时，平台须积极协助消费者维护自身合法权益，并履行先行赔付责任。

跨境电商平台须建立商品质量安全风险防控机制，当商品发生质量安全问题时，敦促跨境电商企业做好商品召回、处理。

跨境电商平台须根据监管部门要求，对平台内的在售商品进行有效管理。

③境内服务商。境内服务商主要包括支付机构、物流企业和报关企业，须在境内办理工商登记，向海关提交相关资质证书并办理注册登记，如实向海关监管部门传递数据信

息，如实申报，并对数据真实性承担相应责任。

④消费者。消费者是跨境电商零售进口商品税款的纳税义务人。跨境电商平台、物流企业或报关企业为税款代扣代缴义务人，向海关提供税款担保，并承担相应的补税义务及相关法律责任。

对于已购买的跨境电商零售进口商品，只限个人使用，不得再次销售。

⑤监管部门——政府部门。政府部门依法依规履行监管职责，对违法违规行为进行处罚。

其他规定如下：

第一，检验检疫制度。海关对跨境电商零售进口商品实施质量安全风险监测，在商品销售前按照法律法规实施必要的检疫，并视情况发布风险警示。

第二，明确了线下自提业务的违法性。原则上不允许网购保税进口商品在海关特殊监管区域外开展“网购保税+线下自提”模式。

第三，将跨境电商零售进口相关企业纳入海关信用管理。根据信用等级不同，实施差异化的通关管理措施。已购买的跨境电商零售进口商品，不得再次销售。

第四，海关对违反本规定参与制造或传输虚假“三单”信息、为二次销售提供便利、未尽责审核订购人身份信息真实性等，导致出现个人身份信息或年度购买额度被盗用、进行二次销售及其他违反海关监管规定情况的企业依法进行处罚。

第五，对企业和个体工商户在国内市场销售的《跨境电子商务零售进口商品清单》范围内的、无合法进口证明或相关证明显示采购自跨境电商零售进口渠道的商品，市场监管部门依职责实施查处。

2.4.1.5 进一步加大支持力度，扩大政策适用范围

在原15个试点城市基础上，政策适用范围扩大至北京等22个新批跨境电商综合试验区城市。各试点城市人民政府作为本地区跨境电商零售进口监管政策试点工作的责任主体，负责本地区试点工作的组织领导、实施推动、综合协调、监督管理及措施保障，确保本地区试点工作顺利推进。试点过程中的重大问题及情况须及时报商务部等有关部门。

2.4.1.6 全面推行跨境零售进口商品的退货政策

2020年3月，为进一步优化营商环境、促进贸易便利化，帮助企业积极应对新冠疫情影响，推动跨境电子商务健康快速发展，海关总署发布《关于跨境电子商务零售进口商品退货有关监管事宜的公告》（海关总署公告2020年第45号），全面推广跨境电子商务进口商品退货监管措施。

①责任主体更加明晰。该公告增加了“跨境电子商务企业及其境内代理人应保证退货商品为原跨境电商零售进口商品，并承担相关法律责任”的表述，明确了验核退货商品是否为原跨境电商零售进口商品的责任人为跨境电子商务企业及其境内代理人。

②退货要求更加符合业态实际。该公告取消了退货商品“符合二次销售要求”和“原状运抵”的规定，同时增加了“退货企业可以对原《中华人民共和国海关跨境电子商务零售进口申报清单》（以下简称《申报清单》）内全部或部分商品申请退货”的表述，更加符合退货业务实际。

③延长了退货时间。退货企业在《申报清单》放行之日起30日内申请退货，并且在

《申报清单》放行之日起45日内将退货商品运抵原海关监管作业场所、原海关特殊监管区域或保税物流中心（B型）的，相应税款不予征收，并调整消费者个人年度交易累计金额。

④退货场地更加明确。该公告明确了退货运抵地点既包括“原海关监管作业场所”，也包括“原海关特殊监管区域或保税物流中心（B型）”，即直购进口模式下对应退回海关监管作业场所，网购保税进口对应退回海关特殊监管区域或保税物流中心（B型）。

2.4.2 扩大进口商品清单范围

为促进跨境电子商务零售进口的健康发展，2018年11月20日，《跨境电子商务零售进口商品清单（2018年版）》（新版“正面清单”）公布，自2019年1月1日起实施，新版“正面清单”对应的正是国务院决议的新增群众需求量大的63个税目商品。

上述政策的调整，是对2016年出台的跨境电商零售进口政策的延续和完善，是扩大开放更大激发消费潜力的重要举措。政策实施以后，将有利于促进跨境电商新业态的健康发展，促进外贸进出口稳定增长和新动能成长；有利于促使国内企业参与国际竞争，提高自身的竞争力；有利于增加境外优质消费品的进口，更好地满足人民对美好生活的需要；有利于维护公平竞争的市场环境。

扩展阅读

跨境电子商务零售进口商品清单（2018年版）
（http://gss.mof.gov.cn/zhengwuxinxi/zhengcefabu/201811/t20181129_3079063.html）

2.4.3 “四八新政”下跨境电商业务模式

“四八新政”监管政策下的跨境电商包含保税备货、跨境直邮两种业务模式。

①保税备货：平台先将商品批量运输至国内保税仓，待消费者下单后，再从保税仓进行清关出区，交付国内物流并配送至消费者。

②跨境直邮：平台将商品存放在海外仓库，待消费者下单后，直接从海关配送，经中国海关清关后，交由国内物流并配送至消费者。

保税备货、跨境直邮均是在“四八新政”监管规则下的合规跨境电商业务模式，均需进行商品备案，经营品类受“正面清单”限制，所有订单均需平台进行主动申报，缴纳相关税费后才能进行境内配送，因此有效避免了代购、“海通”等灰色区域。但由于备货地的配置差异，保税备货、跨境直邮在物流时效和商品品类等方面形成了各自的优劣势。

大多数消费者对直邮模式相对比较推崇，因为直邮模式可以提供完整的国外物流信息从而规避假货风险。平台则是根据不同的运营策略，对两种模式各有侧重。

2.4.4 “四八新政”下电子清关流程及监管政策——单一窗口、两段准入、三单合一

2.4.4.1 单一窗口

中国国际贸易“单一窗口”是指实现申报人通过电子口岸平台一点接入、一次性提交满足口岸管理和国际贸易相关部门要求的标准化单证和电子信息，相关部门通过电子口岸

平台共享数据信息、实施职能管理，处理状态（结果）统一通过“单一窗口”反馈给申报人。通过持续优化整合，“单一窗口”功能范围覆盖到国际贸易链条各主要环节，逐步成为企业面对口岸管理相关部门的主要接入服务平台。“单一窗口”提高国际贸易供应链各参与方系统间的相互操作性，优化通关业务流程，提高申报效率，缩短通关时间，降低企业成本，促进贸易便利化。

2.4.4.2 两段准入

2019 年 10 月 16 日，海关总署发布《关于分段实施准入监管加快口岸验放的公告》（海关总署公告 2019 年第 160 号），自 2019 年 11 月 15 日起正式实施，通过对进口货物分段实施准入监管，加快货物口岸通关验放速度。

“两段准入”是指对进口货物准予提离和准予销售使用实施分段准入监管，即“准予入境”的进口货物完税后可以直接从进口口岸提离，待检测合格后再“合格入市”。这是海关监管作业方式的一次重大改革，实现了大多数中低风险进口货物的快速通关和流转，有助于减少货物在口岸积压，降低货物滞港产生的仓储成本和时间成本，提升海关监管和通关的整体效能。

根据海关总署“两段准入”信息化监管推进安排，自 2020 年 9 月 30 日起，在京朝阳关（0118）、东疆港区（0217）、昆山海关（2325）、外港海关（2225）、广州机场（5141）、海珠海关（5120）、新沙海关（5212）、蛇口海关（5304）、前海海关（5356）9 个隶属关区开启“两段准入”信息化监管。以上关区的“两段准入”试点企业可在货物申报中提交“两段准入”申请。

①第一段监管：准入进入关境。这是指进口货物完成必要的口岸检查，凭海关通知准予提离进境地口岸海关监管区。符合条件的进口货物包括以下四类：

第一类：无海关检查要求的。

第二类：仅有海关口岸检查要求且已完成口岸检查的。其中，进境地口岸海关监管区内不具备检查条件的，收货人可以向海关申请在监管区外具备检查条件的特定场所或场地实施转场检查。

第三类：仅有海关目的地检查要求的。

第四类：既有海关口岸检查又有目的地检查要求，已完成口岸检查，或者经进口收货人或其代理人申请在进境地口岸合并实施且已完成相关检查的。

②第二段监管：准入进入中国市场。这是指进口货物准予从口岸提离后，由企业自行运输和存放，凭海关放行通知准予销售或使用。符合条件的进口货物包括以下三种情形：

第一种：有海关目的地检查要求的，海关已完成检查。

第二种：属于监管证件管理的，海关已核销相关监管证件。

第三种：需进行合格评定的，海关已完成合格评定程序。

“两段准入”以进口货物准予提离口岸监管作业场所场地为界，分段实施“是否允许货物入境”（第一段监管）和“是否允许货物进入国内市场销售或使用”（第二段监管）两类准入监管。企业在海关取样后将货物附条件提离至存储地，待海关确认检验合格、办结相关手续后，即可将货物流入国内市场以销售或使用。该模式可以优化监管资源配置，便捷进口通关流程，缩短货物口岸停留时间，降低企业通关成本。

过去货物需要在口岸办结所有手续后才能放行，现在通过“两段准入”模式，企业可以先行附条件提离货物，提前做好入市相关准备，节约时间 2~3 天，同时有效降低了物流成本。

2.4.4.3　三单合一

“三单”信息就是海关公告中的交易信息、支付信息、物流信息。相对应的“三单”就是订单、支付单、运单（也叫物流单），是在消费者下单后由不用类型主体的企业分别推送的。

订单包括订购人信息、订单号、支付单号、物流单号及商品信息等，由电商企业推送电子订单数据。

支付单包括支付人信息、支付金额、订单号、支付单号等，由支付企业推送支付单数据。

运单包括分物流单号、订单号、商品信息、收货人等，由仓储物流服务商推送运单数据。

支付单由有支付资质的企业推送给海关，订单和物流单由跨境电商平台或提供保税仓仓储物流服务的第三方公司推送给海关，海关核对“三单”信息，核验放行后才可以进行境内段配送。

“三单合一”的监管要求在国家层面有效提升了跨境电商监管力度，在征缴海关税费方面提供了强有力的工具保障，但同时也提高了跨境电商行业的进入门槛。由于需要和第三方支付、物流、保税仓及电子口岸进行系统对接，因此一定的技术开发能力成为业务开展的基础。

在实际政策落地过程中，“三单合一”也存在着很多变通方式，如部分关区仅要求“三单”（订单、支付单、运单），而有些关区则要求“四单”，除了订单、支付单、运单外，还需要由代理清关公司报送“清单”。同时，订单、运单、支付单等均可由代理清关公司代为报送，但需要先向海关部门进行申请审核。

近年来，通过跨境电商渠道实施的走私犯罪案件不断涌现，从实践来看，多地有关执法部门往往以“三单”（订单、支付单、运单）是否相符作为区分罪与非罪的依据。

事实上，跨境电商零售进口有多种类型，其罪与非罪的判断不能简单地以“三单”是否相符作为依据。目前，跨境电商零售进口的违法违规类型主要有以下五种：

第一种：境内企业与电商平台勾结，伪造消费者信息后恶意“刷单”，将一般贸易货物伪报成跨境电商货物，并在境内销售牟利。

第二种：境内消费者在电商平台下单后，平台因不愿意透露客户隐私，而未将客户信息提供给境外电商企业，电商企业为符合报关要求，遂将涉案货物以虚假身份信息报关入境。

第三种：境内企业与电商平台勾结，雇用他人以消费者名义向电商企业下单并付款，电商平台根据订单信息进行报关，涉案企业在货物入境后向被雇用人付款回购，并从雇用人处实际收取货物。

第四种：境外非电商企业从事针对境内消费者的跨境销售业务，其委托境内企业负责报关，境内企业为牟取利益，与电商平台合谋，用电商平台外的交易生成虚假订单，以跨境电商形式报关入境后，将货物交付境内消费者。

第五种：境内电商平台为节省物流时间，伪造消费者信息用于刷单，将电商企业的货物以跨境电商形式报关入境后，再向有需求的境内消费者销售。

扩展学习

跨境电商与代购

代购本身是一种中性行为，但不少代购者为了追逐商业利益，对海关抽检抱有侥幸心理，超量携带应税物品或雇用“水客”闯关，从而让代购与“灰关”、逃税、走私产生了交集。与跨境电商相比，代购的税务违规问题更为普遍而隐蔽。

1. 相关税收优惠规定

①针对旅检渠道，进境居民旅客携带在境外获取的个人自用进境物品，总值在5 000元以内的，海关予以免税放行。

②针对邮递渠道，个人寄自或寄往港、澳、台地区的物品，每次限值为800元；寄自或寄往其他国家和地区的物品，每次限值为1 000元。

2. 代购转型是大势所趋

根据《中华人民共和国电子商务法》（以下简称《电子商务法》）的规定，只要是通过网络促成交易的经营行为，都将受到《电子商务法》的规制，职业代购可以属于广义上的“电子商务经营者”。一旦个人经营行为在登记后转变为公司或商业主体经营行为，依法依规缴纳增值税和所得税就成为必然。

进一步讲，跨境电商本身就是一种规范化的代购模式，是代购转型的方向。《电子商务法》的实施，使一些未转型的代购必然离场，而给转向跨境电商的合规代购留下的则是一大片市场空间。

无论是《电子商务法》，还是频繁出台更新的部门规章，都释放出国家鼓励、支持、引导跨境电商良性发展的积极信号。

跨境电商经营者在利用优惠政策提升业务总量的同时，也应增强合规意识，避免税收优惠政策成为滋生走私的温床，否则便违背了立法的初衷。

实训 2.4 小组讨论

“两段准入”新模式 助力货物快通关

2020年11月3日9时，从德国空运进口的5.2千克带接头电缆采用“两段准入”模式，实现自动化核批，经南京海关所属南京禄口机场海关实施查验后，即在口岸提离，全程用时仅1.5小时。这标志着南京空港口岸“两段准入”信息化监管正式启动。

“两段准入”是指对进口货物准予提离和准予销售使用实施分段准入监管，即“准予入境”的进口货物完税后可以直接从进口口岸提离，待检测合格后再“合格入市”。这是海关监管作业方式的一次重大改革，实现了大多数中低风险进口货物的快速通关，避免了货物在口岸积压，降低了货物滞港产生的仓储成本和时间成本。

菲尼克斯（中国）投资有限公司关务负责人说：“‘两段准入’后，我们缴了税就能提货，货物可以先拉到自己的厂区，待海关确认检验合格、办结相关手续后就能投入使用了，大大节省了货物堆存的仓储成本，也提高了物流效率。”在目前新冠疫情防控常态化背景下，进口货物能够快速通关，给外贸企业节约了大量成本。

“两段准入”改革实施以来，企业在货物获准提离后，将货物从口岸直提至仓库，使放行时间平均缩短了近一半。为进一步优化营商环境，机场海关强化监管、优化服务，积极推进实施“两段准入”，加强与属地海关的对接，在监管到位的前提下，不断提升监管和通关整体效能，为推动稳外贸稳外资工作注入新动能。

请根据案例材料进行分小组讨论，分析海关政策对跨境电商业务的推动作用。

任务 2.5　新冠疫情背景下跨境电商的政策机遇

【任务引入】

跨境电商再迎政策红利。2020 年 9 月 21 日，国务院印发《关于北京、湖南、安徽自由贸易试验区总体方案及浙江自由贸易试验区扩展区域方案的通知》，其中湖南、安徽、浙江自由贸易试验区总体方案中均提及支持跨境电商发展。

业内人士表示，新冠疫情倒逼新经济、新业态的发展，将对全球消费者的线上消费习惯培育产生加速推动作用，在线经济和线上消费比例将会大幅提升，跨境电商将成为主流趋势。在此时加大对跨境电商发展的支持力度，将有利于我国占据先发优势。

政策红利就是政府改革的方向，我们总能看到不少行业的成功人物借助行业政策的红利，抓住机遇，不断发展壮大。那么跨境电商的从业者在目前的政策红利期应该怎么把握机遇？有哪些机遇呢？带着这些问题，我们进入任务 2.5 的学习。

2.5.1　新冠疫情不可抗力出口退运货物税收规定

2020 年 11 月 3 日，经国务院批准，财政部、海关总署、国家税务总局联合印发《关于因新冠肺炎疫情不可抗力出口退运货物税收规定的公告》相关内容如下：

第一，对自 2020 年 1 月 1 日起至 2020 年 12 月 31 日申报出口，因新冠疫情不可抗力原因，自出口之日起 1 年内原状复运进境的货物，不征收进口关税和进口环节增值税、消费税，出口时已征收出口关税的，退还出口关税。

第二，对符合第一条规定的货物，已办理出口退税的，按现行规定补缴已退（免）增值税、消费税税款。

第三，自公告发布之日起，符合第一条规定的退运货物申报进口时，企业向海关申请办理不征税手续的，应当事先取得主管税务机关出具的出口货物已补税（未退税）证明。

第四，自 2020 年 1 月 1 日起至公告发布之日，符合第一条规定的退运货物已征收的进口关税和进口环节增值税、消费税，依企业申请予以退还。其中，未申报抵扣进口环节增值税、消费税的，应当事先取得主管税务机关出具的《因新冠肺炎疫情不可抗力出口货物退运已征增值税、消费税未抵扣证明》，向海关申请办理退还已征进口关税和进口环节增值税、消费税手续；已申报抵扣进口环节增值税、消费税的，仅向海关申请办理退还已征进口关税。进口收货人应在 2021 年 6 月 30 日前向海关办理退税手续。

第五，符合第一条、第三条和第四条规定的货物，进口收货人应提交退运原因书面说明，证明其因新冠疫情不可抗力原因退运，海关凭其说明按退运货物办理上述手续。

第六，公告由财政部会同海关总署、国家税务总局负责解释。

当前，新冠疫情仍在全球扩散蔓延，国内经济持续回升的基础尚不稳固，上述税收规定有利于缓解相关企业因新冠疫情造成的困难。

从政策来看，2019 年年底以来，我国先后出台跨境电商企业所得税核定征收、跨境电商出口商品退货监管措施，新设多个跨境电商综合试验区，鼓励多元投入建设海外仓，海关新增跨境电商 B2B 监管方式开启试点等全方位支持政策，打通了多个“堵点”，助力跨境电商抵御新冠疫情冲击，进一步优化了跨境电商监管体系，为后续的快速发展提供了动力。

从企业层来看，跨境电商在积极应对新冠疫情带来的人员流动限制、货源不足、订单大幅减少等问题的同时，及时调整了企业库存、物流、履约条件、资金链等领域的策略，实现了跨境电商企业在信息综合服务能力、全球物资供应能力、全球物流整合能力等方面的提升，推动了跨境电商企业的优化升级。总之，新冠疫情“大考”提升了我国跨境电商的全球供应链集采能力，进一步推动了我国跨境电商产业链在全球范围的优化布局。

2.5.2　政策红利带来发展助力

政策红利的到来将会为跨境电商行业发展再添助力。例如，《中国（湖南）自由贸易试验区总体方案》提出，支持跨境电商企业在重点国别、重点市场建设海外仓；适时开通跨境电商中欧班列铁路运邮的邮路出口业务。这将为跨境电商的物流畅通提供保障。《中国（安徽）自由贸易试验区总体方案》提出，支持合肥、芜湖跨境电商综合试验区建设；支持合肥、芜湖片区开展跨境电商零售进口试点；依法依规开展跨境电商人民币结算，推动跨境电商线上融资及担保方式创新。跨境电商的资金问题也会迎来新的解决渠道。

物流一直以来都是跨境电商发展的核心和重点环节。支持建设海外仓，是符合新一轮跨境电商全球布局趋势的。

第一，有助于跨境电商 B2B 出口快速发展。当前，跨境电商 B2B 出口已经打开局面，而扩大海外仓布局，将进一步加快跨境电商 B2B 出口模式的发展。

第二，有助于提升配送效率。未来，全球电子商务发展将以本地化策略为动力。实现本地化策略的重要抓手之一是海外仓。从跨境企业来看，海外仓能降低物流成本，将小包变大包再转化为大宗运输；从消费者来看，海外仓能促使跨国派送转化为本地派送，确保了配送的时效性，同时也能为后续的退换货提供服务，尤其是在节假日期间能有效弥补物流配送短板，更适应当地消费者习惯，提升购物体验，增加顾客黏性。

实训 2.5 保税电商流程

请分组分角色模拟演练保税电商流程（见图 2-5-1）。

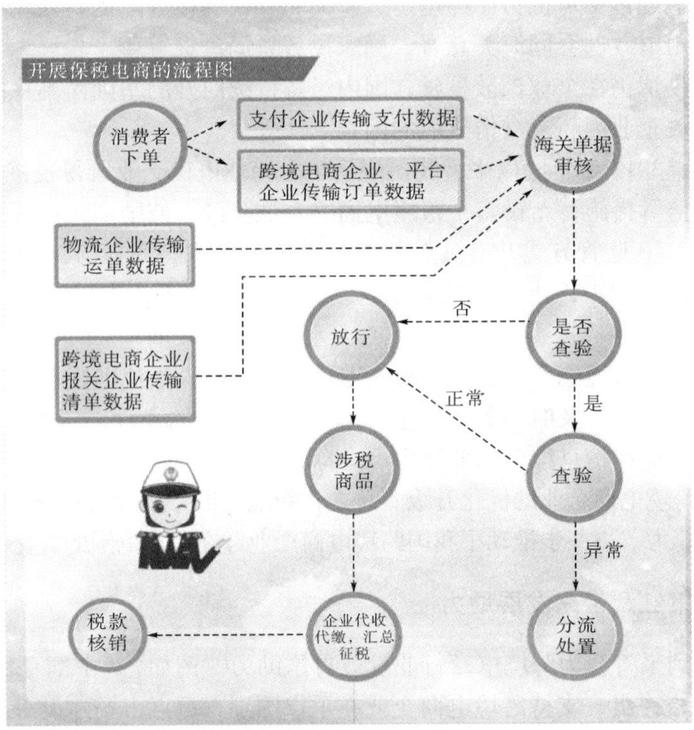

图 2-5-1 保税电商流程

项目3 跨境电商出口平台

【学习目标】

知识目标	了解跨境电商出口平台的分类 了解各个平台的特征和经营模式 熟悉各个平台的特点和规则 掌握跨境电商平台的基本操作
能力目标	能够根据企业自身特点和商品特性，选择合适的跨境电商平台 能够在各个跨境电商平台上完成账号的注册 能够掌握各个跨境电商平台的相关规则
素养目标	能够查找跨境电商平台销售数据，了解不同国际市场的特点 能够具备从跨境电商不同平台的特征中找到平台优化改善的方面 能够根据所学知识预测跨境电商平台未来的发展趋势

任务3.1 跨境电商出口平台概述

【任务引入】

张正是一名自由职业者，很想创业。得益于国家不断出台新的扶持政策，跨境电商已成为电商行业新热点，张正也很想紧跟形势，进入跨境电商行业中，从事出口贸易。那么跨境电商平台都有哪些？状况如何？他应该选择哪个电商平台入驻呢？

通过跨境电商将自己的产品卖到国外去是当前越来越多企业的选择，面向更多的消费者，销售的增长空间会更大。眼下，在出口跨境电商领域，通用的办法是入驻大型的电商平台，借助平台开展业务。也有的跨境贸易新人往往有这样一个简单的想法，认为只要在主流的跨境电子商务平台全部上架开店，机会就最大，收益也会最大。其实这个观点是错误的，特别是跨境贸易新人，因为经验、资源、精力有限，专注于某一平台永远比广撒网更有效率。选择一个合适的跨境平台，投入自己的资源，好好经营一家店铺，这才是跨境贸易新人正确的第一步。否则易顾此失彼，最终往往是竹篮打水一场空。

那么，有哪些主流的跨境电商出口平台呢？它们各自的特点有哪些呢？它们分别适合什么样的商家入驻呢？入驻的难易程度如何呢？带着这些问题，我们进入任务3.1的学习。

扩展学习

请用电脑打开网址 https://www.cifnews.com/amazon?origin=pc_artpaiming_rwenzilian，了解亚马逊网站的相关资讯；打开网址 https://www.cifnews.com/aliexpress?origin=pc_artpaiming_rwenzilian，了解速卖通的相关资讯；打开网址 https://www.cifnews.com/shopee?origin=pc_artpaiming_rwenzilian，了解虾皮（Shopee）的相关资讯；打开网址 https://www.cifnews.com/wish?origin=pc_artpaiming_rwenzilian，了解 Wish 的相关资讯；打开网址 https://www.cifnews.com/ebay?origin=pc_artpaiming_rwenzilian，了解易贝（eBay）的相关资讯。

当前，跨境电商已经成为一大热点，未来也很可能成为主流的外贸出口模式，并将在相当长的一段时间内，推动我国国际贸易发展。因此，对于跨境电商出口平台，我们有必要进行详细介绍。

在我们提到的出口跨境电商平台中，亚马逊、eBay、速卖通和 Wish 是为人所熟知的巨头。虽然说它们都是打着全品类、卖全球的招牌，但它们各有特点，不同的业内人士会选择不同的平台或是多管齐下。在具体介绍这些平台之前，我们先对跨境电商的国际市场分布情况进行介绍。

3.1.1 跨境电商平台国际分布：北美篇

北美地区主要包括加拿大和美国。

加拿大作为全球经济排名前列的贸易大国，约有 3 700 万人口，网民达 3 100 万人，手机普及率居世界前列，国民网购占有率为 80%，预计到 2022 年，加拿大电商市场年人均网购消费额将上升到 1 128.56 美元。加拿大人对跨境购物有着相当高的接受度，并且中国产品在加拿大非常受欢迎。中国产品在加拿大的受青睐程度仅次于美国产品。加拿大人最爱的网购是时尚服装，大部分消费者的绝大多数预算都会用在购买服装上。其次是电子产品和体育用品，加拿大是一个热爱运动的国家，经常参加体育活动的加拿大人占加拿大全部国民的 54%。另外汽配市场也值得关注，对于提升汽车安全性、舒适度、美观等方面的产品，加拿大人具有强烈的购买欲望。这些可以作为跨境卖家的重点投放和推广类目。但是加拿大的语言不仅是英语还有法语，跨境卖家需要区别。加拿大人常用的网购平台有 Amazon Canada、Newegg Canada、Walmart、Best Buy、Etsy Canada 等。

美国是全球电商市场最先兴起的国家。截至 2019 年 1 月底，美国总人口约 3.3 亿人，其中购买力最强的 25~54 岁人群占比达 39.45%。美国拥有 1.84 亿在线购买者，凭借约 21 万亿美元的国内生产总值及 88%的互联网覆盖率，美国当仁不让成为全球最具吸引力的商业宝地。美国消费者已经表现出良好的对海外电子商务的接纳程度，超过 70%的美国电商用户在国外网站购买过东西。移动端（手机和平板电脑）贡献着美国线上销售中超过 30%的份额。美国消费者追求价格实惠的产品、快速的送货方式以及简单的退货政策。

关于美国人的消费习惯，我们可以将人群根据年龄进行细分：

高达 92%的“婴儿潮”一代（1946—1964 年出生的人）会进行网购。由于步入中老年，“婴儿潮”一代对健康产品特别感兴趣。他们的网购订单平均每笔花费203美元，远远超过千禧一代的平均消费。这表明这一代人不仅在网上非常活跃，而且他们也十分重视网购产品。他们一般会在电脑端完成购买，只有4%的“婴儿潮”一代更喜欢通过移动设备购物。此外，他们不太在意价格，77%的人会根据产品本身的价值购买产品。

1965—1980年出生的一代人占美国人口的30%以上，年龄在40~55岁，处于人生收入水平较高的阶段。他们的收入占美国人收入的约30%，有较强的购买力。他们重视家庭，并且在购物习惯上更贴近“婴儿潮”一代，对科技产品和社会媒体的接受度更高。热爱社交媒体，其中95%的人使用“脸书”（Facebook），他们平均每周在智能手机上花费21个小时、在电脑上花费9个小时、在平板电脑上花费4个小时。

千禧一代（1981—2000年出生）热衷健康和体育活动。智能手环、健康应用程序、营养补剂……他们心甘情愿在此类产品上消费。在产品和服务中，他们最看重质量，而不是价格。高达82%的千禧一代的购买决定受家庭、社交媒体和朋友的意见的影响。

Z世代（20世纪90年代中叶至2000年后出生的人）是目前较千禧一代更加被市场关注的人群，这部分人占美国总人口的1/4。如果说千禧一代是数字经济的先驱者，见证了搜索引擎、移动互联网和即时通信的崛起，那么Z世代一出生就生活在数字化的世界，社交媒体、科学技术对他们的影响最大。他们有着强烈的自我认知和定位，追求个性、包容多元文化，也更加现实，购买产品时，他们更喜欢独特性的产品。

亚马逊是美国无可争议的电商巨头，月访问量达20.12亿人次。美国主流的电商平台还有eBay，月访问量约7.47亿人次。美国主流的电商平台已经扩展至20多个国家，销售产品包括汽车、电子产品、时尚产品、家居产品、园艺产品、体育产品、玩具甚至商业和工业产品。沃尔玛的月访问量约2.95亿人次，是全球最大的零售公司。Etsy的月访问量约2.23亿人次，是一个专注于手工和复古产品以及独特的工厂制造产品的平台。Home Depot的月访问量约1.30亿人次，是美国最大的五金和家居用品零售公司，在美国拥有2 200多家门店。

借记卡和信用卡仍然是美国付款方式的主流。即使人们在线上购物，也有45%的销售额是用银行卡支付的。PayPal在线上支付中占有一定的市场份额（占总额的15%）。此外，其他支付方式，如Amazon Payment、GoogleWallet、Skrill等数字支付方式，在美国也有一定的用户基础。

3.1.2 跨境电商平台国际分布：欧洲篇

欧洲的8.2亿居民中有5.3亿互联网用户及2.59亿在线购物用户。2019年，欧洲B2C电商业务交易额达6 210亿欧元，增长率为13.6%，2018年和2017年欧洲B2C电商业务交易额增长率分别为11.8%和13.9%。《2020年欧洲跨境B2C电子商务市场报告》指出，欧洲在线购物者所占比例大幅增加，2019年增长接近50%。预计到2022年年底，欧洲跨境B2C电子商务销售比将以两位数的速度增长。速卖通（AliExpress）等在线销售平台已被评为顶级跨境电商平台。

3.1.2.1 欧洲大多数B2C电商业务集中在西欧

西欧消费者是欧洲消费者中网购最频繁的一个群体，因此该地区也成为欧洲B2C电商业务的集中地。然而，西欧不同国家消费者的网购频率也各有不同。2018 年，88%的瑞士消费者至少网购过 1 次，英国、丹麦和荷兰的这一比例分别为 87%、86%和 84%。

3.1.2.2　北欧消费者的电商消费金额最高

北欧不仅是欧洲大陆互联网普及率最高的地区（普及率达 93%），也是欧洲消费者中在线支出最高的地区。2018 年，北欧消费者的平均网购支出达 2 046 欧元，这或许是北欧地区生活成本较高导致的。西欧消费者的平均网购支出为 1 974 欧元。

3.1.2.3　东欧消费者仍然钟情实体店购物

科索沃和黑山的消费者是欧洲所有消费者中最少网购的，他们更热衷实体店购物。数据显示，55%的科索沃人和 52%的黑山人更喜欢在商店购物。罗马尼亚、塞浦路斯和保加利亚的消费者也表现出了对实体店购物的偏爱。

3.1.2.4　波兰人的超高网购热情

调查数据显示，波兰消费者的网购热情最高，只有 2%的波兰消费者表示更喜欢实体店购物。英国和荷兰紧随其后，只有 10%的英国消费者和 11%的荷兰消费者不会在网上购物。

3.1.2.5　亚马逊、易贝与速卖通是欧洲最受欢迎的电商平台

相比自主搭建平台，借助第三方平台是中小企业进入欧洲电商市场的一种低成本方式。在平台方面，亚马逊、易贝、Etsy 和速卖通等平台在欧洲电商市场都有巨大的影响，但欧洲当地也有一些本土电商平台备受消费者喜爱。

3.1.3　跨境电商平台国际分布：非洲篇

随着跨境电商的高速发展，近几年在欧美等地，跨境电商各方面的发展条件已经十分成熟，市场已慢慢从蓝海市场过渡到红海市场。放眼全球，非洲、中东、南美等地区的跨境电商才刚刚兴起。非洲是世界面积第二大洲，同时也是世界人口第二大洲，随着非洲经济的稳步增长，总人口达到 12 亿人的非洲大陆对轻工、纺织、服装、五金、钟表、床上用品、家电和电子产品的需求日益增加，而移动互联网逐渐在非洲各国推广普及，更为非洲国家推动电商平台发展提供了机遇。2017 年，非洲大陆和中东地区大约有 6 540 万电商用户，预计到 2021 年年底，这一数字将增加到 8 540 万。届时，8 000 多万用户将在网上平均花费 311 美元。麦肯锡报告预测，到 2025 年年底，电子商务在非洲主要市场零售总额中将会占 10%的比例，达 3 000 亿美元。

Jumia 是非洲电子商务巨头，该公司拥有多个线上垂直运营平台，在 14 个非洲国家提供服务，业务包括在线外卖服务（Jumia Food）、旅游订票服务（Jumia Flights）和广告分类网站（Jumia Deals）等，还有由支付系统（Jumia Pay）和送货服务组成的电商物流基建服务（Jumia Services）。Jumia 有尼日利亚、摩洛哥、埃及、肯尼亚、巴基斯坦、科特迪瓦等站点，各个站点分开运营，有独立的前后台，以本地货币销售。

Kilimall 于 2014 年 7 月在肯尼亚内罗毕成立，是由原华为员工在肯尼亚成立的一家大型电商平台，在尼日利亚和乌干达也开设了站点。客户群体是小型 B 端批发卖家和 C 端消费者，当地卖家和中国卖家均可入驻。Kilimall 致力于在非洲本土运营，是一个集多国订单、交易、支付、配送等功能于一体的一站式国际线上交易服务平台。

Konga 是一家成立于 2012 年 7 月的尼日利亚电子商务公司，总部位于拉各斯州

(Lagos State)。Konga 提供第三方在线市场以及跨越各种类别的第一方直接零售，包括消费电子产品、时装、家用电器、书籍、儿童用品、医疗保健和个人护理产品。

Mall for Africa 于 2011 年在尼日利亚成立，主要销售时尚鞋服、品牌手表等欧美国家产品，其中不乏阿玛尼、塔曼（Topman）等国际品牌。Mall for Africa 平台向非洲消费者提供了直接从国际线上零售商处购买商品的机会，使得其用户可以直接接触数百家美国和英国的电子商务零售商以及超过 85 亿件的产品组合。

Zando 由火箭网（Rocket Internet）公司创立于 2012 年，是南非首屈一指的在线时尚购物平台，销售超过 550 个品牌，包括鞋类、服装、家居用品和美容产品，且有自己的品牌。Zando 致力于为购物者提供每个季节的最新趋势和必备品。Zando 在南非地区所有订单都享受免费送货，消费者可以省下一笔快递费用。Zando 的送货时效较好，交货时间为 5~7 个标准工作日。从 Zando 平台子站点页面访问比例可看出，服饰和鞋靴页面访问占比达 45%以上，人均页面浏览量达到 7 页/次以上。

Takealot 是南非领先的在线零售商。该平台主要销售书籍、电子产品、园艺用品以及母婴产品等。Takealot 成立于 2011 年，发展成为南非市场上的电商巨头。2014 年，Takeal 宣布将与 Naspers 公司的 Kalahari 合并。2015 年 5 月，所有 Kahahari 的客户账户被成功转移到 Takealot。

BidorBuy 于 1999 年 8 月首次推出，在 2000 年 1 月正式上线。2010 年 6 月，BidorBuy 肯尼亚站成立。BidorBuy 被中国电商卖家誉为“南非淘宝”。其最开始以拍卖形式进行收藏品交易，如南非的硬币、邮票、古董等交易。目前，BidorBuy 已经扩展到其他类别，包括所有可以合法交易的产品。

非洲电商市场也存在一定的问题，如不信任和欺诈问题。非洲的消费者普遍担心会受骗，这阻碍了他们在线上购买高价商品。和印度电商市场相似，在非洲电商市场中，很大一部分消费者都选择货到付款，一些非洲电子商务公司也选择使用这种方式来解决买家和卖家之间的不信任问题。不过，货到付款对卖家来说会有很多问题，如商品途中被偷问题、成本收益问题等，这些因素都会导致电商交易不成功。由于基础设施不完善，物流供应链也难以搭建，限制了电商的发展壮大，这也直接导致了物流服务基础差，货物运达时效性较差。另外，非洲大多数国家的教育非常落后，国民受教育程度偏低，这在一定程度上增加了电商的运营成本和人工培训成本。

3.1.4 跨境电商平台国际分布：东南亚篇

3.1.4.1 基本介绍

东南亚地区共有 11 个国家，总人口约 6.5 亿人，约 87%的人口都分布在印度尼西亚(简称印尼)、菲律宾、越南、泰国、马来西亚、新加坡，这也是东南亚跨境电商平台的主要市场。东南亚地区人口密度大，40 岁以下的青年人口的比重达到 70%，近 50%为城市人口，年龄中位数约为 29 岁。在全球面临老龄化这一严重趋势下，东南亚地区有巨大的人口红利。2020 年，东南亚地区网民达到 4.8 亿人，人们乐意通过互联网的方式进行消费。人口红利的优势有利于东南亚地区形成更大规模的消费市场。东南亚地区也是我国华侨最多的地区。东南亚人平均每天花费 3.6 小时在移动互联网上，其中排名第一的是泰国人，平均每天花费 4.2 小时，其次是印尼人，平均每天花费 3.9 小时。相比之下，美国、英国、日本消费者平均每天花费在移动互联网上的时长分别仅为 2 小时、1.8 小时、1 小时。东南亚人每个月在线购物大约 140 分钟，是美国人所花时间的两倍。人口基数大且又喜爱网购，显示了东南亚地区电商市场的巨大需求。谷歌和淡马锡联合研究指出，到 2025 年，东南亚地区互联网经济价值预计将超过 2 400 亿美元，比 2018 年的首次预测高出 400 亿美元。届时，东南亚地区的电商市场价值预计将达到 1 020 亿美元，占该地区互联网经济总价值的 40%以上。

东南亚地区的电商销售额只是社会销售额的 1%～2%（我国的这一比例已经达到 15%），东南亚地区的电商市场还有很大发展空间，是具有较大潜力的电商市场。在跨境卖家们广阔的征战沙盘中，东南亚地区已然成了必争之地。

3.1.4.2 东南亚不同国家的产品需求

在电商市场中，东南亚地区不同国家的产品类目需求不同，主要介绍如下：

泰国：服装是最受欢迎的品类，其后依次为个人护理产品、化妆品、电子技术产品。

新加坡：排名前三的为旅游、服饰、娱乐用品。其后依次为美容产品、电子产品、书籍。

马来西亚：时装、美妆、玩具类产品格外抢手。

越南：最热销的是婴童类产品，如奶粉、纸尿裤、婴儿车等。

印尼：作为东南亚地区市场潜力与规模最大的跨境市场，母婴产品、时尚饰品、手表、家居产品、女士包具、手机及其周边产品都颇受欢迎。母婴产品中最畅销的是儿童服装、玩具、婴儿用品；时尚饰品则以耳环、项链、戒指等低价位产品为主；手表是热销商品，男士手表往往可以制定高价；家居产品则以装饰用品、厨房用品、厕所用品、起居和收纳用品为主。

3.1.4.3 东南亚主要电商平台

Shopee 是东南亚地区最大的电商平台，2015 年成立于新加坡，随后拓展至马来西亚、泰国、印尼、越南以及菲律宾等市场，广泛连接区域内的消费者、卖家和企业。Shopee 拥有的商品种类包括电子消费品、家居产品、美容保健产品、母婴产品、服饰及健身器材等。其母公司 Sea 是全球领先的消费互联网企业，也是首家于纽交所上市的东南亚互联网企业。权威分析机构东南亚电商比价门户网站（iPrice Group）联手移动数据分析平台（App Annie）与网站数据分析平台（SimilarWeb）共同发布的《2019 东南亚电商年终报告》显示，Shopee 移动端斩获 2019 年度下载量、月活跃用户人数、用户留存率三项冠军，网页端也以超过 20 亿次访问量拔得头筹。2019 年，Shopee 总订单量高达 12 亿票，同比增长 100.5%。移动数据分析平台（App Annie）的研究表明，2019 年，Shopee 强势跻身全球购物类尖用程序下载量前五名，同时获得东南亚地区市场购物类应用程序年度总下载量、平均月活跃用户人数、使用总时长三项冠军，并领跑东南亚地区两大头部市场，拿下印尼和越南年度购物类应用程序下载量与月活跃用户人数双冠王。

此外，Shopee 在中国深圳、上海和香港设立跨境业务办公室，帮助中国商家将优质中国产品销往东南亚地区。Shopee 为中国卖家打造了一站式跨境卖家解决方案，提供物流服务、小语种客服和支付保障等解决方案，针对不同类型卖家提供定制孵化路径、国际平台、“网红”营销等增值服务。

Lazada 是东南亚地区领先的一站式经营及购物平台，被称为“东南亚版的亚马逊”，是该地区电子商务的领头公司，总部设在新加坡。Lazada 于 2012 年 3 月推出，在印尼、马来西亚、菲律宾、新加坡、泰国以及越南设有分支机构。Lazada 同时在中国、韩国、英国以及俄罗斯设有办事处，消费者在 Lazada 平台上能够轻松购物。2017 年，阿里巴巴集团斥资约 10 亿美元增持 Lazada 股份，持股比例由 51%提升至 83%。Lazada 平台上的顾客，其年龄大部分为 26~35 岁，热销产品类别主要是家居用品、健康产品、美妆产品、电子产品及配件、婴幼儿用品和服饰等。消费者可以通过移动装置或电脑网站访问该平台。该平台支持多种付款方式，包括货到付款，提供全面顾客服务和免费退货服务，而且零售商通过一个零售渠道可以简单、直接接触到 6 个国家中约 5.5 亿的消费者。Lazada 平台上拥有大量的产品，产品种类涵盖电子产品、家庭用品以及时装。

Shopee 和 Lazada 都是东南亚地区电商市场中的巨头，有各自的发展模式。Shopee 是 C2C 模式，在急速发展后逐渐在融入 B 端，且平台类似 Wish，主要目标渠道是移动端。而 Lazada 则是以 B2C 模式为主，平台形式更像亚马逊。

Qoo10（趣天网）是新加坡的知名电商平台，属于 B2C 模式的电商购物平台，发源于韩国，前身是 Gmarket 在新加坡的分站。该平台集多个购物平台、多个国家于一体，商品种类繁多，包括了各种电子配件、服装、食品甚至门票，很多人都称其为“新加坡版的淘宝”。Qoo10 已在日本和新加坡等 5 个国家运营了 7 个购物网站平台。

Zalora 成立于 2012 年，隶属于德国电商孵化器火箭网（Rocket Internet），是一个总部位于新加坡的时装及美容用品电商平台，为用户提供时装、饰物、鞋子以及化妆护肤品等。Zalora 覆盖新加坡、印尼、菲律宾、泰国、越南、马来西亚、文莱，针对不同国家设有分区页面。

Zilingo 成立于 2015 年 10 月，是一个为东南亚市场建立的时尚生活电商平台，平台的定位已经由线上销售平台转换为面向商家、零售商以及 B2C 和 B2B 销售品牌的平台。Zilingo 有 B2B 和 B2C 两种商业模式，在 Zilingo 的用户中，33%是重复买家。数据反映了 Zilingo 的用户的忠诚度。B2C 网页上已经有超过 6 000 家来自中国、泰国、印尼、新加坡的小企业，出售包括服装、配饰、箱包、鞋子和生活用品等产品。Zilingo 在新加坡、泰国、中国、印尼和印度建立了办公室。目前，Zilingo 的月销售增长率保持在 30%，并实现了每月超过 500 万美元的销售额增长，同时 Zilingo 也有超过 250 万的东南亚地区 B2C 用户。2019 年 2 月，Zilingo 获得 2.26 亿美元 D 轮融资，投资方为红杉资本（印度）、淡马锡等，发展势头强劲。

3.1.5 跨境电商平台国际分布：日本篇

日本是在全球排名前列的经济体，其国民生产总值位居世界第三位。日本虽然国土面积较小，但日本人口相当于英国人口与德国人口的总和。日本人的消费能力强，网购经验丰富。从全球 B2C 市场份额来看，中国占据了 55.8%的比例，而日本占据 3.2%的比例，排名全球第四。

《亚太地区的电子商务趋势和展望》数据显示，日本具有成熟的电子商务市场的所有特征。第一，高互联网和宽带用户普及率。日本的互联网覆盖率超过 93.3%。第二，在线购物者比例高，人均在线支出高。在日本人的消费习惯中，节日促销是一大亮点。日本的节日众多，而且万圣节、圣诞节、情人节等大多数西方节日也在日本非常受欢迎。日本消费者的购物高峰期在每年的 7 月和 12 月，因为日本企业每年都会在这两个月发放奖金，这就导致日本网购消费集中在每年的圣诞节前后和夏季过后的大减价时期。这是日本人资金最充裕的时间段，也是卖家的销售旺季。到 2022 年年底，日本的在线零售额将达到 1 600 亿美元。此外，日本人会因为有质量保障而购买高价产品。同时，日本人在评估产品质量以及做购买决策时，非常重视产品信息、包装、交付时长和客服。第三，日本的物流产业发达，物流精细化管理程度较高，定时配送全面普及，并且配送迅速和质量稳定。

乐天是日本最大的虚拟商业圈，称得上日本电商平台中的老大。乐天成立于 1997 年，隶属于日本乐天株式会社。乐天拥有种类丰富的产品和众多的忠实用户。乐天平台支持简体中文和繁体中文，也可以使用人民币、支付宝和 PayPal 支付，一般会用国际邮政快递（EMS）发货。

Kakaku 成立于 1997 年，于 2003 年上市，月使用人数超过了 680 万人，月访问量高达 3.5 亿次。Kakaku 是一个跨地区的直销商店联盟，也是日本最大的比价网站。用户不仅能得到相对低的价格信息，更能获取关于同类商品不同品牌型号的评价和比较。Kakaku 的商品价格一般每天变化 3 次，分别是凌晨 1 点左右、早上 10 点左右、下午 5 点左右，不过每天的变化不会太大，最多也就是 100 日元（约合人民币 6.1 元）。但正是这种价格波动的模式，大大激发了人们的购物兴趣。Kakaku 主要针对电脑及配件、家电产品等电子产品，提供一些商家信息。专业的数据分析表明，Kakaku 的主要使用者为男性，女性的使用频率也非常高。

3.1.6 跨境电商平台国际分布：拉丁美洲篇

3.1.6.1 基本介绍

拉丁美洲（简称拉美）是指美国以南的美洲地区，包括墨西哥、中美洲、西印度群岛和南美洲。拉美市场是全球增势第二快的零售电子商务市场。拉美有 6.35 亿人口，约占全球总人口的 10%，地区生产总值约占全球生产总值的 8%，互联网用户数量近 3.75 亿人，智能手机用户数量达 2.5 亿人。拉美的网购消费人群广泛，网购人数占总人口的 1/3，但在线购物的渗透率还较低。拉美的网络销售额年增长率保持在 19%左右，是其整体经济发展速度的 5 倍多。拉美的轻工业欠发达、商品的选择性少，消费者更喜欢线上购物。拉美的人口平均年龄在 30 岁以下，因此拉美是全球人口最年轻的区域之一，消费市场也比较活跃。对于中国卖家而言，目前的拉美消费者仍习惯美国品牌或国际知名品牌，而几乎不选择中国品牌，可见，这是一个拥有巨大体量且正在高速成长的市场。

巴西是典型的新兴市场，潜力十足，未来前景不可估量。巴西约有 2.1 亿人，形成了拉美最大的电商市场，占了拉美 42%的市场份额。巴西男性平均每个月的上网时间达 38.5 小时，女性的这一数据为 32.5 小时。38%的巴西人从国外网购商品，37%的网购消费者的年龄在 35 岁以上。最受欢迎的跨境网购商品包括时装、电子产品、电脑及其配件。巴西消费者热衷寻找优惠商品。比起配送速度，巴西消费者更看重价格。大数据显示，配送费将影响 59%的消费者的购买决定。此外，巴西消费者的退货率只有 15.6%，远低于全球平均退货率（27.5%）。

墨西哥是拉美第二人口大国，人口超过1.3亿人。墨西哥拥有约8 800万互联网活跃用户，约占总人口的68%。墨西哥的智能手机普及率达40.1%，是拉美国家中比例最高的。移动商务的活跃又进一步加速电子商务市场的发展。此外，墨西哥消费者对外国商品的需求很大，约68%的墨西哥消费者在国际站点上购物。最受欢迎的在线购物类别是消费类电子产品和旅行产品，分别占比31.7%和30.4%。墨西哥消费者对质优价廉的“中国制造”可谓情有独钟。主营消费电子类产品、美妆产品、家居产品、厨房产品、玩具、时尚产品的卖家在墨西哥市场大有可为。

智利市场也是拉美电商的必争之地。根据国际贸易管理局（ITA）的统计，智利人口超过1 800万人，是拉美人口大国，其网民数量约占总人口的78%（约1 400万人），其中约40%的人在网上购物。智利是拉美国家中电信网络最发达的国家之一，是拉美国家中互联网普及率最高的国家（互联网普及率超过70%）。在社交媒体上活跃的互联网用户占72%。大数据显示，近2/3的智利在线购物者的年龄在25~54岁。在智利，超过35%的产品和服务是通过在线方式购买的。

3.1.6.2 拉美主要电商平台

Linio创立于2012年，是拉美最大的B2C电商平台，总部位于墨西哥。与东南亚地区电商平台Shopee一样，Linio由德国火箭网（Rocket Internet）投资，作为其在拉美新兴市场复制的欧美成熟电商模式。Linio提供7种不同的线上线下支付选项，提供电话客服，提供免费退货和快速发货服务。Linio主要服务西班牙语区域消费群，如开通了7个站点，分别是阿根廷、智利、哥伦比亚、厄瓜多尔、墨西哥、巴拿马和秘鲁。覆盖客户达到了约3亿人。基于中国供应端的强大优势，Linio亚太区办公室于2015年在深圳成立，负责亚洲区的招商。2018年是Linio取得历史性突破的一年，2018年的8月，Falabella Group（拉美地区最大的零售商，拥有500多家线下门店，业务涉及线下百货商超、金融、地产、电商等）以约1.38亿美元的金额完成了对Linio平台的收购。

Mercadolibre（拉美版“易贝”）于1999年8月在阿根廷创立，之后迅速发展到巴西、墨西哥以及其他拉美国家。巴西是Mercadolibre的主要市场，占据近60%的平台营业收入。Mercadolibre是拉美第一大电商平台，覆盖18个拉美主要国家，流量排名稳居拉美第一。

B2Brazil成立于2010年，是巴西最主要的B2B领军平台，网页语言为英语、西班牙语和葡萄牙语。B2Brazil是巴西企业与国际企业的贸易平台，是巴西唯一受谷歌信任并建立合作的B2B国际贸易平台。该平台共有22个大类的产品。

实训3.1 跨境电商国际市场的选择

全球线上贸易越来越成熟，很多市场也已经有越来越多的专业商家入驻。刚接触跨境电商的“菜鸟卖家”，很多时候不知道该选择哪个市场销售产品最好，于是大多都只好跟风，有人选欧洲，有人选日本，有人选东南亚地区，轻而易举地就把市场划定了。面对巨大的跨境电商市场，作为想要进入跨境电商行业的张正来讲，你认为他应该在哪个国家或地区开展自己的跨境电商业务呢？

目前，亚太地区的电商销售占到了全球零售总额的12.1%，其次是西欧和北美地区，分别占到全球零售总额的8.3%和8.1%。从国家角度看，美国、英国、日本和德国这些传统经济强国的电商市场份额也在全球排名前列。

对于中国卖家来说，开拓国际市场之前一定要考虑以下几点，这样才能避免误入“雷区”：

①产品兼容性（重要性占比50%）。卖家在一个国家开始跨境贸易前，首先要考察自己的商品在这个国家是否具有竞争力，当地民众是否有兴趣购买该商品，而了解这类情况最便捷的办法就是到该地区主流的跨境电商平台中搜索该商品的销售情况，调查有哪些竞争对手、其销量情况和利润情况如何。如果产品竞品较少，销售量也比较低，有可能是该产品在该地区市场的兼容性较差。

②当地市场规模（重要性占比25%）。市场规模在选择市场时是非常重要的。卖家在进入他国市场时，要调查当地的工作人口总数、网上购物的人数以及当地相关行业的竞争情况，从而弄清楚这个市场的规模是否能满足需求。

③电商增长速度（重要性占比10%）。卖家还要了解当地电商销售与零售总额的占比、当地的互联网普及率及增长速度等数据。例如，很多中东地区国家都是在近几年才开始普及互联网的，网络普及率虽然不高，但增速很快，因此具有巨大的市场潜力，这类国家就应该是开拓跨境电商贸易的重点区域。

④跨境贸易总量（重要性占比15%）。在进入一国市场前，卖家应该获知当地电商贸易中有多少是通过跨境贸易完成的、该地区网购人群对跨境产品的接受度如何、哪些产品在该地区比较热销、消费者偏爱哪些类型的产品。

⑤配套准备（重要性占比10%）。有的时候虽然一个国家的市场潜力巨大，但如果该国无法提供有效的物流或跨境支付支持，那么卖家也要三思而后行。因为一旦进入此类国家开展跨境贸易，那么可能会遇到许多短时间内难以解决的问题。

通过对上述五个要素的评估，卖家基本可以确定一个国家的零售环境以及是否要在当地开展跨境贸易了。除此之外，卖家在进行跨境贸易时，还要面对不通国家不同的付款习惯、物流需求、消费习惯和销售策略等复杂繁琐的问题。

（1）假设张正在国内有稳定的产品供货渠道，可以提供年轻人喜欢的快销品，如工艺礼品，请你为他选择3个合适的备选跨境电商市场。

（2）假设张正准备避开已经出现红海状态的欧美发达国家市场，又对数码产品非常感兴趣，请你为他选择2个备选的跨境电商市场。

任务3.2　阿里巴巴国际站

【任务引入】

俞锋，一个义乌小伙子，把义乌小商品中心从线下搬到了阿里巴巴国际站，一年实现了6亿元的交易额度。

他是怎么做到的呢？

2013年，依托义乌地缘优势，商业嗅觉灵敏的俞锋创办了义乌市奎特贸易有限公司。公司经营范围包括日用百货、饰品、工艺品、纺织品、五金工具等。俞锋开通阿里巴巴国际站，从此开启了自己的“出海”之路。“在阿里巴巴国际站再造一个义乌小商品中心”是俞锋的信条。凭借对买家市场需求精准的预判和对上下游供应链的严格把控，俞锋成功打通线下与线上之间的壁垒，买家需求可以轻松得到满足。6年时间，从1个平台做到10个平台，通过整合供应链，俞锋将中国的布袋、头巾、T恤、手电筒、箱包等卖到了90多个国家和地区。凭一己之力，俞锋已然打造出一个小型的线上义乌小商品中心。

那么，俞锋是如何开通了阿里巴巴国际站并将业务挪到了线上的呢？阿里巴巴国际站有哪些特点呢？阿里巴巴国际站会为卖家提供哪些帮助呢？入驻的卖家资质是什么？入驻流程又是怎样的呢？带着这些问题，我们进入任务3.2的学习。

扩展学习

扫描下方二维码，打开义乌市奎特贸易有限公司在阿里巴巴国际站的网址，了解更多该企业在阿里巴巴国际站的发展情况。

3.2.1　阿里巴巴国际站简介

3.2.1.1　基本介绍

阿里巴巴集团成立于1999年。阿里巴巴国际站是阿里巴巴集团的第一个业务单元，是全球企业间电子商务（B2B）的著名品牌，是全球国际贸易领域内最大、最活跃的网上交易市场和商人社区。阿里巴巴国际站可以为入驻卖家提供一站式的店铺装修、产品展示、营销推广、生意洽谈以及店铺管理等全系列线上服务和工具，帮助企业降低成本、高效率地开拓外贸大市场。阿里巴巴国际站的定位是服务全国的中小企业，帮助其开展网上贸易，走近国际买家，开拓贸易新商机。

阿里巴巴国际站有人性化的网站设计、丰富的品类、出色的搜索和网页浏览功能以及简便的沟通工具和账号管理工具。图3-2-1是阿里巴巴国际站首页。阿里巴巴国际站的官方网址为https://www.alibaba.com/。

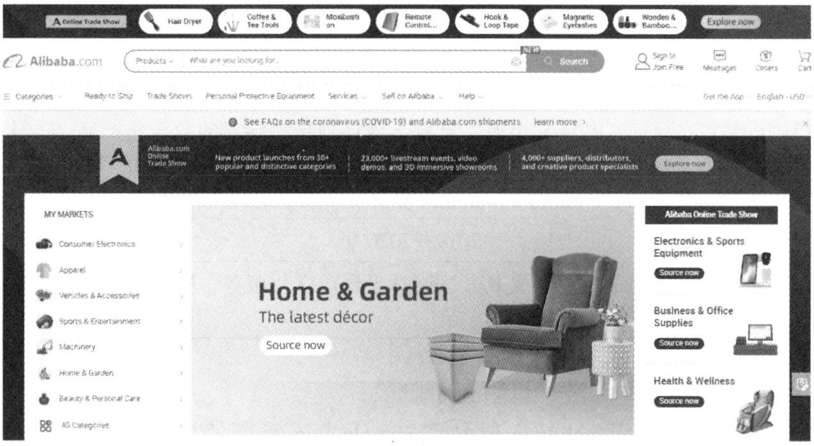

图3-2-1　阿里巴巴国际站首页

3.2.1.2 阿里巴巴国际站的发展历程

阿里巴巴国际站的发展历程如表 3-2-1 所示。

表 3-2-1 阿里巴巴国际站的发展历程

1999—2000 年
中国的电子商务开始萌芽，阿里巴巴国际站成立。2000 年，阿里巴巴集团从软银集团等数家投资机构融资 2 000 万美元。
2001 年
中国加入世界贸易组织。借助此东风，阿里巴巴国际站在全球有注册买家超过 100 万家。
2003 年—2004 年
全球经历“非典”疫情，在线跨境贸易需求增长，“阿里巴巴国际版”推出，满足持续增长的在线交易需求。2004 年，阿里巴巴集团从数家一线投资机构融资 8 200 万美元，成为当时中国互联网最大规模的私募融资。
2008 年
阿里巴巴国际站推出“出口通”，助力中国企业开拓跨境贸易的新蓝海。
2010 年
中国跃升为世界第一大商品出口国，阿里巴巴国际站收购一达通，颠覆传统外贸代理模式，打造外贸领域开放式生态圈。
2011 年
中国对外贸易蓬勃发展，阿里巴巴国际站从信息平台发展成为交易平台。
2012 年
“商品信息机器翻译”上线，帮助买家跨越语言鸿沟，获取更多商机。
2014 年
“一带一路”倡议带来新的突破契机，阿里巴巴国际站的买家覆盖全球 200 多个国家和地区。
2015 年
“信用保障服务”上线，为买卖双方建立线上交易闭环，使在线跨境贸易更有保障。
2017 年
“阿里无忧物流”打通订单流与物流壁垒，全面提升跨境贸易流通效率。
2018 年
阿里巴巴国际站宣布启动“数字化出海”计划，该计划指一站式的数字化产品、工具和服务，覆盖了跨境贸易所有环节。阿里巴巴国际站推出商品信息升级、多语言实时沟通、海运拼箱等服务，帮助商家降低沟通难度和交易成本，加速中国企业跨境贸易的数字化转型与升级。
2019—2020 年
阿里巴巴国际站向美国中小企业开放 B2B 国际站平台数字化服务，数字化重构跨境贸易，提供海量商机。

阿里巴巴国际站的业务走过了以下三个阶段：

第一阶段，阿里巴巴国际站的定位是“365 天永不落幕的广交会”，为大宗贸易做产品信息的展示。

第二阶段，阿里巴巴国际站收购一达通，为商家提供通关等方面的便利化服务，并在这个过程中开始沉淀数据。

第三阶段，阿里巴巴国际站将此前沉淀的数据形成闭环，即数字化重构跨境贸易。

3.2.1.3 阿里巴巴国际站的特点

①知名度高，产品品类齐全。阿里巴巴国际站是全球领先的线上 B2B 交易市场，8 次被美国《福布斯》杂志评为“全球最佳 B2B 网站”。阿里巴巴国际站的商品已经覆盖全球 200 多个国家和地区，有 5 900 多个产品类别。阿里巴巴国际站是品类非常全面的电商平台。

②平台设计专业且人性化。阿里巴巴国际站的网站设计非常专业，网页搜索和浏览便利。阿里巴巴国际站有自己的搜索排序功能，提供类目搜索、产品搜索、供应商搜索以及供应商店铺内搜索功能，能让用户快速高效地匹配到最合适的产品、供应商或资讯。阿里巴巴国际站还提供了多语言实时翻译的功能，即阿里巴巴人工智能（AI）实时翻译工具。该工具提供全球 21 种热门语言的翻译服务。例如，一件商品以英文发布，可以实时自动翻译成多种语言。阿里巴巴国际站支持用户从建站到商品搜索均可实时在线翻译，满足全球用户在浏览不同国家商品服务时的信息阅读需求。实时翻译工具翻译一句话只需要 0.2 秒。除了快捷之外，这个 AI 实时翻译工具可以根据上下文语义、语法理解进行自动纠错，甚至比人还聪明，可 1 秒识别用户在使用非母语交流，并自动提醒用户开启实时翻译功能。

③可信度高。阿里巴巴国际站于 2014 年 12 月 11 日启动了信用保障体系（trade assurance，TA），根据每家出口企业在阿里巴巴国际站的基本资信、历史交易数据和其他综合信息，为其授予相应的信用标示和保障额度（最高为 100 万美元），提供综合性的跨境支付、结算、金融、物流等服务，帮助买家轻松实现全球买、卖家轻松实现全球卖。目前，阿里巴巴国际站已经有超过 13 万户的卖家开通了信用保障服务，覆盖了全球 98%的地区，信用保障订单也超过 500 万单。

④多种工具和服务。为了使卖家在阿里巴巴国际站上做生意更加便利及节约人力成本，阿里巴巴国际站推出了多种工具和服务，如阿里巴巴数据管家、一达通等。随着卖家生意的发展，店铺经营需要数据化分析，阿里巴巴数据管家让卖家能够从店铺后台看到店铺的经营数据，如访问人数（包括世界不同国家和地区的访问比重）、访问次数、产品搜索曝光次数、询盘人数、人均访问时长、零效果产品等，帮助卖家形成店铺营销优化建议，提升店铺经营效率。阿里巴巴数据管家分为基础版和行业版（见图 3-2-2）。基础版是为普通出口用户提供的，行业版是为“金品诚企”用户提供的。除了具有普通版数据管家的基础功能外，行业版数据管家基于阿里巴巴国际站独有买家行为数据及行业数据洞察，提供实时数据反馈，卖家可以快速发现问题，并通过商品、投放策略的改进，迅速改善营销效果。

⑤线下服务。阿里巴巴国际站和其他外贸平台不同的是会提供线下服务，包括客户经理上门服务，一对一专业辅导，还有呼叫中心（call center）服务专线，365 天为客户服务。阿里巴巴国际站推出了 360 度客户培训，对客户进行定期培训，教客户如何运营阿里巴巴国际站。客户出现问题也可以求助客服，客服的处理效率较高。例如，当卖家的货物因某些原因被扣在某国海关不予放行，造成收货期延后，卖家损失的不仅是金钱，还有信誉。这时候卖家联系阿里巴巴国际站的客服，客服就能帮助解决问题，保障客户如期收到货品。

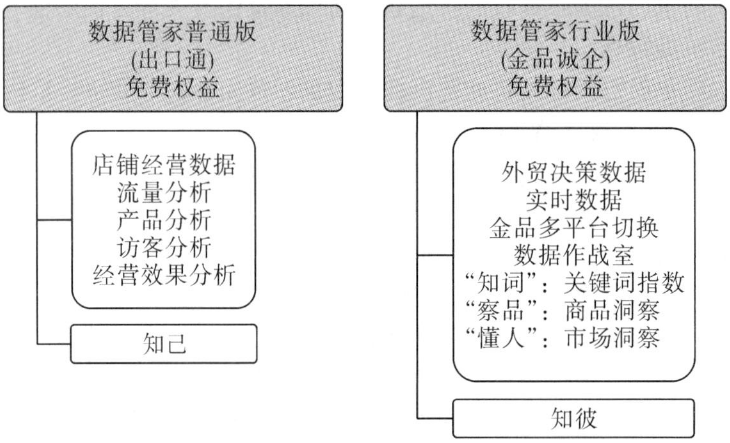

图 3-2-2 阿里巴巴数据管家

⑥数字化新外贸。数字化新外贸是货物贸易与服务贸易深度结合的新模式。2019 年 1 月 18 日，阿里巴巴国际站 2019 年度战略发布暨商家峰会于深圳隆重举行。该次峰会是对阿里巴巴国际站过去引领跨境贸易电商 20 年的一次回顾，也是对未来数字化 20 年的全新展望。在该次峰会上，阿里巴巴国际站对外隆重发布数字化新外贸操作系统，引领全球贸易活动进入数字化新时代。数字化新外贸是一个全方位的数字化商业系统，聚合蚂蚁、菜鸟、阿里云、钉钉和达摩院等阿里经济体和生态伙伴的力量，为中小企业商家搭建跨境贸易的各种基础设施和商家赋能体系，帮助商家更好地获取数字化战略眼光和新能力，进行跨境贸易全球布局，拥有数字化能力，随时了解海外市场最新风向，掌握跨境贸易全球布局策略，高效运营数字化业务。

从最开始的“中国黄页”到“数字化外贸”，是阿里巴巴国际站从信息撮合平台向交易平台的转身，是阿里巴巴国际站在互联网商业数字化的趋势下紧抓发展机遇的表现。

3.2.1.4 入驻阿里巴巴国际站的条件

公司类型条件如下：

第一，属于在市场监督管理局注册的经营实体产品的企业（生产型和贸易型均可）。

第二，服务型公司，如物流、检测认证、管理服务等企业暂不能加入。

第三，离岸公司和个人无法办理。

第四，个体经营执照在各个区域受到的限制不同，因此需要联系当地客户经理判断是否能够加入。

在公司类型条件满足后，需要通过实地认证才能确认是否可以合作。实地认证需要以下资料：

客户须提供企业执照信息（包括企业中英文名称、营业执照照片、企业注册地址）、企业对公账户信息（包括企业对公账户开户行名称、对公账号）、企业经营地址信息（包括企业经营地址及经营场地证明）、认证人信息（包括认证人姓名、联系方式、身份证号码、职位、部门等信息）。

客户经理上门采集企业的办公及生产环境照片，认证信息确认书需要企业盖章确认。

申请入驻阿里巴巴国际站需要在线申请，申请网址为 https://supplier.alibaba.com/apply/m.htm?spm=a311a.7996332.0.0.1d033080ittEaj&code=10055&joinSource=bd_cco_ww_jq。申请页面如图 3-2-3 所示。

图 3-2-3 申请页面

3.2.1.5 阿里巴巴国际站的入驻流程

第一步：登录阿里巴巴国际站官网填写信息。企业在线填写信息，成为阿里巴巴国际站会员。

第二步：合同支付。企业在阿里巴巴国际站开设店铺是要收费的，阿里巴巴国际站有多种收费方案可供企业选择（见表 3-2-2）。

表 3-2-2 阿里巴巴国际站开设店铺收费 单位：元/年

套餐 A		套餐 B		套餐 C	
出口通	29 800	出口通	29 800	金品诚企	80 000
阿里巴巴国际站直通车（P4P）充值	10 000	P4P 充值	20 000	P4P 充值	20 000
P4P 赠送	1 000	P4P 赠送	2 000	P4P 赠送	2 000
无忧起航	3 500	无忧起航	3 500	无忧起航	3 500
折后价	39 800		49 800		100 000

第三步：实地认证。第三方机构对企业进行实地认证（通常 30 天左右）。

第四步：开店上线。企业上架产品，完成阿里巴巴国际站规则考试，店铺开通。

3.2.1.6 阿里巴巴国际站发布产品

①发布产品前的准备工作。企业需要准备产品图片（至少 6 张）、设置好产品属性、拍摄产品视频（可后期再完善）、产品关键词（英文），这 4 项是发布产品前要准备的。

资料可放到专门的文件夹，做好型号关键词命名。由于在阿里巴巴国际站上传产品关键词需要用外文，企业可以借助谷歌翻译软件（https://translate.google.cn/）翻译。翻译过后，企业还需要确定关键词。可以参考同行业其他同类产品的关键词，找出主要的关键词，也可以通过关键词指数、直通车工具、买家搜索框下拉词等确定最匹配的关键词。

②发布产品。发布产品的步骤如下：

第一步：选择类目。企业有两种方式可以确定类目：一是阿里巴巴国际站提供了类目搜索（见图 3-2-4），把关键词输入搜索类目框，按结果显示设置类目；二是在阿里巴巴国际站首页的产品搜索框搜索关键词，看自然排名靠前的产品，点开产品看同行对产品类目的设置，并设置相同的类目即可。

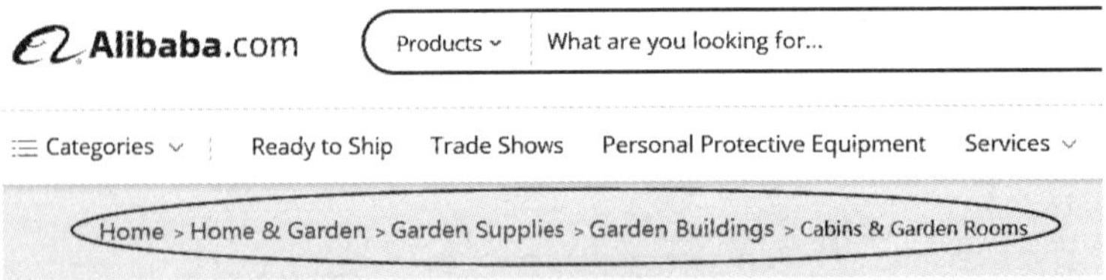

图 3-2-4　阿里巴巴国际站产品类目

第二步：填写关键词，完成产品名称的标题组合（见图 3-2-5）。

图 3-2-5　阿里巴巴国际站产品名称标题填写

标题的设置可以参考以下公式：

营销短语+属性词（1~2 个）+词干（核心关键词）+for 应用场景（场景词）。如果没有场景词，核心词要放到后面，因为阿里巴巴国际站的搜索排序是从后面开始的。

关键词的设置有三种方法：一是营销词+核心关键词，如 high quality mountaineering shoes。二是属性词+核心关键词，如 waterproof mountaineering shoes。三是营销词/重要属性词+核心关键词近义词/变体，如 watertight climbing（mountain/hiking）shoes。

第三步：主图。主图是买家在商品页面最为关注的产品外形展示，是对文字描述的补充。企业使用图片直观展示产品，让买家在浏览产品时获得更多的产品细节特征。丰富的高品质图片可以大大影响买家决策。主图一定要背景简单，突出商品本身。阿里巴巴国际站要求单张图片格式为 JPEG、JPG、PNG，大小不超过 5M，比例要求为 1∶1~1∶1.3，尺寸最小为 640×640 像素。该像素是移动端能够清楚显示的最低像素要求。

阿里巴巴国际站各类图片要求如表 3-2-3 所示。

表 3-2-3 阿里巴巴国际站各类图片要求

范围	图片位置	大小	像素	格式
产品发布相关	产品主图	≤5M	1 000×1 000	JPEG、JPG、PNG
	产品详情中插入的图片		宽度≤750，高度≤800	
公司账户图片相关	头像上传	≤200K	120×120	JPEG、JPG、PNG
	公司标志		68×50	
	公司形象展示图		220×220	
	各类证书		/	
	栏目图片		≥500，高度不限	JPEG、JPG、GIF
	报价图片		/	
旺铺图片相关	通栏	≤2M	宽度=990，高度不限	JPEG、JPG、PNG
	双栏		宽度=790（双栏大） 宽度=190（双栏小），高度不限	
	三栏		宽度=590（双栏大） 宽度=190（双栏小），高度不限	
	招牌		宽度=990，高度 100 或 200	
	横幅（banner）		宽度=990， 高度 200、250、300、350、400	
	导航		990 宽×33 高	
	旺铺背景图		2 000 宽×3 000 高	
	旺旺头像		80 宽×80 高	

阿里巴巴国际站允许上传 6 张主图（建议不要少上传）。对同一个产品，图片要多角度呈现产品，要放大显示细节部分。产品图片要避免图片不清晰、产品主体不突出、图片与产品不符等问题。

第四步：产品视频。主图视频建议 9～30 秒，内存 100M 以内 ，像素 480P，画幅 3∶4。主图视频只拍产品、多角度展示产品、产品使用介绍、产品实物结构拆分等。每个视频最多能绑定 20 个产品。详情视频建议 30～45 秒，内存 100M 以内，像素 480P，画幅 16∶9。详情页视频更多的是展示企业实力，企业可以从样品室、展会、办公室、设计人员工作情况、生产车间、发货装车等角度去拍摄，结合企业自身优势，突出重点。

第五步：产品属性。产品属性包含了固定属性和自定义属性。企业在填写的过程中应该尽量对每一个属性都填，不落空、不重复、不冲突。不同的产品属性也是有排序的，企业要将买家最关注、最重要且能够补充商品标题的属性放到前面。

第六步：产品详情页。对于产品详情页的编辑，阿里巴巴国际站提供了普通编辑和智能编辑两种方式（见图 3-2-6）。

图 3-2-6 阿里巴巴国际站产品详情页编辑

普通编辑指企业可以自己设计详情页内容图片，然后将其切割成七八张图片并上传，最多能上传 15 张图片。智能编辑指企业按照阿里巴巴国际站提供的模板填充照片。企业完成产品详情页编辑，提交确认，即可完成产品发布。

实训 3.2 阿里巴巴国际站开店——标题的优化

俞锋在阿里巴巴国际站开店，在开店流程中，需要上传产品信息。由于消费者往往是通过阿里巴巴国际站平台的搜索框来进行商品搜索的，因此标题和关键词就决定着产品能否被买家搜索到。

长久以来，由于不同的文化、不同的地区，许多产品的名称不同，产品信息哪怕差一个字，排名的类别和顺序都不一样。如何写标题才能让产品提高展现概率呢?

优秀的产品标题应注意以下技巧：

①搜索该产品在网站上自然排名靠前的关键词，选 3 个（长尾关键词）。

②产品标题是由款式、材质、颜色、形状、型号等和中心词构成的。中心词前的修饰词要结合买家的搜索习惯，卖家可参考谷歌搜索框提示和相关关键词提示。

③中心词也要切中买家搜索习惯，标题的中心词还要切忌罗列堆砌。卖家要尽可能使用同义关键词，如一款产品的多种不同的英文名称，“wedding dresses” 和 “wedding gown” 同义，都可能包含在产品标题里；又如，自行车可以有许多同义名称，像“单车”“脚踏车”“两轮车”等，这些同义词都要考虑到。

④如果产品在站内几乎没有排名，那么卖家可以放心大胆地按照上面的操作，开始优化自己的产品标题了。如果产品已经在站内有一定的排名，那么需要保留目前产品标题中的所有文字，只调整中心关键词的位置，从而优化排名。原则是只增词不减词，不影响目前排名。

请结合以上分析，为俞锋的产品（见图 3-2-7）写出一个优化的标题。

产品一：厨房刀具十件套
材料：硅胶木柄

产品二：水果削皮器
材料：不锈钢

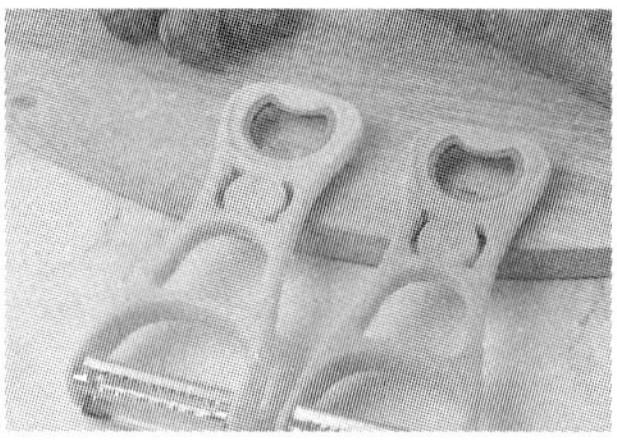

图 3-2-7 产品

任务 3.3 全球速卖通

【任务引入】

在 2019 年的“双 11”，为了照顾全球不同时区的消费者，全球速卖通依旧延续了为期 48 小时的购物狂欢，让每个时区都可以加入“双 11”零点狂欢的大军中。活动开场 1 小时俄罗斯爆发出同比近 4 倍的惊人购买力，成交额 172 亿卢布（约合人民币 15 亿元）；西班牙买家人数则是 2018 年同期的 3 倍；沙特阿拉伯买家人数同比增幅近 70%；法国仅 4 个小时的成交额就超过了 2018 年全天的成交额；波兰仅 36 分钟的成交额就超过了 2018 年 4 个小时的成交额；尽管身处西三时区，墨西哥也丝毫没有示弱，在当地时间凌晨 2 点开抢后的 1 个小时中，消费者熬夜买下的“宝贝”数量是 2018 年的近 3 倍。

那么，什么是全球速卖通呢？全球速卖通和阿里巴巴国际站有什么区别呢？它又有什么特点和优缺点呢？如何在全球速卖通注册开店呢？带着这些问题，我们进入任务 3.3 的学习。

扩展学习

请用电脑打开全球速卖通官网网址（https://www.aliexpress.com），了解全球速卖通网站。

3.3.1 全球速卖通概述

全球速卖通（AliExpress）是阿里巴巴集团旗下的面向国际市场打造的跨境电商平台，被广大卖家称为“国际版淘宝”。阿里巴巴集团旗下的全球速卖通业务有 B2B 模式和 B2C 模式，但主要是 B2C 模式，是中国供货商面向国外消费者交易的一种小额跨境电子商务。全球速卖通成立于 2009 年下半年，在海外电视、报纸、杂志以及欧美主流网站投放了巨额广告，在谷歌投入了数十万热卖产品关键词，利用社交网络服务（SNS）、电子邮件的方式扩大海外影响力，精准锁定海外卖家。全球速卖通于 2010 年 4 月上线，是帮助中小企业接触终端批发零售商，实现小批量、多批次快速销售，拓展利润空间而全力打造的集订单、支付、物流于一体的跨境电商平台。目前，全球速卖通已经覆盖220多个国家和地区的海外买家，有服装服饰、数码产品、家居产品、饰品等30个一级行业类目，实现海外日访问量超过4 000万次，已成为中国最大的外贸在线交易平台、全球第三大英文在线购物电商平台。

3.3.1.1 全球速卖通的行业分布

全球速卖通覆盖服装服饰、数码产品、家居产品、饰品等30个一级行业类目。其中，优势行业主要有服装服饰、手机通信、鞋包、美容健康、珠宝手表、消费电子、电脑网络、家居产品、汽车和摩托车配件、灯具等。适宜在全球速卖通销售的商品主要包括服装服饰、美容健康、珠宝手表、灯具、消费电子、电脑网络、手机通信、家居产品、汽车和摩托车配件、首饰、工艺品、体育与户外用品等。

3.3.1.2 全球速卖通的特点

全球速卖通是最活跃的跨境电商平台之一。平台上有很多消费者，商品也非常齐全。每个平台都有自己的特点，这也吸引了不同需求的消费者。全球速卖通的特点如下：

①全球速卖通的价格相对敏感，低价策略明显。这一特点与阿里巴巴集团引入淘宝卖家客户战略有关。低平台准入门槛导致许多商家涌入，这可以满足许多小企业快速从事出口业务的愿望。同质竞争相对激烈，许多卖家只有通过低价才有优势。

②全球速卖通的交易过程相对简单。出口商不需要建立企业形式，也不需要向对外经济贸易委员会和外汇管理局备案。出口报关和进口报关都由全球速卖通物流方通过简单的操作完成。卖家通过第三方物流快速送货，买家通过银行卡付款。

③适合跨境电商新手使用。全球速卖通单个订单的交易额较少，快递包裹的价值普遍较低，没有达到进口国海关的最低关税门槛，因此没有关税支出，大大降低了消费者的购买成本。全球速卖通的中文版本和英文版本简单明了，非常适合新手使用，产品特性尤其符合新兴市场的卖家特点。

3.3.1.3 全球速卖通的优点

从传统的国际贸易模式看，外贸交易从制造、贸易、出口、进口、批发到零售，中间有一根很长的链条，而跨境B2C电子商务零售模式，从制造商（代理商）直接到国外消费者，省掉了中间环节，使国外消费者直接面对中国供货商。因此，商品的价格低，消费者的选择机会多，再加上买卖程序简便等，使全球速卖通业务具有传统国际贸易模式所不具备的众多优势，在电子商务大发展的浪潮中，具有很强的生命力。全球速卖通是借助网络和阿里巴巴平台诞生的新平台，有着传统国际贸易业务模式无法具有的一些优点。

①进入门槛低，交易活跃，能满足众多小商家迅速开展出口业务的愿望。全球速卖通平台对卖家没有企业组织形式与资金的限制，进入门槛低。企业、个人都可以在平台上发布产品。发布10个产品后，卖家就可以在平台上成立自己的店铺，然后可以直接面向全球200多个国家的消费者或小型商家，沟通、交流、发布、推广商品。订单反应迅速、交易活跃，这极大地满足了中国小供货商迅速开展出口业务的愿望，也刺激了双方交易的活跃性。

②交易流程手续简便。全球速卖通的一大优点就是便捷开展出口业务，交易程序非常简便。出口商无需成立企业形式，也无需在外经贸委和外汇管理局等备案，还无需出口报

检。出口报关、进口报关全由物流方简单操作完成。买卖双方的订单生成、发货、收货、支付，全在线上完成。双方的操作模式，犹如国内的淘宝操作模式，非常简便。卖家通过第三方物流迅速发货，而买家通过银行卡进行交易支付。双方不需要电汇（T/T）、信用证、贸易术语等外贸专业知识，这就使进出口业务的门槛降低了。

③无关税支出。由于全球速卖通业务的单笔订单成交金额少，因此送出去的包裹价值普遍较低，没有达到进口国海关的关税最低起征点，无关税支出，这大大降低了消费者的购买成本。全球速卖通平台上的商品具有较强的价格竞争优势。

④商品选择品种多，价格低廉。鉴于中国制造业的聚集优势，中国成为全球众多国家销售商品时的货源国。国外消费者利用网络和全球速卖通平台，跨过本国的零售、批发商，直接向货源的供应基地——中国供货商购买产品。商品品种多，价格低廉。因此，全球速卖通业务跟传统国际贸易业务相比，具有强大的市场竞争优势。

⑤近期无贸易摩擦压力。由于全球速卖通业务的订单金额小，因此商品往往以礼品或样品方式进入进口国，其对进口国的同类产业的影响往往被进口国所忽视。近期来看，小额跨境电子商务可以避免中国产品出口到国外的国际贸易摩擦问题。

3.3.1.4　全球速卖通的不足

全球速卖通平台相比传统的国际贸易方式来说，有着进入门槛低、买卖流程手续简便、无关税支出、受国外消费者青睐等优点，但对全球速卖通平台上的卖家来说，也有以下不足：

①竞争激烈。由于进入门槛低，因此在全球速卖通平台上从事相关业务的卖家数目众多，同类产品的经营者多，价格竞争激烈，市场的价格空间较小。

②每单成交量和成交金额少，卖家投入的精力与得到回报不成正比，因此有些传统国际贸易公司不屑于开展这种跨境零售业务。

③国际物流的瓶颈限制明显。全球速卖通平台采用的主要国际物流形式是邮政大小包、全球速卖通合作物流以及商业快递。全球速卖通平台上的买家主要选择中国邮政系统的中国邮政小包业务（包裹重量≤2 千克，航空邮件包裹，因其价格便宜，被大部分商家选择）。2014 年 8 月，全球速卖通业务的火爆导致中国邮政小包业务几近爆仓，一些地方邮政局提前完成全年业务指标。虽然随着全球速卖通业务的发展，中国邮政小包业务量激增，但系统的业务运载和服务能力却没有太多改善，如邮件包裹运输较慢、查件较困难、丢件率较高。卖家若选择商业快递，则商品运费高昂，大大降低了商品的国际竞争力。

④全球速卖通业务的卖家被迫过分依赖全球速卖通平台。由于全球速卖通业务的卖家是在全球速卖通平台上开设店铺、发布产品，因此最终成交的订单量完全依赖商品、店铺的平台曝光量。曝光量大，成交的概率就大，但商品、店铺的曝光量受全球速卖通平台规则及全球速卖通的后台数据影响。有时卖家会因平台数据不稳定，店铺、产品曝光量锐减，而被影响订单量。对平台的依赖性过强，不利于企业的自身发展。

3.3.2　全球速卖通的盈利模式

全球速卖通平台的主要收入来自以下几个方面：

①技术服务年费，即要加入全球速卖通平台需要首先缴纳 19 800 元/年的会员费或相

应类目的保证金。

②交易佣金。全球速卖通会向该平台上的每笔成功交易，根据不同的支付方式收取交易总额3%~15%的交易佣金。

③支持电汇、支付宝以及其他跨国在线支付方式。其中，若卖家采用支付宝进行交易，在优惠期内，全球速卖通收取3%的佣金，即产品总价加上运费的总额的3%。

3.3.3 全球速卖通的开店规则

全球速卖通的开店规则主要如下：

①商品发布规则。卖家发布商品时要注意不能发布违禁商品，不能有搜索作弊的行为。

②知识产权规则。卖家要重视知识产权的保护等，同时不能侵犯他人的知识产权。

③交易类规则。卖家在交易过程中不能损害买家、其他卖家以及平台的利益。

3.3.4 全球速卖通入驻材料与要求

全球速卖通入驻材料与要求如下：

①企业营业执照。

②企业支付宝账号。

③商标。

④卖家必须拥有或代理一个品牌，根据品牌资质，可选择经营品牌官方店、专卖店或专营店。

⑤卖家须缴纳技术服务年费，各经营大类的技术服务年费不同。经营到自然年年底，拥有良好的服务质量及不断壮大经营规模的优质店铺将有机会获得年费返还奖励。

3.3.5 入驻全球速卖通的步骤

入驻全球速卖通的步骤如下：

①申请注册。卖家打开全球速卖通官网，点击“立即入驻”即可开始注册，设置用户名、填写账号信息、认证企业支付宝、完成全球速卖通考试即可注册成功。

②提交入驻资料。

第一，产品清单。申请入驻时，只有一小部分产品需要清单，绝大部分产品不需要清单。

第二，类目资质。卖家在招商准入系统里继续提交想要经营的类目和店铺类型，准备相关的类目材料，等待平台审核通过。

第三，商标资质。卖家在招商准入系统里进行商标资质申请，等待平台审核通过。若卖家的商标在商标资质申请页面查询不到，应在系统内进行商标添加。

③缴纳年费或保证金。卖家在招商系统内根据所选的经营类目缴纳对应的年费或保证金（通过当天起30天内要完成缴费，超过30天没有缴费就要重新提交）。

④完善店铺信息。卖家付费完成后，进入卖家后台→店铺→店铺资产管理，设置店铺名称和二级域名。如果卖家申请的是官方店，须同步设置品牌官方直达及品牌故事内容。

⑤开店经营。入驻基本完成，卖家开始发布商品，对店铺进行“装修”，店铺正式开业。

实训3.3 全球速卖通店铺申请

全球速卖通是阿里巴巴集团旗下的面向国际市场打造的跨境电商平台，是中国最大的跨境电商平台，是全球第三大英文购物电商平台，平台年交易额的增速超过400%。全球速卖通面向的是海外买家，买家通过支付宝支付，卖家则使用国际物流渠道运输发货。这也吸引了越来越多的卖家入驻平台。

那么，全球速卖通如何申请店铺呢？需要准备哪些材料？具体操作流程如何呢？

任务3.4 亚马逊

【任务引入】

张芳是一位跨境电商新手从业者，经过市场分析与调研，她决定在一家跨境电商平台上开店，经营自产的毛绒玩具。张芳听说在亚马逊上开店有支持项目，即全球开店项目，是亚马逊对中国卖家的扶持计划。张芳想要更多地了解亚马逊平台，确保自己在亚马逊开店是最好的选择。张芳想要了解在亚马逊开店的相关问题、需要准备的材料、入驻平台需要的资金、平台规则与注意事项等，只有了解清楚这些，才能精确计算产品的定价与利润。

那么亚马逊较其他跨境电商平台有哪些特点呢？开店的难易程度如何呢？需要注意哪些问题呢？带着这些问题，我们进入任务3.4的学习。

扩展学习

亚马逊全球开店项目对接了海外16个亚马逊站点的3亿活跃用户，中国卖家可以根据自己产品的市场调研情况选择要开店的站点。卖家在选择站点前可以打开亚马逊全球开店官方网页（https://gs.amazon.cn/home.html? ref=as_cn_ags_hnav1_home）或者扫描二维码了解卖家禁止的行为以及更多的开店支持政策。

3.4.1 亚马逊简介

亚马逊公司（Amazon，简称亚马逊），成立于1995年，是美国最大的网络电子商务公司，总部位于华盛顿州的西雅图。亚马逊是最早开始经营电子商务的公司之一，起初只经营书籍销售业务。现在，亚马逊正朝着多元化的产品销售方向发展，销售的产品包括家电、厨房用具、玩具、服装、体育用品、鲜美食品、首饰、乐器等，应有尽有。亚马逊已成为全球商品品种最多的网上零售商和全球数一数二的互联网企业。亚马逊是欧洲、美国、加拿大、墨西哥、日本等的主流网购平台。

3.4.2 亚马逊的特点

3.4.2.1 门槛高，规则严格

亚马逊的入驻门槛较高，在卖家入驻之前就有许多条条框框。亚马逊对卖家的企业资质会进行极其严格的审核，经过重重把关后才能让卖家入驻亚马逊平台。亚马逊对卖家的其他操作限制也很多，如使用一些不合规的手段会被处罚，甚至被封号。目前，亚马逊有针对中国卖家的全球开店项目。

3.4.2.2 重产品，轻店铺

亚马逊非常注重产品，但店铺的概念并不强，甚至可以说是被平台有意识地忽略了。对于一个顾客来说，在亚马逊购物的过程大概是这样的：如果顾客想购买 A 产品，在亚马逊首页搜索，在搜索结果中选择合适的产品，添加到购物车；如果不需要其他产品，直接付款，购买过程完成。在购买 A 产品的同时，如果顾客同时想购买 B 产品，顾客的选择往往是回到首页搜索 B 产品，而不是看看销售 A 产品的卖家是否也正好有 B 产品。如此一来，顾客的整个购买经历是在亚马逊买了 A 和 B 两种产品，至于这两种产品的卖家是谁，客户一般不知道，也不在意。这样的购买思维就直接导致了卖家获得的流量大多来自搜索结果的展现，而很少会有顾客进入卖家的店铺去查看。

在把店铺放在次要位置的同时，亚马逊非常重视优质产品（listing）的展示，做到图片精美、价格合适、订单转化率高。亚马逊会根据短时间内的订单数量，不停地更新产品排名。排名越靠前，订单越多；订单越多，排名越靠前。也正是这样的循环，导致了很多卖家都非常重视产品页面的优化以及重视爆款产品的打造，把关注点放到了产品上而不是店铺上。

3.4.2.3 重展示，轻客服

展示是指产品的详情展示，这跟亚马逊重产品是一脉相承的。在产品详情页面，卖家可以对产品的性能、材质以及使用等各方面进行描述以及进行图片展示，方便客户了解这件产品的方方面面。在平台设计上，亚马逊更多地强调产品的展示，而把联系卖家的页面放置在最后。对于大部分客户来说，购买行为就是通过对产品页面的浏览和判定，找到感兴趣的，直接下单购买，而往往不需要客服去介绍产品。亚马逊通过产品展示促成交易达成，通过后置客服联系方式降低买卖双方的沟通成本。亚马逊正是用这样的方式，降低了卖家的客服成本。

3.4.2.4 重推荐，轻广告

亚马逊基于交易和订单转化，对产品页面做了非常详尽的排列。当消费者搜索某一个产品时，亚马逊会推荐非常多的相同或相关产品供消费者参考。推荐的目的就是让消费者有更多的选择，进而通过这些丰富的选择触发其购买行为的发生。当消费者把一个物品加入购物车时，页面又会展示出相关的产品。通常，购买了该产品的人，也购买了其他产品。简简单单的一个引导，用趋同心理，促成消费者购买更多的物品，通过关联推荐转化出更多的交易。除关联推荐之外，在每一个产品页面的排名旁边，消费者都可以轻易地找到该类目的前 100 名排行榜。在排行榜页面右边，又有一个热卖排行推荐。各种推荐相互交叉，反复刺激消费者的购买欲望，产品多次出现，最终促成交易。消费者只要在亚马逊上搜索过一个产品，下次再打开亚马逊页面时，曾经查阅的产品就会展示在消费者的眼前，提醒消费者再次关注那些产品，多次刺激的结果往往促使消费者下单购物。

在广告方面，亚马逊只有一种简单的关键词广告。每个搜索页面，6个广告位基本固定出现。较少的广告出现，减少了用户对广告的排斥心理。可以说，亚马逊深谙用户排斥广告的心理，用更精准的关联推荐带来成交量，为平台创造了更多的营业收入。

3.4.2.5　重客户，轻卖家

客户是一个平台发展的根本，只有更多的客户，特别是忠实客户，才能够维持一个平台的持续发展，亚马逊也是如此。亚马逊通过两套评价体系让顾客对购物体验发出声音，做出真实的表达。卖家收到更高的评价星级，就意味着更多的曝光、流量和订单，而较差的评价星级，则意味着没有订单，账号安全也岌岌可危。

亚马逊对客户的重视不仅仅体现在评价体系上，还在整个交易过程中，尽可能地简化交易流程，提升顾客体验。客户对产品和服务有任何不满意，亚马逊接受无条件退款。亚马逊对买家的高容忍也意味着对卖家要求的高标准，但这样的标准也让买家更加信任、依赖亚马逊。越来越多的忠实客户，为卖家带来了更多的订单。

3.4.3　亚马逊的优势

3.4.3.1　市场容量大，买家基数大

亚马逊约有600万户卖家，美国站有近90万户卖家，其中专业卖家约51万户，个人卖家近39万户。亚马逊在全球经营16个市场（美国、加拿大、英国、德国、法国、意大利、西班牙、印度、日本、澳大利亚、中国、巴西、墨西哥、土耳其、阿联酋和新加坡），买家数量约4亿人，而且消费群体的素质较高。亚马逊在全球的消费群体非常广泛，奠定了消费基数。在价格上，亚马逊较为优惠，对入驻的卖家提供很多的政策支持，鼓励优秀卖家入驻，收取相对较低的平台月租金，使卖家进入平台的难度相对减小。但是，亚马逊设置了较高的准入门槛，对卖家的管理比较严格，这也是为了保护消费者的利益。相应地，亚马逊就会拥有一大批粉丝，且用户黏性较高。

3.4.3.2　平均客单价高，订单量大

不同的跨境电商面对的消费人群是不同的，像全球速卖通、虾皮是以低客单价为主的，全球速卖通的平均客单价为10美元，易贝的平均客单价为12美元，亚马逊的平均客单价超过17美元。亚马逊以高客单价、高利润著称。亚马逊是目前全球范围内销量最高、利润最高的跨境电商平台，牢牢占据了跨境电商的中高端市场。2019年，亚马逊“prime会员”已经达到1亿人，仅美国站会员就有9 500万人，“prime会员”的转化率为74%。相比其他平台，“prime会员”强大的消费能力也为亚马逊带来了更多的订单。

3.4.3.3　物流优势

亚马逊物流模式有两种：一种是FBA，另一种是FBM。

FBA（fulfilment by amazon），即亚马逊物流，指亚马逊提供代发货业务，包括仓储、拣货、包装、配送、收款、客服以及退货处理等一条龙物流服务。卖家提前备货至亚马逊仓库，客户下订单之后，亚马逊仓库直接发货给客户。国内的京东物流就模仿的是亚马逊物流体系。商品通常可以在下单后2~3天派送到顾客手中，时效性更好。FBA的主要目的是提升亚马逊的用户体验，提高用户黏性。同时，对于卖家来讲，其节省了大量的人力、物力以及财力。但是，卖家使用 FBA 发货，需要自己负责头程运输。FBA 最主要的劣势是成本较高。亚马逊每个月会向卖家索取使用每一立方英尺（1 立方英尺约等于 0.028 立方米）仓库的费用。因此，FBA 对于销售量少的商品来说是非常耗成本的。

FBM（fulfilment by merchant），即卖家自发货。自发货是指亚马逊仅作为销售平台，而卖家需要完成从所在地将货物送至买家手上的工作。卖家要借助国际邮政、国际快递、国际专线等第三方快递服务，将商品派送至买家。

3.4.4 注册成为亚马逊的卖家需要的资料

注册成为亚马逊的卖家需要的资料如下：
①电子邮箱地址。
②卖家个人或公司的名称、地址、联系方式。
③可以支付美元的双币信用卡（Visa、MasterCard 等）。
④在注册期间可以联系到卖家的电话号码。
⑤营业执照、身份证。

3.4.5 全球开店北美站流程

亚马逊开店方式主要有两种：一种是自注册，另一种是通过招商经理注册全球开店。自注册不用月租费用，但销售数量有限，仅有 40 个库存量；全球开店的月租费用为 39.99 美元（约合人民币 258 元），销售数量远远大于自注册。另外，全球开店有亚马逊培训和专职经理，让卖家更方便和省心。分类审核由职业经理专门负责，速度很快。封号前经理会提前收到消息然后通知整改，以防号码被封，因此全球开店的安全性更高。

全球开店分为北美站点、欧洲站点、日本站点三部分。三个站点的注册流程大致一样，我们以北美站点为例讲解全球开店流程。

①创建账户。卖家登录亚马逊官方网站（gs.amazon.cn），选择北美站点进行注册，创建用户，按要求输入邮件地址或手机号码、密码（见图 3-4-1）。

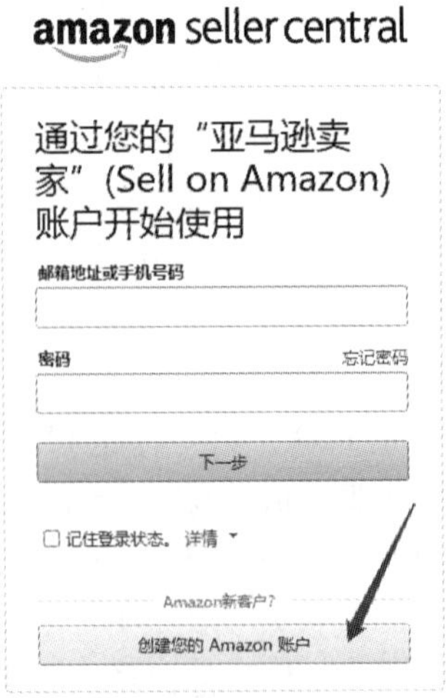

图 3-4-1　创建账户

②填写名称。公司用户使用英文或拼音填写公司名称，个人用户使用英文或拼音填写个人名称，卖家勾选同意相关协议。

③填写地址信息与个人信息。卖家填写地址信息时，除了邮编外，其余信息用拼音或英文填写。卖家可以选择用电话或 SMS（短信）进行号码验证，并将验证码输入提示框。之后卖家就可以填写个人信息，包括个人的身份证号、联系地址等。

④设置计费方式和存款方式。卖家正确输入银行卡卡号、有效期、持卡人姓名、账单地址，设置卖家的存款方式，关联银行成功（见图 3-4-2 和图 3-4-3）。

图 3-4-2　亚马逊账户注册信息输入

图 3-4-3　亚马逊账户创建关联银行

⑤账单信息。卖家使用可以支付美元的双币信用卡，填写信用卡卡号、有效期、持卡人姓名、账单地址，设置卖家的收款方式。

⑥等待美国税务审核。

⑦进行店铺商品信息与分类。

⑧进行专家身份验证并完成验证。

3.4.6　全球开店收费情况

亚马逊允许个人或公司开设账户，并将平台上的卖家账户分为个人（individual）卖家账户和企业/专业（professional）卖家账户，这两种账户在流量、商品上架数量、商品审核要求上没有区别，区别在于前者相比后者在很多功能上有限制。

卖家在亚马逊上销售产品需要支付平台佣金。卖家需要为每件售出的商品支付销售佣金。某些商品分类设有每件商品的最低销售佣金，卖家需要支付销售佣金或每件商品的最低销售佣金，取两者中的较高者。2020 年，亚马逊佣金发生了调整。对于鞋类、手袋和太阳镜，若总售价超过 75 美元，则佣金从 18%降到 15%。对于户外家具总售价中高于 200 美元的部分，佣金从 15%降低到 10%。从 2020 年 2 月 18 日开始，亚马逊将个人护理设备合并为健康与个人护理类别（health & personal care），这把总销售价格在 10 美元或以下的产品的佣金比例从 15%降低到 8%。该类别中，总销售价格高于 10 美元的产品将保留 15%的佣金比例。2020 年 2 月 18 日开始，亚马逊对所有运动服收取 17%的佣金。全球开店收费情况如表3-4-1所示。

表3-4-1　全球开店收费情况

账号类型	个人销售计划	专业销售计划
注册主体	个人/公司	个人/公司
月租金	免费	39.99美元/月
按件收费	0.99美元/件	免费
销售佣金	根据不同品类收取不同比例的佣金，一般为8%~15%	
功能区别	单一上传，无数据报告	单一/批量上传，可下载数据报告

实训3.4　亚马逊——listing

张芳作为跨境电商的新人，已经通过亚马逊全球开店项目顺利完成了开店任务。现在她也知道了亚马逊重产品、轻店铺的原则。接下来她的重心要放在产品上，也就是全心全意打造优秀的产品listing。listing被越多人看到，店铺获得订单的机会就越大。

listing的组成部分包括产品标题（title）、图片（picture）、品类（department）、价格（price）、特性（bullet point）、产品描述（description）、评价（reviews）。

①产品标题。产品标题包括品牌名、主关键词、主要功能、适用场景和包装数量。参考公式为核心关键词+品牌名+亮点+材料+次要特征+属性（尺寸、容量、颜色、数量等）（50字符左右）。

②图片。图片要有不同角度的图（正面、侧面、细节等），要有使用图和功能图，可以有带文字或图表的信息图、尺寸图等。每一个产品listing都有5~9张主图。主图要求只有产品，最好是白色背景（不要有配饰、模特或拍摄镜头），尽可能是满图，图片质量优质（最低为1 000×1 000像素，最佳为2 000×2 000像素）。

③品类。卖家将产品分在最佳品类可以大大提高转化率，甚至可以使销售额增长几倍，如枕套。

④价格。价格要适中，不能过分高于市场的平均价格。产品的定价受到多种因素的影响，如平台的佣金。亚马逊根据不同的类目收取不同比例的佣金。

⑤特性。特性，即从产品中提炼出的有特点的方面。它能展示产品的独特性，加深买家对产品的印象，增强产品的吸引力，提高订单转化率。

⑥产品描述。亚马逊允许卖家在产品描述中使用基本的HTML标记（包括加粗、斜体、引号、换行符、分页符等），达到突出重点、易于阅读的目的，并利用图文版进行品牌描述。亚马逊不允许卖家在产品描述中使用"seller warranty"（卖家保修），但允许在产品描述中使用"manufacturer's warranty"（厂家保修）。

⑦评价。消费者在产品listing页面可以看到有三种评论：一是平均产品星级（1~5星），二是最受欢迎的评论（most popular reviews），三是消费者最近的评论。亚马逊是一

个重评价的平台，因此得到好的产品评价是卖家的重要任务。

请完成以下实训任务：

（1）为张芳的亚马逊新店做一个产品页面（店铺销售自有品牌ABC牌毛绒小狗玩具，该玩具有多个型号、多种颜色）。

（2）学习亚马逊卖家规则，且至少能列出3条。

任务3.5 eBay

【任务引入】

自1995年上线以来，eBay已成为电商领域中的顶级品牌。卖家可以在该平台销售任何东西，从收藏品到普通食品、杂货。作为全球电商的领军者，eBay帮助全球消费者随时、随地、随心地购买其所爱、所需的产品，因此eBay的产品非常多样化，目前提供的上架物品超过8亿件，种类繁多。可以说，消费者需要和喜爱的任何产品，在eBay上都可以找得到。

以美国、英国、澳大利亚和德国为代表的成熟市场目前是eBay中国卖家最主要的销售目的地市场。这些市场具有人均购买力强、网购观念普及、消费习惯成熟、物流配套设施完善等特点。为了方便跨国货币的支付与结算，eBay还开发了贝宝（PayPal）作为官方推荐的支付工具，这与eBay的交易完美契合。

张芳听说在跨境贸易中，我国大部分跨境电商选择亚马逊和eBay两个平台，那么这两个平台有什么区别，并应如何选择呢？eBay拥有PayPal是一大优势。张芳想更多地了解eBay较其他跨境电商平台有哪些特点、开店的难易程度如何、要遵守的规则有哪些。带着这些问题，我们进入任务3.5的学习。

扩展学习

eBay在全球拥有40多个站点和1.5亿以上的活跃用户，核心市场是美洲和欧洲地区。eBay是大部分中国卖家最早接触到的跨境电商平台，它最初是一个拍卖网站，创办的初衷是让美国人把家中的闲置物品最大化利用起来，如放到网络上进行拍卖。这种拍卖模式很容易吸引流量，也让卖家比较容易出单，每一个卖家都可以对商品设置最低为0.01美分的底价，让买家去竞相加价。eBay的平台类目设置不同于亚马逊。用户登录eBay的官方网站（https://www.ebay.com/）时，导航栏就直接列出了平台主要的类目。

3.5.1 eBay的发展历程

eBay（易贝、亿贝、电子湾）是一个可以让全球民众上网买卖物品的线上拍卖及购物网站，任何人都可以在这里出售商品和参加拍卖。eBay于1995年创立于加利福尼亚州圣荷西，创始人是皮埃尔·奥米迪亚（Pierre Omidyar）。eBay首创了C2C线上交易模式，从一个拍卖网站逐渐发展成为全世界最大的电商交易平台之一。

eBay 跨境电商网站为第三方平台，采用入股第三方物流服务商及整合其他服务商的模式轻资产运营。eBay 物流以专线、小包、海外仓发货为主，平台主要做中端品牌市场，商品品类丰富，有大量中国卖家入驻。目前 eBay 以 B2C 垂直销售模式为主，主要针对个人客户或小型企业，类似中国的淘宝 C 店。eBay 在全球拥有 37 个独立的站点及门户网站，覆盖 200 多个国家和地区，拥有近 3 亿用户，支持全球 23 种语言。

3.5.1.1　1995—2000 年飞速成长

1995—2000 年，eBay 开创 C2C 交易模式，利用互联网技术为买卖双方提供安全便利的电商交易平台，通过品类和业务拓展积累了庞大的客户群，飞速成长为电商巨头。1997 年，Auctionweb 更名为 eBay。eBay 以星数代表信用评价指数的模式初次登场，提升了买家的购物体验。2000 年，eBay 继续向全球延伸，分别在加拿大、德国、法国、和奥地利开设了站点。2000 年，eBay 实现了 4.3 亿美元的营业收入，注册用户超过 2 200 万人，平台拍卖商品数量超过 2 600 亿件。

3.5.1.2　2001—2010 年竞争加剧，由强减弱

eBay 较早兴起，具备先发优势，并通过品类扩张（从收藏品扩张到生活必需品类）以及业务类型扩展（引入定价模式，为企业客户服务店铺等），形成了拍卖、定价、拍卖与定价相结合的三种交易模式，全面满足用户需求。eBay 走上了跨境电商全球扩张的道路，并于 2002 年收购了网上支付系统的佼佼者——PayPal，令用户间的交易变得更简单及安全可靠。2003 年，eBay 合并了中国当时最大的电商公司易趣，并推出联名拍卖网站"eBay 易趣"。但是与此同时，eBay 没有结合中国互联网消费的实际情况，加上中国的淘宝网在国内异军突起，而且以免费开店的方式吸引了很多中小卖家的流量，因此 eBay 的发展空间逐渐被挤占了。eBay 在过度扩张之后，未明确业务架构，没有很好地整合资源。亚马逊平台的规模效应越来越明显，亚马逊在物流、云计算方面构建良性生态循环，而在电商的红利过后，eBay 面临的竞争越来越激烈。2001—2010 年，eBay 在高速增长后，在网拍市场日渐饱和、亚马逊等竞争对手崛起以及谷歌搜索和各类社交网站兴起的背景下，其缺乏核心优势的商业模式开始显现弊端，平台无法形成有效壁垒，先发优势逐渐减弱。

3.5.1.3　2011—2015 年战略转型

2011—2015 年，eBay 展开四大战略转型——开发移动支付产品、发力 PayPal 支付业务、由线上向线下渗透、收购电商综合服务平台（GSI Commerce）。eBay 从拍卖零售市场转型为兼具渠道和服务的综合互联网技术平台，完成商业模式的转变。2012 年起，eBay 看到了移动电商的时代机遇，开发移动支付平台产品。移动端的交易额从 2009 年的 6.2 亿美元提升到 2013 年的 220 亿美元，转型成效显著。

3.5.1.4　2016 年至今

2016 年至今，eBay 的业务架构经历多次剥离和调整后，重心回归到线上交易平台，营业收入增速趋稳，但增长动力不足。在电商产业链日益完善的趋势下，eBay 欠缺物流体系、信息技术系统等基础设施，在与亚马逊的竞争中逐渐落后。2019 年，亚马逊持续提升市场占有率，拿下美国电商市场 48%的市场份额，较 2018 年增长 4.5%。eBay 虽然市场份额位居第二，但是只有 6.1%的比重，差距巨大。

3.5.2　eBay 的盈利模式

eBay 在创立初期，与大部分 B2C 平台有所不同。B2C 平台在本质上还保留着商品的特性，只不过是把传统商店放到了网络上，而 eBay 更倾向于平台建设，即建立起规范的模式化交易平台，不参与交易行为，不赚取商品利润，只以管理费和交易费作为收益。这使得 eBay 不用承担传统 B2C 业务中由商品积压、物流渠道、供货商关系、消费者习惯等带来的压力，而是处于网民自愿交易行为的辅助者、指导者、管理者的角度。eBay 牢牢抓住了单项交易收益额小但成交宗数多的普通网民市场。

卖家在 eBay 上销售只有三个步骤：设置卖家账户、创建产品 listing、管理产品 listing。卖家可以选择创建“高级产品 listing”，为买方提供更多信息，并可以在店铺中管理产品。eBay 的收入有两类：基本费用和可选费用。基本费用包括产品 listing 费用+拍卖物品的成交费用+PayPal 费用。可选费用主要指订阅店铺、附加可选功能升级或广告服务费用。

3.5.2.1　产品 listing 费用（刊登费）

卖家在 eBay 上刊登产品信息时，会被收取产品上架费。无论产品数量多少，eBay 都按照每个产品 listing 的产品类别收取一次刊登费。所有卖家每月均可获得免费刊登产品信息的机会（不同类型卖家免费的额度不同。订阅店铺的卖家根据店铺等级来确定）。当卖家超过了免费刊登的数量，eBay 就会收取每条 0.3 美元的刊登费。

3.5.2.2　成交费用

如果卖家的产品出售了，eBay 会收取拍卖物品的成交费。成交费用是基于销售总额计算的，针对每件产品收费。销售总额是产品最终价格，运费以及可能向买方收取的其他任何费用、销售税不包括在内。在未开设店铺的情况下，绝大部分产品的成交费用是销售总额的 10%，但最高不超过 750 美元。

3.5.2.3　PayPal

2002 年，PayPal 和 eBay 的合作成为互联网界最经典的并购案之一。PayPal 成为 eBay 平台的主流支付方式。eBay 会根据销售额收取一定比例的 PayPal 费用。2015 年，eBay 与 PayPal“分家”，双方在拆分的时候达成的运营协议会持续到 2020 年。双方同时也签署了一个新的合作协议，有效期至 2023 年 7 月。新的合作协议明确了 PayPal 在 eBay 平台上作为支付选项的重要性。

3.5.2.4　订阅店铺等附加可选功能或服务费

eBay 的店铺分为五个级别：初始店铺（starter）、普通店铺（basic）、精品店铺（premium）、超级店铺（anchor）和企业店铺（enterprise）。每个店铺都有对应的费用结构，其刊登费用和成交费用的折扣不同，且物品刊登数量也不同。不同等级的店铺会收取不同的费用。费用有月度和年度两种收费方式，而不同等级的店铺，每月免费产品信息的刊登数量、刊登费以及成交费用收取的比例均不相同。店铺等级越高，免费产品信息的刊登数量越多，且其他费用的费率越低。

eBay 的有些功能是可以升级的，如预刊登、副标题和标题字体加粗、第二分类等。这些升级功能需要付费。eBay 内部的付费推广服务可以提高产品曝光度，增加卖出概率。

3.5.3 eBay 的开店流程

3.5.3.1 创建账户

中国卖家如果想开设跨国账户，需要在中国香港 eBay 站点注册成为跨国卖家。卖家登录 eBay 香港（中国）站点（www.ebay.com.hk），点击页面上的注册（见图 3-5-1）。

图 3-5-1 eBay 注册页面主页

页面跳转到登记注册信息。个人账户需输入姓名、联系邮箱与密码。卖家也可以以谷歌或“脸书”等账户直接注册。

卖家要开始在 eBay 上销售产品，需要做的第一件事就是选择账户类型。eBay 提供两种类型的账户：个人账户和商业账户。

个人账户大多数是个人拥有的账户，这些账户通常用于临时销售。eBay 的商业账户是专门为那些希望将 eBay 作为电子商务平台的企业设计的，商业账户的销售额要高于个人账户的销售额。卖家可以注册法定公司名称。与创建个人账户一样，创建 eBay 商业账户也是免费的。创建 eBay 商业账户可以让卖家更容易区分企业财务和运营，这将有助于记账和纳税。企业在 eBay 开店需要的资料如下：中国大陆地区的企业卖家需要准备营业执照、企业法定代表人身份证明以及公司地址证明；中国香港、澳门和台湾的企业卖家需要准备营业执照和公司地址证明。

企业入驻 eBay 有两种通道：一种是向 eBay 直接申请；另一种是第三方实地考核。卖家通过这两种方式入驻都可以获得较个人账户更高的刊登额度。向 eBay 直接申请是免费的入驻通道，而使用第三方实地考核入驻的卖家则是需要付费的，但成功通过的卖家可以获得比向 eBay 直接申请更高的刊登额度，还能够享有其他便利。企业在提交申请之前，需要把账户注册为商业账户，并且需要完成卖家认证且链接到已认证的 PayPal 账户。

个人账户注册完成后，点击【登记成为会员】则注册成功；点击【继续】，会进入电话确认的步骤。

3.5.3.2 登记注册信息

卖家输入发至手机的 PIN 码后，点击【继续】，则注册成功，系统自动跳转至首页。

3.5.3.3 修改和完善账户信息

卖家输入个人的邮箱信息，进入欢迎登录页面。如果卖家希望设置个人账户资料，则点击【账户】→【个人账户资料】，进行修改；如果卖家希望修改主要联系地址，则点击【账户】→【地址资料】进行修改。

3.5.3.4 绑定支付账户

卖家点击【账户】→【PayPal 账户】→【连接到我的 PayPal 账户】，进入 PayPal 登录页面（若没有 PayPal 账号可以注册），并绑定 eBay 账户和支付账户。同时，卖家需要准备一张双币信用卡。信用卡用来开通网上银行，方便日后进行相关的操作。通过以上操作，eBay 开店注册就完成了。

3.5.3.5 发布产品

卖家点击【我要卖】即可进入产品发布页面（见图 3-5-2），选择发布的产品品类。

图 3-5-2 产品发布页面

3.5.4 eBay 的产品 listing 页面

卖家选择好发布的产品品类，进入产品 listing 页面（见图 3-5-3）。卖家首先要关注的就是标题。标题是一个告知并激发买家兴趣，让买家快速知悉并产生购买欲望的宣传手段。精良的标题应尽可能地包含多个强相关性的搜索关键词。标题可输入多达 80 个字符，卖家应尽可能地利用这 80 个字符将产品特征介绍清楚，让买家在了解产品重要信息的同时，也增加关键词的搜索量和浏览量，以期带动销售。卖家应注意不要在标题中添加无关的标注符号，不得含有网站地址、电子邮件或电话号码。具有品牌的产品必须是由品牌厂商生产的正规合法的产品。

图 3-5-3 产品 listing 设置页面

产品可以设置 12 张图片。eBay 提供了两种价格设置的方式：拍卖与一口价。eBay 允许多种收款方式（见图 3-5-4）。

图 3-5-4　产品 listing 价格设置方式

listing 页面设置的原则是尽可能详细、准确，以避免不必要的交易纠纷。价格设置方式为一口价的卖家可以选择 3 天、5 天、7 天、10 天、30 天的在线时间。价格设置方式为拍卖的卖家可以选择 3 天、5 天、7 天、10 天的在线时间。

3.5.5　eBay 的优势与劣势

3.5.5.1　优势

①eBay 具有专门的针对卖家的客服。卖家可以通过电话联系或网络会话的形式进行沟通交流。

②低门槛。相较于在亚马逊开店来说，在 eBay 开店的门槛较低。卖家在 eBay 开店是免费的，上架产品是需要付费的。eBay 对产品的限制也比较少，只要不违反平台规则以及各国的法律法规，产品就可在 eBay 上进行销售。

③多样化的定价方式。eBay 的定价方式有多种，包括无底价竞标、有底价竞标、定价出售、一口价成交。eBay 在创立之初是一个拍卖网站，在某些产品的定价方式上也延续了拍卖的模式。这是 eBay 与其他跨境电商平台最大的不同点。

④排名机制较公平。eBay 的产品排名，并不是销量较高排名就会比较靠前。如果卖家选择拍卖形式，会有更多的转化率。eBay 注重店铺推广，拍卖模式可以用低价吸引消费者。拍卖作为一种推广方式可以吸取很多流量。

⑤快捷的物流服务。在物流方面，eBay 联合第三方合作伙伴——中国邮政速递，为中国卖家提供便捷、快速和经济的国际 e 邮宝货运服务，并逐渐从美国、澳大利亚、德国等发达国家向俄罗斯等新兴市场延伸。

3.5.5.2　劣势

①后台操作难度较大。eBay 的后台是英文显示，这对于一些英文基础较薄弱的卖家来说，增加了操作难度。

②收费项目多。eBay 将卖家店铺分为很多级，每一级店铺的收费标准是不一样的。eBay 除了收取店铺费用外，还向需要使用特殊功能的卖家收取相应费用。

③偏向买家，对卖家要求严格。eBay 更看重买家的销售体验，因此对卖家的产品质量以及售后服务非常看重。店铺被买家投诉，严重的话将被 eBay 封店。

3.5.6　eBay 的产品排名规则

最佳匹配（best match）是 eBay 默认的产品搜索排序标准（见图 3-5-5）。最佳匹配的目标是提供来自卖家的最相关的、具有最优价值的产品，可以帮助买家找到真正需要的产品，为买家创建最佳体验。卖家要想快速出单，最重要的是了解 eBay 默认的搜索排序方式。卖家抓住排序的关键因素，努力提升产品在这些方面的优势，从而使产品攀升至搜索排名的前列。

图 3-5-5　eBay 用户搜索产品排序页面

影响最佳匹配的排序规则如下：

①近期销售记录（针对 eBay 定价类商品）。近期销售记录是判定有多少商品被不同的买家购买的数据。记录越多所能获得的平台曝光率就越高。

②即将结束的时间（针对拍卖类产品）。商品在即将下架时排名是最好的。

③卖家服务评级（detail seller rating，DSR）。评价的维度包括商品描述、客服、物流时间、运费 4 个方面。评价越高，商品排名越靠前。

④选择恰当的商品类别。商品取得好的排序一定要列在适当的类别中，才能顺应 eBay 的最佳匹配规则，才能使通过类别浏览产品的买家能够轻松找到商品。如果卖家不确定要使用什么类别，可以在平台上搜索其他卖家上架的类似商品或直接与 eBay 客服联系。

⑤商品标题相关性。商品信息与买家搜索信息的匹配度越高，商品排名越靠前。卖家要创建准确的商品信息，撰写清晰、简洁的标题（不超过 80 个字符），确保商品描述准

确、详细且内容丰富，并尽可能从 eBay 的商品目录中提取信息。添加商品制造商的名称、型号、尺寸、颜色和样式等商品详细信息也很重要，以便为购买者提供尽可能多的信息来帮助其做出购买决定。

⑥高质量的原始图片。eBay 允许卖家为每个商品发布 12 张免费图片。高质量的图片要从各个角度展示商品，以便买家在购买前充分了解商品。

⑦明确的销售条款。向买家提供明确的销售条款和条件的信息，能帮助卖家提高在 eBay 的排名。销售条款包括有关运费和手续费的详细信息（eBay 建议提供免费送货，但不是强制性的，eBay 会提升免运费物品的排名并降低高运费或运费不明的物品的排名）；卖家接受的付款方式和退货政策。卖家还应该详细说明处理和运送订单需要多长时间以及客户能否追踪订单运输流程。

⑧卖家表现。这里的卖家表现指的是卖家在诚信方面的表现，包括买家投诉的比例、买家满意度和评价等。

⑨退换货服务。eBay 关注顾客的购物体验，而退换货是影响购物体验的重要环节。卖家如果提供退换货服务，排名自然会更好。

实训 3.5　eBay

eBay 按照注册主体的不同，可以将卖家的账户分为普通账户和企业账户。普通账户可以分为个人账户和商业账户，eBay 是可以允许个人入驻的。

个人卖家只需要注册并且认证一个 eBay 的个人账号，就可以在全球开启销售业务。请按以下流程完成 eBay 个人卖家的入驻：

（1）读者登录 eBay 的网址（https://www.ebay.com.hk/），网页的左上角显示有登录或注册；点击注册，跳转到登记注册的信息页面；点击个人账户。

（2）读者在个人账户的注册信息页面如实填写相关的个人信息，如手机号码及邮箱地址。eBay 会实时发送验证码信息到注册邮箱。读者查收邮箱验证码，将验证码填写完成后点击登记成为会员，注册成功。读者点击继续，手机短信收到验证码，填入验证码。

（3）读者在个人账号中修改完善个人账号的信息资料（点击个人资料即可修改）。

（4）在个人账号页面进行支付资金账户的注册，并绑定 eBay 账户和支付账户。

任务 3.6　Shopee

【任务引入】

近几年，跨境电商呈现出非常火爆的发展态势，尤其是东南亚的跨境电商。张慧兰于 2020 年 7 月进入 Shopee 平台泰国站点，开设了个人店铺。她用了一个月的时间了解店铺上新、装修、运营、出单、回款等全流程。2020 年 8 月店铺才开始正式投入运营。刚开始，张慧兰只打算销售一些年轻女孩喜欢的首饰，如耳钉、项链，但是等到正式经营之后才发现不怎么好卖，于是她又慢慢上了一些帽子、围巾、内衣、水杯等女孩喜欢的生活用品，店铺流量马上就好了很多，这让她信心倍增。但是，经营了两个月之后，张慧兰发现订单越来越少，于是请了专门的店铺分析人员帮她解决问题。分析人员发现她的店铺有以下几个需要改进的地方：

第一，店铺的定位不明确，店里产品有衣服、包、首饰等，种类多且杂，给人感觉不专业。这说明店主并没有开店的长久经营策略。

第二，产品的供应渠道比较杂，在供应链和服务商资源方面没有优势，店主对目标客户本地政策和产品认证了解不够。

第三，没有很好地利用 Shopee 平台的规则吸引流量，对平台了解不够。

如果张慧兰想经营好她的 Shopee 店铺，应该提前做好哪些准备呢？Shopee 平台有哪些卖家规则呢？较其他跨境电商平台有哪些特点呢？开店经营需要注意哪些问题呢？带着这些问题，我们进入任务 3.6 的学习。

扩展学习

Shopee 是来自东南亚的电商平台，现在已经有了越南、印度尼西亚、新加坡、菲律宾、马来西亚以及巴西等站点。每个市场的情况不一样，许多卖家该如何判断哪个市场是最合适的市场呢？东南亚市场有哪些热销品呢？读者可以登录 Shopee 的官方网站（https://shopee.com/index.html），了解平台的热销品。

3.6.1 Shopee 简介

Shopee（虾皮）于 2015 年上线，是目标市场针对东南亚地区的电子商务平台。随着近几年的急速发展，Shopee 已经成为东南亚地区最大的跨境电商平台之一。Shopee 目前有越南、印度尼西亚、新加坡、菲律宾、马来西亚以及巴西等 8 个站点，同时在中国深圳、上海和香港设立办公室，为中国跨境卖家打造一站式跨境解决方案。Shopee 提供流量、物流、孵化、语言、支付和企业资源计划（ERP）支持。Shopee 拥有丰富的商品种类，包括电子消费品、家居产品、美容保健产品、母婴产品、服饰及健身器材等，热销品类为时尚配件类、女包、化妆品、母婴类、手表以及母婴玩具等。2019 年，Shopee 强势跻身全球购物类应用程序下载量前五位，网页端也以超过 20 亿次访问量位居榜首。Shopee 目前拥有 2 亿次应用程序下载量、超过 3 000 万人的社群媒体粉丝数量、700 万活跃卖家、遍布东南亚的员工，成为东南亚发展最快的电商平台，也是中国产品出口东南亚的首选平台。

3.6.2 Shopee 发展大事记

Shopee 于 2015 年 10 月 28 日正式上线，主打市场为 C2C 电商市场，推出 30 秒“随拍即卖”服务。Shopee 上线后不到一年，其应用程序下载量即突破 300 万次，每月成交商品数达到 1 000 万件。Shopee 上线第一年的成交总额（gross merchandise volume，GMV）达到 18 亿美元，平均月度增长 43%，12 个月内吸引 100 万卖家。2016 年，Shopee 在中国深圳和香港设立办公室，开展中国跨境业务。

2017年4月17日，Shopee开始收费，对每笔交易收取0.5%的手续费。其中信用卡交易的手续费是1.5%，银行转账以及货到付款无手续费。

2017年3月，Shopee深圳研发中心成立。2017年7月，Shopee推出B2B2C服务，中文名“虾皮商城”，同时推出平台保障服务，如“假一赔二”承诺、“15天鉴赏期”服务和“退货免运费”服务。

2017年8月24日，Shopee拍卖升级为Shopee购物平台。

2018年3月14日，Shopee再度推出新的服务——“Shopee24小时”，进军B2C市场，提供24小时极速到货服务。2018年9月，Shopee SLS物流服务全面覆盖东南亚市场。

2019年，Shopee总订单量高达12亿单，同比增长100.5%。2019年11月，Shopee“网红”营销服务（SKS）上线，掀起东南亚直播带货风潮。

3.6.3 Shopee的特点

3.6.3.1 区域性

Shopee主要面向东南亚地区。东南亚地区的人口基数大，其中30岁以下的人口超过一半，市场潜力很大。

3.6.3.2 本土化运营

东南亚市场拥有百余种语言、十余种宗教并且文化差异极大，因此Shopee根据不同区域消费者个性化的网购需求及习惯，针对每一个站点都制定符合当地网购需求和趋势的本土化方案，推出了各市场专属独立应用程序。

3.6.3.3 平台卖家入驻零费用

Shopee对卖家入驻有优惠政策。卖家入驻Shopee不用缴纳入驻服务费和押金，也不用缴纳产品上架费，仅需通过官方招商渠道提供符合要求的资料即可。Shopee按经营类目不同收取5%~6%的销售佣金，并于2019年1月1日起开始对卖家收取2%的交易手续费。但是Shoppe对入驻的新店铺免前3个月的佣金。2019年Shopee平台交易佣金费率如表3-6-1所示。

表3-6-1 2019年Shopee平台交易佣金费率

	等级	上月已完成订单总额（不含订单运费）	印度尼西亚	马来西亚	新加坡	泰国	越南	菲律宾
佣金费率	1级	≥100万美元	5%					
	2级	≥50万美元	5.5%					
	3级	<50万美元	6%					
示例：对于卖家A，2019年7月已完成的订单总金额为120万美元，则2019年8月16日至9月15日的佣金费率为5%；2019年7月已完成的订单总金额为95万美元，则2019年8月16日至9月15日的佣金费率为5.5%。								

Shopee不分店铺国籍，根据店铺上月已完成的订单总额（不包含订单运费）按百分比收取店铺佣金。其中，1级，即大于或等于100万美元的，收取5%的交易佣金；2级，即大于或等于50万美元的，收取5.5%的交易佣金；3级，即小于50万美元的，收取6%

的交易佣金。

3.6.3.4　提供小语种服务，消除卖家语言障碍

为了给买家提供更好的购物体验，便利卖家与买家之间的沟通，Shopee 为小语种站点的卖家提供了客户服务。例如，马来西亚、新加坡、菲律宾 3 个站点的通用语言均为英语，卖家需自行为买家提供客户服务；泰国、印度尼西亚、越南 3 个站点的通用语言分别是泰语、印度尼西亚语、越南语，Shopee 为这 3 个站点的卖家配备客服团队，为买家提供客户服务。2019 年 12 月，Shopee 跨境客服团队又推出了 400 服务热线 4001268888，从而提供更好的服务。

3.6.3.5　不同站点的物流不同

Shopee 有自建的跨境物流服务 SLS（Shopee Logistics Service）。SLS 的范围包括从中国发运至 Shopee 各站点买家所在地的收件区域，内容包括仓储、运输、出口报关、进口清关、送货至区域内的配送服务以及其他相关物流服务。中国卖家只需将产品发往 Shopee 在中国的 4 个转运仓（深圳、泉州、上海、义乌）中的任意一个，剩下的报关、清关、尾程派送都由 Shopee 一手操办，无需卖家费心。

SLS 的发货的流程分三步：卖家在后台页面点击“申请出货流程”；卖家点击“打印出货单”；卖家将出货单贴在对应包裹上，用快递寄出。

Shopee 的站点较多，不同国家的渠道有所不同，且不同国家的禁售、限售产品也不同，因此卖家使用哪种物流要结合站点物流渠道的要求。

3.6.3.6　铺货型平台

跨境电商平台一般分为精品型平台与铺货型平台。精品就是少而精，平台卖家仔细打磨某一个或某几个产品，将其打造成爆款或热卖商品。这就要求卖家拥有精细化选品的能力，通过精细化的运营对一个或几个产品着重包装，使其出类拔萃，当然这可能需要投入较多的运营费用。Shopee 主要面对的是东南亚地区的消费者，注重发展中国家市场，平台的热门类目是服装、母婴用品、家居生活用品、美妆用品、数码产品，因此客单价比较低，利润也较低。这要求卖家灵活选品，吸引买家，时常上新，提高出单概率。同时，卖家又不需要大量备货，库存压力较小。铺货模式的工作量比精品模式大得多，因此需要刊登工具或 ERP 进行辅助，如果一个一个地编辑商品不仅费时、费力、效率低，还难以取得成效。Shopee 为卖家提供了 ERP 辅助工具。

3.6.3.7　中国跨境业务亮眼

2019 年 9 月 9 日、11 月 11 日与 12 月 12 日，Shopee 跨境卖家的单量分别攀升至平日的 5 倍、9 倍与 10 倍。Shopee 不仅为中国卖家打造一站式跨境卖家解决方案，提供 SLS、小语种客服和支付保障等解决方案，还针对不同类型的卖家提供定制孵化路径、虾皮国际平台（Shopee International Platform，SIP）（卖家仅需运营一个马来西亚站店铺即可以面向东南亚其他市场）、“网红”营销等增值服务，助力广大中国卖家轻松触达东南亚市场。

3.6.4　Shopee 的入驻

目前，Shopee 仅面向中国企业卖家开放跨境业务，实行邀请式入驻。卖家申请入驻需提供公司营业执照。

3.6.4.1　Shopee 的入驻资料要求

Shopee 平台的每个站点的开店要求不完全相同，但是卖家开店前大致需要准备的资料如下：

①营业执照。

②电商流水。内贸店铺近 3 个月的订单流水或资金流水截图（只需提供总体数据，无需明细）。

③法人身份。法人身份证正反面。

④其他资料：产品数量大于 50 款，并符合本地出口和当地进口的要求。

Shopee 允许卖家在多个站点开店，其他站点的开通实行邀请制。卖家如果在第一个站点将店铺运营得很好［一般对订单完成量和产品数量（SKU）进行考核］，那么平台会邀请卖家在另外的站点开店。

3.6.4.2　店铺开通流程

①注册账号。卖家打开 Shopee 的官网（www.shopee.cn），进入页面（见图 3-6-1）。

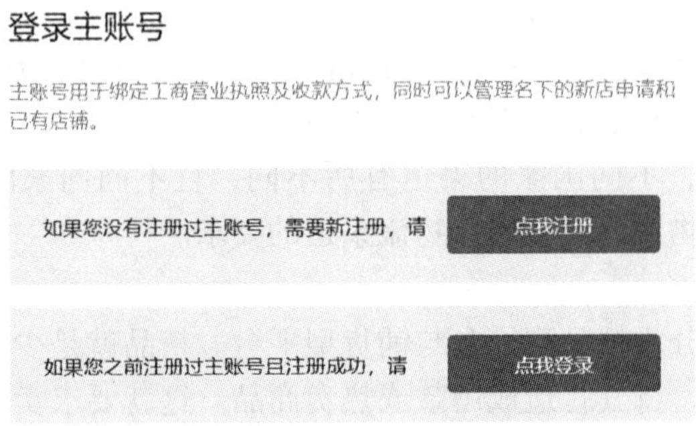

图 3-6-1　注册 Shopee 账户页面

卖家输入店铺名称（企业名称）、电话号码、邮箱进入下一页。卖家设置登录密码与电话验证码，注册成功（见图 3-6-2 和图 3-6-3）。

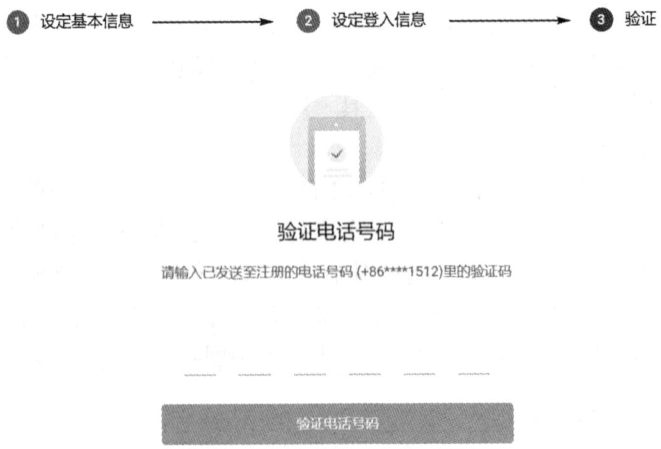

图 3-6-2　输入电话验证码

图 3-6-3　主账户申请成功

只要卖家的资料齐全，入驻 Shopee 就是完全免费的，但缺点就是入驻的时效性比较差，审核可能要半个月到一个月的时间。Shopee 还有一个入驻渠道是经理合作渠道，入驻速度比较快，7~10 个工作日就能审核完成并开通。

②申请店铺。主账号设置完成后，卖家退回首页，点击“点我登录”。卖家登录主账号时，用户名需加上“：main”，其中“：”为英文的标点符号，如“Shopee：main”。卖家在主账号下按照指引填写入驻信息记录表，提交后等待平台审核（见图 3-6-4 至图 3-6-7）。

图 3-6-4　店铺申请联系人信息填写

图 3-6-5　店铺申请人公司信息填写 1

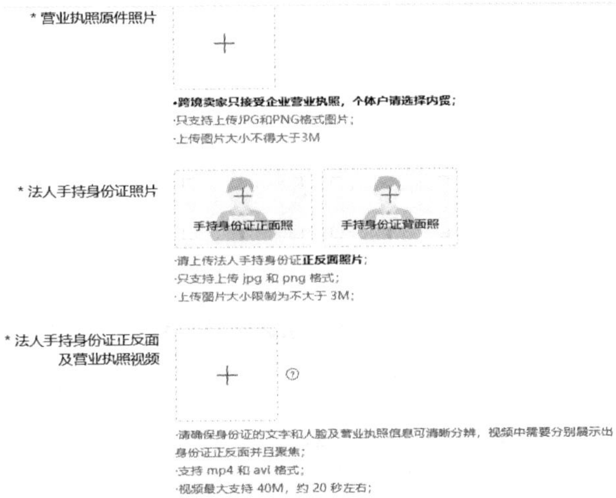

图 3-6-6　店铺申请人公司信息填写 2

图 3-6-7　店铺申请人公司信息填写 3

Shopee 工作人员会在 5 个工作日内审核卖家提交的资料。同时，卖家也可以在 Shopee 官网登录主账号，随时查看店铺审核进度、所需时长以及审核人员对申请材料提出的修改要求。

③新店任务。审核通过后，销售权自动激活，店铺即可正式营业。卖家在注册时留的联系邮箱会接收到 Shopee 推送的新店任务。

实训3.6 Shopee运营模式

作为东南亚地区最大的电商平台，Shopee平台的成功离不开其优秀的运营模式。Shopee的店群模式以及无货源模式是平台运营模式的主要代表。Shopee店群是指多个店铺，用Shopee群控系统同时操作多个店铺，如批量商品上下架、批量修改价格、批量修改商品库存等。Shopee的店群模式在每个店铺中根据最新数据上传几千甚至上万个产品数量（SKU），供顾客挑选。在顾客看中卖家的商品，并在Shopee店铺下单后，客服运营再到其他网购平台，如淘宝网、拼多多中寻找相同且价格最优惠的产品。完成下单后，卖家把商品发到指定的Shopee仓库，最后货代人员统一将商品打包并发往境外客户要求的地点。卖家赚取过程中产生的差价。Shopee店群模式简单来讲就是将许多无货源模式的店铺进行组合，以同时运营很多Shopee店铺，然后用一些软件把这些店铺隔离。卖家在铺货的时候可以花费很少的时间，只需要找到想做的产品类目，然后使用ERP将其采集到Shopee店铺中。卖家在ERP后台上可以对产品进行各个模式的优化，从而大大节省了选品和优化时间。由于店群模式以无货源的店铺为基础，因此卖家在整个运营过程当中就只需要做好传递产品信息、引导用户购买、完成出单的工作。这节省了卖家进行物流配送的人力成本和物流成本。一般，规模比较大的卖家都会选择店群模式。

店群模式适合新手卖家在前期大量获利以积累资金，为后续发展提供保障。如果卖家能在后期对这些店铺进行精细化管理，那么这对于后续扩大销售规模具有相当大的助力。但是如果后期每个店铺上架的产品数量过多，就可能造成管理难度加大，运营成本依旧会回升。

基于以上的介绍，请回答以下问题：

（1）采取店群模式的不足之处是什么呢？

（2）这种模式适合长久运营吗？为什么？

任务3.7 Wish

【任务引入】

孙亚觉得亚马逊平台的竞争越来越激烈，而且他得知现在很多消费者都喜欢在移动端购物。孙亚了解到，Wish是一个移动端平台，与全球速卖通、亚马逊不同。Wish平台的产品是根据用户习惯推送的，因此Wish平台不能按照全球速卖通、亚马逊的方式，通过增加产品的搜索量来提高产品的流量和曝光量。简单来说，Wish平台增加流量的方法就是做好产品的描述，并持续上架新产品。

Wish平台唯一要求做好的就是产品的描述，尤其是标签，因为这是Wish店铺流量的来源。

孙亚决定在Wish平台上开通店铺，通过多店铺运营，提升销量和利润。

那么孙亚在入驻Wish平台前还应该做哪些准备？Wish平台的规则是什么？开店要注意哪些问题？带着这些问题，我们进入任务3.7的学习。

扩展学习

放眼全球，Wish 拥有超过 5 亿名全球用户，是欧美领先的移动跨境电商平台，目前在全球 40 多个国家和地区的购物类应用中居下载量第一。2020 年 5 月，Wish 以 1 750 万次的安装量成为全球下载量最高的购物类应用程序。

Wish 的官方网址为 https://www.wish.com/，但是目前电脑端存在无法顺利登录的问题。

3.7.1 Wish 简介

Wish 于 2011 年在美国创立，是一个专注于移动购物的跨境 B2C 电商平台。Wish 最初提供推荐服务，即利用深度学习技术将推特（Twitter）消息和新闻等信息呈现在最可能关心这些内容的用户眼前。Wish 的创始人发现，将这一技术应用至在线广告行业很有潜力：通过精确的算法推荐技术，将商品信息推送给感兴趣的用户。Wish 认为，通过手机购物将是电商未来发展的趋势，而 Wish 的个性化算法要好于大部分零售商。此外，Wish 通过推送而不是传统的电子邮件来通知，能更好地留住用户。Wish 很快获得了用户的欢迎。然而，Wish 依赖“会员模式”（通过链接或文字广告吸引用户购买，并收取佣金），而这种模式无法在移动端很好地发挥效果，因此 Wish 创立之初的营业收入不佳。与此同时，Wish 意识到，平台上最受欢迎的产品并不是创始人青睐的品牌，而是“有价值”的低价商品，这与中国大批中小企业生产的质优价廉的产品正好不谋而合，因此 Wish 有 90%的卖家来自中国。Wish 主张以亲民的价格给消费者提供优质的产品。

2013 年，Wish 进入外贸电子商务领域，成功转型跨境电商。旗下共拥有 6 个应用程序：Wish 提供多种类别的产品；Geek 主要提供高科技设备；Mama 主要提供孕妇和婴幼儿用品；Cute 专注于美容产品、化妆品、配饰和衣服；Home 主要提供各种家居配件；Wish for merchants 专门为卖方设计移动应用程序。Wish 目前是北美洲最大的移动电商平台和全球第六大电商平台。Wish 的市场规模不断扩大、用户数量不断攀升。截至 2019 年年底，Wish 已拥有 5 亿名注册用户和超过 9 000 万的月活跃用户。这些用户来自北美洲、欧洲、南美洲、大洋洲等的 139 个国家和地区，每年在 Wish 平台上购买超过 10 亿件产品。

3.7.2 Wish 的特点

3.7.2.1 移动端平台

相较于其他基于网页端的跨境平台，Wish 是移动端平台，界面小，采用瀑布流显示方式，淡化搜索和店铺功能，根据标签、诚信、店铺等级的推荐算法进行推送。Wish 在设计时优先考虑智能手机体验，通过商品照片流打造了良好的手机端视觉效果。同时，凭借大幅折扣，Wish 刺激了用户的冲动消费。Wish 页面的分类非常简洁，用户往往会被产品流所吸引（见图 3-7-1）。

3.7.2.2 优质的推送算法

Wish 是一款根据用户喜好，通过精确的算法推荐技术，将商品信息推送给感兴趣用户的移动优先购物应用程序。Wish 开启了手机端购物的新境界，而瀑布流推送的特点让 Wish 的商户在运营技巧的掌握上有了全新视野。Wish 让消费者在移动端便捷购物、享受购物的乐趣，被评为硅谷最佳创新平台和欧美最受欢迎的购物类应用程序。

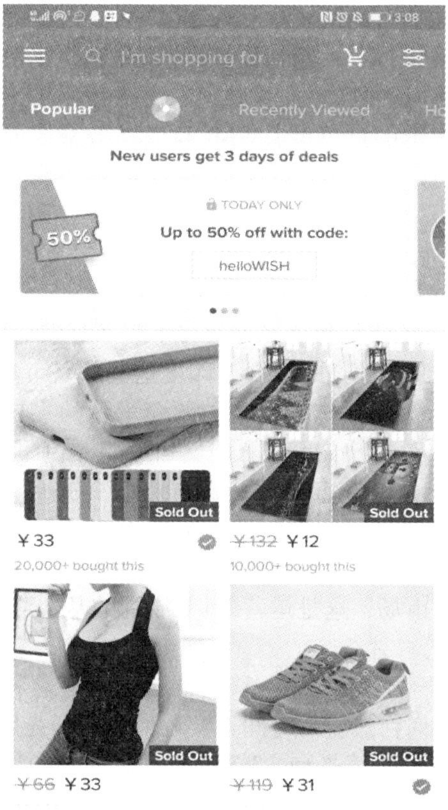

图3-7-1 Wish页面

当然，系统软件除摘取用户的细微购买行为数据、为消费者提供优质的购物体验外，也摘取商家的经营行为数据，优先推广最有竞争力、最有市场的产品。Wish利用其运算规则将卖家的商品精准推送到用户面前，而不是被动地依赖用户搜索。从某种意义上讲，Wish让产品有了积极主动性，而不是被动等待。Wish针对卖家的算法依据如下：

依据一：违规率（是否为诚信店铺、仿品率小于0.5%）。

依据二：迟发率（履行订单的时效、订单上网时效）。

依据三：取消率（由于各种原因导致卖家取消交易和买家取消交易）。

依据四：有效跟踪率（物流渠道优劣）。

依据五：签收率（在规定时间内签收会增加权重）。

依据六：订单缺陷率（中评、差评、投诉、纠纷）。

依据七：退款率。

依据八：退货率。

依据九：反馈及时率（客户给卖家发消息，卖家是否尽快回复）。

依据十：推送转化率。

卖家满足以上依据越多，系统就越会帮卖家推送产品。但是，如果卖家的产品推送转化率无法达标，那系统会认为产品不受欢迎。Wish不会浪费机会与流量，会把推送机会转给下一位符合条件的卖家。因此，卖家要十分关注后台数据，优化产品详情，优化订单服务。

3.7.2.3　注重新颖产品

Wish 的运营需要弱化关键词、注重标签，即 Wish 是往精品方向去引导卖家打造产品的，只要卖家的产品适合 Wish 的算法推荐原理，出了第一单，就很容易出第二单。退款率不高的话，卖家会形成稳定的订单量。Wish 与亚马逊都主要面向欧美消费群体，Wish 的消费群体中更多的是年轻买家。年轻买家居多的 Wish 更喜欢新颖、特别的产品。年轻买家的消费具有较为明显的“冲动性”和“时尚偏好”，潮流趋势性的产品显然更符合年轻买家的口味，并且价格不宜太高。由于多数卖家为自发货，因此 Wish 的风险较亚马逊来说低很多，但利润也不会太高，需要以量取胜。

3.7.2.4　定位于满足发达市场的年轻人的需求

全球速卖通的市场定位是俄罗斯、巴西、印度这些新兴市场，因此往往以低价吸引客户。Wish 的市场定位是以欧美发达市场为主。两个平台的主要消费群体的消费水平和品味都不同。Wish 的推送风格是用户先看到图片，然后才看到价格。Wish 的用户主要集中在 15～40 岁的中青年群体，其中青年用户占 Wish 用户的一半左右，用户群体相对年轻。90 后买家相信同伴重于相信口碑，而他们逐渐会成为跨境网购的主力军。Wish 平台正在全球范围内迅速发展，欧洲市场和北美洲市场依旧是其最大的两个市场。重视欧洲市场和北美洲市场，发掘全球其他市场，这是运营 Wish 店铺的基本法则。

3.7.2.5　移动端购物的碎片化

Wish 是一个移动购物平台应用程序。移动端购物的显著特征就是碎片化——碎片化的需求、碎片化的时间。如何在短暂的时间里实现最大的曝光度，是应对碎片化的有效方式之一。不同于网页端的其他跨境平台，Wish 的消费者的购物时间更分散，这也意味着卖家的产品推广可能更复杂。

3.7.2.6　FBW 与 FBS

除了自发货外，Wish 还打造了 FBW（Fulfillment By Wish），即商户只需将库存产品寄送到指定的 FBW 仓库，而后 FBW 仓库将会为卖家处理订单履行事宜，包括分拣、打包和配送。市面上的海外仓有自建海外仓和第三方海外仓，FBW 认证仓是由 Wish 与某一个第三方物流商合作建成的。Wish 官方认证的第三方海外仓包括与斑马仓合作建成的 FBW-US 美国认证仓、与顺丰速运合作建成的 FBW-EU 欧洲仓库和联合业界知名的仓储运营商携手打造的 FBW-CN 仓库。FBW-EU 目前可接受的产品重量是 2 千克以内。仓库免费使用期限只有 90 天。90 天后，卖家需要支付仓库使用成本。

作为 FBW 项目的一项延伸，FBS（Fulfillment By Store）项目可以促进卖家的产品在线下实体店铺中销售，更靠近用户，从而同时扩大线上和线下的产品销售。Wish 目前从部分商户的海外仓中策略性地选择了一部分畅销或高潜力产品，让它们在美国热点地区的实体店铺中进行销售，以迎合消费者的消费需求。卖家的库存产品不仅仅存在于 FBW 仓库中，同时也会在 Wish 合作的 1 000 多家自提实体店铺中上架，拉近产品与消费者之间的距离，拓宽销售渠道。

3.7.3　Wish 的卖家入驻

3.7.3.1　卖家入驻的要求

目前，Wish 90%以上的卖家都是中国卖家，该平台也成为中国卖家进驻欧美市场的首选平台之一。入驻 Wish 平台，卖家需要符合什么条件呢？

①只能售卖版权归自己所有或被授权代理的有形产品。入驻 Wish 的商户可以是生产商、品牌授权商、零售商，也可以是手工业者进口商、研发人员和艺术家。但是商户必须可以创造、生产产品，或者拥有分销或零售权，才能在 Wish 开展销售业务。卖家须准备符合 Wish 要求的产品资料，如图片、价格、文案等。产品展示必须清楚、详细，描述和图片必须要准确地展现商品。

②提供快速可靠的物流配送服务。卖家在 Wish 上的订单多为自发货，且需要在 1~5 天发货，因此卖家需要有高效率的合作物流配送商。

③企业资质。入驻个人或企业要有营业执照、税务登记证、法人身份证（原件拍照上传）。

个人和企业如果属于一个实体，则只能注册一个店铺，Wish 严禁重复注册，否则多注册的店铺将会被关闭。卖家上传的营业执照和税务登记证的彩色照片（若为“三证合一”须在税务登记栏重复上传营业执照）要求清晰、完整、无后期处理（证件周边有适当留白）。卖家上传法定代表人手持身份证原件的照片，需要以办公场所为拍摄背景。照片为原件（不能是复印件、扫描件）、未被编辑处理、大小控制在 2M 以内、确保身份证任何信息在放大的情况下都是清晰明了的。卖家还要上传法定代表人手持营业执照的视频，视频时长不超过 20 秒。卖家在注册时需要完成后台的所有项目，并且确保点击开通店铺，看到后台显示待审核状态。

3.7.3.2　开店费用

①注册费。目前，在 Wish 开店需要缴纳注册费。2018 年 10 月 1 日 0 时（世界标准时间）以后完成注册流程的所有卖家，只有真正缴纳了注册费，才能开设店铺。

②交易佣金。产品售出后，Wish 将从每笔交易中按一定百分比或按一定金额收取佣金。通常，店铺卖出物品之后，Wish 收取这件物品收入（售价+邮费）的 15%作为佣金。店铺在后续的运营中也会产生一定比例的手续费、物流运费等相关的费用。卖家在为产品和运输定价时，一定要考虑平台佣金。

3.7.3.3　开店流程

注册卖家账户步骤如下：

第一步：卖家登录 Wish 官方网址（china-merchant.wish.com），点击“立即开店”。

第二步：卖家在“开始创建您的 Wish 店铺”页面，开始注册（见图 3-7-2）。

图 3-7-2　“开始创建您的 Wish 店铺”页面

第三步：卖家阅读商户协议，并在阅读完后点击最下方的“创建店铺”。

第四步：卖家进入“邮箱验证”页面，Wish 将发送验证邮件至卖家注册时使用的邮箱。卖家点击“立即查收邮件”。卖家需要登录邮箱，打开收到的官方邮件，点击“确认邮箱”或直接跳转到商户后台。

第五步：卖家进入“告诉我们更多关于你的情况”页面，填写店铺名称等信息。卖家须确认店铺名称不能含有“Wish”的字样。店铺名称一旦确定将无法更改。

第六步：卖家进入实名认证环节。如果卖家是企业账号，要准备好企业营业执照、法人身份证信息以及收款信息等。

第七步：卖家选择付款提供商，返回 Wish 首页，等待店铺申请的审核结果（见图 3-7-3）。

图 3-7-3　店铺申请已成功提交

3.7.4　Wish 的主要规则

3.7.4.1　存在禁售产品

为了平台安全与规范，某些产品是不能在 Wish 售卖的，如果卖家违反了该规定，相关产品将被移除，并且卖家的销售权将被暂停或终止。以下类型的产品禁止出售：虚拟数字产品（无形产品或电子方式交付的产品）、仿品、礼品卡、酒精类产品、烟草以及其他烟类产品、打火机、药品、活体动物、非法动物产品、人体残骸或身体部位（包括牙齿和头发）、色情或成人用品、枪支或武器等。

3.7.4.2　卖家销售产品禁令

①Wish 上所有的产品信息都应是清晰、精准、详细的，这对产品销售非常重要。卖家上传的产品页面中的产品描述及图片必须精准描述产品，让用户在购买时清楚所购产品包含的内容。

②卖家必须拥有所上传产品的版权或销售权。

③卖家所上传的产品不能作为在社区分享图片或其他信息之用，也不能作为广告推广之用，卖家所上传的产品还不得作租借、租赁之用。

④卖家不能通过 Wish 平台将用户引导至卖家自建的或其他线上平台，以购买与卖家的 Wish 店铺内相同的产品，包括上传链接或统一资源定位符（URL），或者提供引导至其他线上平台的信息。

⑤任何产品都不能强制搭配卖家店铺里另一个产品进行销售。

凡违反 Wish 政策的卖家将会被审核，后果将可能是限制账号权限或关闭店铺。

3.7.4.3　推送规则

①图片处理。图片最好是正方形的，可以考虑 600×600 像素。因为是在手机上浏览，

这一规格的图片能让顾客更清晰地看到卖家的商品。另外，图片还要注重视觉上的效果，最好能够让消费者眼前一亮，从而有兴趣浏览产品。

②标题描述。标题描述，即产品 listing 描述。卖家一定要准确、简洁、明了地描述产品。

③标签设置。标签设置须准确、简单、概括、清晰。卖家需要考虑产品适用于什么样的群体、这个群体有什么样的属性、这个群体对产品的品质诉求是什么……这就要求卖家能够如此一层一层分析下去，剥茧抽丝，从大的范围到小的范围，从广泛到精准地设置标签。一个好的标签是准确且和产品相关的。标签可以是很宽泛的（如一个连衣裙的标签可以是“women's fashion”，一个厨房厨架可以以“kitchen”为标签），也可以比较准确（如“dress”“red”“iphone”）。每个产品可以添加 10 个标签。

（4）价格。产品定价要符合产品行情。Wish 热销商品的价格大概在 15~30 美元。

（5）产品描述。产品的详情页要简洁明了，清楚直接地描述产品的各项功能。卖家应图文并茂地展示产品的细节。

3.7.4.4 产品促销规则

Wish 会定期开展促销活动，为卖家产品带来额外流量。Wish 系统会根据热销产品的相关用户、转化率和流行度来选择加入促销产品项目。Wish 可能随时促销卖家的某款产品，即黄钻产品。Wish 会根据卖家的产品表现，来给卖家的产品加钻。被加钻的产品会在主图的左上角有一个黄色钻石的标识，加钻的产品会获得剧增的流量推送，意味着会有更多的销售机会。Wish 平台为了保证买家利益，规定如下：

①卖家不得对促销商品提高价格和运费。

②卖家不得降低促销商品的库存。

③卖家如果禁售促销的商品，将面临罚款。

如果商品的定价、库存或详情不准确，卖家将有可能会违反规则。卖家在上传产品的时候就应该就产品的定价、物流、库存等做明确的说明。加钻的产品修改不了产品信息，也可能给卖家造成不少困扰。

实训 3.7 Wish

不同于其他平台，Wish 作为基于移动端的应用程序，其最大特点就是做到千人千面、精准推送。Wish 弱化了搜索功能，强化了个性化推送。每个人在 Wish 上看到的产品都是不一样的，这可以给买家提供非常愉悦的购物体验。Wish 成为众多中国卖家喜爱的跨境电商平台，很多卖家都跃跃欲试，想要入驻 Wish。入驻前，卖家需要了解 Wish 的精准推送原则。

Wish 如何把产品和用户进行匹配呢？

Wish 根据用户的兴趣特征、社会属性、自然属性，给予不同的标签，结合用户的需求标签以及产品标签进行匹配。社会属性包括用户的受教育程度、所处的人生阶段以及职业身份。自然属性包括性别、年龄以及星座。Wish 通过这三大维度给每个人赋予不同的标签。

因为用户能够通过“脸书”(Facebook) 账号直接进入 Wish，也可以通过谷歌邮箱账号直接登录 Wish，且“脸书”(Facebook)、谷歌对用户平时的习惯、个人爱好等都会有一些记录，所以 Wish 会利用这些信息并对这些用户进行详细分类。

卖家在推送产品的时候要符合 Wish 消费群体的习惯，编辑产品的时候要考虑到哪些用户的需求与产品相匹配。

因为 Wish 80%的订单都是美国用户订单，所以很多热销品是针对美国消费者的需求、生活习惯和兴趣爱好的产品。产品标签是 Wish 的一大特色。产品标签的精准度往往决定卖家的转换率，进而影响产品曝光度。

怎么给产品添加一个准确的标签呢？标签是供 Wish 提取卖家的产品信息用的，用户很少用标签来搜索自己想要的商品。

标签可以归纳如下几点要求：

①标签应精准化，使用关联词，不迷信“大词”，“大词”对小卖家没有作用。fashion (时尚)、gifts (礼物)、women (女性) 等“大词”要尽量避开，因为用这些标签的卖家可能会非常多，不利于突出卖家的产品独特性。

②标签应多用产品属性词与修饰词。

③标签应多用产品使用场景词，如户外、运动等。

④标签应加入分类词，如 health & beauty (健康和美) 等。

⑤每个标签的字符数量并没有限制，但是标签写得很长与不写的效果是一样的，因此卖家不能将标签写得特别长。

⑥标签排序遵循产品精准词靠前、“大词”靠后的原则。

请按以上说明，完成如下实训任务：

假如你的店铺是卖宠物饮水器的，请制作产品标签 (见图 3-7-4)。

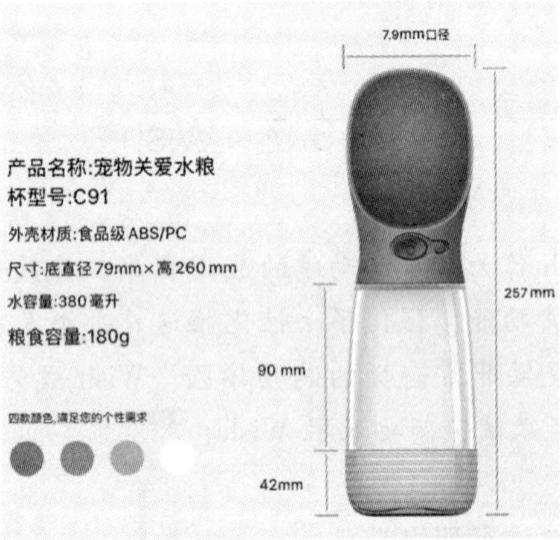

图 3-7-4　产品信息

项目4　跨境电商的进口平台

【学习目标】

知识目标	了解进口跨境电商的基本概念 掌握跨境电商的模式与特点 了解国内进口电子商务平台的发展 掌握天猫国际的运营模式和入驻要求 掌握京东国际的运营模式和入驻要求 掌握洋码头的运营模式和入驻要求 掌握蜜芽的运营模式和发展方向
能力目标	能够深刻了解进口跨境电商的内涵、模式分类与特征 能够在跨境电商进口平台上注册信息 能够完成卖家账户注册认证流程 能够根据平台规则设计入驻平台的方案
素养目标	培养爱岗敬业、细心踏实的工作态度 培养自主学习、积极探索的精神

任务4.1　天猫国际

【任务引入】

天猫国际"双11"：进口商品订单中当日达比例提升4倍

2020年11月18日，天猫国际供应链处理的"双11"进口商品订单中，当日达商品比例提升4倍。"双11"期间，天猫国际近半保税商品次日送达，80%实现全球72小时送达。

2020年"双11"，天猫国际联合多地海关开展跨境电商系统全链路压力测试，保障跨境商品24小时不间断通关，"双11"期间曾实现6小时33分通关1 000万单，比2019年快了2小时14分，刷新了历史纪录。

2020年11月初，海关总署曾透露，11月1日，全国海关共验放跨境电商进出口清单2 513.65万票，其中进口清单2 077.69万票、出口清单435.96万票。

2020 年“双 11”预售首日，天猫国际同步开启了“云出境购物季”，覆盖全球免税店、药妆店、百货商场等，推出全球大牌 5 折起、10 亿赠品买就送、最快 72 小时到货等服务。

数据显示，2020 年 11 月 1 日至 11 日中午 12 点，天猫国际进口商品成交额同比增长 47.3%，其中成交额过千万元的海外品牌有 180 个，成交额过百万元的海外品牌有 816 个。同时，成交额过百万元的新品牌数同比增长 92%，进口新品成交额同比增长 88%。

那么天猫国际这个平台是什么样性质的电商平台呢？它的发展现状如何呢？它是如何盈利的？它与其他进口电商平台相比有何优势？带着这些问题，我们进入任务 4.1 的学习。

扩展学习

目前我国跨境电商进口平台主要有以下七种运营模式：

①M2C（Manufacturers to Consumer）：平台招商，如天猫国际。

②B2C（Business to Consumer）：自营+平台招商，如京东全球购。

③闪购：低价抢购模式，如唯品会。

④O2O：布局线下实体店，同时布局线上平台，如苏宁易购、国美在线。

⑤C2C（Consumer to Consumer）：个人代购模式，用户在国内下单，海外买手从当地采购。

⑥自营：完全自营，平台采购，如考拉海购。

⑦导购返利模式：自身不经营交易，为其他平台导购，如什么值得买。

4.1.1 天猫国际简介

天猫国际（Tmall Global）于 2014 年 2 月 19 日正式上线，是阿里巴巴旗下的 B2C、M2C 跨境电商平台。天猫国际依托阿里巴巴平台，具有先天的货源优势和流量优势。自成立以来，天猫国际已连续 6 年位居跨境电商市场第一位。其进口模式主要为“海外直邮+保税进口”模式，并于 2020 年 7 月首创“保税进口+零售加工”新模式。

2018 年 4 月，跨境新零售线下门店——天猫国际西湖银泰店火爆开业，自此天猫国际在线上和线下均保持高速增长。

入驻天猫国际的商家均为中国大陆地区以外的公司实体，具有海外零售资质；销售的商品均原产于或销售于海外，通过国际物流经中国海关正规入关。所有天猫国际入驻商家将为其店铺配备旺旺中文咨询，并提供国内的售后服务。消费者可以像在淘宝购物一样使用支付宝买到海外进口商品。在物流方面，天猫国际要求商家在 120 小时内完成发货、14 个工作日内送达，并保证物流信息全程可跟踪。

天猫国际已成立北美洲、欧洲、亚太地区、大洋洲等采购中心。

天猫国际平台目前最受国内消费者追捧的品类包括食品、化妆品、母婴用品、生活日用品、小家电等。仅仅在保健品行业中，全世界排名最靠前的保健品品牌已经齐聚天猫国际。

4.1.2 天猫国际的运营模式和进口模式

4.1.2.1 天猫国际采取的运营模式为品牌入驻模式

交易由商家与消费者完成，天猫国际解决支付和信息沟通问题。天猫国际要求入驻的商家必须是有海外零售资质的中国大陆地区以外的公司实体，其销售的产品必须原产于或销售于海外，并且要通过国际物流在中国海关正规入关。截至目前，共有全球 92 个国家和地区的 25 000 多个海外品牌入驻天猫国际，覆盖了 5 100 多个品类。

4.1.2.2 天猫国际采取的进口模式为“海外直邮+保税进口”模式

①海外直邮模式。海外直邮是指商家收到订单后，直接从海外通过快递发货，使用行邮方式清关、入境的消费形式。海外直邮的速度相对要慢一些，费用也可能会更高，但是商品的种类会比较多，很多国外的商品都可以买到，可以满足消费者对海外商品的多元化消费需求。天猫国际直发直运平台已经吸引了全球 5 400 多个品牌商家合作。消费者在天猫国际平台上选购产品，提供个人身份证号及真实姓名，以便通关检查。海外销售企业按照客户订单从境外销售地发货。

由于海外直邮需要一定的海外运输时间，并且需要办理出关和入关的清关手续，因此一般境外商家标注的交货期为 20 天内。海外直邮对产品限制较大，如果是体积较大或需要快速送达的产品，海外直邮模式的弊端就会显露出来。海外直邮的费用较高，更加适合小件贵重物品。

②保税进口模式。保税进口模式是指经过海关等相关部门批准，在国内保税区建立可以长时间储存商品的区域，从境外集中大批量运输货物至保税区存放和监管，在消费者购买后以个人物品行邮清关出区，通过国内物流方式将包裹送达境内消费者的进口模式。天猫国际在保税进口方面通过和自贸区的合作，在各地保税物流中心建立了各自的跨境物流仓。天猫国际在宁波、上海、重庆、杭州、郑州、广州 6 个城市试点跨境电商贸易保税区、产业园签约跨境合作，全面铺设跨境网点。

天猫国际的保税进口模式又称环球闪购平台，商家承诺“100%海外原装正品，100%国内退货”，商品下单后直接从天猫国际的国内保税仓发货，减少了境外运输的环节，因此到货时间快，损坏的概率也降低了很多。环球闪购平台的商品承诺 72 小时内发货，7 天内送达。

因为保税仓是需要提前备货的，所以商品的种类可能比较少，在某种程度上无法满足消费者的多元化消费需求。一般销量比较大的商品会选择保税仓备货模式，如母婴用品、食品、化妆品等产品。

保税区发货的模式对电商平台提出了极高的要求，提高了资金的占用率，带来了仓储、管理、运营等一系列附加费用。如果产生库存积压，将给商家带来极大的压力。

2020 年 7 月 21 日，天猫国际联合杭州综合保税区正式启动“保税区工厂”项目，在全国首创“保税进口+零售加工”新模式。“保税进口+零售加工”新模式发挥了综合保税区的制度优势，对成熟的跨境零售进口供应链进行流程改造，将海外的成品终端加工前置到国内保税区，通过进口原料保税加工后，实现面向消费者零售、定制化销售，为商家提供了极致供应链服务。数据显示，2020 年上半年，海外新品牌入驻天猫国际的数量同比增长超过 60%。“6·18 购物节”期间，海外品牌成交同比增长 43%，超过 4 000 个海外品牌成交同比增长翻倍。当天，保税区工厂的首条品牌生产线——马来西亚品牌“正典”鲜炖燕窝工厂正式投产。

4.1.3 平台入驻资费标准及入驻条件

4.1.3.1 资费标准

天猫国际平台入驻资费包括保证金、技术服务费年费和实时划扣技术服务费三部分。

4.1.3.1.1 保证金（security deposit）

卖家在天猫国际经营必须缴纳保证金。保证金主要用于保证商家按照天猫国际的规范进行经营，并且在商家有违规行为时根据天猫国际商户服务协议及相关规则的规定用于向天猫国际及消费者支付违约金。根据店铺性质不同，保证金相关标准如下：

第一，基础标准。

①品牌旗舰店：申请的品牌为已注册成功（R）的商标，基准保证金为 5 万元；所申请的品牌为暂未注册成功（TM）的商标，基准保证金为 10 万元。

②卖场旗舰店/行业卖场旗舰店：基准保证金为 15 万元。

③专营店：家居、个人护理行业基准保证金为 5 万元，其他行业基准保证金为 10 万元。

④品牌专卖店：基准保证金同品牌旗舰店。

⑤银河专营店：基准保证金为 5 万元。

⑥商品销往 2 个及以上国家或地区的商家，基准保证金为 30 万元。

第二，保证金调整规则。除特殊类目及银河专营店外，天猫国际商家连续 3 个月内有 3 次命中品质感知数据，店铺保证金将在第 3 次命中通知发出即日起提升至 30 万元，后续经营过程连续 3 次不再命中品质感知数据，经商家申请或平台主动发起，店铺保证金可恢复至基础标准。

4.1.3.1.2 技术服务费年费（annual technical service fee）

商家在天猫国际经营必须缴纳年费。年费金额以一级类目为参照，分为 3 万元和 6 万元两档，各一级类目对应的年费标准详见天猫国际各类目技术服务费年费一览表。

4.1.3.1.3 实时划扣技术服务费（real-time deduction of technical service fee）

商家在天猫国际经营需要按照其销售额的一定百分比（简称费率）缴纳技术服务费。天猫国际各类目技术服务费费率标准详见天猫国际各类目技术服务费年费一览表。

4.1.3.2 入驻条件

天猫国际平台入驻条件如下：

①卖家签署支付宝协议，开通国际版支付宝账户。

②卖家提交申请入驻天猫国际的相关资料的电子版本，由天猫国际法务审核（为了节省时间，该步骤可以和支付宝注册同步进行）。

③卖家填写天猫国际的电子版本服务协议订单（商家切勿直接签字，应发送填写好的文档），连同以上资料一同发送。

④卖家填写商家信息表及类目和品牌表（商家信息表中的每一项都须填写完整，店铺

名称不能随意拟定，专营店的店铺名必须和入驻公司商号一致）。

⑤若审核通过，卖家将与天猫国际签署纸质协议，缴纳保证金、年费。

⑥天猫国际工作人员会开通天猫国际账户及可经营品类、品牌，卖家即可开始上架商品，装修线上店铺。

⑦在天猫国际工作人员完成天猫国际账户与支付宝账户的绑定后，卖家即可开始销售。

由于目前天猫国际采取的是邀请式入驻，因此食品、服装、数码产品类目入驻天猫国际的成功率会比较高，而保健品和母婴用品类目入驻天猫国际的难度就比较大。

4.1.4 平台竞争优势及劣势

4.1.4.1 竞争优势

①核心竞争力是深度供应链。天猫国际曾在全球商家大会上宣布了 2019 年的三大重点战略：升级直营业务，与平台业务一起组建“双轮驱动”模式，赋能全球品牌；打造海外仓直购新模式，为海外“小而美”品牌构建全球供应链网；与淘宝直播、微博、小红书等多渠道联合，扩宽内容触达渠道，与多机构建立达人机制，为全球品牌打造内容化营销阵地。

当下，每个市场参与者都会面临更加激烈的市场竞争，谁拥有深度的产业链、供应链纵深能力以及底层技术能力，谁就可以用最小的成本来实现最高的效率，成为行业巨变中的赢家。

②保税仓是核心环节。以物流模式的创新为例，一般来说，跨境进口电商的物流模式主要有国际直邮、转运和保税仓三种。头部卖家采用最多的就是保税仓。保税仓就是由海关批准设立的存放进口货物，并且不受关税和进口管制的仓库。保税仓里的进口货物如果再出口则无需缴纳关税，如进入国内市场则需要缴纳关税。在政策支持下，这种模式具有时效快、运费低、税收优惠的特点，被各大平台所青睐。

除了保税仓，海外仓也成为跨境电商竞争的焦点。通过在海外建立仓库，卖家可以增强海外采购能力，尤其是海外直邮模式下的响应能力。

4.1.4.2 竞争劣势

①电子商务代运营（TP）模式成本高。天猫国际对入驻的卖家要求较高，为了满足中国消费者的需求，天猫国际入驻的卖家必须配备中文旺旺客服，而天猫国际复杂的运营规则等使得大部分海外品牌商和零售商疑虑其是否具备在天猫国际上运营的能力，因此一些卖家就采用代运营的方式。但是代运营容易滋生许多问题且导致成本的增加。

②产品质量问题。天猫国际采取平台入驻形式，这考验天猫国际对品牌商的管控能力。非纯自营的平台终究无法完全避免假货现象。

③内部竞争激烈。在天猫国际上线前，阿里巴巴集团已经推出过淘宝全球购项目，同时一些在天猫平台上线的海外品牌的官方旗舰店由于缴纳关税的原因而对产品定较高价格。天猫国际上线后，同这些平台都产生了一定程度上的竞争。

扩展学习

天猫国际消费者规则：特色服务

①天猫国际“跨境放心退”服务规范
https://rule.tmall.hk/rule/rule_detail.htm? spm=0.0.0.0.wLGNVA&id=11003037&tag=self
②“一年无忧退”服务规范
https://rule.tmall.hk/rule/rule_detail.htm? spm=0.0.0.0.v2Yggy&id=11001127&tag=self
③“30天质保+”服务规范
https://rule.tmall.hk/rule/rule_detail.htm? spm=0.0.0.0.v2Yggy&id=9063&tag=self

实训 4.1 入驻天猫国际方案策划

读者选择一个境外品牌，为其策划入驻天猫国际的方案。

第一步：查看商家入驻要求。读者请登录天猫国际首页（https://www.tmall.hk/），将鼠标光标移动到页面右上角的“商家支持”，点击“商家入驻”（见图 4-1-1）。

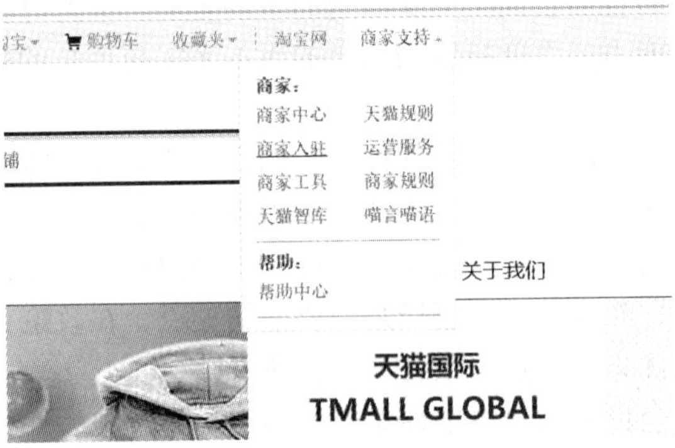

图 4-1-1 商家入驻

读者点击“热招品牌”，查看天猫国际热招品牌的范围，了解入驻天猫国际时品牌选择的方法和依据，并在热招品牌范围内选定准备入驻天猫国际的品牌类别。

读者点击“入驻指南”，查看开店规则和需要准备的资质材料。

第二步：根据入驻指南准备入驻资料。

①选择品牌。读者在天猫国际“热招品牌”范围内选定品牌范围，自主选择品牌名称。

②选择店铺类型。读者查看天猫国际资质要求（《天猫国际商家资质标准》《天猫国际在营商家资质细则》），选定天猫国际店铺类型。店铺类型包括品牌旗舰店、卖场旗舰店（行业卖场旗舰店）、品牌专卖店、专营店和银河专营店等。

③选择商品类目。读者根据《天猫国际各行业类目入驻品牌及主体资质要求》选择商品经营大类和一级类目。

④准备资质材料。读者根据《天猫国际各行业类目入驻品牌及主体资质要求》列明需要准备的资质材料细目，包括开店企业资质、品牌资质等。

⑤进行店铺命名。读者根据《天猫国际店铺命名规范》对店铺进行命名。天猫国际店铺命名规范如表 4-1-1 所示。

表 4-1-1　天猫国际店铺命名规范

店铺类型	命名规则	域名规则
品牌旗舰店	品牌名+（类目词）+海外旗舰店	品牌英文名（或者品牌中文名全拼）+（global/类目词拼音首字母/全拼）
卖场旗舰店	品牌名+（类目词）+海外旗舰店	品牌英文名（或者品牌中文名全拼）+（global/类目词拼音首字母/全拼）
品牌专卖店	品牌名+企业商号+海外专卖店	品牌英文名（或者品牌中文名全拼）+企业商号（英文名/全拼/首字母）
专营店	企业商号/关联名称+（类目词）+海外专营店	企业商号/关联名称（英文名/全拼/首字母）+类目词拼音首字母/全拼
注释：①店铺名字不得超过 24 个字符。 ②店铺域名不得少于 4 个字符（实际品牌英文名少于 4 个字符，则以实际为准），支持英文、数字和“-”（英文状态下的横杠）；同时，店铺域名应与店铺名称相对应。 ③企业商号需与企业注册证上保持一致，若企业商号为非中文或英文，则使用企业商号的英文翻译；若要使用关联名称命名，该关联名称需要是已经注册的 35 类商标。若开店主体非 35 类商标注册人，需同时提供 35 类商标注册人出具的独占授权。		

如在店铺名称中选用类目词，店铺现有和将来经营的类目均须与店铺名称中的类目词一致。天猫国际店铺名称及域名一旦生成则无法修改。

⑥读者点击“商家入驻”→“资质课堂”，查看“收费/资费标准”，确认并列明本店铺应交资费标准，包括保证金、技术服务费年费和实时划扣技术服务费三部分。

第三步：制订运营方案。在天猫国际的运营模式范围内选择进口方式：海外直邮、保税进口或保税工厂，并制订运营方案。方案内容主要如下：

①品牌现状，包括品牌人气、目标人群、品牌优势等。

②运营策略，包括视觉装修、竞争策略、营销推广渠道、会员管理等。

③货品规划，包括产品策略、主推品计划、新品计划、价格策略、活动规划等。

④销售目标，包括流量渠道、货品计划、赠品计划等。

任务 4.2　京东国际

4.2.1　平台简介

京东国际的前身京东全球购创立于 2014 年 1 月，它的经营模式是自营 B2C 和非纯平台经营，它的商品进口模式是海外直邮和保税进口。京东国际已逐渐在各个国家开设相应的特色馆，京东海外购也是京东海淘业务的主要方向。京东国际重视对产品质量的把控，旨在用最好的产品赢得消费者的信赖。

目前，京东国际是我国较大的自营式电商企业。相对于天猫国际而言，京东国际在模式上有所区别，在开放商家入驻的同时，还有一批自营商品。依托于自建物流体系的保障，京东国际给用户提供了更快、更好的消费体验。京东国际首页如图 4-2-1 所示。

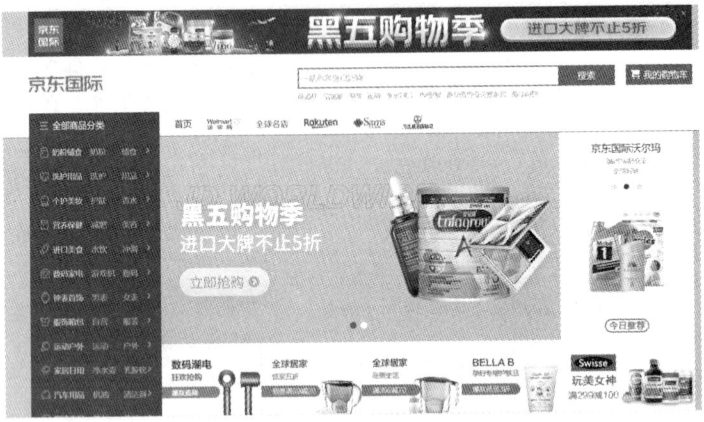

图 4-2-1　京东国际首页

4.2.2　运营模式和进口模式

4.2.2.1　运营模式

京东国际的运营模式是“自营+POP 模式”，POP（platform open plan）的中文译为平台开放计划。京东国际允许第三方高品质商家入驻。

①SOP（sale on pop）模式。京东国际给商家一个独立操作的后台。商家自主发货给顾客，不支持货到付款，并承担所有的服务。

流程：商品+发票→顾客（配送费用商家自行控制）。

该模式的优点如下：

第一，到货快，配送费用商家可自行控制。

第二，订单完成率高（只能先款后货，不易拒收）。

第三，结算便捷，不涉及增值税发票。

第四，入驻办理速度较快，一周可走完流程。

②FBP（fulfillment by pop）模式。京东国际给商家一个独立操作的后台。商品先进入京东国际仓库，销售后京东国际直接配送。商品在五地（北京、上海、广州、成都、武汉）入库，从仓储到配送再到客服都是京东国际在操作。商家必须具备一般纳税人资格，需要向京东国际开具增值税发票。

流程：商品→京东仓库（商品+发票）→顾客。

该模式的优点如下：

第一，可以满足无法为顾客开具发票的商家的入驻需求。

第二，可以实现京东国际限时达（下单后半天即送达），订单完成率高。

第三，支持货到付款。

第四，店铺开启即生效。

该模式的缺点如下：

第一，商家需额外缴纳入仓和退仓的费用，操作繁琐（提前预约才可操作）。

第二，结算流程繁琐，操作时间较长（每月结算都需向京东国际开具增值税发票抵充货款金额。如因操作失误造成一笔结算无法完成，则商家名下所有的京东店铺其后各月的货款都将无法结算）。

第三，入驻办理速度慢，手续繁琐（受配送合同限制，店铺最快只能在办理入驻的次月生效）。

第四，配送费用不能由商家自行控制。

4.2.2.2 进口模式

①保税仓发货。货物在进免税仓之前已经集体清关，在国内顾客下单后不需要再走清关这一步，即下单后商家就直接从国内发货，用时较短。京东国际 90%的海外商品能在 72 小时内送达，国内一、二线城市实现当日达或次日达，甚至最快仅需 1.5 小时。

在京东国际，消费者不仅可以购买来自全球的产品，还可以享受京东国际高效的配送服务，不用担心海关、关税、运输或语言等问题，而且在订单跟踪方面，国际商品完成清关以后，消费者可以实时查看商品在国内的配送物流信息。

②境外直邮。

第一，从香港发货到内地，如果是日常时间，一般情况下的通关时间是 3~7 天，快的情况下可能 3 天以内。

第二，如果遇到节假日或国家重大事件，物流相对会较慢，因此这段时间购买海外产品就需要耐心等待。

第三，如果是从其他地区发货，通关时间可能会更长，因为还有中途运输时间。

4.2.3 平台入驻资费标准及入驻条件

4.2.3.1 资费标准

入驻京东国际的费用包括保证金、平台使用费和技术服务费。其中，保证金和平台使用费有明确的金额规定，技术服务费则采取费率的形式收取。其具体的征收标准如下：

①保证金。保证金按商品分类收取 1 万元至 10 万元不等，详见《京东开放平台保证金管理规定》（https://rule.jd.com/rule/ruleDetail.action？ruleId=2472）和《京东 2020 年度开放平台各类目资费一览表》（https://rule.jd.com/rule/ruleDetail.action？ruleId=4657）。

②平台使用费。绝大部分品类的平台使用费为 1 000 元/月，整车类店铺的平台使用费最高为 12 500 元/月，整形类店铺的平台使用费为 1 650 元/月，数字内容（知识服务）、商旅服务类店铺的平台使用费为 500 元/月。

③技术服务费。技术服务费采取费率的形式收取。

4.2.3.2 入驻条件

京东国际的入驻标准会进行周期性的调整，因此商户一定要按照京东官网给出的最新标准来进行操作。详情请查看《京东国际开放平台招商标准及商家入驻规范》，网址（https://www.jd.hk/rule/rzgf.html）。

4.2.3.3 京东国际 POP 平台招商基本条件

①拥有境外注册的公司实体；

②需拥有中国境内的承担连带责任的主体，即境内代理人；

③拥有境外对公银行账户（以美元结算）。

④用于招募境外知名实体卖场、B2C 网站、品牌商、品牌代理商、知名零售商以及未进入中国市场的知名品牌。

4.2.4 平台竞争优势及劣势

4.2.4.1 依托京东电商平台，资金、资源实力雄厚

在自营领域，京东的优势一是规模经济效应；二是一贯的保证正品真货；三是在国内自营方面，已经和很多大品牌建立了稳固的关系，可以借力已经建立的采销体系发展很多跨境新业务。

4.2.4.2 具有强大的供应链系统

京东物流是全球唯一拥有中小件、大件、冷链、B2B、跨境和众包（达达）六大物流网络的企业。凭借这“六张大网”在全球范围内的覆盖以及大数据、云计算、智能设备的应用，京东物流打造了一个从产品销量分析预测到入库出库再到运输配送各个环节无所不包，综合效率最优、算法最科学的智能供应链服务系统。京东国际的最后一公里配送已经接入了杭州和广州。无论是第三方还是跨境自营的产品，都可以由京东配送到达客户的手中，配送效率更高，客户体验更好。

扩展学习

京东供应链开放再升级：发布开放协同平台，启动 C2M 创新中心

(http://tech.cnr.cn/techph/20201127/t20201127_525345403.shtml)

实训 4.2 入驻京东国际方案策划

请选择一个境外品牌，为其策划入驻京东国际的方案。

商家入驻流程：

①注册。

注册京东国际个人用户账号。

进入京东国际用户中心，验证手机和邮箱。

进入商家入驻页面（http://apply.shop.jd.com/），点击“我要入驻”。

确认入驻协议，查看入驻须知，录入开店联系人信息。

②填写/提交信息及资料。

填写公司、店铺信息，提交资质审核。

选择店铺名称及域名。

确认在线服务协议。

③等待京东国际审核。

京东国际 7 个工作日内反馈审核结果。

商家可以查询入驻审核进度（http://apply.shop.jd.com/），接收入驻进度邮件通知。

④商家缴费、开店。

商家在线缴费。

京东国际确认缴费无误。

店铺开通。

商家登录后台。

⑤查看商家入驻要求。商家打开京东国际平台规则页面（https://www.jd.hk/rule/rzgf.html），将鼠标光标移动到页面右侧的“京东国际规则”，点击“入驻要求”，找到“京东国际开放平台招商标准及商家入驻规范”，了解京东国际招商基本条件和品牌资质要求。

商家点击查看“2020年重点招募品牌”，并在热招品牌范围内选定准备入驻京东国际的品牌（https://rule.jd.com/rule/ruleDetail.action? ruleId=4682）。

⑥根据“入驻规范”准备“入驻资料”。

商家选择品牌，在京东国际“2020年重点招募品牌”范围内选定品牌类目，自主选择品牌名称。

商家选择店铺类型，查看京东国际资质要求，选定店铺类型。店铺类型包括品牌旗舰店、卖场型旗舰店、专营店、专卖店。

商家准备资质材料，根据京东国际品牌资质要求准备资质材料，包括开店企业资质、品牌资质等。

商家进行店铺命名，根据《京东开放平台商家店铺命名规则》（https://rule.jd.com/rule/ruleDetail.action? ruleId=2598&type=0）对店铺进行命名。

商家点击“京东国际规则”→“招商合作”→“资费标准”，查看“收费/资费标准”，确认并列明本店铺应交资费标准。资费包括保证金、平台使用费和技术服务费。

⑦制订运营方案。商家在京东国际的运营模式范围内选择进口方式（保税仓发货和海外直邮），并制订运营方案。

运营方案的内容需要包括以下各项：

第一，品牌现状，包括品牌人气、目标人群、品牌优势等。

第二，运营策略，包括视觉装修、竞争策略、营销推广渠道、会员管理等。

第三，货品规划，包括产品策略、主推品计划、新品计划、价格策略、活动规划等。

第四，销售目标，包括流量渠道、货品计划、赠品计划等。

任务4.3 洋码头

【任务引入】

2020年8月17日，洋码头在重庆举办了十周年全球发布会，发布会主题为“十年海淘路，全新洋码头”，揭示了洋码头风雨兼程的十年。

洋码头比天猫国际、京东国际创立得更早。2014—2015年，在阿里巴巴、京东、苏宁布局跨境电商的火热时期，洋码头就已在跨境电商市场摸爬滚打好几年了。洋码头凭借其深耕的买手商家模式和成熟的物流体系布局，一度处于独立型跨境电商市场第一的地位。

艾媒咨询（iiMedia Research）的《2017Q1 中国跨境电商市场研究报告》显示，在 2017 年第一季度激烈的市场竞争中，洋码头凭借 26.3%的市场份额，牢牢占据独立型跨境电商市场的领头羊位置，与此同时，洋码头还在用户满意度上以最高分（8.2 分）领先竞争对手。

艾媒咨询的《2018—2019 中国跨境电商市场研究报告》显示，2018 年，考拉海购以 27.1%的市场份额占据榜首，天猫国际和海囤全球分别以 24.0%和 13.2%的市场份额紧随其后，三大跨境电商巨头占据整个行业的半壁江山，市场份额占比达到 64.3%。

十年间，洋码头从初出茅庐到名列前茅，再到如今的在中部游走。一路走来，洋码头既有过风光无两，也有过至暗时刻的煎熬。

洋码头是一个怎样的进口跨境电商平台呢？其对商家入驻有什么要求呢？该平台的运作模式是什么以及如何盈利呢？带着这些问题，我们进入任务 4.3 的学习。

4.3.1　平台简介

洋码头成立于 2009 年，是中国海外购物平台，满足了中国消费者不出国门就能购买到全球商品的需求。洋码头移动端应用程序内拥有首创的“扫货直播”频道。另一特色频道“聚洋货”，则汇集全球各地知名品牌供应商，提供团购项目，为认证商家提供一站式购物，保证海外商品现货库存和全球物流护航直邮。

为保证海外商品能安全、快速地运送到中国消费者手上，洋码头自建了跨境物流公司——贝海国际。洋码头已经完成全球化布局，在海外建成十大国际物流仓储中心（纽约、旧金山、洛杉矶、芝加哥、墨尔本、法兰克福、东京、伦敦、悉尼、巴黎），并且与多家国际航空公司合作实施国际航班包机运输，大大缩短了国内用户收到国际包裹的时间。

2020 年 8 月，洋码头以 70 亿元市值位列“苏州高新区·2020 胡润全球独角兽榜”第 351 位。

4.3.2　运营模式和物流模式

4.3.2.1　运营模式

洋码头主要有两种运营模式：一种是 C2C 模式，由个人买手入驻；另一种是 M2C 模式，由商户入驻。

洋码头首创海外卖场扫货场景式购物模式。自 2013 年 12 月正式上线至今，“扫货直播”频道已聚集了数万名海外认证买手，他们分布于美国、欧洲、澳洲、日韩等全球 20 多个国家和地区。洋码头跨过了中间环节，降低了中国市场的进入门槛，让消费者体验真实的海外购物现场。洋码头买手模式流程图如图 4-3-1 所示。

洋码头的“扫货直播”频道的买手遍布全球，实时直播全球线下卖场、百货公司等扫货现场情况。这是一种同步的海外购物 C2C 模式，买手实时发布商品和直播信息，消费者如有兴趣可以直接付定金购买。

因为洋码头的“扫货直播”频道做的是海外特卖现场直播，所以特卖时间与海外基本同步。洋码头的限时特卖除了制造稀缺感外，也在一定程度上带给用户“现场”体验感。

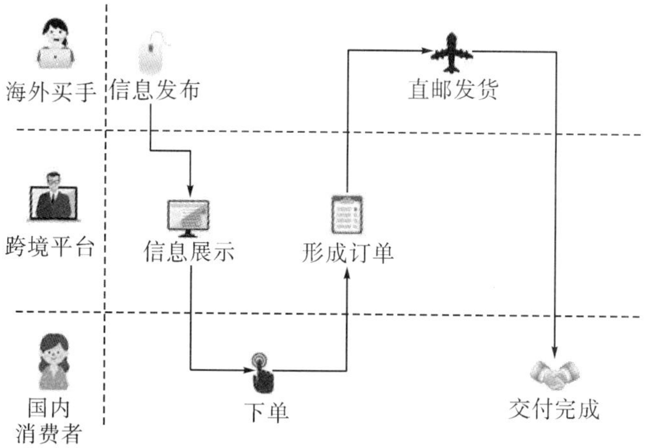

图 4-3-1　洋码头买手模式流程图

4.3.2.2　物流模式

洋码头在海外建立仓库，并自建国际物流公司——贝海国际，帮助国外商家把商品通过国际直邮送达中国消费者手中。

具体流程如下：中国消费者在洋码头平台上点击购买之后，国外商家或个人买手就可以把商品打包，发到洋码头在海外搭建的仓库货站，再委托贝海国际速递通过国际直邮将商品配送到中国消费者手中。

在整个交易及国际配送过程中，消费者可以通过网站后台、短信、邮件全程跟踪整个订单及国际包裹的实时状态，如海外仓库配货打包、国际直邮发往国内、入境海关报关报检等，十分详细。洋码头通过系统对接，把碎片化的服务商加以整合。

洋码头跨境交易体系如图 4-3-2 所示。

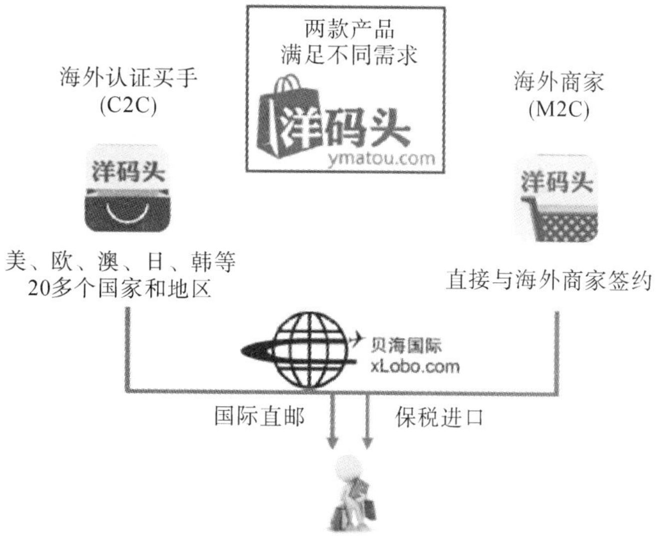

图 4-3-2　洋码头跨境交易体系

4.3.3 平台入驻资费标准及入驻条件

洋码头的买手分为三种：海外个人买手、海外企业买手和国内贸易商。

4.3.3.1 资费标准

洋码头平台的入驻资费包括两部分：保证金和交易服务费。洋码头自 2014 年 9 月起，率先全面取消海外商家平台服务费，2016 年 9 月开始收取交易佣金（交易服务费），2017 年 9 月调整了交易佣金的比例。

4.3.3.2 入驻条件

海外个人买手需在海外有合法居住证明和身份信息；海外企业买手需在海外有注册公司，被授权人也需在海外有合法的居住证明和身份信息；国内贸易商需要是在国内已注册且正在经营的公司。入驻洋码头的买手按不同类型缴纳不同额度的保证金。

①洋码头买手入驻资质要求如表 4-3-1 所示。

表 4-3-1 洋码头买手入驻资质要求

	海外个人买手	海外企业买手	国内贸易商
基础资质	①个人近照； ②海外身份证明； ③海外居住证明	①公司营业执照； ②法定代表人身份证明； ③公司银行流水对账单； ④委托授权书； ⑤申请人个人近照； ⑥申请人海外身份证明； ⑦申请人海外居住证明	①企业营业执照； ②法定代表人身份证正反面（签字或盖章）； ③银行开户行许可证； ④申请人手持身份证的个人近照（非法人需提供）
贸易资质	①3 个月内的采购凭证，如采购小票； ②3 个月内的销售凭证，如淘宝、微信等售卖记录、物流单等； ③现场购买视频（时间不短于 60 秒）； ④ 其他补充资料	①品牌授权。 ②批销采购合同（Vendor 进口批发商）链路证明。 ③销售渠道： 第一，B2B 渠道提供销售合同、回款单等； 第二，B2C 渠道提供截图、实名认证截图、店铺订单截图、物流单等。 ④其他资质	①直接进口(以下条件任选其一)： 第一，入驻企业的进出口经营证； 第二，半年内的进口报关单。 ②非直接进口（以下条件任选其一）： 第一，采购合同、上游供应商的进口报关单（品牌不限）； 第二，品牌代加工生成合同； 第三，国际品牌或海外企业的服务合同； 第四，国际品牌或海外企业的代运营服务； 第五,其他可以证明与国际贸易商、国际品牌商展开经营合作的凭证
稳定性资质	①在当地是否有工作(以下条件任选其一)： 第一，有工作的（兼职代购）提供薪资收入凭证、劳动个人所得税缴纳凭证； 第二，无工作的提供银行近半年流水、海外当地银行信用卡近半年的消费记录流水。 ②周边特色建筑物室外视频拍摄，需要本人出镜，视频长度不短于 60 秒	①企业介绍，包括公司信息、员工规模、经营商品等。 ②规模（可选其一）：公司社保缴纳证明或缴纳人数证明、缴税记录。 ③仓库或办公室的租赁合同	①企业基本情况介绍（可选）：公司介绍、办公室或仓库管理照片、财务报表。 ②规模（以下条件任选其一）： 第一，收入规模，包括 6 个月内的银行流水、随机提供 1~3 个月收入证明（与企业开户一致）； 第二，员工规模，如社保缴纳证明。 ③仓库和办公室（以下条件任选其一）： 第一，仓库或办公室租赁合同； 第二，房产证明

表4-3-1(续)

	海外个人买手	海外企业买手	国内贸易商
类目资质	—	—	食品和酒水：食品流通许可证或食品经营许可证。 营养保健：食品流通许可证或食品经营许可证，明确销售范围，保健食品批准证书及其附件（产品说明书）
保证金/元	5 000	10 000	10 000

注：以上资料为基本入驻资质，在审核过程中若需要补充资料，也需要按要求提供。

4.3.4 平台竞争优势及劣势

4.3.4.1 竞争优势

①拥有独特的商业模式——买手商家制。相对商家而言，买手的数量是巨大的，在无法找到合适的商家之前，买手模式是最合适的。

②国际物流中心相继落户。洋码头在全球20多个国家和地区设立了15个国际物流中心。以这些物流中心为衔接，洋码头得以落实跨境物流布局，能够在全球范围内以更短的时间把优质的产品送到中国消费者手中，带给中国消费者更多优质体验。

4.3.4.2 竞争劣势

①管理成本高，售后投诉量巨大。

②假货较多。

③同质化竞争过于激烈，商品重复度较高。

④物流时效性无法控制，物流体验较差。

⑤买手模式导致售后服务体验差，不支持7天无理由退换货，或者退货限制多。

⑥消费者维权难。

【案例4-1】

微博网友反映：在洋码头上购买了一款玩偶，但收到货后发现外形和材质都和专柜的玩偶有明显区别。该网友尝试与买手沟通并遭无视后，向洋码头客服——洋管家求助。

但洋码头客服表示，该网友提供的照片以及比对正品找出的疑点不能作为退货依据。网友只有带着该商品到国家认证的质检机构进行检测并拿到所谓的“假货证明”，洋码头才会对买手进行追诉。

根据中国消费者协会给出的答案，目前中国消费者协会没有相关可以检测商品真假的机构，一些专门做真假鉴定的机构也并不能涵盖所有海外商品的品类，并且鉴定价格不菲。

国家质量监督检验检疫总局表示，其对商品的成分、材料以及质量等进行检测，并不会提供诸如是否为某品牌正品的认定。

最后的结果可想而知：因为维权过程复杂、平台和买手推卸责任以及退货的运费成本高昂，网友最终只能以“花钱买教训”安慰自己。

新浪科技曾做过粗略统计，在洋码头平台上，有超过8成的买手均有“非重大质量问题，不接受退换货”的消费规则。所谓的重大质量问题，买手们也有着各自的解释。

根据“电诉宝”2020年上半年受理的跨境电商领域用户投诉有效数据，洋码头位列“跨境电商投诉榜”第一名——退款问题、网络售假问题、商品质量问题、发货问题、售后服务问题、退换货难问题、霸王条款问题等是其被投诉的焦点。

另外，根据投诉性别及金额分布数据，投诉洋码头的用户中男性占比为18.7%，女性占比为81.3%，其消费金额集中在100~5 000元。

从投诉问题来看，产品、服务、效率各个重要环节无一幸免，而且在投诉用户中，女性的占比超过80%，在“她经济”大行其道的当下，得罪女性用户并不是一个好的预兆。最直观的体现是，随着天猫国际、考拉海购等跨境电商的崛起，洋码头失去先发优势，逐渐落于下风。

扩展学习

买手入驻操作流程（https://seller. ymatou. com/sellerbook/recruitment/apply - to - seller1.html）。

实训 4.3　洋码头买手入驻

海外个人买手与海外企业买手可以自行在洋码头官网或应用程序注册账号，而国内贸易商目前只支持洋码头主动招商入驻。

①海外个人买手和海外企业买手入驻操作流程。

第一步：账户基础信息填写与注册国手机验证。

电脑端：进入网址“http://sellerregister.ymatou.com/”，点击“开始注册”。

应用程序端：下载“洋码头卖家版”。买手选择注册国后，填写其在注册国的手机号，再提供邮箱、码头用户名（ID）、微信，最后设置密码即可（请注意：此处的手机号必须是注册国的号码，后面需进行验证）。

电脑端操作界面如图4-3-3所示。

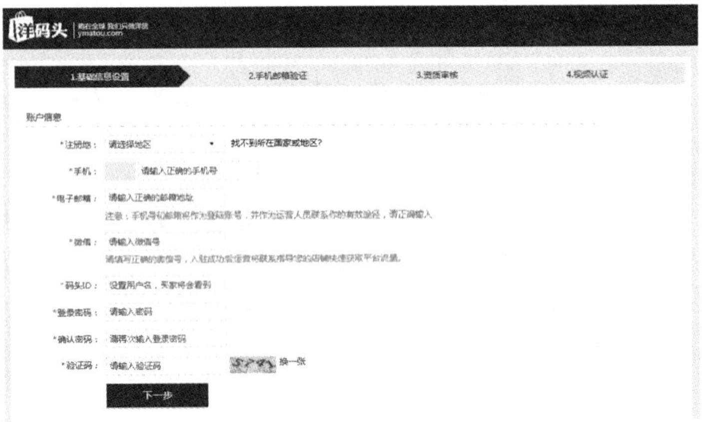

图4-3-3　电脑端操作界面

第二步：验证手机和邮箱。买手需要保证海外手机和邮箱真实有效，后续能将其作为找回密码、验证身份的有效手段。

电脑端操作界面如图 4-3-4 所示。

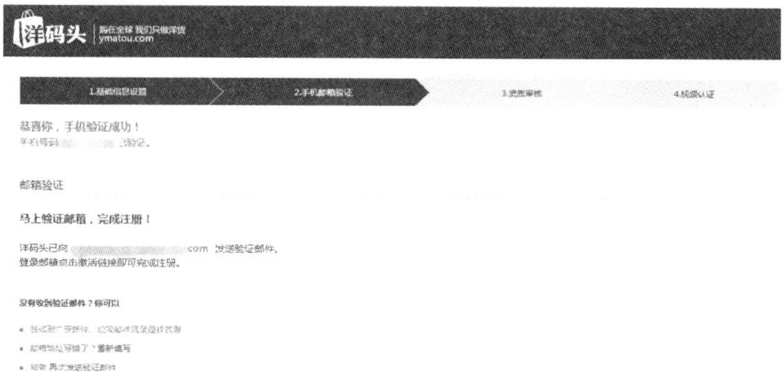

图 4-3-4　电脑端操作界面

第三步：选择买手类型并提供身份资质。买手可以选择个人买手或海外买手（见图 4-3-5），根据不同要求提供材料。

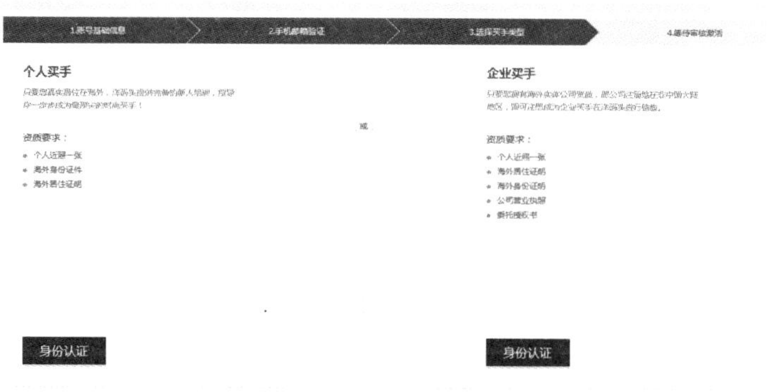

图 4-3-5　电脑端操作界面

个人买手身份认证操作界面如图 4-3-6 所示。

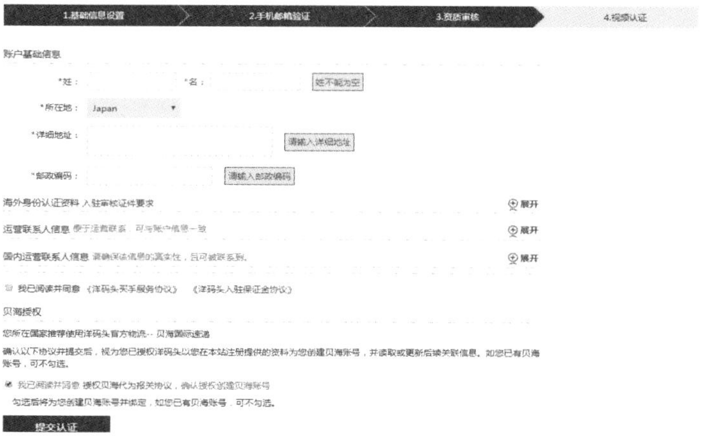

图 4-3-6　个人买手身份认证操作界面

企业买手身份认证操作界面如图 4-3-7 所示。

图 4-3-7　企业买手身份认证操作界面

第四步：等待审核资料。洋码头会在 5 个工作日内审核完毕。如审核不通过，买手可以查看具体原因，在有针对性地修改后重新提交。进入审核界面如图 4-3-8 所示。

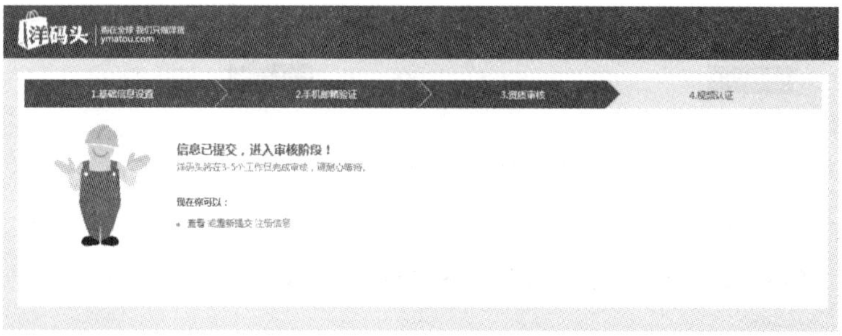

图 4-3-8　进入审核界面

第五步：视频认证。资料审核通过后，个人买手还需要进行视频认证，用于核实入驻国的真实性。视频认证通过后，买手完成入驻。企业买手不需要视频认证，在资料审核通过后即完成入驻。

视频认证只在手机端。完成前往视频认证界面如图 4-3-9 所示。视频认证界面如图 4-3-10 和图 4-3-11 所示。

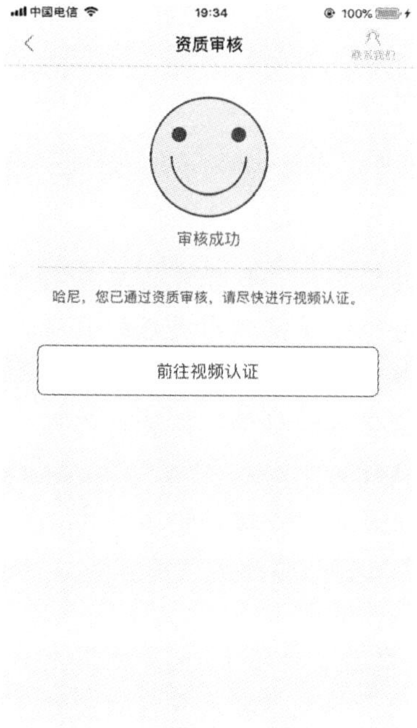

图 4-3-9　前往视频认证界面

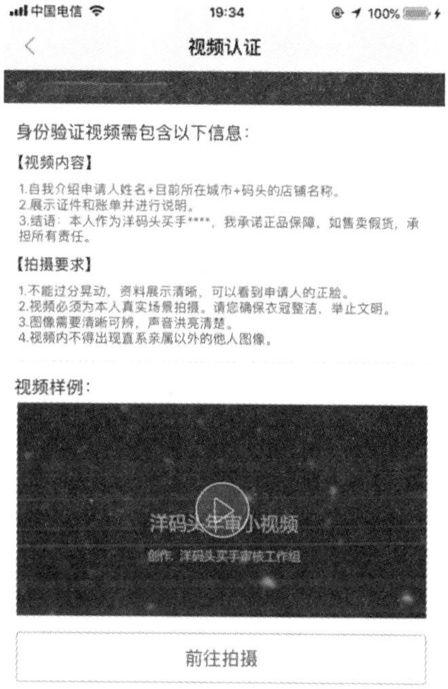

图 4-3-10　视频认证界面

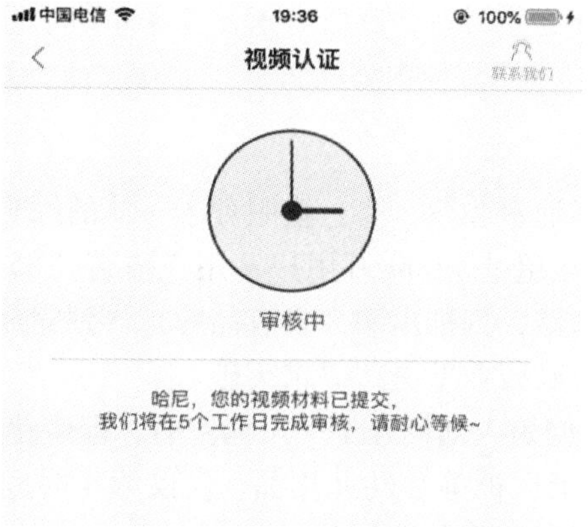

图 4-3-11　视频认证界面

②国内贸易商入驻操作流程（见图 4-3-12）。

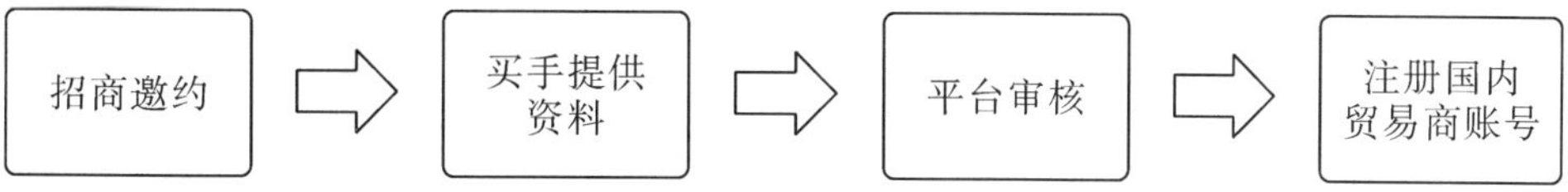

图 4-3-12　国内贸易商入驻操作流程

买手获得账号之后，参考“海外买手入驻操作流程”中的企业部分，验证邮箱、手机号以及提交资料。洋码头会在 2 个工作日之内处理。买手在操作过程中遇到问题可以随时联系招商人员。

任务 4.4　蜜芽

【任务引入】

在跨境电商行业中，母婴商品一直是发展最快的品类之一。母婴商品与其他商品有很大的不同。在购买过程中，父母都希望通过专业的服务给孩子挑选到更好的商品。父母对产品品质近乎苛刻的要求让消费升级的趋势得到充分体现，而跨境电商刚好满足了父母的购物需求——让孩子用上全世界的优质商品。作为中国首家进口母婴品牌限时特卖商城的蜜芽，自成立以来一直不断地拓展和完善母婴消费的内涵。

《2020 胡润全球独角兽榜》发布，全球 586 家独角兽企业入榜，中国以 227 家独角兽企业的数量位居全球第二。其中，蜜芽被授予“2020 年胡润全球独角兽企业”奖，这是蜜芽第三次获得胡润全球独角兽榜单的认可，由胡润现场授牌。

胡润全球独角兽榜单旨在寻找全球成立于 2000 年之后、价值 10 亿美元以上的非上市公司。蜜芽连续三年登榜，在业内人士看来，主要归功于其在母婴消费行业的领先规模及发展速度，以及一体化的战略布局和国内外资本的垂青。

蜜芽到底是一个什么性质的跨境平台？它的运营模式是什么？有何特点？新卖家如何入驻？需要什么资质？带着这些问题，我们进入任务 4.4 的学习。

4.4.1　蜜芽简介

蜜芽是一个集亲子家庭消费和孕、婴、童服务于一体的综合性跨境母婴电商平台。截至 2020 年年底，蜜芽已服务超过 5 000 万用户，用户覆盖“85 后”女性群体。从全国首家进口母婴品牌限时特卖商城，到推出四大自有品牌，再到完成从垂直电商到品牌管理公司的全面升级，蜜芽不断打破行业壁垒，寻求突破。

2011 年 10 月，蜜芽的创始人刘楠开了一家淘宝店，即蜜芽宝贝的前身——“mia 时尚母婴用品店”，专卖奶粉和纸尿裤等婴幼儿用品。仅仅两年时间，刘楠的店铺就实现销售额超 3 000 万元，并荣升“四皇冠”店铺。

2014 年 2 月，蜜芽宝贝官网上线，正式转型为进口母婴品牌限时特卖商城。2014 年 7 月 23 日，国家海关总署发布《关于跨境贸易电子商务进出境货物、物品有关监管事宜的公告》，将跨境电商交易平台纳入海关监管，备案、仓储、物流、交易、支付等各个环节都有法可依。作为国内知名的跨境母婴电商平台，蜜芽宝贝在 2014 年 8 月与宁波保税区海关、宁波国际物流发展公司在宁波签署了三方协议，在宁波保税区开展跨境电商业务。2014 年 9 月，蜜芽宝贝在广州保税仓的跨境业务也正式开始。2015 年 6 月，蜜芽宝贝进驻重庆保税仓，成为国内首个用铁路从欧洲运回商品的跨境电商。2014 年 8 月，蜜芽宝贝成立宁波蜜芽宝贝国际贸易有限公司，加入宁波保税区跨境电商试点企业行列。2015 年 7 月 8 日，蜜芽宝贝宣布更名为“蜜芽”。

2015 年 10 月 20 日，天域蜜芽母婴特卖商城开业典礼在三亚天域度假酒店举行，这是蜜芽在线下的第一家实体店，也是传统酒店行业与新兴电商跨界合作的一次创举。2016 年 2 月 24 日，蜜芽在京召开新闻发布会，宣传战略投资悠游堂，联手知名妇儿医院美中宜和。蜜芽线下实体店全面进驻美中宜和，一举将孕产、电商、亲子游乐、早教打通。蜜芽的中长期目标是成为中国最大的婴童公司。

2017 年 6 月，蜜芽自有品牌兔头妈妈甄选上线，通过原始设计制造商（ODM）模式，挑选优质、高性价比的产品向用户销售（蜜芽旗下自有品牌矩阵如图 4-4-1 所示）。

图 4-4-1　蜜芽旗下自有品牌矩阵

4.4.2　运营模式、品牌模式和进口模式

4.4.2.1　运营模式

蜜芽是垂直跨境电商平台。垂直电商平台又被称为纵向电子商务平台，是指以某一种产品或其他相关产品为其主营产品并提供其他一系列服务模式的电子商务平台。

垂直类电商平台的特点是产品的差异化与市场的细分化、更精准的市场定位、更深化的产品与服务质量、更强的客户黏性以及独特的品牌附加度。

4.4.2.2　品牌模式

蜜芽逐渐形成了“自有品牌+独代品牌+知名品牌”的品牌模式。目前，蜜芽拥有多个自有品牌的同时，在母婴、美妆个护、家居、食品、服饰等领域进行品牌扩张，全方位满足全家品质生活的需求。蜜芽正逐渐从母婴垂直电商向品牌管理运营公司转变。如今，蜜芽的经营业务覆盖电商零售、品牌供应链管理、产业投资、母婴多频道网络（MCN）等。

4.4.2.3　进口模式

蜜芽的商品进口模式是“一般贸易+海外直邮+保税进口”。

4.4.3　平台入驻资费标准及入驻条件

4.4.3.1　资费标准

蜜芽的入驻费用包括两部分：保证金和平台使用费。

①保证金。商家在蜜芽经营必须缴存保证金。保证金主要用于保证商家按照《蜜芽商家服务协议》《蜜芽商家管理规则》经营，且在商家有违规行为时用于向蜜芽及消费者支付违约金。保证金标准如下：

第一，跨境商家需缴纳保证金 5 000 美元，对超出的标准化产品单元（SPU）数需额外缴纳 N×100 美元的保证金。

第二，国内商家需缴纳保证金 20 000 元（限 300 个 SPU，对同一品牌 SPU 数量的限制源于蜜芽是一个精选品平台），对超出的 SPU 数需额外缴纳 N×500 元的保证金。

第三，数码大家电类商家的保证金为 5 万元。

第四，“保健品及医药”大类下店铺的保证金为 10 万元。

第五，“食品”大类下“生鲜提货券”类目店铺的保证金为 10 万元，“生鲜现货”类目店铺的保证金为 3 万元。

其他特殊情形保证金，以蜜芽与商家另行约定的为准。

②平台使用费。商家在蜜芽经营必须缴纳平台使用费，标准为 1 000 元/月。合同签订时，蜜芽一次性收取 12 个月的平台使用费，首年根据签订合同的实际时间收取，不足一个月按一个月收取，免除首月平台使用费。

优惠返还标准如下：自然年销售额满 18 万元返还 50%，自然年销售额满 60 万元返还 100%。优惠返还的服务费会在次年第一季度支付。优惠返还金额按本年实际经营及缴纳月份计算，此处的年和月指自然年和自然月。

4.4.3.2 入驻条件

蜜芽暂不接受个体工商户的入驻申请，暂不接受未取得商标注册证或商标受理通知书的品牌的入驻申请（部分类目及进口商品除外），不接受纯图形类商标的入驻申请。

①入驻商家类型：国内商家、保税区商家、海外直邮商家。

②入驻品牌类型：品牌直营、品牌代理。

③入驻方式如下：

第一，POP 商家入驻：由蜜芽提供技术服务，商家使用蜜芽平台销售商家的产品，通过扣点（销售返利）来结算。

第二，代发商家入驻：邀约入驻，结算方式采用成本价结算。

④商家入驻需要具备的条件如下：

第一，产品必须是正品行货，并配有增值税发票。

第二，商家有固定经营场所，并有一年以上生产或销售历史。

第三，进口产品需提供报关单、商检证书。

第四，商家需提供营业执照、组织机构代码、税务登记证和其他国家法律法规规定的证书。

第五，完善的退换货流程。

⑤产品和服务要求如下：

第一，品质商品、工厂和产业带商品、国外订单商品能提供质检报告。

第二，打破品牌限制、品类限制、进口国产限制。

第三，提供 7 天无理由退货服务。

4.4.4 平台竞争优势及转型发展方向

4.4.4.1 竞争优势

①供应链优势。蜜芽作为国内最早一批发展跨境电商的企业，多年来深耕母婴产业链，建立起了垂直、可控的供应链体系，有辐射全国的 5 个国内仓库，更有海外澳洲站、

欧洲站、北美站带来全球优质商品。选品决定着进口母婴供应链的命脉。在全球选品方面，蜜芽公开分享采购渠道，晒出授权书和采购单，坚持 100%正品，其中 70%以上的品牌源自海外，直接对接上游海外品牌方，使整个授权的链路层级较短。厂商直接供货的模式具备厂商品牌背书，保证货源稳定性，减少加价环节，保证正品低价。

②自有品牌和精选品牌“两条腿”快走，兼顾供应链的质与量。一方面，蜜芽通过其庞大的母婴大数据进行消费者研究，设定产品标准；另一方面，蜜芽连接国际大牌代工厂，借助“一带一路”倡议与世界级研发企业的力量展开跨境合作，用同样顶级的质量体系生产出平价又贴近中国育儿习惯的母婴商品。

4.4.4.2 转型发展：从产业链到生态链的转化

①蜜芽在成立之初选择做国外品牌与中国消费者、国内优质商品的连接者，缩短海外供应链、降低商品价格，以低价、优质的商品快速拓展市场。

②“精选”品牌。自 2018 年开始，蜜芽开始有了一些下架商品的电商反向动作，给平台产品做减法，在各品类的细分领域中只精选一到两个头部品牌进行深度合作，打造“精选品”，与用户精准匹配，进而提升用户的“确定感”。

③不断优化自身供应链。2015 年，蜜芽利用重庆在“一带一路”倡议中的地理区域优势，将跨境电商专业仓库设在重庆西永保税区内，利用渝新欧铁路将海外货源更快捷地引入国内，实现将产品从原产地送达国内终端消费手上最快仅需 14 天。

2019 年，蜜芽再次响应“一带一路”倡议的号召，于西安建立仓储中心，借助中欧班列及新筑铁路综合物流中心，辐射整个中西部地区。

④与国外制造商合作，进行自有品牌“定制”。自有品牌“开山之作”兔头妈妈甄选通过与各国顶尖的母婴用品制造商合作，剔除品牌高溢价、减少中间成本，从而使得产品质量不仅高，而且价格与其他同品质的商品相比可以便宜将近一半。价格上的低廉、品质上的高档，让人人都可以买得起优质产品。

⑤将“中国质造”带出国门。蜜芽打通了全球供应商，包括日本住友、日本瑞光、德国汉高、美国莱卡等知名企业，更是成功将“中国质造”带出国门。兔头妈妈甄选连连亮相美国拉斯维加斯婴童用品展（ABC Kids Expo）等，向全世界的母婴业内人士展示中国品牌的实力。

在消费升级背景下，人们的消费观念发生由“价格”向“价值”的转变，人们不再为品牌溢价买单，反而愿意为高性价比、高品质的产品付费。因此，既可以使企业提质增效、降低成本，又可以满足消费者需求的供应链体系，正逐渐成为企业未来的核心竞争力。

扩展学习

从母婴带货顶流到全品类畅销，蜜芽刘楠抖音直播打造“品牌共赢”（https://www.sohu.com/na/428978640_120380906）。

实训 4.4　蜜芽经营模式比较

比较跨境进口电商平台天猫国际、京东国际、洋码头和蜜芽的经营模式的异同，并对以下案例进行讨论。

争议蜜芽：百亿估值独角兽陷传销“罗生门”

有媒体曝光蜜芽电商平台（注册公司为北京花旺在线商贸有限公司）利用多级分销、返利、拉新优惠等模式获利，涉嫌传销。在一些网络投诉平台上，也存在不少“蜜芽涉嫌传销”的投诉案例。

媒体和用户针对“蜜芽涉嫌传销”的曝光及投诉，大多集中于蜜芽的plus会员制度。

根据一些报道，蜜芽实行plus会员制度，即用户缴纳399元成为平台的plus会员，才可以购买蜜芽平台上的商品。有意思的是，蜜芽官网和应用程序中都找不到这项会员制度的相关信息，而要成为会员，用户必须通过扫描好友邀请码注册购买。一位业内人士称：“不懂行，连入口都找不到。”

除了注册形式隐秘，蜜芽plus会员制还有一套多级分销、返利、拉新优惠、晋升等级的管理制度。

蜜芽plus会员说，蜜芽在推广的红利期，就是靠这种拉人头返佣金的裂变模式，实现倍增的管道收益。蜜芽的高管否认涉嫌传销的说法，并且强调在蜜芽完全不可能存在“发展下线”“拉人头”这样的词语。同时，该高管也表示，发展蜜芽plus会员确实是公司的一个业务，“399会员”确定存在但平台仅有蜜芽plus会员身份，并无层级概念，399元也主要是用于购买产品。

399元购买的都是什么产品？有人说，这399元的礼包根本就是一个骗局，实际到手的东西的价值也就几十元钱，在多层返利的情况下，以399元购买的产品的价值所剩无几。

请问你怎么评价蜜芽的这种会员模式？它与传销模式的区别是什么？

项目 5　跨境电商平台选品

【学习目标】

知识目标	掌握选品的逻辑与原则 掌握产品组合分析法、行业动态分析法和数据化分析法等选品技巧 掌握亚马逊平台选品的原则 掌握站内数据选品的技巧和站外数据化选品工具的应用 掌握全球速卖通平台站内数据选品的技巧和站外选品工具
能力目标	能够利用工具分析选品 能够结合平台特点与自身条件选择合适经营的产品类目
素养目标	具备独立选品的能力 能够对市场产品与产品市场的发展趋势进行预测 能够利用所学知识在不同跨境电商平台开展选品

任务 5.1　选品的逻辑与原则

【任务引入】

近些年，我们经常发现，有些中国卖家在欧美市场销售得很好的产品到东南亚市场却成了滞销品；有些产品明明很有市场，销量不错，利润也可观，但是在某些平台或某些国家却无法上架销售。可见，面对国外消费者日益增长的个性化需求和市场变化的差异，产品的选品环节已成为跨境电商运营过程中的一个核心环节。当然，选品过程必须遵循一定的逻辑与原则，不能只依靠个人的主观判断，更不能忘记应有的竞品分析。所以说，竞品分析决定选品的好坏，选品的好坏决定产品运营的成败。

那么，什么是选品？选品过程中应该遵循什么逻辑？选品过程又有什么原则呢？带着这些问题，我们进入任务 5.1 的学习。

扩展学习

雨果网跨境电商选品大会（Cifnews Cross-border E-commerce Exhibition，CCEE）旨在促进传统企业的品牌打造和技术升级，致力于为中国制造跨境出海搭建优质的供销平台，构建完整的国际贸易产业链。其核心宗旨为帮工厂找好卖家，帮卖家找好工厂，实现双方交易撮合。

请用电脑打开网址 https://www.cifnews.com/ccee，使用 CCEE 跨境电商智能选品平台，了解当前跨境选品的趋势和风向标。

5.1.1 选品的原则

在跨境电商运营中，有广为流传的一句话："七分靠选品，三分在运营。"这句话道破了选品在跨境电商运营中的重要性。然而，选品固然重要，可也恰恰是众多新手卖家最没有头绪也总结不出规律的东西。

选品要有逻辑性，也就需要有一定的选品原则，具体可以归纳为以下几个方面：

5.1.1.1 以兴趣导向为原则

选品要从自己的兴趣点入手，只有对产品感兴趣，才愿意投入更多的时间去了解产品的用途、功能和特点，才愿意消耗更多的精力去研究产品的优势、价值和用户画像。只有在对产品有充分了解的情况下，卖家才能如实解答用户疑惑，提升用户使用体验。

5.1.1.2 以需求导向为原则

在跨境电商产品销售过程中，只有满足市场需求的产品才能带来订单，卖家才能有交易，而没有市场需求或需求不足的产品往往销量很差，甚至不会有订单产生。因此，选品要以市场需求导向为原则，关注目标用户群的消费点，解决目标用户群的问题，从市场需求量和成长空间来指导选品决策。

5.1.1.3 以利润导向为原则

卖家之所以通过跨境电商来销售产品，目的就是把产品推向海外市场，从而获得足够的收益和利润。在当今流量成本走高、运营成本居高不下的环境下，如果选品没有足够的利润，最终也会把自己驱逐出海外市场。因此，从长远来看，选品拥有足够的收益和利润才是卖家得以持续健康发展的根源。

5.1.1.4 以结合平台特性为原则

不同的电商平台拥有不同的商业理念和特点，卖家要对自己所入驻的平台有足够的了解，要清楚自己所入驻的平台的哪些类目是热销品，哪些类目能获得平台的政策扶持，哪些产品更易获得平台的推荐，哪些产品更易被平台用户接受。

5.1.2 选品的逻辑

作为跨境电商卖家，选品时要有逻辑性，要思路清晰。选品的逻辑可以归纳为以下几个方面：

5.1.2.1 广泛涉猎

跨境卖家在选品初期不能将目光局限在单一个品类上，而是要拓宽自己的思路，广泛涉猎多个类目的产品，才能从众多的类目中选出最适合自己发展的类目和产品。因此，大范围、多类目的涉猎是选品的第一步。

5.1.2.2 深入研究

只有从市场容量、市场竞争程度、市场发展趋势等维度对众多类目展开深入研究，这样才能在众多产品中找到自己感兴趣、市场有需求，并且利润又较为可观的目标类目。如果一个卖家对其销售的产品仅有简单的了解，而没有展开深入的研究，想要有所作为是很难的。

5.1.2.3 精挑细选

产品在于精，而不在于多。确认目标类目之后，卖家可以从新品、热卖品、飙升产品的维度对该类目下的目标产品进行精选。卖家在选品时要力图精挑细选、反复筛查，分清楚哪些是流量产品，哪些是利润产品。

5.1.2.4 长期坚持

对于卖家而言，选品的成功并不代表可以一劳永逸、永远不被竞争对手超越。选品是一项长期的工作，只要店铺在运营，选品的工作将会一直存在。因此，卖家要经常坚持进行产品选品，让自己在拥有爆款产品的同时，开发有发展潜力的产品，为未来做准备。

5.1.2.5 反复进行

选品的过程是一个重复的过程。很多时候，日复一日、年复一年的重复过程往往会让人失去激情和斗志，为了保持运营的长期稳定，卖家要始终保持对选品工作的热情，长期坚持、反复进行，才会有源源不断的收获。

5.1.2.6 数据选品

很多新手卖家在选品初期往往将自己的直觉或一些比较基础的分析作为选品的依据。当店铺发展到一定规模后，卖家对行业已有了足够的认知，对商品有了一定的了解，此时在选品时会或多或少受到自己认知和偏见的影响。为了避免因认知和偏见而导致错失良品，卖家在选品过程中要尽量用大数据分析来辅助选品。与个人认知相比，大数据能够反映出更加客观的内容，卖家也可以从中挖掘出一些之前未曾注意到的信息。

实训5.1 新冠疫情后的全球速卖通平台选品的逻辑与原则

受新冠疫情影响，2020年上半年，很多从事跨境电商的卖家都在为物流发愁；到了2020年下半年，又有不少卖家在为跨境选品发愁。

首先，新冠疫情发生后，很多物资的购买由线下转移到线上。其次，新冠疫情发生后，人们对产品的需求也在悄然发生变化，尤其是短时间内很多紧俏的物资在当地无法正常供给的情况下，各大跨境电商平台发挥了积极的作用。最后，新冠疫情发生后，很多人的消费观念和对生活的态度都发生了不小的转变。

本次实训任务将联系选品的逻辑与原则，结合当前市场环境，在全球速卖通平台开展选品练习。

步骤一：以需求导向为原则。读者从市场需求量和成长空间来指导选品决策。调研新冠疫情发生后，人们的消费观念和需求都发生了哪些变化？人们更关注哪些信息？人们对哪几类商品更有需求？

步骤二：以兴趣导向为原则。读者对这类商品进行对比分析，从中选取自己感兴趣、擅长的类目作为自己的经营方向。

步骤三：以结合平台特性导向为原则。读者结合人们的消费观念和需求，分析该类目下的商品在全球速卖通平台的市场前景、竞争程度和市场需求。

步骤四：以利润导向为原则。读者针对该商品的成本和利润进行调研、估算，最终选出适合在全球速卖通平台销售的商品。

任务 5.2 选品的技巧

【任务引入】

对于中国卖家来说，跨境选品并不是一件容易的事情。中国卖家不仅要考虑自己的兴趣、市场需求、成本利润和平台特性，还要懂得选择类目、精选产品、需求调研、寻找货源、成本估算、销量和利润预估。当然，虽然选品不易，但也有很多方法和技巧，每一种技巧的背后都有独到之处，我们可以选择其中的几种技巧进行反复尝试和验证，最终找到适合自己的选品的技巧。

那么，中国卖家面对成千上万的产品，有何方法和技巧进行跨境选品呢？常用的选品的技巧又有哪些呢？带着这些问题，我们进入任务 5.2 的学习。

扩展学习

请用电脑打开网址 https://www.cifnews.com/seller/document/649，下载文档“卖家选品网站工具和思维”进行阅读。

通过阅读，了解当前市场上流通的一些热门选品工具和网站。

通过阅读，掌握跨境电商平台选品的技巧和思路。

5.2.1 产品组合分析法

如图 5-2-1 所示，卖家在建立产品线的时候，可以将自己的产品分为爆款产品、引流产品、常规产品和利润产品四类。爆款产品具体表现为高流量、高曝光量、高订单量。爆款产品会有一定的利润，但利润通常较低，不是卖家利润的主要来源。爆款产品通常占产品总量的 5%。卖家在选品时应选择当前热门产品或紧跟当前热点并将要流行的产品。引流产品是为了给店铺和店铺的其他产品带来流量的产品。引流产品也不是卖家利润的主要来源，通常获利很少或不获利。引流产品通常占产品总量的 5%。卖家在选品时应选择当前热点产品或多人关注的产品。常规产品用以配合销售，其利润处于中等水平，销量和流量都不会特别高。常规产品通常占产品总量的 70%。卖家在选品时应选择性价比比较高的产品。利润产品的流量通常不高，但是利润较高，是卖家利润的主要来源。利润产品通常占产品总量的 20%。卖家在选品时应选择小众化、利润高的产品。

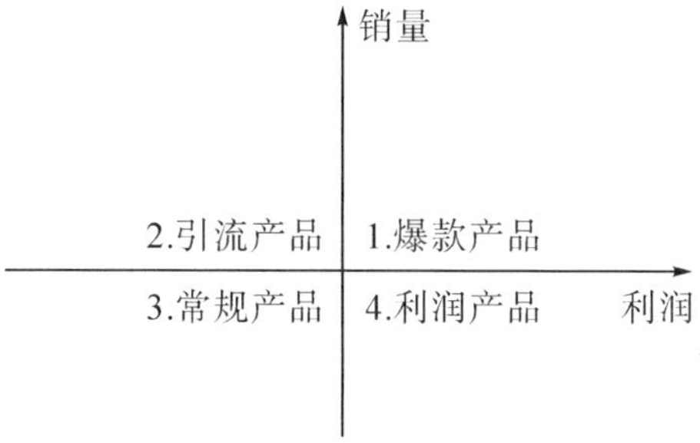

图 5-2-1 产品组合

5.2.2 行业动态分析法

从行业的角度研究品类可以将每个品类都建立在中国制造的产品面向海外销售的行业背景下，了解中国出口贸易中某个品类的市场规模和主要目标国家或地区分布。这一方法对于认识该品类的运作空间和方向有着深刻的指导意义。

目前，中国卖家可以通过如下 3 种途径去了解某个品类的出口贸易情况：

5.2.2.1 出口工厂或贸易公司

一般情况下，老牌的出口工厂或贸易公司对其所在行业的目标市场和出口情况都比较了解，卖家可以通过它们获取更多有价值的市场信息。但是如果卖家没有掌握一定的行业知识，那么在与这些出口工厂或贸易公司沟通时就会很容易被误导，甚至造成经济损失。

5.2.2.2 行业展会

行业展会是行业中的供应商为了展示新产品、拓宽渠道、促进销售、传播品牌而进行的一种宣传活动。行业展会可以获得行业的发展动态和企业的发展动向。可供查询展会信息的官方网站有中国行业会展网（网址：http://www.31expo.com/）和环球贸易网（http://expo.china.herostart.com/）等。

5.2.2.3 第三方研究机构和贸易平台发布的行业或区域市场调查报告

第三方研究机构和贸易平台通常都有独立的行业研究团队，且具备全球化的研究视角和资源，因此其发布的行业研究报告往往可以为卖家提供权威的行业动态信息。

当前公开发布行业研究报告的机构如下：

①行业分析报告——中国制造网。

②行业视频教程——敦煌网。

③外国人眼中的中国公司调查——环球企业家。

5.2.3 数据化分析法

5.2.3.1 差评数据分析法

差评数据分析法就是通过收集平台上热销产品的差评数据，从差评数据中分析出产品的不足之处，然后对该产品进行改良和完善。同时，卖家也要对该产品的好评数据进行分析。卖家将两者相结合，找到顾客真正的需求点和期望值。因此，差评数据分析法不仅要求保留产品原有的优势和特色，还要求对产品的不足进行改良和完善，这样的产品自然能够吸引顾客关注，进而提升销量。

5.2.3.2 其他数据分析法

对于中国卖家来说，数据分析在企业内部非常重要，可以帮助卖家进行选品、推广、营销管理和客户管理。卖家利用数据分析法分析选品，可以挖掘顾客的内在需求，提高选品成功率。数据分析可以分为站内数据分析和站外数据分析（第三方数据分析工具），如全球速卖通的选品专家可以作为全球速卖通平台的站内选品工具，而 Alexa 工具则可以作为全球速卖通平台的站外选品工具。

实训 5.2 运用差评数据分析法选品

通过任务 5.2 的学习，读者已经掌握产品组合分析法、行业动态分析法和数据化分析法等选品的技巧。为检验学习成果，本次实训任务将运用差评数据分析法进行选品。

步骤一：搜索热卖商品。

读者在全球速卖通平台上搜集一款近期销量较高，但商品评分低于 4.7 分的热销儿童玩具。

步骤二：分析差评数据。

读者对该款儿童玩具的数据进行分析，总结出其让顾客不满意的地方。

步骤三：从好评中挖掘用户痛点。

读者从该款儿童玩具的好评中挖掘顾客的需求点，总结其优势和让顾客满意的地方。

步骤四：综合数据进行选品。

读者综合分析该款儿童玩具的优势和其让顾客不满意的地方，找到顾客对产品真正的需求点和期望值，进行选品。

任务 5.3 亚马逊选品

【任务引入】

随着电子信息技术和经济全球化的发展，亚马逊、eBay、敦煌网、全球速卖通等跨境电商平台快速崛起。亚马逊作为当前全球最大的跨境电商交易平台，是全球商品种类最多的网上零售商，提供包括图书、影视、音乐和游戏、数码下载、电子和电脑、家居和园艺用品、玩具、婴幼儿用品、杂货、服饰、鞋类、珠宝、健康和美容用品、体育、户外用品以及汽车和工业产品等在内的数百万种独特的全新、翻新以及二手商品。亚马逊平台对于中国卖家来说是一个销售产品的好地方，也是一个选品的好地方。

那么，面对亚马逊平台产品货源如此丰富的情况，中国卖家在亚马逊又该如何展开选品呢？有什么方法和技巧呢？带着这些问题，我们进入任务 5.3 的学习。

> **扩展学习**
>
> 亚马逊具有重产品、轻店铺，重推荐、轻广告，重展示、轻客服，重客户、轻卖家的特点。因此，大量铺货、以数量取胜的方法在亚马逊是行不通的。在亚马逊，卖家可以没有很多的产品，但选品必须是经过精挑细选的。因此，亚马逊的选品必须遵循以下原则：
>
> ①品质高。亚马逊看重产品品质，据国外媒体统计，亚马逊用户的消费水平整体高于其他平台用户的消费水平，亚马逊用户更倾向于选择高品质的产品。高品质的产品可以减少售后维权，减轻客服压力。
>
> ②咨询少。亚马逊平台鼓励用户自助购物，不提供在线客服咨询服务。既然没有客服可以咨询，那么产品的选择和产品的详情页就显得很重要了。卖家选品应尽量选择不需要反复核对确认的产品，而且要把产品的详情页设计得尽可能详细。
>
> ③价格适中。虽然亚马逊用户的消费水平整体高于其他平台用户的消费水平，但如果产品的价格太高，能够承受高价格的用户始终有限，那么这不利于卖家打造爆款产品，无法形成销量优势。如果产品的价格太低，即使能够增加销量，有利于卖家打造爆款产品，但没有盈利能力的产品注定也会被市场淘汰。

5.3.1　亚马逊站内数据选品

5.3.1.1　亚马逊热销榜（Amazon Best Sellers）

亚马逊热销榜可以让卖家清楚地看到每个类目下最受欢迎的前 100 名的产品，数据每小时更新一次。卖家可以从榜单中挑选自己感兴趣或与其已有产品相似的产品来销售。

以玩具和游戏（Toys & Games）为例，用户登录亚马逊美国站首页，在产品类目中单击“Toys & Games”进行搜索，下拉搜索结果页可以看到“Best Sellers”（热销榜）。如图 5-3-1 所示，第一个“Best Sellers”为“Toys & Games”类目下销量前 100 名的产品。

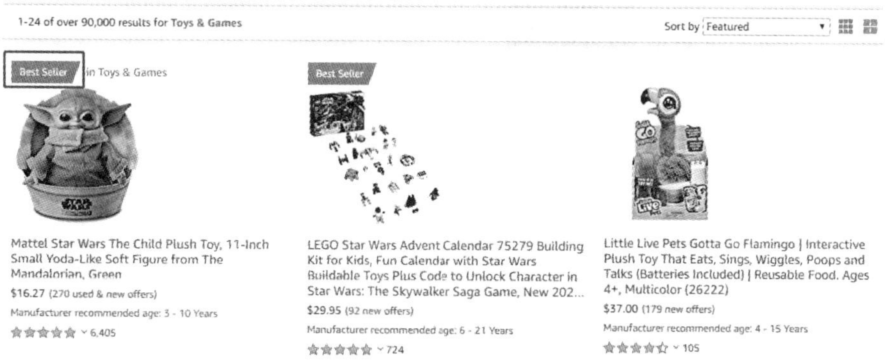

图 5-3-1　玩具和游戏（Toys & Games）类目热销榜

用户点击搜索结果页的“Best Sellers”超链接，可以看到“Toys & Games”下销量前 100 名的产品（见图 5-3-2）。

用户点击该搜索结果页左侧的“Any Department”（任意分类），可以看到更多产品类目下销量前 100 名的产品（见图 5-3-3）。

图 5-3-2　玩具和游戏（Toys & Games）类目“Best Sellers”搜索结果

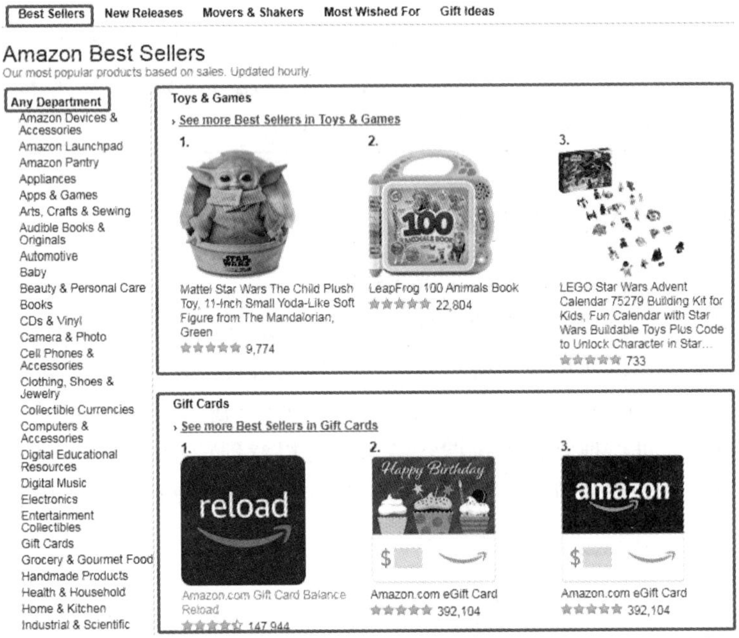

图 5-3-3　热销榜中其他类目下热销产品搜索结果

亚马逊热销榜是一个非常直观的参考榜单，它反映了一个产品的销售情况。卖家可以进一步对具体的某个产品链接的销量排名进行研究。以某款动物书籍为例，卖家进入产品链接后，在产品信息（product information）版块可以看到该款动物书籍在玩具和游戏类目下销量排名第 2 位，在电子学习和教育玩具类目下销量排名第 1 位，在学龄前学习玩具类目下销量排名第 1 位，在幼儿学习玩具类目下销量排名第 1 位（见图 5-3-4）。

从销量研究角度来说，大类目的排名更具备参考价值。另外，卖家需要特别注意，热销榜的数据每小时更新一次，因此如果要研究某个具体产品的链接，可以连续几天在同个时间段记录该数据。

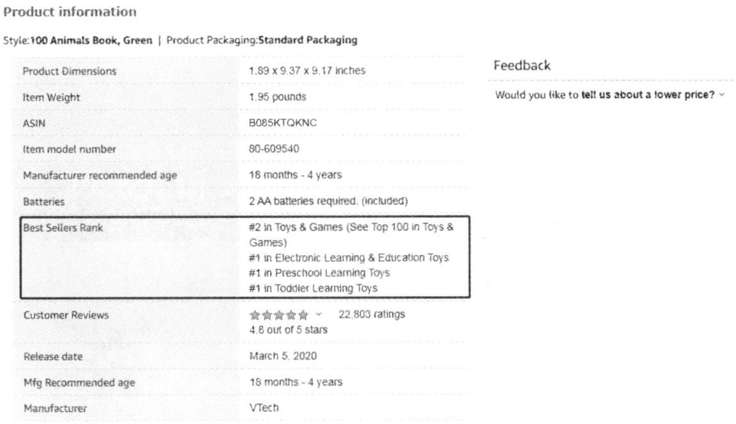

Product information

Style:**100 Animals Book, Green** | Product Packaging:**Standard Packaging**

Product Dimensions	1.89 x 9.37 x 9.17 inches
Item Weight	1.95 pounds
ASIN	B085KTQKNC
Item model number	80-609540
Manufacturer recommended age	18 months - 4 years
Batteries	2 AA batteries required. (included)
Best Sellers Rank	#2 in Toys & Games (See Top 100 in Toys & Games) #1 in Electronic Learning & Education Toys #1 in Preschool Learning Toys #1 in Toddler Learning Toys
Customer Reviews	22,803 ratings 4.8 out of 5 stars
Release date	March 5, 2020
Mfg Recommended age	18 months - 4 years
Manufacturer	VTech

Feedback

Would you like to **tell us about a lower price?**

图 5-3-4　某款动物书籍热销排行情况

5.3.1.2　亚马逊热销新品榜（Amazon Hot New Releases）

亚马逊热销新品榜展示的是上架时间较短，但销量上升较快的新产品。这里所谓的新产品，有的是刚刚开发出来的，有的则是之前的老产品有了新的功能。亚马逊热销新品榜的数据每小时更新一次。与亚马逊热销榜中那些竞争激烈的产品相比，亚马逊热销新品榜中的产品更值得卖家选择。

亚马逊热销新品榜通常出现在某一类目“Best Sellers”（热销榜）搜索结果页第二行产品与第三行产品的中间位置。以“Toys & Games”为例，亚马逊热销新品榜的位置如图 5-3-5 所示。

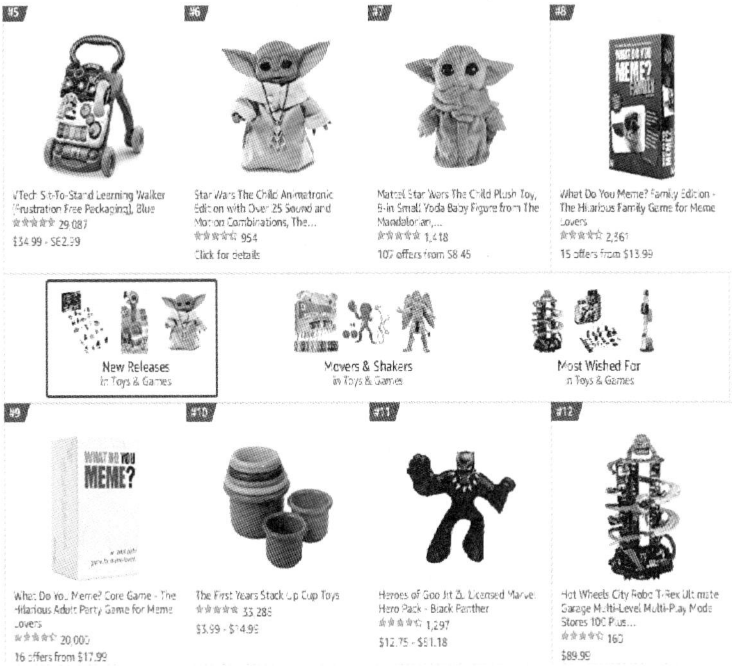

图 5-3-5　玩具和游戏（Toys & Games）类目亚马逊热销新品榜的位置

用户点击“New Releases”的超链接，即可进入“Toys & Games”类目下的搜索结果页面（见图 5-3-6）。

用户点击页面左侧的“Any Department”（任意分类），可以查看更多类目下的亚马逊热销新品榜信息（见图 5-3-7）。

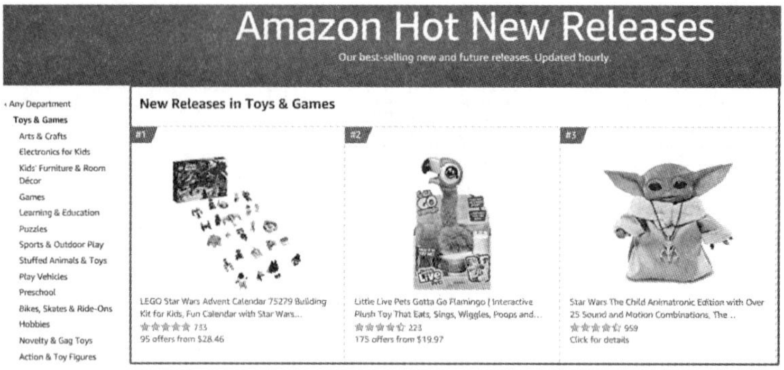

图 5-3-6 玩具和游戏（Toys & Games）类目亚马逊热销新品榜搜索结果

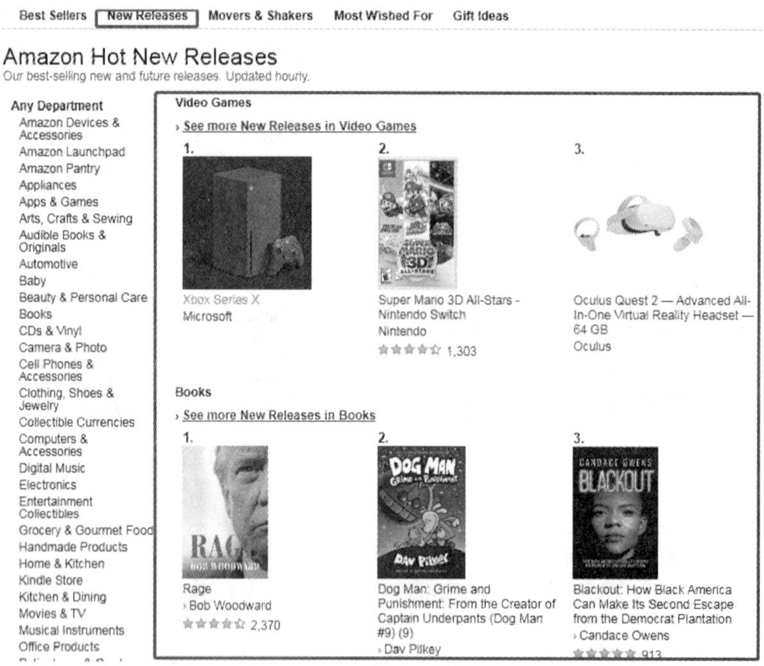

图 5-3-7 其他类目下亚马逊热销新品榜搜索结果

5.3.1.3 亚马逊销量飙升榜（Amazon Movers & Shakers）

亚马逊销量飙升榜展示的是过去 24 小时内亚马逊销量上升较快的产品，数据每小时更新一次。每个产品的上方都会有红色或绿色箭头，绿色代表人气在上升，红色代表人气在下降，卖家根据箭头指示，可以选出一些潜力比较大的产品。

亚马逊销量飙升榜通常出现在某一类目“Best Sellers”或“New Releases”搜索结果页第二行产品与第三行产品的中间位置。以“Toys & Games”为例，亚马逊销量飙升榜的位置如图 5-3-8 所示。

用户可以通过“Any Department”（任意分类）中的“Best Sellers”或“New Releases”查询亚马逊销量飙升榜（见图 5-3-9）。用户点击页面左侧的各个类目也可以查看更多具体类目下的亚马逊销量飙升榜信息。

图 5-3-8　玩具和游戏（Toys & Games）类目亚马逊销量飙升榜的位置

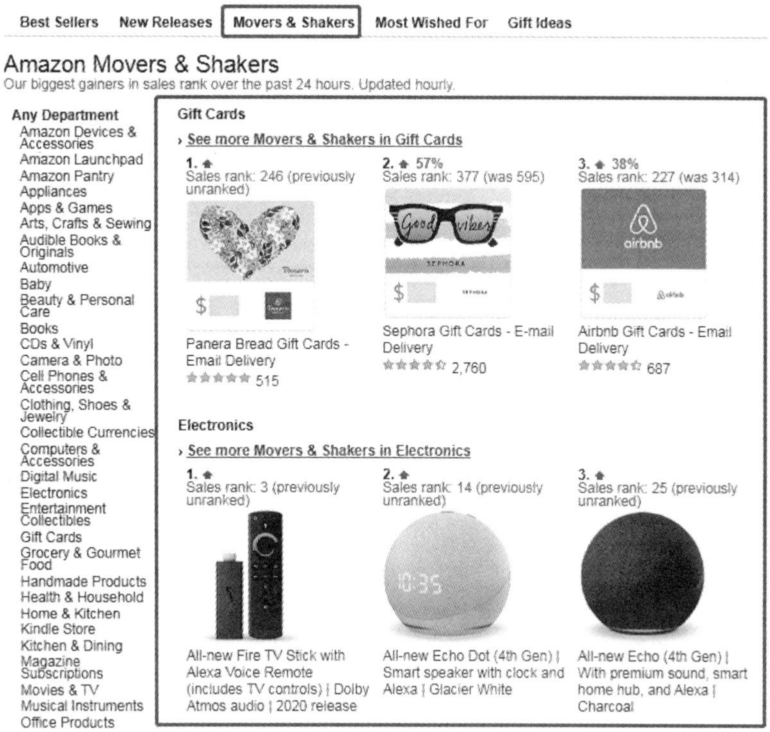

图 5-3-9　“Any Department”（任意分类）中亚马逊销量飙升榜的位置

5.3.1.4 亚马逊愿望清单（Amazon Most Wished For）

亚马逊愿望清单是亚马逊通过收集用户的访问数据而形成的，如某产品被买家加入购物车却迟迟未付款，当这个产品有折扣优惠的时候，亚马逊会通过邮件自动提醒买家。事实上，亚马逊愿望清单不失为挑选未来热卖品的一个重要依据。

用户可以通过“Any Department”（任意分类）中的“Best Sellers”“New Releases”或“Movers & Shakers”查询亚马逊愿望清单（见图5-3-10）。用户点击页面左侧的各个类目也可以查看更多具体类目下的亚马逊愿望清单信息。

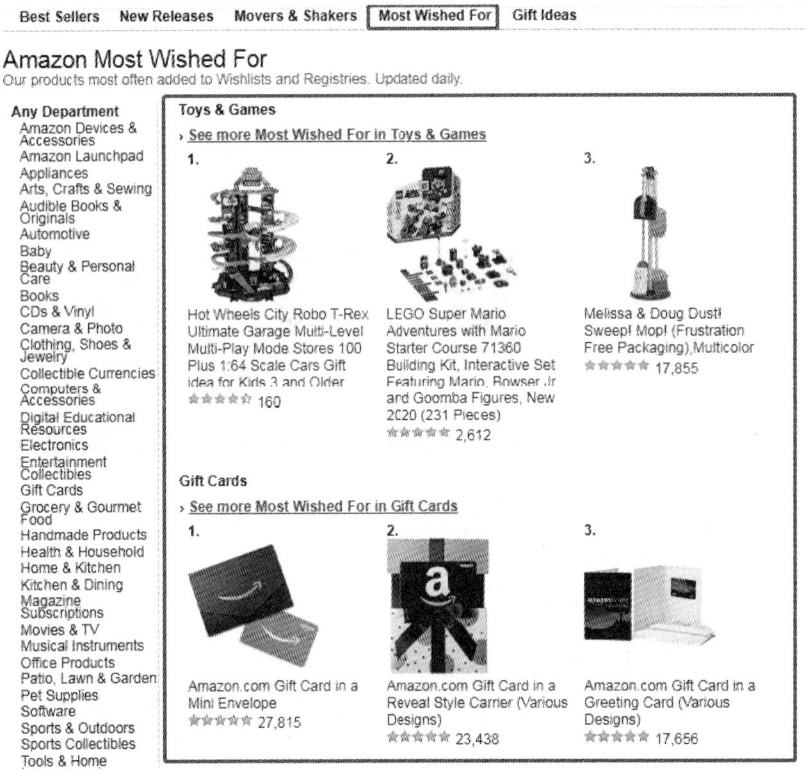

图5-3-10　亚马逊愿望清单的位置

5.3.1.5 亚马逊礼品推荐榜（Amazon Gift Ideas）

很多买家在给亲朋好友选购礼品时都会在亚马逊礼品推荐榜挑选。因为这里的产品不仅可以提前购买，还能指定送货时间。卖家通过亚马逊礼品推荐榜可以知道目前买家更愿意挑选什么样的产品作为礼品。如果卖家销售的产品带有节日元素，或者产品是针对某年龄段的用户设计的，那么卖家可以在节日来临之际更有针对性地去备货。

用户可以通过“Any Department”（任意分类）中的“Best Sellers”“New Releases”“Movers & Shakers”或“Most Wished For”查询亚马逊礼品推荐榜（见图5-3-11）。用户点击页面左侧的各个类目也可以查看更多具体类目下的亚马逊礼品推荐榜信息。

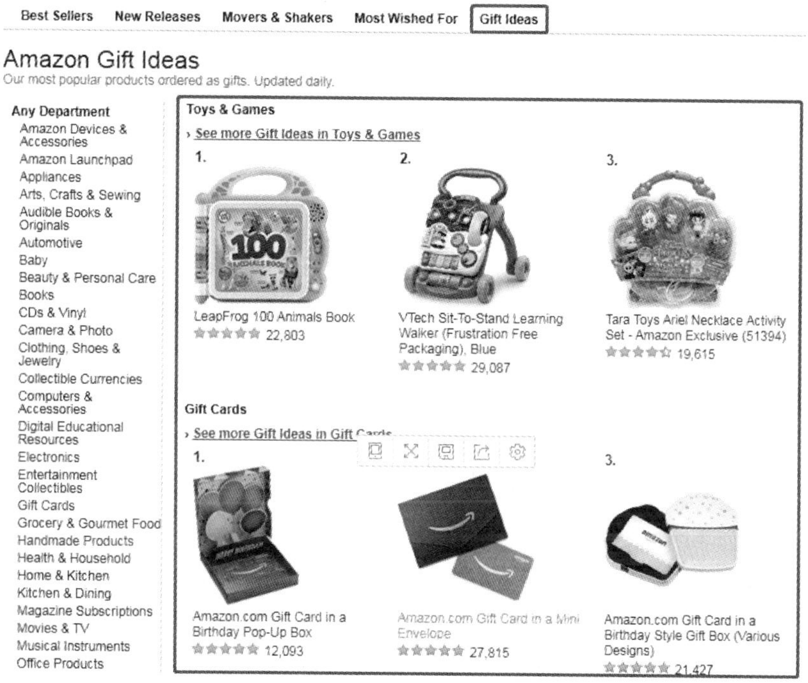

图 5-3-11　亚马逊礼品推荐榜的位置

5.3.2　亚马逊站外数据化选品工具

5.3.2.1　Jungle Scout

Jungle Scout 是一款帮助亚马逊卖家进行选品的工具，目前在全球有超过 9 万个亚马逊卖家在使用。很多卖家选择这个工具来进行选品和优化关键词。Jungle Scout 有网页（Web）版和插件版，功能十分强大。网页版可以帮助卖家根据市场供需情况找到产品创意。卖家使用插件版可以不用打开产品详情页，只需安装好插件，便可以浏览产品搜索页面中包括名称、品牌、价格、类目、卖家数量、销售量、销量排名、预估销量、预估销售额在内的大部分数据。Jungle Scout 不提供免费试用版，卖家若要使用，需注册购买付费版本。

Jungle Scout 有选品数据库、潜力市场搜索器、竞品跟踪器、关键词功能、信息生成器、监控提醒、供应商数据库、新品助推器等 10 余种功能，以下重点介绍其中 3 种与选品有关的常用网页版功能。

①选品数据库（Product Database）。选品数据库是指采集来自亚马逊官方的超过 10 亿件产品信息的综合数据库。选品数据库可以自定义配置筛选条件，开展多维度选品。以厨房和餐厅用品（Kitchen & Dining）类目为例，搜索结果如图 5-3-12 所示。

选品数据库有的功能和作用主要如下：

第一，寻找爆款产品。卖家通过选品数据库预设的 4 组过滤器组合，可以在几秒钟内缩小筛选范围，快速找到具有高潜力的产品。卖家可以按类目、预估销售额、销售排名和收入等条件进行精确筛选，快速找到符合要求的理想产品。

图 5-3-12 使用选品数据库筛选厨房和餐厅用品（Kitchen & Dining）类目中的产品

第二，制定筛选策略。卖家可以从价格、销量、评论、收入、竞争力等 16 个维度全方位过滤数据，在产品研究中充分发挥创意，按照自己的需求，精准制定筛选条件，缩小搜索范围，快速定位可选产品。

第三，FBA 利润计算器。卖家使用选品数据库自带的 FBA 利润计算器，可以评估亚马逊 FBA 物流费用和销售佣金，快速计算产品利润，提前淘汰盈利能力差的产品，降低选品风险。

②潜力市场搜索器（Opportunity Finder）。潜力市场搜索器是挖掘产品趋势及利润蓝海的强大工具。其功能和作用主要如下：

第一，持续挖掘利基/细分市场。潜力市场搜索器通过关键词搜索，利用数据助力卖家瞄准那些高需求、低竞争的利基/细分市场，快速挖掘到高利润的爆款产品。

第二，查看特定时段利基/细分市场销量。潜力市场搜索器可以通过图表详细展现历史数据，包括日均销量、平均价格、搜索量等关键数据。卖家可以借此分析特定时段利基/细分市场的数据表现（见图 5-3-13）。

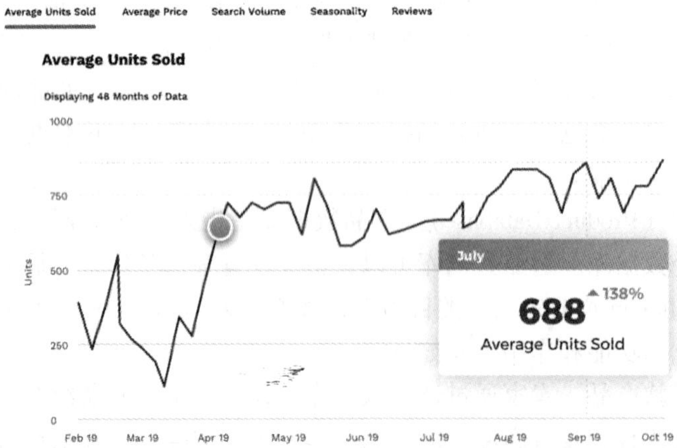

图 5-3-13 使用潜力市场搜索器查看特定时段利基/细分市场销量

第三，给利基/细分市场打分。潜力市场搜索器的专利算法会根据产品的需求度、竞争度、信息质量将利基/细分市场分为 10 个等级。10 分代表该利基/细分市场潜力最高，1 分代表该利基/细分市场潜力最低。潜力市场搜索器通过机会分值帮助卖家判断该利基/细分市场的潜在空间（见图 5-3-14）。

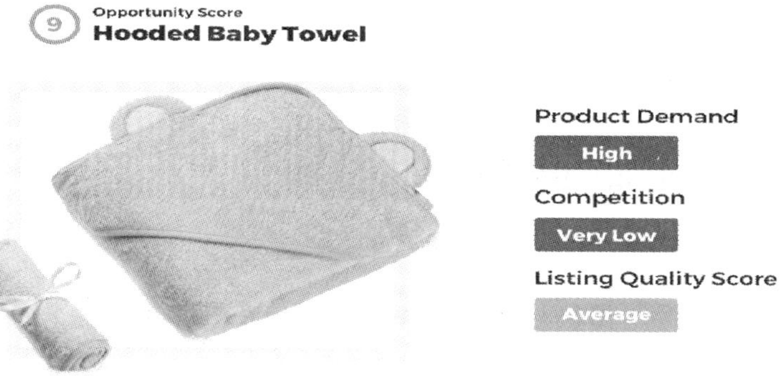

图 5-3-14　使用潜力市场搜索器给利基/细分市场打分

③竞品跟踪器（Product Tracker）。卖家使用竞品跟踪器可以批量跟踪竞品的历史销量、价格和排名动态，从而实时掌握市场动向，验证产品机会（见图 5-3-15）。

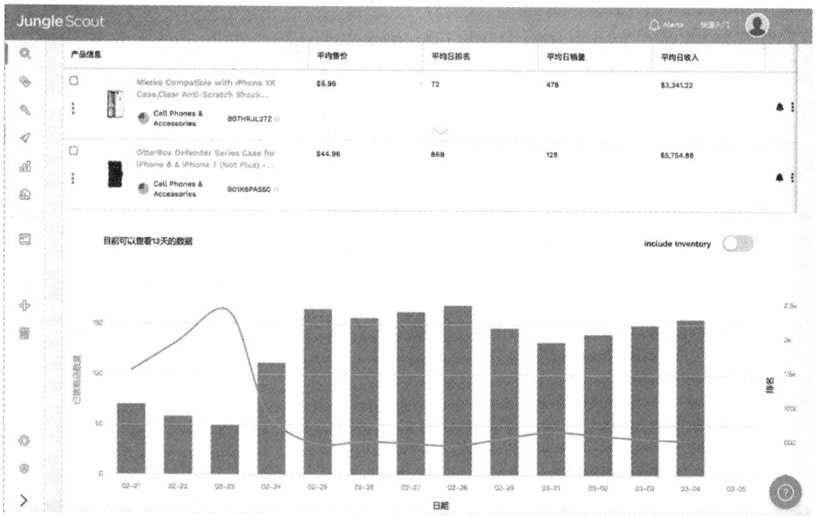

图 5-3-15　使用竞品跟踪器跟踪产品

竞品跟踪器的功能和作用主要如下：

第一，跟踪竞品动态。竞品跟踪器可以每天密切跟踪竞品的畅销排名、销量、库存和价格变动等数据，帮助卖家制定运营策略。

第二，监控关键指标。竞品跟踪器无论是在分析新产品方面还是在监控竞品的季节性变化方面，都可以提供图表化数据，帮助卖家分析竞品表现，做出选品决策或调整定价和采购策略（见图 5-3-16）。

第三，分组收藏。竞品跟踪器可以轻松导入产品数据库和 JS 插件的数据，根据产品特性创建分组，按列表分析。

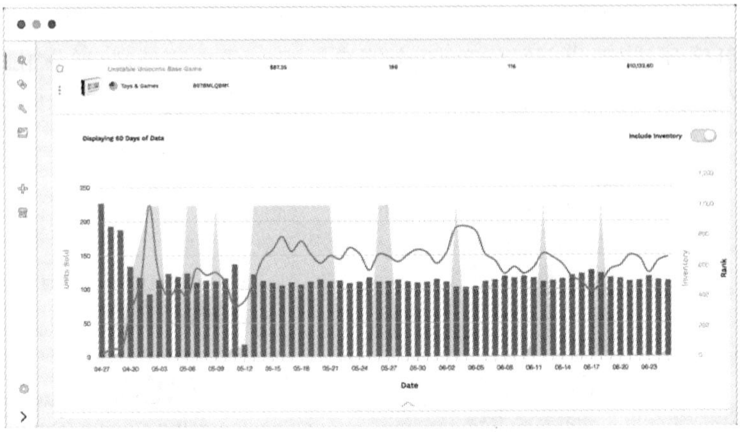

图 5-3-16　使用竞品跟踪器监控关键指标

5.3.2.2　卖家精灵（Seller Sprite）

卖家精灵是基于大数据和人工智能技术，为亚马逊跨境卖家提供一站式选品、市场分析、关键词优化和产品监控等服务的软件工具，被誉为“大数据选品专家”。卖家精灵覆盖美国、加拿大、英国、德国、法国、意大利、西班牙、日本、印度 9 个国家的市场，实时采集全球超过 10 亿消费人群的购物数据，帮助亚马逊卖家发现蓝海市场、打造潜力产品。卖家精灵有网页版和插件版，插件版包含网页版 80%的功能。

卖家精灵提供的功能主要包括关键词挖掘、关键词选品、关键词反查等关键词优化功能；查竞品、选市场、选产品等大数据选品分析功能；产品监控、关键词监控等运营监控功能。

5.3.2.2.1　关键词精灵

①关键词挖掘。关键词挖掘主要为亚马逊卖家推荐产品相关关键词，被用于信息优化、广告选词以及站外引流。关键词挖掘的数据来源于亚马逊真实的用户搜索行为，月初更新上个月数据。以水瓶（water bottle）为例，卖家使用关键词挖掘功能，查找相关关键词，结果如图 5-3-17 所示。

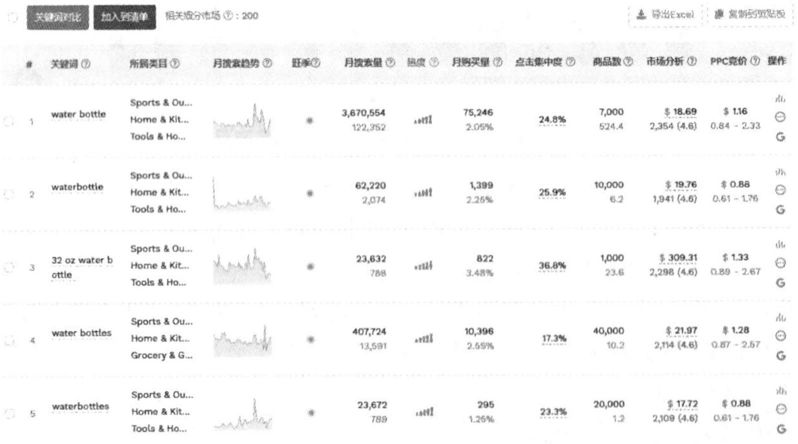

#	关键词	所属类目	月搜索趋势	旺季	月搜索量	热度	月购买量	点击集中度	商品数	市场分析	PPC竞价	操作
1	water bottle	Sports & Ou... Home & Kit... Tools & Ho...			3,670,554 122,352		75,246 2.05%	24.8%	7,000 524.4	$ 18.69 2,354 (4.6)	$ 1.16 0.84 - 2.33	
2	waterbottle	Sports & Ou... Home & Kit... Tools & Ho...			62,220 2,074		1,399 2.26%	25.9%	10,000 6.2	$ 19.76 1,941 (4.6)	$ 0.88 0.61 - 1.76	
3	32 oz water bottle	Sports & Ou... Home & Kit... Tools & Ho...			23,632 788		822 3.48%	36.8%	1,000 23.6	$ 309.31 2,298 (4.6)	$ 1.33 0.89 - 2.67	
4	water bottles	Sports & Ou... Home & Kit... Grocery & G...			407,724 13,591		10,396 2.55%	17.3%	40,000 10.2	$ 21.97 2,114 (4.6)	$ 1.28 0.87 - 2.57	
5	waterbottles	Sports & Ou... Home & Kit... Tools & Ho...			23,672 789		295 1.26%	23.3%	20,000 1.2	$ 17.72 2,109 (4.6)	$ 0.88 0.61 - 1.76	

图 5-3-17　使用关键词挖掘功能查找与水瓶（water bottle）相关的关键词

②关键词选品。关键词选品是指基于买家搜索行为来发现潜在市场。一个关键词对应一个细分市场，卖家通过关键词的月搜索量、购买率等数据，找出其对应细分市场中蕴藏的商机。关键词选品页面如图 5-3-18 所示。

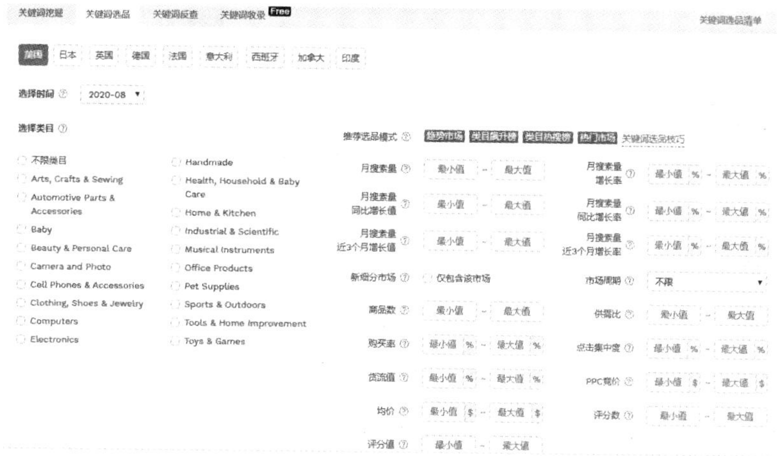

图 5-3-18　关键词选品页面

③关键词反查。关键词反查用于反查任一目标的所有核心流量词。卖家可以反查竞品的流量词，用于优化自己的产品信息或广告，还可以找到自己产品的搜索流量入口。以“ASIN：B01IHHLB3W”为例使用关键词反查结果如图 5-3-19 所示。

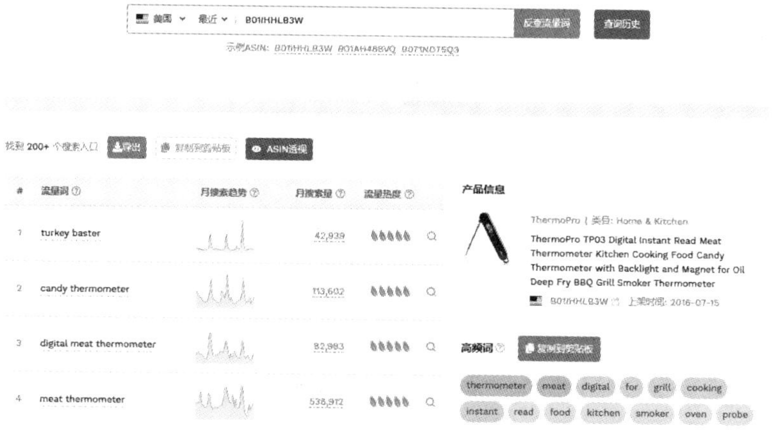

图 5-3-19　以“ASIN：B01IHHLB3W”为例使用关键词反查结果

④关键词收录。关键词收录提供批量查询指定关键词排名位置，是关键词优化过程中验证优化效果的工具。卖家不仅可以通过关键词收录检测自己的关键词收录情况，实时跟踪信息优化和广告投放效果，还可以检测竞品的关键词，洞悉竞品的表现。

5.3.2.2.2　选品精灵

①查竞品。卖家通过查竞品功能，实现以关键词、品牌、卖家或其他条件查询竞争对手最近 3 年的销量或销售额历史趋势以及历史价格、评论数等。以水瓶（water bottle）为例，卖家使用查竞品如图 5-3-20 所示。

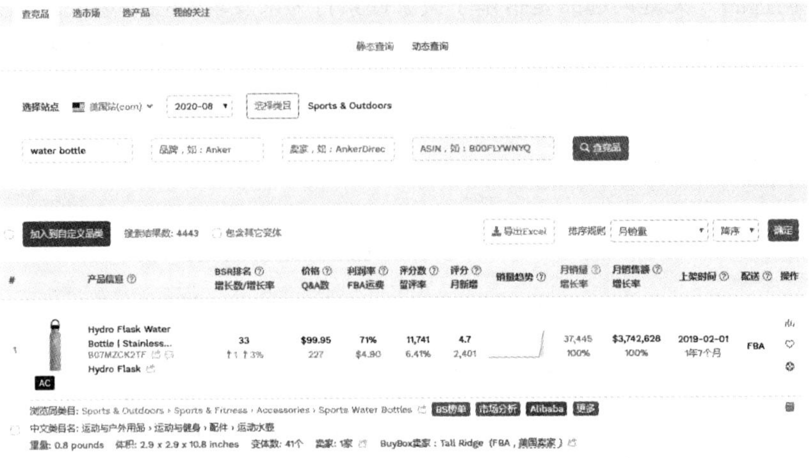

图 5-3-20　查竞品

②选市场。选市场功能基于市场容量、市场趋势、竞争度等维度，帮助卖家从亚马逊每个站点 2 万多件的产品细分类目中，选出潜力市场。以运动与户外用品（Sports & Outdoors）类目为例，卖家使用选市场如图 5-3-21 所示。

图 5-3-21　选市场

③选产品。选产品功能通过微观选品、选个例，基于销量增长率、评论增长数等诸多创新性选品条件，帮助卖家选出潜力爆款（见图 5-3-22）。

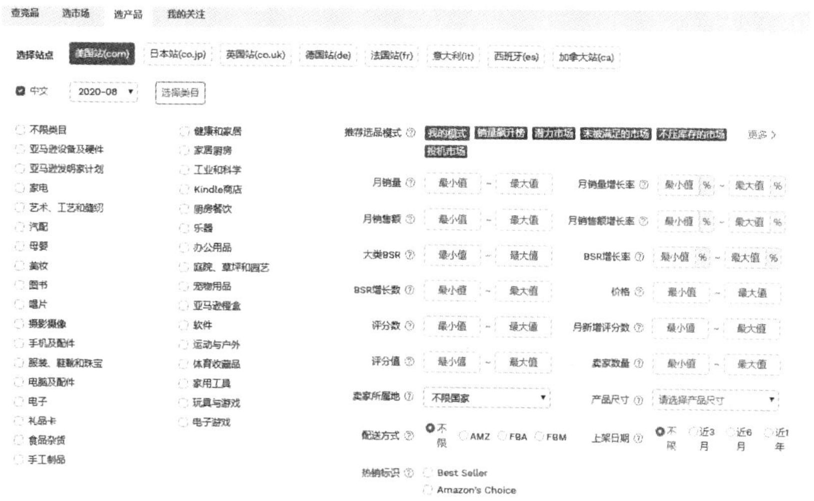

图 5-3-22　选产品

5.3.2.2.3　监控精灵

①产品监控。产品监控功能主要帮助卖家关注竞争对手的动态，基于竞品的排名、价格、评分变化等维度的数据来制定自己的运营推广策略。同时，卖家也可以通过产品监控功能来观察竞争对手的日销量变化，评估市场需求或用于自己的精准备货。

②关键词监控。关键词监控功能用于监控产品关键词的每日排名变化，量化亚马逊卖家的推广效果；监控竞争对手产品的关键词排名变化，了解竞争对手的推广策略。

③店铺上新监控。店铺上新监控功能主要帮助卖家关注竞争对手店铺新品上架情况。对于有竞争力的店铺而言，其选择的产品往往都是经过深思熟虑的，成为爆款的概率较大。

实训 5.3　亚马逊选品

经过任务 5.3 的学习，读者已经掌握了亚马逊选品的原则和技巧，具备亚马逊站内选品和站外数据化选品的能力。

为检验学习成果，本次实训任务将使用卖家精灵这一站外选品工具来模拟亚马逊选品。

步骤一：体验网页版。请读者用电脑打开卖家精灵官网（https://www.sellersprite.com/cn/），进行免费注册，并选择任一站点、任一自己喜欢或擅长的类目，来体验卖家精灵的产品功能，尤其是与选品有关的关键词选品、查竞品、选市场、选产品等大数据选品分析功能。

步骤二：体验插件版。请读者在自己的浏览器中安装卖家精灵插件，并在打开亚马逊官网里的任一产品后启动该插件，体验卖家精灵插件的产品查询、竞品分析等功能。具体操作详见 https://www.sellersprite.com/cn/help/chrome-guide。

任务 5.4 全球速卖通选品

【任务引入】

全球速卖通是阿里巴巴集团旗下面向国际市场打造的跨境电商平台，被广大卖家称为“国际版淘宝”，是当前中国最大的出口 B2C 电商平台，其业务覆盖全球 220 多个国家和地区，产品覆盖数码产品、服装、家居用品、饰品等 30 多个一级行业类目，其优势产品主要集中在服装服饰、手机通信、鞋包、美容健康、珠宝手表、电脑网络、家居用品、灯具等行业。截至 2019 年年底，全球速卖通的海外成交买家数量已突破 1.5 亿人，海量的用户需求让其成为一个实力不容小觑的跨境电商交易平台。然而，用户需求虽大，但并非所有的产品在全球速卖通都能获得很好的销量。卖家想要在全球速卖通获得不错的销售业绩，还是要依据一定的方法进行选品，才能达到事半功倍的效果。

那么，面对海量的海外买家市场，全球速卖通平台的中国卖家们该如何开展选品工作？有什么选品方法和工具能选出最理想的产品并推送给海外众多的目标用户群呢？带着这些问题，我们进入任务 5.4 的学习。

扩展学习

阅读 1688 卖家成长故事《如果我不敢，我不会相信 25 岁的年纪，经营着近 3 亿产值的源头工厂，货通全球 68 个国家》(https://gys.1688.com/1329559.html?spm=a26123.12128438.jpm6b4y7.85.74552e55Ao8rKf)，了解林木松的恩乐科技在加入 1688 跨境专供之后是如何发现跨境商机和空白市场的。

5.4.1 全球速卖通站内数据选品

5.4.1.1 行业情报

行业情报基于全球速卖通的交易数据，提供行业排行榜、行业趋势、店铺排行榜和买家地域分布四类主要内容。卖家可以根据行业情报提供的分析，迅速了解行业现状，判断经营方向。

卖家可以利用行业情报，选择想要经营的行业。通常全球速卖通上的行业分为红海行业和蓝海行业。蓝海行业是指当前未知的、有待开拓的市场空间，或者竞争相对不激烈、需求大于供给、充满新的商机的行业。相对于蓝海行业，红海行业是指竞争非常激烈的行业。

蓝海行业的细分可以帮助卖家进一步选择更细化的优势行业。对应行业的供需指数越低，说明竞争程度越小，商机越大。卖家点击“查看行业详情”，可以进入对应的“行业趋势”界面，便于研究相关数据（见图 5-4-1）。

蓝海行业细分

美容健康　您可以通过筛选，查找特定行业下的蓝海行业

叶子行业名称	供需指数	操作
美甲用品及修甲工具 > 美甲艺术 > 甑油	3.78%	查看行业详情
彩妆 > 脸部彩妆 > 高光/阴影	17.91%	查看行业详情
彩妆 > 唇部彩妆 > 唇线笔	22.33%	查看行业详情
头发护理/造型 > 造型工具 > 围巾婴儿用的请发布到婴儿理发围布下）	25.88%	查看行业详情
美甲用品及修甲工具 > 美甲艺术 > 水晶粉	22.59%	查看行业详情
头发护理/造型 > 造型用品 > 编发造型用品	53.89%	查看行业详情
头发护理/造型 > 造型工具 > 扁梳/圆梳（婴儿用的请发布到婴儿梳子下）	40.68%	查看行业详情
美甲用品及修甲工具 > 修甲工具 > 分趾器	43.5%	查看行业详情
彩妆 > 唇部彩妆 > 润唇膏	33.47%	查看行业详情
彩妆 > 化妆工具/附件 > 唇模具	21.55%	查看行业详情

图 5-4-1　蓝海行业细分

行业概况分为行业数据、行业趋势和行业国家分布 3 个小类。

①行业数据。卖家选择所属行业，可以查看该行业最近 7 天、30 天、90 天的流量、成交转化以及市场规模数据。根据这些数据变动情况，卖家可以了解市场行情变化情况。以服装配饰为例，服装配饰最近 7 天的数据分析如图 5-4-2 所示。

行业概况　蓝海行业

你现在选择的行业是　服饰配饰（男/女...　　请选择时间　最近7天

行业数据

	流量分析		成交转化分析		市场规模分析
	访客数占比	浏览量占比	成交额占比	成交订单数占比	供需指数
最近30天均值	35.22%	16.17%	16.55%	24.97%	53.23%
环比周涨幅	↑ 0.09%	0.0%	↓ -0.07%	↑ 0.13%	↓ -0.22%

图 5-4-2　服装配饰最近 7 天的数据分析

访客数占比，即在统计时间段内行业访客数占上级行业访客数的比例。

浏览量占比，即在统计时间段内行业浏览量占上级行业浏览量的比例。

成交额占比，即在统计时间段内行业支付成功金额占上级行业支付成功金额的比例。

成交订单数占比，即在统计时间段内行业支付成功订单数占上级行业支付成功订单数的比例。

供需指数，即在统计时间段内行业中商品指数与流量指数的比。供需指数越小，竞争程度越低。

②行业趋势。行业趋势包括趋势图和趋势数据明细。

趋势图帮助卖家选择相关行业，进行数据趋势对比，可以从访客数占比、支付金额占比、浏览量占比、支付订单数占比和供需指数 5 个指标进行对比。通过趋势图，卖家可以了解相关走势（见图 5-4-3）。

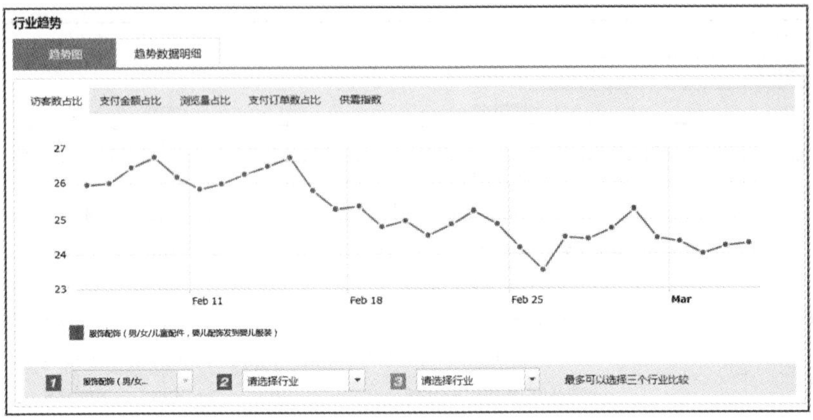

图 5-4-3　趋势图（服饰配饰）

卖家想要查看选定时间段的趋势明细数据，也可以点击右上方的“下载数据”，下载该行业的趋势数据明细，进行数据分析。

③行业国家分布。卖家可以根据选定行业的访客数和支付金额的分布情况，在商品发布及运费设置时，进行更多有针对性的操作，以便让目标国家的买家可以更加方便地购买商品，提升商品的转化率。

5.4.1.2　选品专家

选品专家通过提供行业热卖产品和热搜关键词的数据，让卖家可以获取海量的热卖商品资讯，让卖家可以多角度地分析买家的搜索关键词。卖家还可以根据选品专家提供的内容和数据，对产品进行调整，优化关键词的设置。

5.4.1.3　1688 跨境专供

1688 跨境专供是阿里巴巴为跨境电商卖家开辟的一个重要栏目，致力于打造一个一站式货源服务平台，为跨境电商卖家提供优质的供应链资源和数据分析。目前 1688 跨境专供的产品主要有服装配饰、家纺家饰、数码家电和运动户外等类目。1688 跨境专供有卖家比较关注的“跨境精选”和“爆款开发”功能。1688 跨境专供首页的左侧也提供类目筛选功能（见图 5-4-4），卖家可以直接定位到全球速卖通店铺所经营的具体类目。

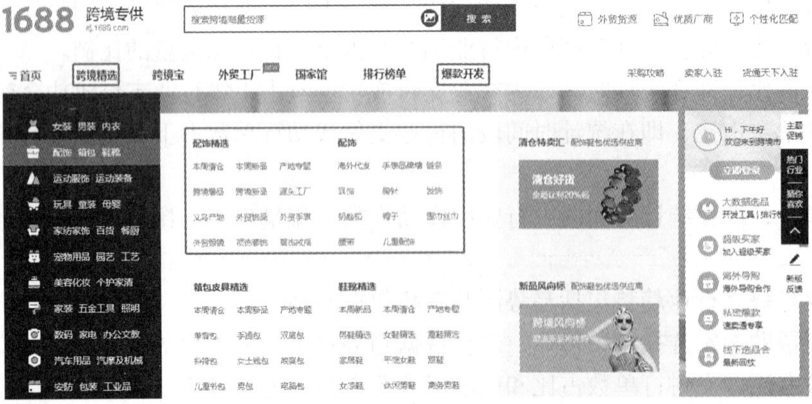

图 5-4-4　1688 跨境专供首页

以饰品配件类目为例，卖家将鼠标定位到左侧的“配饰 箱包 鞋靴”一栏，右侧即出现一系列子类目可供选择，从产品的维度看有“跨境爆品”“跨境新品”“外贸饰品”等（见图 5-4-4）。

在众多产品列表里，卖家可以尝试从以下维度来选择产品。

①成交额排序。以“发带”为例，卖家在 1688 跨境专供首页的搜索栏输入该关键词，按成交额降序排列（见图 5-4-5），第一款产品的成交额排名第一，可以优先考虑开发。

②产品上架时间。如图 5-4-5 所示，通过对 3 款产品进行比较，可以看出，第一款产品的上架时间为 2020 年 9 月，另外两款产品的上架时间为 2019 年 10 月和 2020 年 7 月，显然第一款产品最新，潜力最大。卖家从上架时间维度考虑，可以优先开发第一款产品。

③产品上架便捷性。从便捷性的维度考虑，如果批发商能提供产品信息，那么卖家在产品上架时可以节约很多时间成本，提升产品上架效率。

图 5-4-5　按成交额排序

5.4.2　站外选品

关于全球速卖通选品，卖家除了参考一些站内的资源来进行选品，也可以将站外的资源作为选品的参考，比如使用 Alexa、谷歌趋势（Google Trends）来做选品的市场分析；借鉴 eBay 等同行业跨境电商平台的热销产品或参考小语种网站的产品以辅助选品。

5.4.2.1　Alexa

卖家在 Alexa 官网（https://www.alexa.com/），可以查阅全球网站的访问量数据以及网站的综合排名和分类排名。以全球速卖通为例（见图 5-4-6），在最近 90 天内（2020 年 7 月 16 日至 2020 年 10 月 13 日）全球速卖通在全球网站中排第 40 位，对比 90 天前的 38 位，下降了 2 位，总体表现较为稳定；全球速卖通在美国网站排第 37 位，在日本网站排第 51 位。

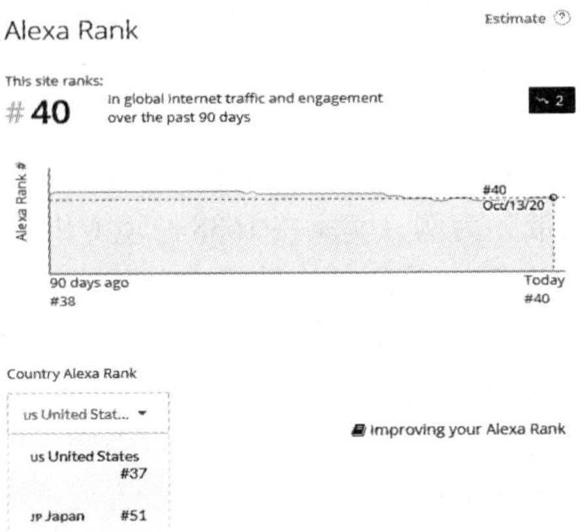

图 5-4-6 全球速卖通 Alexa 排名情况

如图 5-4-7 所示，全球速卖通近 30 天访问量较大的国家为美国，其次是日本、加拿大。中国卖家如果在全球速卖通上销售商品，可以将这些国家作为重点开发市场。

图 5-4-8 列举了与全球速卖通有关联或相似的网站。这些网站的商品与全球速卖通有一定的关联性，因此这些网站也是帮助卖家选品的参考渠道。

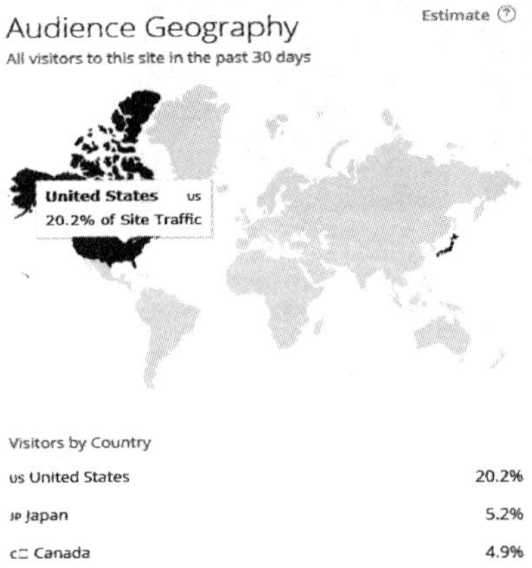

图 5-4-7 全球速卖通访问量较大的国家

图 5-4-8 与全球速卖通有关联或相似的网站

5.4.2.2 谷歌趋势（Google Trends）

谷歌趋势通过分析全球不同地区的谷歌用户的搜索习惯来帮助卖家了解行业趋势和商品趋势，为广大卖家的选品、市场调研和营销推广计划提供了很好的参考依据。在谷歌趋势，卖家可以看到每个关键词的搜索趋势，从而根据趋势是升高还是降低来判断商品最近的销售情况。

以关键词“wedding dress”（婚纱）为例，如图 5-4-9 所示，在过去 5 年内（2015—2020 年），该关键词的搜索量除了在 2018 年有较为明显的上升趋势外，其余时间段的搜索量都较为稳定，说明全球市场对婚纱的需求总体比较稳定。

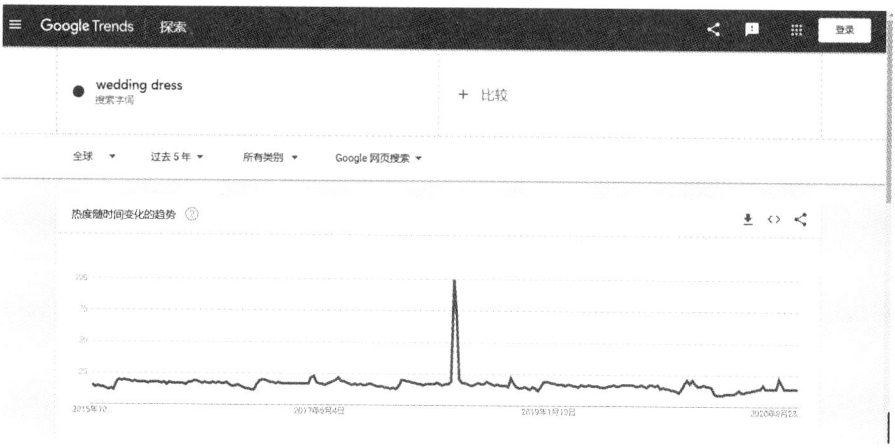

图 5-4-9　“wedding dress”（婚纱）过去 5 年在全球的搜索趋势

如图 5-4-10 所示，从不同国家和地区“wedding dress”（婚纱）的搜索热度可以看到搜索量最高的几个国家和地区，卖家可以结合这几个国家和地区的情况进行具体分析。

图 5-4-10　“wedding dress”（婚纱）在不同国家和地区的搜索热度

卖家可以使用“Google 购物”功能查看“wedding dress”（婚纱）的网购趋势（见图 5-4-11）。在过去 5 年内（2015—2020 年），该关键词的搜索量没有明显变化，但随着季节的变化有明显的起伏规律，说明全球市场对婚纱的需求是稳定的，且集中在天气温暖的几个月。可以预测，若未来几年全球经济能保持稳定发展，则购买婚纱的人仍将保持稳定。

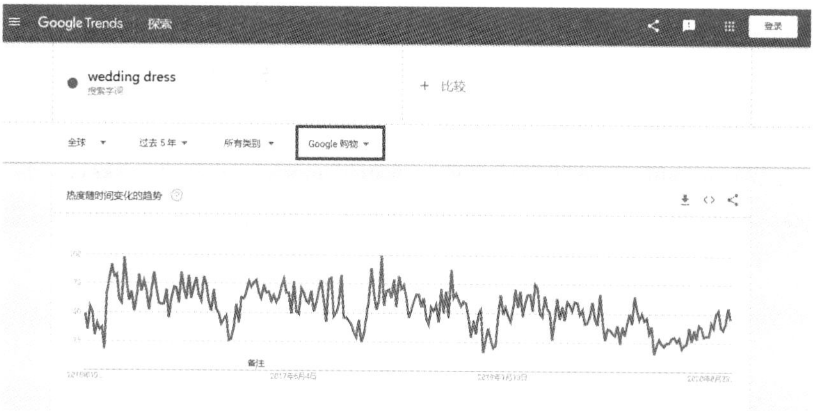

图 5-4-11　“wedding dress”（婚纱）的网购趋势

该关键词在美国的搜索量最高。卖家若把美国市场确定为目标市场，可以具体观察美国市场的数据情况。

如图 5-4-12 所示，卖家选择“美国”，就可以看到美国各个州的具体搜索数据。

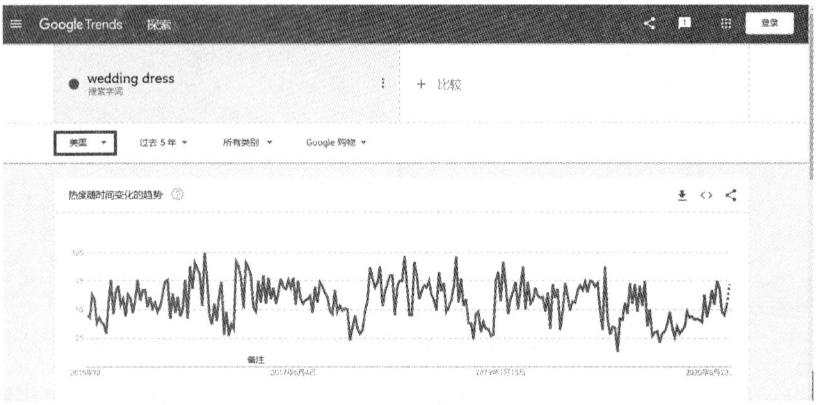

图 5-4-12　“wedding dress”（婚纱）在美国各个州的具体搜索数据

与婚纱类目相近的还有晚礼服类目，如图 5-4-13 所示，卖家可以将关键词“wedding dress”（婚纱）与“evening dress”（晚礼服）进行对比，从而了解哪种产品的市场需求量更大，判断是选择婚纱还是选择晚礼服作为主要销售产品。

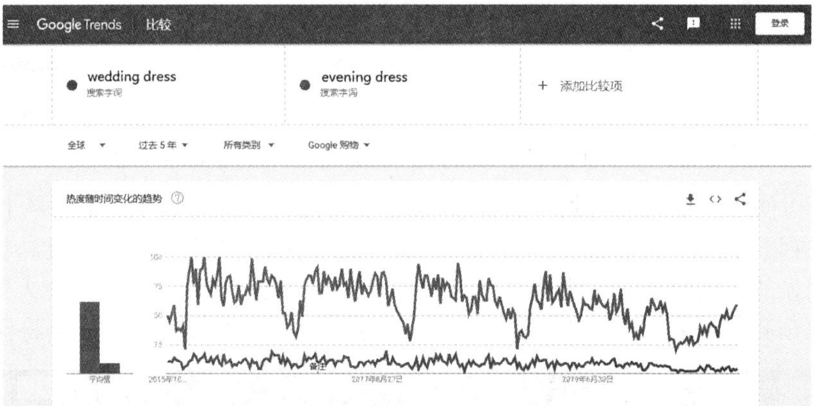

图 5-4-13　通过关键词对比了解市场需求量

5.4.2.3　WatchCount

卖家登录 WatchCount 官网（http://www.watchcount.com/），在“keywords”输入关键词，如“dress”（连衣裙）；选择站点，如选择“US”（美国）；设置搜索结果排序形式，如按浏览量排序，点击“Show Me!”，如图 5-4-14 所示。

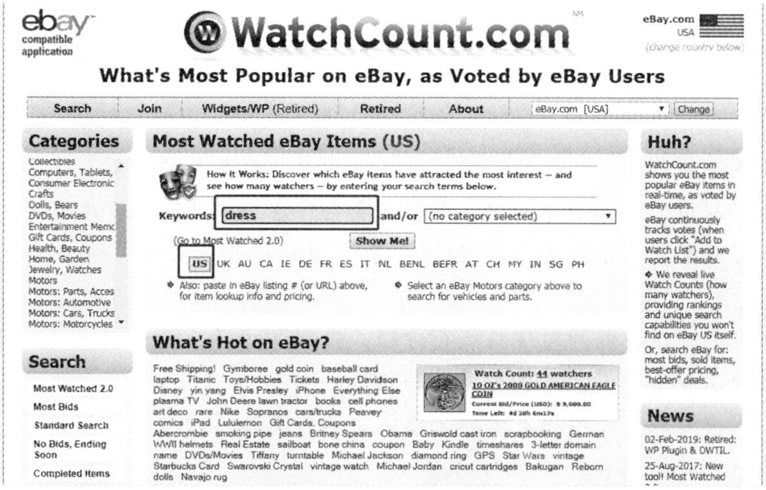

图 5-4-14　搜索设置

系统按照浏览量降序形式显示搜索结果（见图 5-4-15），包括产品的浏览量、销量、标题、价格等。卖家点击“see similar”（查看同款）可以进一步查看类似款式的产品信息。

图 5-4-15　搜索结果

5.4.2.4　小语种网站

Mercado Livre 是巴西本土最大的 C2C 电商平台，其业务涉及巴西、阿根廷、智利、哥伦比亚、哥斯达黎加、厄瓜多尔、墨西哥等 13 个国家和地区；Cdiscount 是法国最大的电商购物网站，其产品涵盖日常生活用品、食品、电子产品、家用电器、婴幼儿用品、箱包、玩具等众多品类；Elcorteingles 是西班牙最大的百货集团，同时也拥有自己的电商平台，销售一些西班牙的热销产品。卖家通过分析这些小语种网站的热销品，可以为自己选品提供参考依据。

实训 5.4 全球速卖通选品

经过任务 5.4 的学习，读者已掌握了全球速卖通平台选品的步骤，了解了辅助选品的站外工具，能够利用工具和所学知识，结合自身条件在全球速卖通开展选品。

为检验学习成果，本次实训任务如下：分小组模拟合伙公司，并在全球速卖通开展选品。

步骤一：任务分组。教师对学生进行分组，每组 5~6 人，每组选出 1 名小组长，负责组织小组成员合伙成立公司，开展跨境产品销售。

步骤二：模拟选品。公司决定选取全球速卖通为本公司的跨境销售渠道，并决定结合当地特色产业（或优势产业）来进行选品。

需要经公司合伙成员讨论确定的内容如下：

①公司名称和店铺名称。

②当地的特色产业或优势产业。

③销售目标国家或地区人群。

④开展选品调研，初步确定想要经营的一级蓝海类目。

⑤根据选取的一级蓝海类目展开深入选品，并选出 5 款可以在全球速卖通平台销售的意向产品。

步骤三：小组展示。每个小组在模拟完成上述实训任务后，将本组的构思和任务实施过程以电子演示文稿（PPT）的形式进行汇总，并选派一名代表将本组的构思和任务实施过程进行展示，小组其他成员可以补充。

当每个小组展示完毕后，其他小组可以对其提出疑问，由展示小组的成员负责解答。

步骤四：总结评价。所有小组展示结束后，教师组织总结评价，对各小组存在的不足进行指正，并解答学生的疑问。

任务 5.5 跨境平台数据化选品案例——以 UR 为例

【任务引入】

UR 全球时尚品牌，是 UR 集团旗下的服装连锁零售品牌，自 2006 年在广州开设第一家店铺以来，经过多年的的发展，已先后在上海、北京、广州、成都、大连等城市开设上百家店铺。2013 年，UR 看好阿里巴巴旗下网络零售平台——天猫的销售模式，于是注册了 UR 天猫旗舰店。UR 天猫旗舰店每周进行两次货品更新，每年推出上万款新品，致力于使消费者每一次入店都有眼前一亮的新鲜感。

近些年，随着电子信息技术和经济全球化的发展，跨境电商开始兴起。UR 看好国际外贸市场，想进入跨境电商的行业。对于有着多年天猫运营经验的 UR 来说，倘若进入阿里巴巴旗下的跨境出口电商平台——全球速卖通，必然有着天然的优势。

那么，UR进军全球速卖通该如何开展选品工作呢？有什么便捷的站内数据化选品方法呢？如何利用这些选品方法来分析和选择市场呢？带着这些问题，我们进入任务5.5的学习。

扩展学习

请用电脑进入UR天猫旗舰店（https://urfs.tmall.com/）和UR全球速卖通官方店（https://es.aliexpress.com/store/4687076），将UR在天猫旗舰店和全球速卖通的产品进行对比，可以了解到UR在国内电商平台和跨境电商平台选品的不同之处。

5.5.1 了解选品的重要性

选品对于卖家来说非常重要，对于UR来说自然也是如此。选品策略作为店铺运营的一部分，也被视为整个运营策略的基石。选对产品对销售和后期的店铺成长至关重要。

选品的好处可以归纳为运营前期的好处、运营中期的好处和运营后期的好处。每个时期做好选品给店铺整体运营带来的好处是不同的。

运营前期，做好选品可以快速获得全球速卖通的推荐，快速获得买家的青睐，提高买家下单的概率。运营中期，做好选品可以快速获得销量，获得买家的好评，从平台获得更多的流量扶持，降低推广成本和采购成本。运营后期，做好选品可以增加销量，为后期营销打好基础，提高产品的竞争力。

从市场角色关系看，选品，即选品人员从供应市场中选择符合目标市场需求的产品。从这个角度看，选品人员一方面必须把握用户的需求，另一方面要从众多供应市场中选出质量、价格和外观最符合目标市场需求的产品。成功的选品有助于最终实现供应商、客户、选品人员三者共赢的结果。从用户需求的角度看，选品要满足用户对某种效用的追求，如带来生活方便、满足虚荣心、消除痛苦等。从产品的角度看，选出的产品在外观、质量和价格等方面要符合目标用户需求。由于需求和供应都处于不断变化之中，因此选品也是一个无休止的过程。

5.5.2 数据化选品

除了行业情报外，全球速卖通后台的选品专家功能也为新手卖家提供了选品数据支持。该功能从热销和热搜两个维度开展数据分析。其中，热销是从卖家的角度分析，热搜是从买家的角度分析。卖家可以从行业、国家、时间维度来筛选数据，并且可以导出最近30天的原始数据供分析使用。

5.5.2.1 TOP热销产品词

如图5-5-1所示，卖家在热销（TOP热销产品词）页面中可以查看全球最近一天的热销品类，其中圆圈越大，表示销量越高。颜色代表竞争情况，蓝色越深，表示竞争程度越缓和；红色越深，表示竞争程度越激烈。

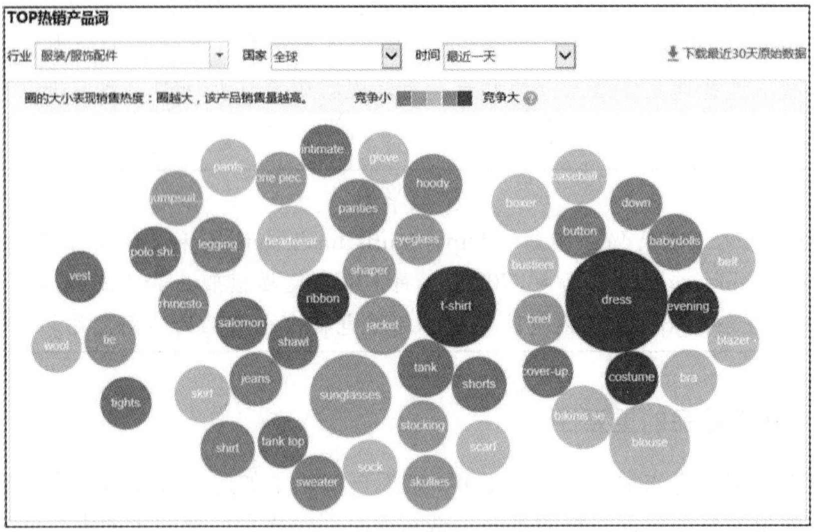

图 5-5-1　TOP 热销产品词

卖家点击页面右上角的“下载最近 30 天原始数据”链接，可以获得热销词表，如表5-5-1所示。

表 5-5-1　热销词表

商品关键词	成交指数	购买率排名	竞争指数
dress	117 346	3	4. 51
blouse	80 023	1	2. 02
t-shirt	42 988	5	3. 42
bikinis set	36 655	2	1. 87
panties	22 230	8	1. 94
bra	19 071	4	1. 52
skirt	17 542	6	1. 5
tank	17 096	9	0. 88
hoody	14 987	11	1. 95
legging	13 675	10	3. 13
jacket	12 532	19	1. 13
pants	9 778	17	1. 76

表 5-5-1 各指标说明如下：

成交指数：行业所选时间范围内，累计成交订单数经过数据处理后得到的对应指数。成交指数不等同于成交量，但成交指数与成交量成正比，即成交指数越大，成交量越大。

购买率排名：行业所选时间范围内，购买率的排名情况。

竞争指数：行业所选时间范围内，产品词对应的竞争指数。竞争指数越大，竞争越激烈。

如表 5-5-1 所示，成交指数最高、购买率排名靠前，但竞争也最激烈的 dress，一般不建议选择；相反，成交指数和购买率排名靠前，且竞争相对不是很激烈的 blouse，基本符合选品要求。

5.5.2.2 TOP 关联产品

TOP 关联产品是指买家同时浏览、点击、购买的产品。如图 5-5-2 所示，产品与产品之间的连接线越粗，关联性越强，即同时浏览、点击、购买的人数越多。圆圈越大，表示销量越高。圆圈颜色代表产品的竞争程度，蓝色越深，表示竞争程度越缓和；红色越深，表示竞争程度越激烈。

图 5-5-2 TOP 关联产品

5.5.2.3 TOP 热销属性

TOP 热销属性是指某个品类的热销属性。如图 5-5-3 所示，卖家点击“+”号可以展开 TOP 热销的属性值，点击“-”号可以收起属性值。展开后的属性值，圈越大表示销量越高，颜色在图中只作为属性分类之用。

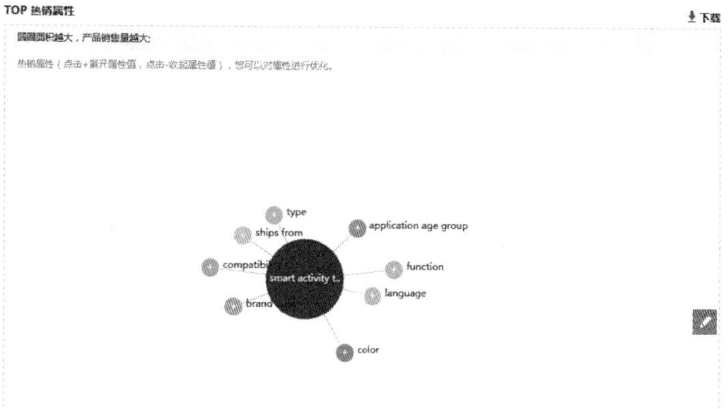

图 5-5-3 TOP 热销属性

如图 5-5-4 所示，卖家点击“+”号可以分析出“dress”具有以下热销属性：

面料：雪纺。

风格：迷你裙。

裙长：膝盖以上……

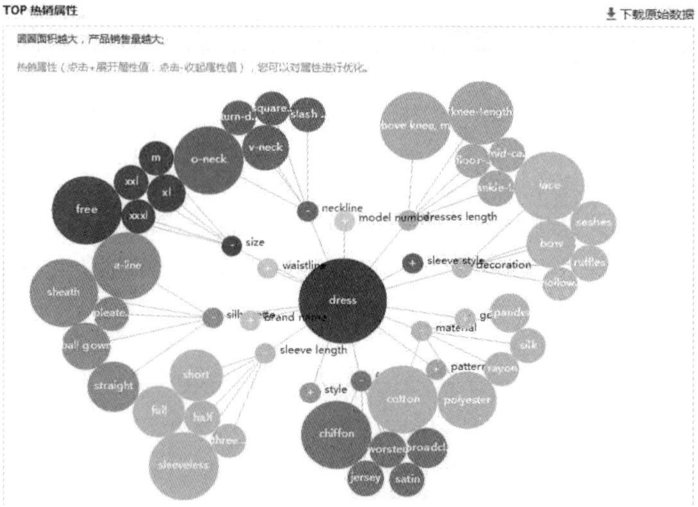

图 5-5-4　dress 的 TOP 热销属性

卖家可以了解当前市场热销产品的热销属性，结合自己的产品进行选品，也可以优化产品属性，增加买家找到自家产品的机会。

5.5.2.4　热销属性组合

热销属性组合是指某个品类下热销属性的组合，相同颜色代表一类商品，圈越大表示销量越高，如图 5-5-5 所示。

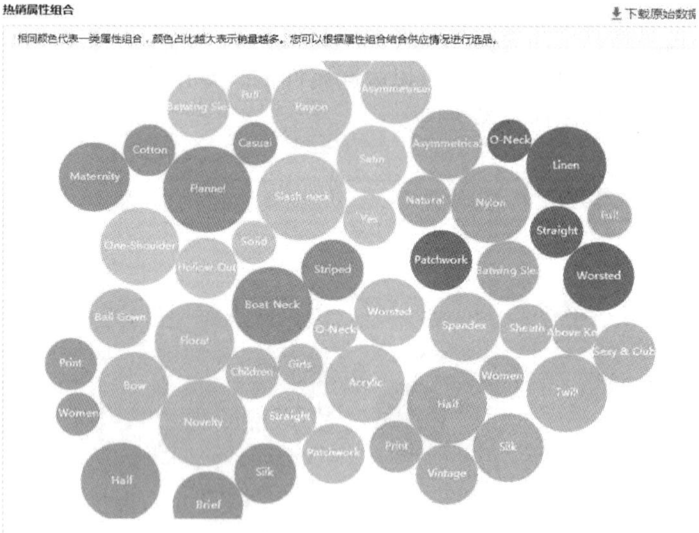

图 5-5-5　热销属性组合

UR 拥有自己的设计团队，产品涵盖女装、男装、箱包以及配饰等，为广大消费者提供了不同种类的选择。UR 也一直致力于倡导新的时尚观和购物方式，立志带动全球时尚消费的改变，因此对产品实现跨境出口充满了信心。2019 年，UR 在全球速卖通平台的店铺成功开启，这标志着 UR 通过跨境电商平台出口产品的愿望终于实现。

项目6　跨境电商物流

【学习目标】

知识目标	掌握跨境电商物流的基本概念 掌握跨境电商物流的主要模式 了解不同跨境电商物流方式在使用时的注意事项
能力目标	能够根据货物的性质和目的区域选择合适的跨境电商物流方式 能够根据订单的详情设置运费模板并进行物流运费的计算 熟悉跨境电商物流运作流程
素养目标	了解跨境电商物流发展现状 掌握跨境电商物流的几种重要模式的优缺点

任务6.1　跨境电商物流概述

【任务引入】

2020年中国跨境电商物流行业市场现状及发展趋势分析

随着中国电子商务和对外贸易的发展，2010—2019年，中国跨境电商的交易规模呈现逐年增长的态势。2019年，中国跨境电商市场交易规模达10.5万亿元，比2018年的9万亿元增长16.67%；同时2019年跨境电商市场交易规模占中国进出口总值的32.7%，行业渗透率的提升显示跨境电商助推外贸发展的作用愈加凸显。跨境电商物流主要分为直邮和海外仓储模式。直邮主要是指邮政小包、国际快递、国内快递和专线物流。中国跨境电商企业根据运输时长、商品大小、费用高低、货物的安全性等需求选择不同的物流方式。在中国跨境电商物流方式选择中，从货量角度看，直邮渠道出货占60%左右。在直邮渠道选择中，65%的货量通过邮政渠道完成。2019年，中国跨境电商直邮出口包裹20亿件左右，其中近12亿件通过邮政渠道投递。邮政小包物流模式在行业中的占比较高。由于复杂多变的国际形势和经济的高速发展，跨境电商物流面临多种因素的挑战，同时随着相关政策法规的落实、服务质量的提高和技术水平的逐步提升，跨境电商物流逐步向着规范化、专业化、数字化的目标迈进。可见，中国跨境电商市场交易规模不断扩大，跨境电商物流模式也逐渐多样。那么，什么是跨境电商物流呢？跨境电商物流和传统物流有什么区别呢？跨境电商物流的模式有哪些呢？带着这些问题，我们进入任务6.1的学习。

6.1.1 跨境物流的内涵

在跨境电商活动中，物流企业扮演着重要的角色。跨境电商的快速发展为跨境物流提供了新的、重要的发展契机。国际物流作为跨境电商的重要组成部分，其业务水平的不断提升和发展渠道的不断完善，对跨境电商的发展起到了重要的推动作用。因此，跨境电商与跨境物流之间可以说是相互影响、相互促进、相互制约的关系。

那么，什么是跨境物流呢？跨境物流是指在两个或两个以上国家之间进行的物流服务，是物流发展到高级阶段的一种表现形式。与国内物流相比，跨境物流还涉及输出国海关和输出国海关，面临清关、商检等程序，整体过程较为复杂（见图 6-1-1）。

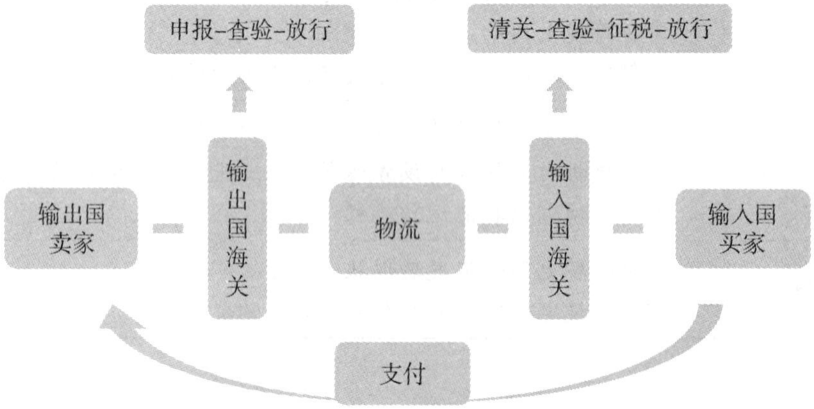

图 6-1-1 跨境物流流程图

6.1.2 跨境电商物流的运作流程与特点

跨境电商物流的运作流程一般包括境内物流、出境清关、国际物流、目的国清关与商检、目的国物流、目的国配送等。对物流作业环节进行细化，跨境电商物流的运作流程包括接单、收货、仓储、分类、编码、理货、分拣、转运、包装、贴标、装卸等，还会涉及支付、报关、纳税、售后服务、退换货物流等。该运作流程会涉及多个国家、多个物流企业，其复杂性远超国内物流。与传统的国内物流相比，跨境电商物流的特点如下：

①运营模式的不同使得物流服务的要求发生改变。传统商业模式少品种、大批量、少批次、长周期的运营特点决定了传统物流的固化性和单一性。跨境电商模式多品种、小批量、多批次、短周期的运营特点对物流的响应性和柔性提出了更高的要求。跨境电商网上交易后对物流信息的更新强调了库存商品快速分拣配送的要求，体现了跨境电商快速响应的特点，而多元化物流渠道的选择满足了跨境电商的柔性需求。

②物流功能的附加价值不同。传统物流除了运输功能，其他价值，如附加价值体现得并不明显。跨境电商物流的附加值不仅体现在实现物品在空间上跨国境的转移，更强调了终端客户的实效体验以及物流成本在产品价格上的竞争优势体现。

③物流服务的层次不同。传统物流主要强调“门到门”“点对点”的服务，而跨境电商物流强调物流的整合和全球化。

④对信息化和智能化的要求不同。传统物流的作业流程相对固定，对信息技术的重视程度和智能化程度低于跨境电商物流。跨境电商以主动的方式将物流、信息流、资金流推送给客户，并实时监控，因此“三流”的统一是跨境电商物流的本质要求。

实训 6.1　航母上的包裹

收快递是一件令人欣喜的事情，而在航母上拆包裹更令人兴奋。相信大部分人都觉得，生活在航母上的官兵根本就没有收快递之说，因为航母经常在海上执行任务。真的是这样吗？

2013 年 10 月 5 日，我国首个“航母邮局”在山东省青岛市黄岛区揭牌成立，它将主要为“辽宁舰”上的官兵提供邮政服务。了解完我国航母邮局的情况，我们去看看美国的航母是如何收发快递的。

美国的“尼米兹”号核动力航母就是一个典型的例子。该航母上生活了五六千人，航母上虽然有超市，但是并不能满足士兵们的全部需求。美国当地邮局表示，每年处理的仅一艘航母上的快递，其重量就超过 90 万千克，更别说圣诞节等节日的快件，几近爆仓。美国海军士兵能收到来自世界各国寄来的信件、圣诞节礼物、烟、打火机、卫生纸、衣服以及各种体育器材等，几乎包括人们所能想到的所有日用品和各种商品。

请思考：结合上述案例，试分析邮政物流在跨境电商交易中的独特优势。

任务 6.2　跨境电商物流模式及运费计算

【任务引入】

2019 年 9 月 25 日，万国邮联第三次特别大会审议通过了国际终端费改革方案。153 个万国邮联成员方参加了会议，一致支持万国邮联国际局在成员方意见基础上形成的融合方案 V（与会代表简称为“胜利方案”）。美国代表团团长纳瓦罗确认，美国将继续留在万国邮联。

万国邮联局长比沙尔·侯赛因在发言中指出，经过漫长和艰苦的谈判，成员方始终充满信心，本着互利共赢、协商一致的精神，最终形成了为各方所接受的改革方案。方案 V 综合考虑了成员方在成本覆盖和市场发展方面的不同诉求，同时关注发展中国家和小国的利益。

会上，中国、俄罗斯、法国、德国、日本、南非、葡萄牙、乌克兰等 60 多个成员方发言，表达了坚定支持万国邮联多边机制和普惠原则，维护万国邮联单一邮政领域，推动全球邮政在跨境电商中可持续发展的强烈意愿。

那么，除了邮政物流外，跨境电商物流还有哪些模式呢？各物流模式下的物流费用如何计算呢？带着这些问题，我们进入任务 6.2 的学习。

扩展学习

万国邮政联盟（Universal Postal Union，UPU），简称万国邮联，是商定国际邮政事务的政府间国际组织，总部位于瑞士首都伯尔尼。其前身是1874年10月9日成立的邮政总联盟。其于1878年改为现名，1978年7月1日起隶属于联合国。其宗旨是组织和改善国际邮政业务，发展邮政方面的国际合作以及在力所能及的范围内给予会员所要求的邮政技术援助。

6.2.1 跨境电商物流模式

在跨境电商网上订单交易完成之后，卖家要把货物快速地送达客户手中，保证客户良好的购物体验，物流方式的选择就成了重中之重。目前，跨境电商物流模式主要包括国际邮政包裹模式、国际商业快递模式、专线物流等。

6.2.1.1 国际邮政包裹模式

得益于万国邮政联盟和卡哈拉邮政组织，邮政网络覆盖全球220个国家和地区，比其他任何物流渠道的覆盖面都广。万国邮政联盟是联合国下设的一个关于国际邮政事务的专门机构，通过一些公约法规来改善国际邮政业务，发展邮政方面的国际合作。万国邮政联盟会员众多，但会员之间的邮政系统发展很不平衡，较难促成会员之间的深度邮政合作。2002年，邮政系统相对发达的5个国家（中国、美国、日本、澳大利亚、韩国）和中国香港特别行政区的邮政部门在美国召开了邮政峰会，成立了卡哈拉邮政组织，后来西班牙、英国、法国、新加坡也加入了该组织。卡哈拉邮政组织要求所有成员的投递时限要达到98%的质量标准。如果货物没能在指定日期投递给收件人，那么负责投递的运营商要按货物价格的100%赔付客户。这些严格的要求促使成员之间深化合作，努力提升服务水平。

目前，中国出口跨境电商有70%的包裹是通过邮政系统进行投递的。国际邮政包裹模式之所以有如此强大的优势，主要原因在于以下三个方面：

第一，国际邮政包裹模式具有很强的价格优势。这是因为万国邮政联盟成员之间的邮政包裹尤其是邮政国际航空小包裹的低成本结算大大降低了跨境电商企业的物流成本。对国际邮政包裹采用2千克以内的包裹基本以函件的价格进行结算，这极大地增强了跨境电商产品的综合价格优势。

第二，万国邮政联盟成员之间享有海关清关便利。清关便利使得邮政的清关能力比其他商业快递强很多，这在很大程度上体现的是物流的时效性。清关便利的一个优势就是产生关税或者退回的比例相对低很多。

第三，万国邮政联盟的覆盖范围广。邮政强大的网络覆盖能力使得国际邮政包裹的递送有强大的保障。得益于覆盖面广的网络，经济发达的欧美国家在物流时效上也更有保障。例如，从中国发往美国的邮政包裹，一般15天以内可以到达。

中国邮政速递物流股份有限公司是国内经营历史最悠久、规模最大、网络覆盖范围最广、业务品种最丰富的快递物流综合服务提供商，业务范围遍及31个省（自治区、直辖市）的所有市、县、乡（镇），通达包括港、澳、台地区在内的全球200余个国家和地区，营业网点超过4.5万个。

中国邮政速递物流股份有限公司的主要国际业务有：邮政特快专递服务，针对境外电商快递业务推出的 e 邮宝、e 特快、e 包裹、e 速宝，中邮海外仓（跨境电商出口）和中邮海外购（跨境电商进口）等一站式综合物流解决方案。

①邮政特快专递服务。邮政特快专递服务（Express Mail Service，EMS），是中国邮政速递物流与各国（地区）邮政合作开办的在中国境内与境外间寄递特快专递邮件的一项服务，可为用户快速传递各类国际文件资料和物品，同时提供多种形式的邮件跟踪查询服务。各国（地区）邮政与海关、航空等部门紧密合作，打通绿色便利邮寄通道。这也是 EMS 区别于很多商业快递最根本的地方。此外，中国邮政速递物流股份有限公司还提供代客包装、代客报关等一系列综合延伸服务。

EMS 股份有限公司国际快递投递时间通常为 3~8 个工作日，不包括清关时间。EMS 的主要优点如下：

第一，网络强大、覆盖面广、价格比价合理、以实重计费。

第二，货物不用提供商业发票即可清关，而且具有优先通关的权利。通关不过的货物可以免费返回国内。

第三，适用于邮寄小件、时效性要求不高的货物。

第四，货物寄往南美洲国家以及俄罗斯等国有绝对优势。

EMS 的主要缺点如下：

第一，相对于商业快递来说，EMS 的速度会偏慢一些。

第二，查询网站的信息滞后。一旦出现问题，只能做书面查询，且查询时间较长。

第三，不能一票多件，大货邮寄价格偏高。

②境外电商业务。境外电商业务是中国邮政速递物流股份有限公司（以下简称邮政速递物流）为满足跨境电子商务（以下简称跨境电商）以及中国境内与中国境外之间电商物品寄递的需要，整合邮政速递物流网络优势资源，与主要电商平台合作推出的寄递解决方案。目前，针对跨境电商市场不同的寄递需求，邮政速递物流的跨境电商产品以经济实惠的资费及稳定的发运质量吸引了众多忠实客户，并已发展成为跨境电商的首选物流方式之一。

邮政速递物流的跨境电商产品有 e 邮宝、e 特快、e 速宝寄递方式有线上下单、上门揽收或客户自送。同时，邮政速递物流还推出了中邮海外仓（跨境电商出口）和中邮海外购（跨境电商进口）一站式综合物流解决方案。邮政速递物流主要国际业务如表 6-2-1 所示。

表 6-2-1　邮政速递物流主要国际业务

产品名称	产品介绍
e 邮宝	e 邮宝是邮政速递物流为满足跨境电商轻小件物品邮寄需要而推出的经济型国际速递业务，利用邮政渠道清关，进入合作邮政轻小件网络投递。邮件单件限重 2 千克，主要路向的参考时限为 7~10 个工作日，价格实惠。
e 特快	e 特快是邮政速递物流为满足跨境电商较高价值物品寄递需要而推出的优先型国际速递业务。邮件单件重量根据寄达地不同最高可达 30 千克，计费首（续）重为 50 克，寄递时限更短，信息反馈更完整，目前已通达 106 个国家和地区。e 特快可以使用在线打单服务。

表6-2-1(续)

产品名称	产品介绍
e速宝	e速宝是邮政速递物流为满足跨境电商卖家个性化市场需求而提供的商业渠道物流解决方案，要求申报信息真实准确，如实填写内件品名、税则号、申报价值和重量等。
中邮海外仓	中邮海外仓是邮政速递物流为跨境电商卖家量身定制的灵活、经济、优质的一站式跨境出口解决方案。中邮海外仓帮助国内跨境电商卖家实现销售区域本土发货、配送，全面缩短从出单到收件的时限。
中邮海外购	中邮海外购是邮政速递物流为满足国内消费者“足不出户，买遍全球”的购物需求，专门设计开办的包含跨境电商个人包裹进口转运、入境申报配送等的综合物流服务。中邮海外购实现在线制单、海关电子申报、在线关税缴纳、一票到底、全程状态追踪。

e邮宝单件最大尺寸为长、宽、高合计不超过90厘米，其中最长一边不超过60厘米。圆卷邮件直径的两倍和长度合计不超过104厘米，其中长度不超过90厘米。

单件最小尺寸为长度不小于14厘米，宽度不小于11厘米。圆卷邮件直径的两倍和长度合计不小于17厘米，其中长度不小于11厘米。

e邮宝提供收寄、出口封发、进口接收的实时跟踪查询信息，不提供签收信息，只提供投递确认信息。客户可以通过EMS网站、客服专线、寄达国邮政网站跟踪邮件信息。e邮宝暂不提供邮件的丢失、延误、损毁补偿、查验等附加服务。对于无法投递的或收件人拒收的邮件，e邮宝提供集中退回服务。

e邮宝投递范围包括美国本土及本土以外所有属地和其海外军邮地址；英国本土及海峡群岛、马恩岛；法国本土区域（法国海外属地无法投递）；其他国家和地区本土。

e邮宝资费及相关规定如表6-2-2所示。

表6-2-2　e邮宝资费及相关规定

序号	路向	地区	资费标准		运输附加费	起重	限重
			元/件	元/千克	元/千克	克	克
1	爱尔兰	欧洲	25	65	15	1	2 000
2	奥地利	欧洲	25	60	15	1	2 000
3	澳大利亚	大洋洲	19	60	5	1	2 000
4	巴西	南美洲	25	80	5	50	2 000
5	比利时	欧洲	25	60	15	1	2 000
6	波兰	欧洲	25	60	15	1	2 000
7	丹麦	欧洲	25	60	15	1	2 000
8	德国	欧洲	19	60	15	1	2 000
9	俄罗斯	欧洲	17	55	15	1	3 000
			18	55	15	1	3 000
10	法国	欧洲	19	60	15	1	2 000
11	芬兰	欧洲	25	65	15	1	2 000

表6-2-2(续)

<table>
<tr><th rowspan="2">序号</th><th rowspan="2">路向</th><th rowspan="2">地区</th><th colspan="2">资费标准</th><th>运输附加费</th><th>起重</th><th>限重</th></tr>
<tr><th>元/件</th><th>元/千克</th><th>元/千克</th><th>克</th><th>克</th></tr>
<tr><td>12</td><td>哈萨克斯坦</td><td>亚洲</td><td>8</td><td>70</td><td>0</td><td>50</td><td>2 000</td></tr>
<tr><td>13</td><td>韩国</td><td>亚洲</td><td>20</td><td>40</td><td>0</td><td>1</td><td>2 000</td></tr>
<tr><td>14</td><td>荷兰</td><td>欧洲</td><td>25</td><td>60</td><td>15</td><td>1</td><td>2 000</td></tr>
<tr><td>15</td><td>加拿大</td><td>北美</td><td>19</td><td>65</td><td>25</td><td>1</td><td>2 000</td></tr>
<tr><td>16</td><td>卢森堡</td><td>欧洲</td><td>25</td><td>60</td><td>15</td><td>1</td><td>2 000</td></tr>
<tr><td>17</td><td>马来西亚</td><td>亚洲</td><td>15</td><td>40</td><td>0</td><td>1</td><td>2 000</td></tr>
<tr><td>18</td><td>美国</td><td>北美洲</td><td>25</td><td>70</td><td>25</td><td>1</td><td>2 000</td></tr>
<tr><td>19</td><td>墨西哥</td><td>北美洲</td><td>25</td><td>85</td><td>0</td><td>1</td><td>2 000</td></tr>
<tr><td>20</td><td>挪威</td><td>欧洲</td><td>19</td><td>65</td><td>15</td><td>1</td><td>2 000</td></tr>
<tr><td>21</td><td>葡萄牙</td><td>欧洲</td><td>19</td><td>65</td><td>15</td><td>1</td><td>2 000</td></tr>
<tr><td>22</td><td>日本</td><td>亚洲</td><td>15</td><td>50</td><td>0</td><td>50</td><td>2 000</td></tr>
<tr><td>23</td><td>瑞典</td><td>欧洲</td><td>19</td><td>60</td><td>15</td><td>1</td><td>2 000</td></tr>
<tr><td>24</td><td>瑞士</td><td>欧洲</td><td>25</td><td>60</td><td>15</td><td>1</td><td>2 000</td></tr>
<tr><td>25</td><td>沙特阿拉伯</td><td>亚洲</td><td>26</td><td>50</td><td>0</td><td>1</td><td>2 000</td></tr>
<tr><td>26</td><td>泰国</td><td>亚洲</td><td>14</td><td>45</td><td>0</td><td>1</td><td>2 000</td></tr>
<tr><td>27</td><td>土耳其</td><td>亚洲</td><td>25</td><td>60</td><td>15</td><td>1</td><td>2 000</td></tr>
<tr><td>28</td><td>乌克兰</td><td>欧洲</td><td>8</td><td>75</td><td>0</td><td>10</td><td>2 000</td></tr>
<tr><td>29</td><td>西班牙</td><td>欧洲</td><td>14</td><td>60</td><td>15</td><td>1</td><td>2 000</td></tr>
<tr><td>30</td><td>希腊</td><td>欧洲</td><td>25</td><td>60</td><td>15</td><td>1</td><td>2 000</td></tr>
<tr><td>31</td><td>新加坡</td><td>亚洲</td><td>15</td><td>40</td><td>0</td><td>1</td><td>2 000</td></tr>
<tr><td>32</td><td>新西兰</td><td>大洋洲</td><td>10</td><td>80</td><td>0</td><td>50</td><td>2 000</td></tr>
<tr><td>33</td><td>匈牙利</td><td>欧洲</td><td>25</td><td>60</td><td>15</td><td>1</td><td>2 000</td></tr>
<tr><td>34</td><td>以色列</td><td>亚洲</td><td>17</td><td>60</td><td>15</td><td>1</td><td>5 000</td></tr>
<tr><td>35</td><td>意大利</td><td>欧洲</td><td>25</td><td>60</td><td>15</td><td>1</td><td>2 000</td></tr>
<tr><td>36</td><td>印尼</td><td>亚洲</td><td>14</td><td>45</td><td>0</td><td>1</td><td>2 000</td></tr>
<tr><td rowspan="3">37</td><td rowspan="3">英国</td><td rowspan="3">欧洲</td><td>18</td><td>55</td><td>15</td><td>1</td><td>499</td></tr>
<tr><td>25</td><td>45</td><td>15</td><td>500</td><td>1 999</td></tr>
<tr><td>35</td><td>45</td><td>15</td><td>2 000</td><td>5 000</td></tr>
<tr><td>38</td><td>越南</td><td>亚洲</td><td>12</td><td>45</td><td>10</td><td>1</td><td>2 000</td></tr>
</table>

e 速宝是邮政速递物流通过整合境内外渠道优质资源，专门针对不同国家和地区的特点设计的跨境电商商业渠道物流解决方案。该服务采用商业清关模式，末端选择标准类投递网络，提供妥投信息，可以寄递带电产品，限重 30 千克。e 速宝的服务范围主要包括美国、英国、德国、法国、西班牙、意大利、泰国、新加坡、马来西亚、印度。参考时效约

为 7~12 个工作日。

e 速宝的服务优势主要如下：

第一，按克计费，价格具有竞争力。

第二，商业清关，时效稳定。

第三，产品适用范围广泛，可寄递带电产品。

第四，支持各大电商平台和企业资源计划（ERP）。

第五，提供赔偿及退件服务。

中邮海外仓（China Postal Warehousing Service）是中国邮政速递物流股份有限公司开设的境外仓配一体化服务项目，服务内容包括国内集货，国际运输，目的国清关、仓储、配送以及个性化增值服务等，是整合国际邮政渠道资源、专业运营团队和信息系统而推出的安全、稳定、高效的海外仓配产品。中邮海外仓现已开办美国东仓、西仓、南仓，澳大利亚仓，英国仓，捷克仓，俄罗斯仓，后期将陆续开办日本仓、巴西仓等海外仓库。

中邮海外仓通过简单的四个步骤轻松实现转运。

第一步：在海外电商网站下单，使用中邮海外仓地址收货。

第二步：海外商家发货后创建转运预报。

第三步：在包裹入库后支付相关费用。

第四步：在国内签收包裹。

中邮海外仓运费价格根据会员等级制定（新注册用户为初级会员）。消费满 2 000 元的为中级会员，消费满 5 000 元的为高级会员。

中邮海外仓资费及相关规定如表 6-2-3 所示。

表 6-2-3　中邮海外仓资费及相关规定

货站	渠道	运费价格
美国特拉华货站	美中标准快件	实际重量：初级会员 40 元/500 克，中高级会员 35 元/500 克；不足 500 克，按 500 克计算。最低收费：初中级会员 60 元，高级会员 50 元。
		特殊福利：对重量超出 500 克的包裹，称重时将低于 100 克的重量予以抹零（示例：包裹称重 1 099 克，抹零后，将按 1 000 克计费）。
		当材积重大于实际重量时，超过实重部分(材积重-实重)按 10 元/500 克收费。材积重计算公式为（长×宽×高）厘米/6 000=××千克。
日本大阪府货站	EMS 国际特快	初级会员：运费 9 折。中高级会员：运费 8.5 折。
		手续费：7 元/订单。
	日中海运	手续费：7 元/订单。不支持使用优惠券。平均运输时效：35 天左右。
德国奥埃斯特里希-温克尔货站（已停运）	德中标准快件	实际重量：初级会员 45 元/500 克，中高级会员 40 元/500 克；不足 500 克，按 500 克计算。最低收费：初中级会员 60 元，高级会员 50 元。
		特殊福利：对重量超出 500 克的包裹，称重时将低于 100 克的重量予以抹零（示例：包裹称重 1 099 克，抹零后，将按 1 000 克计费）。
		当材积重大于实际重量时，超过实重部分(材积重-实重)按 10 元/500 克收费。材积重计算公式为（长×宽×高）厘米/6 000=××千克。

表6-2-3(续)

总费用 = 原箱转运运费 + 增值服务费（可选）+ 关税（若产生关税）。
包裹重量和尺寸限制：包裹限重 30 千克；任何一边的长度不得超过 1.5 米，长度和长度以外的最大横周合计不得超过 3 米，即长+2×(宽+高)≤3 米。
特别说明：当商品单边长度接近 1.5 米时，由于还需加上包裹外包装等，因此无法转运，建议转运前先联系客服。

6.2.1.2 国际商业快递模式

国际商业快递模式包括联合包裹服务（UPS）、联邦快递（FedEx）、德国快递（DHL）、荷兰快递（TNT）、环球快递（Toll）、顺丰速运（SF Express）等。不同的商业快递有各自不同的物流渠道，在服务、价格、时效等方面均存在差异。

UPS（United Parcel Service）在 1907 年作为一家信使公司成立于美国华盛顿州西雅图，是一家全球性的公司，其商标是世界知名商标之一。UPS 是世界上最大的快递承运商与包裹递送公司，同时也是运输、物流、资本与电子商务服务的领导性提供者。

UPS 主要经营以下 4 种快递服务：

UPS Worldwide Express Plus，即全球特快加急。该服务的资费最高。

UPS Worldwide Express，即全球特快。

UPS Worldwide Express Saver，即全球速快（常称“红单”）。

UPS Worldwide Express Expedited，即全球快捷（常称“蓝单”）。该服务在 4 种快递服务中速度最慢，因此资费最低。

UPS 的主要优缺点如表 6-2-4 所示。

表 6-2-4 UPS 的主要优缺点

优点	速度快，服务好；强项在美洲等线路，特别是美国、加拿大、南美洲国家、英国、日本，发快件、时效性好，2~4 个工作日可送达，美国可实现 48 小时送达。 递送网络覆盖广，货物可送达全球 200 多个国家和地区。 可实现在线发货，多个城市提供上门取件服务，便捷迅速。 信息化程度高，查询网站信息更新快，遇到问题能及时解决。
缺点	运费较贵，因为要比较实际重量与体积重量，所以适合发6~21 千克，或 100 千克以上的货物。 对寄送物品的限制比较严格。

FedEx（Federal Express）成立于 1973 年 4 月，在香港设立公司的亚太区总部，同时在上海、东京等城市设有区域性总部。FedEx 在中国的服务分为中国联邦快递优先型服务（International Priority，IP）和中国联邦快递经济型服务（International Economy，IE），两者的主要区别如表 6-2-5 所示。

表 6-2-5 两者（FedEx IP 和 FedEx IE）的主要区别

FedEx IP （中国联邦快递优先型服务）	时效性好。递送的时间为 2~5 个工作日。 清关能力强。 为全球超过 20 个国家及地区提供快捷、可靠的快递服务。

表6-2-5(续)

FedEx IE （中国联邦快递经济型服务）	价格更优惠。相对于中国联邦快递优先型服务的价格更有优势。 速度比较快。递送的时效一般为4~6个工作日。 清关能力强。中国联邦快递经济型服务与中国联邦快递优先型服务用同样的团队进行清关处理。 为全球超过90个国家及地区提供快捷、可靠的快递服务。中国联邦快递经济型服务与中国联邦快递优先型服务享受同样的派送网络，只有少部分国家的运输路线不同。

FedEx 相关规定如表 6-2-6 所示。

表 6-2-6　FedEx 相关规定

FedEx 资费标准	资费标准以其官网公布的信息为准。
FedEx 参考时效	中国联邦快递优先型服务的正常派送时效为2~5个工作日（从快件上网开始至收件人收到此快件为止），需要根据目的地海关通关速递而定。 中国联邦快递经济型服务的正常派送时效为4~6个工作日（从快件上网开始至收件人收到此快件为止），需要根据目的地海关通关速递而定。
FedEx 跟踪查询网站	FedEx 官网。
FedEx 体积重量限制	单票的总重量不能超过300千克，超过300千克的需要提前预约；单件或者一票多件中的单件包裹如超过68千克，需要提前预约；单件最长边不能超过24厘米，且最长边和其他两边的长度的2倍之和不能超过330厘米。 注：体积重量计算公式为长（厘米）×宽（厘米）×高（厘米）÷体积重量。如果货物的体积重量大于实际重量，则按体积重量计费。

FedEx 的主要优缺点如表 6-2-7 所示。

表 6-2-7　FedEx 的主要优缺点

优点	适宜21千克以上的大件，到南美洲的价格较有竞争力。 一般2~6个工作日可送达。 网站信息更新快，网络覆盖全，查询响应快。
缺点	价格较贵，需要考虑商品的体积重量。 对托运品的限制较严格。

DHL 是全球著名的邮递和物流集团，向企业及私人顾客提供专递及速递服务。业务遍及全球220个国家及地区，网络覆盖超过120 000个目的地（主要邮递区码地区）。DHL相关规定如表6-2-8所示。

表 6-2-8 DHL 相关规定

DHL 资费标准	DHL 的标准资费详见官网。
DHL 参考时效	上网时效从客户交货之后的第二天起开始计算，1~2 个工作日会有上网信息。 妥投时效为 3~7 个工作日（不包括清关时间且特殊情况除外）。
DHL 跟踪查询网站	DHL 官网。
DHL 体积重量限制	单件包裹的重量不超过 70 千克。 单件包裹的最长边不超过 1.2 米。 注：部分国家的要求不同，具体以 DHL 官网公布的信息为准。 体积重量计算公式为长（厘米）×宽（厘米）×高（厘米）÷体积重量。货物的实际重量和体积重量相比，取两者中较大者计费。

DHL 的主要优缺点如表 6-2-9 所示。

表 6-2-9 DHL 的主要优缺点

优点	由中国运至西欧、北美有优势；适宜走小件；可送达的国家网点比较多。 一般 2~4 个工作日可送达；由中国运至欧洲一般需要 3 个工作日，由中国运至东南亚一般需要 2 个工作日。 网站对货物状态的更新比较及时，解决问题的速度快。
缺点	DHL 适合发 5.5 千克以上，或者介于 21 千克和 100 千克之间的货物。 对托运品的限制比较严格，拒收许多特殊商品，部分国家不提供 DHL 包裹寄递服务。

货物由中国运至澳大利亚以及泰国、越南等亚洲地区时，Toll 的价格较有优势。Toll 相关规定如表 6-2-10 所示。

表 6-2-10 Toll 相关规定

Toll 资费标准	运费包括基本运费和燃油附加费两部分，其中燃油附加费每月变动，以官网公布的数据为准。	
Toll 参考时效	东南亚	3~5 个工作日
	美国/加拿大	6~10 个工作日
	澳大利亚	3~5 个工作日
	欧洲	6~10 个工作日
	南美	8~15 个工作日
	中东	8~15 个工作日
Toll 跟踪查询网站	Toll 官网。	
Toll 体积重量限制	单件包裹的重量不超过 15 千克。 单件包裹最长边超过 1.2 米时，需另外加收每票 200 元人民币的操作费。 首重、续重均为 0.5 千克。 注：体积重量超过实际重量时按照体积重量计费。体积重量的计算公式为长（厘米）×宽（厘米）×高（厘米）÷体积重量。	

Toll 的操作注意事项如下：Toll 的运费不包含货物到达目的地海关可能产生的关税、海关罚款、仓储费、清关费等费用，或者因货物原因无法完成目的地海关清关手续或收件人不配合清关，导致货物被退回发件地所产生的一切费用，如收件人拒付，则需由发件人承担。如货物因地址不详等原因在当地派送不成功，需更改地址派送，Toll 会收取每票 50 元的操作费。如因货物信息申报不实、谎报等原因导致无法清关，或者海关罚款等，一切费用由发件人承担，Toll 会另外收取每票 75 元的清关操作费。Toll 在收货地会有两次派送服务，如两次派送均不成功，在被要求第三次派送时会收取 75 元的派送费。

货物不能用金属或木箱的包装，也不能用严重不规范的包装，否则 Toll 会收取 200 元的操作费。

货物由中国运至澳大利亚、缅甸、马来西亚、尼泊尔时，可能有偏远地区附加费，具体地区及收费标准根据运送国家的不同而有所不同，最终以官网公布的数据为准。

顺丰速运于 1993 年诞生于广东顺德。近年来，顺丰速运积极拓展国际件服务，目前已开通美国、日本、韩国、新加坡、马来西亚、泰国、越南、澳大利亚等国家的快递服务。顺丰速运相关规定如表 6-2-11 所示。

表 6-2-11　顺丰速运相关规定

顺丰速运资费标准	对于 20 千克以下的快件，以 0.5 千克为计算单位；不足 0.5 千克者，小数位部分会进位到下一个 0.5 千克作为计算标准；20 千克以上的快件，以 1 千克为计算单位；不足 1 千克者，小数位部分会进位到下一个 1 千克作为计算标准（目前暂未收取燃油附加费，以官网公布的信息为准）。	
顺丰速运参考时效	东南亚	3~5 个工作日
	美国/加拿大	6~10 个工作日
	澳大利亚	3~5 个工作日
	欧洲	6~10 个工作日
	南美	8~15 个工作日
	中东	8~15 个工作日
顺丰速运跟踪查询网站	顺丰速运官网	
顺丰速运体积重量限制	重量未限制。 单件包裹的尺寸不超过 200 厘米×80 厘米×79 厘米。 对于体积大、重量轻的货物，参考国际航空运输协会（IATA）的规定，根据体积重量和实际重量中较重的一种收费。	

顺丰速运的优势主要体现为国内服务网点分布广，收件和派送人员服务意识强，服务队伍庞大，价格有一定的竞争力。顺丰速运的劣势主要表现在开通的国家线路少，卖家可选的国家少，而且顺丰的业务种类繁多，导致顺丰的揽收人员对于国际快递的专业知识了解不够全面。

6.2.1.3　*专线物流*

专线物流是专门针对某一国家或地区的物流运输方式。按照服务对象的不同，专线物流可以分为跨境电商平台企业专线物流和国际物流企业专线物流。其中，跨境电商平台企业专线物流是大型电商平台专门为在电商平台内上线销售商品的中小企业开发的物流项目，通过在国内设立仓库，实现提供简单易行且成本较低的物流服务的目的。例如，敦煌网的在线发货 e-ulink 专线物流服务就属于这一类型。专线物流的运费大大低于邮政小包相同重量货物的运费。国际物流企业专线物流则是专门往返于某一国家或地区的物流运输线路，如专门从事中俄两国物流的“俄速通”。为了提升运输效率，国际物流企业专线物流商会在目的地国家设置海外仓，所有的寄送物品都在海外仓完成分拣、装配等，之后再统一派送。但是国际物流企业专线物流的覆盖范围比较狭窄，而且该物流模式不提供退换货服务。

①Special Line-YW。Special Line-YW，即航空专线—燕文，俗称燕文专线，是北京燕文物流公司旗下的一项国际物流业务。线上燕文专线目前已开通南美专线和俄罗斯专线。

燕文南美专线小包通过调整航班资源直飞欧洲，再利用欧洲到南美航班货量少的特点，快速中转，避免旺季爆仓，大大缩短了投递时间。

燕文俄罗斯专线小包与俄罗斯合作伙伴实现系统内部互联，一单到底，全程无缝对接和可视化跟踪，国内快速预分拣、快速通关、快速分拨派送。在正常情况下，俄罗斯全境派送时间不超过 25 天，人口 50 万以上的城市派送时间短于 17 天。

燕文专线相关规定如表 6-2-12 所示。

表 6-2-12 燕文专线相关规定

燕文专线资费标准	资费标准请参考燕文专线官网。 计算方法：1 克起重，每个单件包裹限重 2 千克。			
燕文专线体积重量限制	包裹形状	重量限制	最大体积限制	最小体积限制
	方形包裹	小于 2 千克（不包含）	长宽高之和<90 厘米，最长一边长度<60 厘米	至少有一面的长度>14 厘米，宽度>9 厘米
	圆柱形包裹		2 倍直径及长度之和<104 厘米，长度<90 厘米	2 倍直径及长度之和>17 厘米，长度>10 厘米
燕文专线跟踪查询网站	燕文专线官网。			
燕文专线参考时效	正常情况下，16~35 天到达目的地。 特殊情况下，35~60 天到达目的地。特殊情况包括节假日、特殊天气、政策调整、偏远地区等。			

②Russian Air。Russian Air，即中俄航空专线，是通过国内快速集货和航空干线直飞，在俄罗斯通过俄罗斯邮政或当地配送公司进行快速配送的物流专线的合称。现在，中俄航空专线已有“Ruston”专线（后续会上线更多的中俄航空专线）。

“Ruston”俗称“俄速通”，是由黑龙江俄速通国际物流有限公司提供的中俄航空小包专线服务，是针对跨境电商客户物流需求的小包航空专线服务，渠道时效快速且稳定，物流可全程跟踪。

“俄速通”相关规定如表 6-2-13 所示。

表 6-2-13 “俄速通”相关规定

“俄速通”资费标准	85 元/千克+8 元挂号费，体积重量限制参照中邮小包的资费标准。
“俄速通”参考时效	正常情况下，15~25 天到达俄罗斯目的地。 特殊情况下，30 天到达俄罗斯目的地。
“俄速通”跟踪查询网站	Ruston 官方网站。

“俄速通”的优点如下：

第一，经济实惠。“俄速通”以克为单位进行精确计费，无起重费，为卖家将运费降到最低。

第二，可邮寄范围广。“俄速通”是联合俄罗斯邮政推出的服务商品，境外递送业务全权由俄罗斯邮政承接，因此递送范围覆盖俄罗斯全境。

第三，运送时效快。“俄速通”开通了“哈尔滨—叶卡捷琳堡”中俄航空专线货运包机，大大提高了配送时效，使中俄跨境电商物流平均时间从过去的近两个月缩短到 13 天。80%以上的包裹 25 天内可到达。

第四，全程可追踪。货物信息 48 小时内上网，货物全程可视化追踪。

③Aramex。Aramex 快递，即中外运安迈世，创建于 1982 年，在国内也称为“中东专线”，是发往中东地区的国际快递的重要渠道。其强大的联盟网络覆盖全球。“中东专线”的总部位于迪拜，是中东地区的国际快递巨头，具有在中东地区清关速度快、时效性好、覆盖面广、经济实惠的特点。“中东专线”的缺点是这些主要优势仅存在于中东地区，而在别的国家或地区则不存在，区域性很强，对货物的限制也较多。

④速优宝-芬兰邮政。速优宝-芬兰邮政是由全球速卖通和芬兰邮政（Post Finland）针对 2 千克以下小件物品推出的中国香港口岸出口的特快物流服务，分为挂号小包和经济小包，运送范围为俄罗斯及白俄罗斯全境邮局可到达区域。速优宝-芬兰邮政具有在俄罗斯和白俄罗斯清关速度快、经济实惠的特点。

速优宝-芬兰邮政的优点如下：

第一，运费价格优势。速优宝-芬兰邮政寄往俄罗斯和白俄罗斯的价格较其他专线具有显著的优势。

第二，时效性优势。速优宝-芬兰邮政的时效性有保障，包裹寄出后大部分在 35 天可以投递，挂号包裹因物流商原因在承诺时间内未妥投而引起的全球速卖通平台限时达纠纷赔款由物流商承担。经济小包跟传统的平邮小包相比，直到包裹离开芬兰前均有物流轨迹。包裹离开芬兰前因丢失、破损以及时效延误而产生的全球速卖通平台限时达纠纷赔款，由物流商承担。

实训 6.2　跨境物流的操作步骤

在学习了跨境物流的相关基础知识后，作为卖家，你该如何根据订单选择合适的物流方式呢？下面以敦煌网为例，介绍选择跨境物流的操作步骤。

步骤一：卖家请买家选择习惯的物流方式。如买家无具体要求，卖家可以按照经验，依据步骤二操作。卖家最好选择买家下单时选用的运输方式，不要因为运费贵而随便更换运输方式，除非买家联系卖家并提出更换的要求。

步骤二：从买家的角度出发，为买家所购买的货物做全方位的考量，包括运费、安全性、运送速度、是否有关税等，卖家尽量在保证物品安全性和运送速度的前提下，为买家选择运费低廉的服务。

步骤三：卖家进入运费模板管理页面。

方式一：卖家进入“商品”管理，点击“模板管理”按钮，即可进入运费模板管理界面。

方式二：卖家在“添加新商品”页面，点击“管理运费模板”按钮，进入运费模板管理界面，仍然保留商品添加界面。添加成功的新模板在商品添加界面可即时使用。

步骤四：卖家添加新的运费模板。

步骤五：卖家选择运输方式。

步骤六：卖家选择收费方式。

步骤七：卖家选择国家、地区。

步骤八：卖家设置运费。

步骤九：卖家保存运费模式。

步骤十：卖家使用运费模板。

任务 6.3 跨境电商物流运作流程——发货、出入境与报关报检

【任务引入】

2019 年 10 月 23 日，南京海关跨境电商综合试验区“清单核放、汇总统计”出口快速通关模式正式落地，助力跨境电商出口提高效率、压缩成本。当天，共有 21 041 票清单采用“清单核放、汇总统计”完成了通关验放，货值 116.3 万元。2019 年 10 月 23 日，在南京空港跨境电子商务产业园，南京万胤俊电子商务有限公司正在为公司当天的出口货物办理海关手续。这批货物将发往美国、英国、法国、加拿大、日本、墨西哥等国家，出口商品为首饰配饰、服装、玩具和家居清洁用品等，申报清单 19 541 份，货值 73.3 万元。与以往不同的是，当日出口货物申报模式已经由之前的“清单核放、汇总申报”改成了“清单核放、汇总统计”。此前，跨境电商出口企业完成出口后，每月需要将上月结关的申报清单汇总形成报关单并向海关申报，企业每月需汇总的出口清单少则几万票多则几十万票。

“清单核放、汇总统计”通关模式是为跨境电商出口企业量身打造的，企业每月不再汇总形成出口报关单。跨境出口商品通关环节减少，跨境电商企业通关更加高效便捷。那么，跨境电商发货、出入境与报关报检流程是什么呢？带着这些问题，我们进入任务 6.3 的学习。

扩展学习

请用电脑打开敦煌网官网（http://seller.dhgate.com/），了解敦煌网的在线发货简介。在线发货时，敦煌网为卖家提供了全新模式的物流服务，同时为卖家提供了价格更为低廉、服务更加优质的物流服务渠道。卖家通过线上申请、线下发货的方式，即时简化了物流发货流程。在线发货分为两种运输方式：“国际 e 邮宝”和“DHLink 发货”。

6.3.1 跨境电商发货流程

卖家前期的营销推广、商机捕获、业务洽谈，都是为了吸引客户并使其最终完成下

单，但真正影响卖家信誉和服务等级的是好评率，即及时正确的发货。因此，熟悉跨境电商物流运作流程尤为重要。跨境电商物流运作流程主要包括订单登记→订单确认→单据打印→拣货配货→校验出库等步骤（见图 6-3-1）。

第一步：订单登记

买家已经下单并付款，但可能还没有通过风控审核，卖家这时可以先登记订单，进入订单处理。未付款的订单属于客服催付的范畴，只有付款成功的订单才进入订单流程。

第二步：订单确认

即确认买家所购买的货物是什么、是否有货，同时核对和确认买家的联系方式、地址、物流选择。如果缺货，卖家应及时反馈给客服，与客户沟通解决。

第三步：单据打印

第四步：拣货配货

进入订单处理，未付款的订单属于客服催付的范畴，只有付款成功的订单才进入订单流程。

第五步：校验出库

校验出库环节非常重要，是最后一道关卡，可检查订单、单据、货物质量等方面是否存在问题。

图 6-3-1　跨境电商物流运作流程

6.3.2　跨境电商出入境与报关报检

跨境电商进出入境与报关报检流程为申报→ 查验→征税→放行。

①第一步：申报。出口货物的发货人根据出口合同的规定，按时、按质、按量备齐出口货物后，即应当向运输公司办理租船订舱手续，准备向海关办理报关手续，或者委托专业报关企业或代理报关企业办理报关手续。

需要委托专业报关企业或代理报关企业向海关办理申报手续的企业，在货物出口之前，应在出口口岸就近向专业报关企业或代理报关企业办理委托报关手续。接受委托的专业报关企业或代理报关企业要向委托单位收取正式的报关委托书，报关委托书以海关要求的格式为准。

准备好报关用的单证是保证出口货物顺利通关的基础。一般情况下，报关应备单证除出口货物报关单外，还包括托运单（下货纸）、发票、贸易合同、出口收汇核销单以及海关监管所涉及的各类证件。

②第二步：查验。海关按照规定对商品进行风险布控并实施查验，通过核对实际货物与报关单证来验证申报环节所申报的内容与查证的单、货是否一致，通过实际的查验发现问题。

海关查验货物后，均要填写一份验货记录。验货记录一般包括查验时间和地点、进出口货物的收发货人或其代理人名称、申报的货物情况、查验货物的运输包装情况（如运输工具名称、集装箱号、尺码和封号等）。需要查验的货物自接受申报起 1 日内开出查验通知单，自具备海关查验条件起 1 日内完成查验，除需缴税外，于自查验完毕 4 小时内办理通关手续。

③第三步：征税。根据《中华人民共和国海关法》的有关规定，进出口的货物除国家另有规定外，均应征收关税。关税由海关依照海关进出口税则征收。需要征税费的货物，自接受申报起 1 日内开出税单，并于缴核税单 2 小时内办理通关手续。

④第四步：放行。对于一般出口货物，在发货人或其代理人如实向海关申报，并如数缴纳应缴税款和有关费用后，海关在出口装货单上盖“海关放行章”。

实训 6.3 完成跨境物流

陈怡的店铺最近因为表现优异得到了表扬。经过前期对产品和店铺的优化与推广，产品的访客数等关键指标得到大幅提升。2020 年 4 月 27 日，陈怡在后台收到新订单，一位乌克兰的客户买了两件亲子装，并且已经付款，两件亲子装的重量为 500 克，那么陈怡将如何完成本次跨境物流呢？

工作任务 1：对货物进行合适的包装并打包。

跨境平台销售的产品类目繁多，有服饰、数码产品、玩具、五金产品等，不同的产品对应的包装也不一样。服装类的产品的包装就比较简单，一般的快递都可以包装，但五金产品、数码产品在长途运输中容易被压坏，需要在包装外面包几层气泡垫，以防产品被压坏。

工作任务 2：填写跨境物流单据并打印。

跨境卖家可以注册全球交易助手（一款针对外贸平台打造的线下管理软件），一个账号可以绑定后台的两家店铺。跨境物流单据就是卖家平时说的“货物面单”，用普通的打印机打印即可，上面会有国外客户的具体收货地址、联系方式、产品基本信息、价格、最重要的物流跟踪号和跟踪条形码。

陈怡的该笔订单需要填写邮政小包的跨境物流单据及打印面单（注意货物和客户的信息不能出错）。

工作任务 3：填写报关凭证及商业发票。

2020 年 5 月 18 日，客户发来邮电称购买的亲子装被扣在海关处，需要陈怡提供该产品的发票，内容包括产品的品名、价值、收货人等基本报关信息，以便客户去海关清关拿货。

工作任务 4：食品类目产品报检工作。

全球速卖通平台经营的类目较多，但平台对食品类产品的规定较严格，因此买家需要做好报检工作。

任务 6.4　海外仓

【任务引入】

据不完全统计，我国有超过 200 家企业在境外设立了海外仓，仓库数量超过 500 个。在地区分布上，我国企业设立的海外仓主要集中在发达国家和地区，主要是美国、英国、澳大利亚、俄罗斯、加拿大、荷兰、比利时、西班牙、日本等。在形式上，海外仓以租用仓为主，自建仓较少。在数量上，海外仓呈快速增长趋势，2014 年以后设立的海外仓占比达一半以上。广东、福建、江苏、浙江的企业“走出去”设立的海外仓较多。

《2016 年国务院政府工作报告》提出：“鼓励商业模式创新。扩大跨境电子商务试点，支持建设一批出口产品‘海外仓’。”

那么，什么是海外仓呢？海外仓相比传统物流有哪些优点和缺点呢？海外仓的费用结构有哪些呢？带着这些问题，我们进入任务 6.4 的学习。

6.4.1　海外仓概述

海外仓是指跨境电商出口卖家为了提升订单交付能力而在国外接近买家的地区设立的仓储物流节点，通常具有境外货物储存、本地配送以及售后服务等功能。

2015 年 5 月，商务部“互联网+流通”行动计划的推出，促进不少电商平台和出口企业通过建设海外仓布局境外物流体系。海外仓的建设可以让出口企业将货物批量发送至国外仓库，实现在该国的本地销售、本地配送。

6.4.1.1　海外仓的优点

海外仓最大的作用就是备货、快速发货。卖家将货物存储到当地仓库，当买家有需求时，第一时间做出快速响应，及时进行货物的分拣、包装以及递送。客户下单后，出口企业通过海外仓直接实现本地发货，大大缩短了配送时间，也消除了清关障碍。货物批量运输，降低了运输成本。客户收到货物后能轻松实现退换货，也改善了购物体验。

6.4.1.2　海外仓的缺点

首先，海外仓需要支付海外仓储费。其次，海外仓对卖家有一定的库存量要求，一些定制型的产品则不适合在海外仓销售。最后，海外仓会遭受“本土化”的挑战。

6.4.2　海外仓的费用结构

海外仓的费用主要包括头程费用、税金、当地派送费用、仓储管理服务费等费用。

6.4.2.1　头程费用

头程费用是指从中国把货物运送至海外仓所产生的费用。采用航空运输方式的头程费用包括运费、清关费、报关费、文档费、拖车费和送货费等费用。

海运货轮运输的方式有集装箱拼箱和集装箱整箱两种。集装箱拼箱方式以实际体积计算运费，集装箱整箱方式以箱为交接单位并计算运费。

6.4.2.2　税金

税金，即进口关税，是一个国家的海关对进口货物和物品征收的税。进口关税的征收会增加进口货物的成本。

6.4.2.3　当地派送费用

当地派送费用也称为二程派送费用，是指买家下单后，其物品由仓库打包配送至买家地址所产生的费用。由于各国物流公司的操作不尽相同，因此该费用以具体国家的物流公司的派送价格为准。

6.4.2.4　仓储管理服务费

仓储管理服务费主要包括仓储费和订单处理费两大部分。

仓储费是指产品储存在仓库中而产生的费用。如果租用第三方物流公司的仓库，第三方物流公司通常按周收取费用，以提高产品的周转率。

订单处理费是指买家下单后，仓库完成订单拣货打包而产生的费用。通常，订单处理费会根据处理的订单数量、包裹体积以及重量区分不同的价格。

实训 6.4　海外仓的费用

2015 年，浙江省首批跨境电子商务公共海外仓已经确定，分布在美国、俄罗斯、澳大利亚、阿联酋等 11 个国家，首批入围的包括浙江点库电子商务有限公司。2015 年，浙江点库电子商务有限公司已建成的海外仓共有 3 个，分别位于美国芝加哥、澳大利亚墨尔本、德国法兰克福，3 个海外仓的总面积在 21 000 平方米左右。

海外仓的费用主要包括头程运费、税金、当地派送费和仓储管理服务费。以下以浙江点库电子商务有限公司澳大利亚仓为例，介绍海外仓的费用情况。

浙江点库电子商务有限公司澳大利亚仓的仓储管理服务费（订单处理费）如表 6-4-1 所示。

表 6-4-1　浙江点库电子商务有限公司澳大利亚仓的仓储管理服务费（订单处理费）

重量（千克）	价格（元）	
	首件	续件
0~1	3.00	2.00
1.01~2	4.00	2.00
2.01~10	5.00	2.00
10.01~20	9.00	2.00
20.01~30	12.00	2.00

浙江点库电子商务有限公司澳大利亚仓的仓储管理服务费（仓储费）如下：

表 6-4-2　浙江点库电子商务有限公司澳大利亚仓的仓储管理服务费（仓储费）

仓储时间	仓储费（元/天）	计算单位（立方米）
30 天以内	免费	—
超过 30 天	0.03	件（<0.001）
超过 30 天	0.05	件（0.001~0.02）
	3.00	件（>0.02）

请对海外仓的费用情况做一次类似的费用调查，并比较海外仓的几种主要费用情况。

项目 7 跨境电商支付

【学习目标】

知识目标	了解跨境电商支付的概念 理解跨境电商的支付方式和特点 掌握针对不同跨境电商平台的跨境支付模式 理解跨境电商支付风险及安全管理 了解跨境电商支付的外汇管理与金融监管
能力目标	能够选择不同的支付结算方式 能够掌握不同支付方式的特点 能够掌握不同支付方式的支付流程
素养目标	能够对比不同跨境支付平台的特点 能够判断跨境电商支付过程中的风险 能够用所学知识预测跨境电商支付的发展前景

任务 7.1 跨境电商支付的发展历程、主要支付方式及特点

【任务引入】

近年来中国跨境电商行业的交易规模增长迅速，艾媒咨询（iiMedia Research）的数据显示，2019 年中国跨境电商的交易规模达 10.8 万亿元。2020 年受新冠疫情影响，全球跨境电商市场遭到一定程度的冲击。为了缓解新冠疫情带来的负面影响，2020 年第一季度中国政府不断推出利好政策，完善跨境电商整体配套设施，升级国际市场业务、刺激国内需求、优化市场发展环境，使得中国跨境电商行业在新冠疫情背景下呈现逆势上涨的发展态势。2020 上半年，中国海关跨境电商监管平台进出口增长 26.2%。

艾媒咨询发布的《2020 中国第三方跨境支付行业研究报告》显示，2018 年全球跨境支付总金额达到了 125 万亿美元，预计到 2022 年将达到 218 万亿美元。其中，跨境电商是第三方跨境支付依托发展的重要领域。

中国跨境电商市场的强势增长，为底层基础设施的跨境支付业务带来了广阔的发展空间，但日渐壮大的跨境交易也对支付服务的便捷性、高效性、安全性等提出了更高要求。

那么，什么是跨境电商支付呢？它具体有哪些支付方式，又分别有什么特点呢？当今形势下，我国跨境电商的发展情况如何，有哪些风险和对策呢？带着这些问题，我们进入任务7.1的学习。

7.1.1 跨境电商支付的发展历程

7.1.1.1 跨境电商支付的兴起

跨境电商的高速发展必然离不开跨境支付的支撑。跨境支付是随着国际产业分工及国际交往活动的持续发展而兴起的。在早期，国际上使用贵金属进行跨境支付清算，后续出现了纸币现金、纸质转账的清算方式，再到现代电子转账清算借贷，跨境支付随着整个国际社会各项活动的日益频繁和科学技术的进步，逐渐向着迅速、安全、节约的方向发展。我国跨境支付的发展历程与国际跨境支付发展轨迹基本吻合。我国跨境支付虽然总体起步较晚，但近年来取得了长足的进步。

随着中国跨境网购用户数量的激增、人民币升值以及配送环节的不断成熟和完善，境内用户的境外网购交易额呈现逐年递增趋势。在跨境电商、海淘、留学教育、出境游等产业的推动下，中国跨境清算结算需求增长强劲，跨境电商支付市场将获得较好的发展机遇。在当前经济全球化、金融全球化、消费国际化的环境中，跨境电子支付服务已经成为中国支付体系的重要组成部分，并在跨境商务和个人消费生活中发挥重要的作用，在现代支付体系中扮演着越来越重要的角色。

迅猛发展的电子商务改变了传统购物方式和商业模式，消费者通过网上购物可以获得境外质优价廉的商品。然而，跨境电子商务与境内电子商务相比，买卖双方的风险更难控制。特别地，与传统跨境B2B贸易相比，跨境B2C贸易有着小额、高频、对回款速度要求高的特点，而传统跨境支付手段无法满足这样的需求。传统银行电汇汇款到账时间一般要3~5天，因此第三方跨境支付应运而生。第三方跨境支付可以实现更快到账、快速回款，不仅大大降低了商家的汇率损失风险，同时保证了其资金得以正常运转。此外，第三方跨境支付机构能够有效降低交易成本，非常适合金额小、数量多的电商交易。

7.1.1.2 跨境电商第三方支付

跨境电商第三方支付是指具备实力和信誉保障的第三方企业与境内外的各大银行签约，为买方和卖方提供信用手段。跨境电商第三方支付在银行的直接支付环节中增加了一个“中介”，即通过第三方支付平台交易时，买方选购商品，不直接将款项打给卖方而是付给中介，中介通知卖家发货；买方收到商品后，通知中介付款，中介将款项转至卖家账户。跨境电商第三方支付在商家与消费者之间建立了一个安全的可以信任的中介，可以对双方进行监督和约束，满足了商家与消费者对信誉和安全的需求。

全球经济发展和互联网的普及、代理贸易全球化、贸易电子化，使得电子商务行业在欧美、亚洲各国境内逐渐发展成熟。同时，各国之间的贸易往来日益频繁，进出口贸易需求的增加进一步促进跨境电商市场不断壮大。跨境电商第三方支付的发展也得益于此。跨境电商第三方支付凭借其技术手段降低了金融服务的成本和门槛，增加了用户使用频次，同时具有快速便捷、安全性较高的优势，已成为不可或缺的支付渠道。

7.1.1.3 跨境电商支付的主要渠道

境内消费者在网上购买境外商家的产品或境外消费者在网上购买境内商家的产品时，由于币种不一样，就需要通过一定的结算工具和支付系统实现两个国家或地区之间的资金转换，最终完成交易。跨境电商支付服务涉及企业、个人、银行、汇款公司以及第三方支付平台等多个主体，典型的跨境电商支付服务主要包括网上银行支付服务系统和有第三方支付平台参与的电子支付服务。跨境电商的业务模式不同，采用的支付结算方式也存在着差异。

B2B 信息服务平台模式主要为我国外贸领域规模以上 B2B 电商企业服务，如为境内外会员商户提供网络营销平台，传递供应商或采购商等合作伙伴的商品或服务信息，并最终帮助双方完成交易。传统的跨境大宗交易平台的典型代表有环球资源网、中国制造网、博纳工业领航等。大宗交易平台仅提供买家和卖家信息，提供商家互相认识的渠道，不支持站内交易。外贸交易以线下支付为主，金额较大，一般采用电汇（T/T）、信用证（L/C）、西联汇款等方式。

B2B 交易服务平台模式主要提供交易、在线支付、物流、纠纷处理、售后等服务。目前，这种跨境平台主要有阿里巴巴国际站、敦煌网、慧聪网等。B2B 交易服务平台有较高的市场集中度，多采用线上支付，支付方式主要包括 PayPal 等。

采取 B2C 自营平台模式的企业一般自建平台。代表性平台有兰亭集势、环球易购等。这种模式与 B2C 开放平台一样，普遍采用线上支付，如 PayPal、信用卡、借记卡等。

C2C 跨境电商零售模式主要提供交易、在线支付、物流、纠纷处理、售后等服务。代表性平台主要有全球速卖通、易唐网等。这些平台不参与跨境电商交易，而是在买卖双方交易的基础上收取一定比例的佣金，普遍采用线上支付，如 PayPal、信用卡、借记卡等。

自建电商模式一般通过自建网站实现精准定位，将商品销往境外。其主要业务包括交易、物流、支付、客服等，其典型代表有 Antelife、义乌外贸饰品零售网店 Gofavor 等。支付方式按客户需求，可以有多种选择。

7.1.2 跨境电商的主要支付方式及特点

7.1.2.1 跨境电商线下支付方式

7.1.2.1.1 汇付（remittance）

汇付又称汇款，即付款人主动通过银行或其他途径将款项汇给收款人，是最简单的支付方式。汇付通常用于预付货款、货到付款。此外，汇付还用于订金、货款尾数、佣金等小金额的支付。

汇付的种类有信汇（M/T）、电汇（T/T）和票汇（D/D）。信汇（M/T）是指汇出行应汇款人的申请，将信汇委托书寄给境外汇入行，授权解付一定金额给收款人的一种汇款方式。电汇（T/T）是指汇出行应汇款人的申请，拍发加压电报、电传给境外的分行或代理人，解付一定金额给收款人的一种汇款方式。票汇（D/D）是指汇款人使用汇票、本票或支票等支付工具，将货款主动支付给收款人的一种汇款方式。

汇付属于“顺汇”，即使用的结算工具的传递方向是从买方流向卖方，与资金的流向一致。汇付属于商业信用，因为采用汇付方式，是否按照合同的规定履行付款义务和何时履行付款义务，完全依靠买方的信用，而银行在它们之间完全是付款人的代理，只提供服务，不承担付款的责任。

汇付的优点在于收款迅速，几分钟即可到账；先付款后发货，保证商家利益不受损失。

汇付的缺点在于先付款后发货，容易使买方产生不信任；用户量少，限制商家的交易量；买卖双方都要支付手续费，支付数额较大时，手续费较高；对银行的信息要求非常高。

汇付是传统的 B2B 付款模式，适合大额的交易付款。

买卖双方各自承担所在地的银行费用，具体费用根据银行的实际费率进行计算。

7. 1. 2. 1. 2　托收

托收是指在进出口贸易中，出口方开具以进口方为付款人的汇票，委托出口方银行通过其在进口方的分行或代理行向进口方收款的一种结算方式。托收属于“逆汇”，因为在托收中，作为结算工具的单据，其传送与资金的流动呈相反的方向。另外，托收也属于商业信用。银行完全根据卖方的指示来处理，到底银行是否能收到货款，依靠买方的信用。

最常见的托收类型是光票托收和跟单托收。光票托收是指金融票据不附带商业票据的托收。光票托收主要用于小额交易、预付货款、分期付款以及收取贸易的从属费用等。跟单托收是指金融单据附有商业单据或不用金融单据的商业单据的托收。托收方式对买方比较有利，费用少、风险低、资金负担小，甚至可以取得卖方的资金融通。

托收的优点在于成本低、操作简单、买方资金方便、出口竞争模式得到改善。

托收的缺点在于风险高，因为出口方先发货，如果市场发生变化或买方因管理不善而破产，进口方可能不想要货物而拒付，即使物权单据仍掌握在出口方手中，可货物滞留和积压对方港口及运回国内的运费、银行的费用都是不小的损失。另外，先发货、后收款的操作方式，会造成出口方的资金周转困难，而对于进口方来说，特别是在承兑交单方式下，相当于用收到的卖出货物的钱来支付出口方的货款，这等于一种融资。

托收对于出口方来说风险较高，只适用于金额较大的、往来多年的、彼此比较熟悉和了解的、信誉比较好的客户。

托收的费用主要有托收费和邮寄费，各个银行间的收费标准略有不同。以中国银行的跟单托收业务为例，收费标准为代收金额的 0. 1%，最低 200 元/笔，最高 2 000 元/笔，另加收邮费。

7. 1. 2. 1. 3　信用证（letter of credit，L/C）

信用证是指由银行（开证行）依照申请人的要求和指示或自己主动在符合信用证条款的条件下，凭规定单据向第三者（受益人）或其指定方进行付款的书面文件。信用证是一种银行开立的有条件承诺付款的书面文件。

信用证可以分为即期信用证、延期付款信用证、承兑信用证和议付信用证。

即期信用证是指付款行收到符合信用证条款的跟单汇票及装运单据后，立即履行付款义务的信用证。

延期付款信用证是指开证行承诺在受益人交单后的一定时期付款的信用证。

承兑信用证是指开证行或付款行在收到符合信用证规定的远期汇票和单据时，先在汇票上履行承兑手续，于汇票到期日再付款的信用证。

议付信用证是指开证行在信用证中，邀请其他银行买入汇票和（或）单据的信用证。

信用证是一项自足文件，不依附于买卖合同。银行在审单时强调的是信用证与基础贸易相分离的书面形式上的认证。信用证方式是纯单据业务，凭单付款，不以货物为准，只要单据相符，开证行就应无条件付款。

信用证是一种银行信用，是银行的一种担保文件，开证银行对支付有首要付款的责任。

信用证的优点在于银行信用和相对安全。当信用证用于结算时，受益人（出口商）的托收是有保证的，特别是当出口商不太了解进口商时，当进口国有外汇管制时，信用证的优势更加明显。

信用证的缺点在于手续复杂、环节较多、对单据要求严格、银行手续费高。信用证的整个流程里至少涉及四个角色：信用证申请人、开证行、通知行和信用证受益人。同时，信用证的文件审查和其他环节应该是高度技术性的，这增加了业务成本，并占用买方的资金。信用证在操作过程中较容易发生欺诈，因为信用证是一种自给自足的单据，有关银行只处理单据，如果受益人伪造相符单据或制作根本没有货物的假单据，那么进口商就会成为受害人。

信用证的费用主要包括以下几类：

①开证：开证费、改证费、撤证费。

②信用证传递：信用证预先通知费、通知费、转递费。

③信用证交单：邮递费、电报费、审单费。

④信用证收汇：议付费、承兑费、保兑费、偿付费、付款手续费、转证费、无兑换手续费、不符点费、不符点单据保管费。

⑤信用证中可能涉及的罚款项等。

不同银行的收费标准是不一样的，现列举一些银行相关费用如下：

第一，通知费。信用证的开证银行一般需要通知当地的付款银行相关信息、收款人、时间等，通知费一般为 200 元/份。

第二，操作费。这是信用证开立过程中的主要费用，因为银行开立信用证是用银行的信用为客户做的一种担保，同时还要在收款人在当地将该笔费用付给收款人，所以这部分操作费比较高，一般是货值的 0.125%。但是，一般银行规定操作费最低不得低于 300 元。

第三，改证费。信用证由于各种原因需要对里面的信息进行修改，如受益人、金额或其他条款，都需要付费。一般来说，在我国，信用证修改费用为 100 元/次。

第四，撤证费。由于国际贸易中随时会遇到罢工、战争、对方交货期延长等情况，这时为了避免更大的损失产生，很多买家都会撤销之前开立的信用证。在我国，一般银行收取的撤证费是 150 元/次。

7.1.2.1.4 西联汇款

西联汇款是世界上领先的特快汇款方式，可以在全球大多数国家的西联汇款代理所在地汇出和提款。西联汇款的手续费由买家承担。

西联汇款的优点在于到账速度快；手续费由买家承担；对于卖家来说最划算，其可以先提钱再发货，安全性好。

西联汇款的缺点在于对买家来说风险较高，买家不易接受；买卖双方需要去西联线下柜台操作，手续费较高。

西联汇款的适用范围为 1 万美元以下的中等额度支付。

西联汇款的手续费由买家承担，需要买卖双方到当地银行实地操作。在卖家未收款时，买家随时可以撤回资金。

7.1.2.1.5 速汇金汇款（MoneyGram）

速汇金汇款是一种快捷、可靠的国际汇款方式，收款人凭汇款人提供的编号即可收款。

速汇金汇款的优点在于汇款速度快，十几分钟即可到账；汇款金额不高时，费用相对较低，无中间行费、无电报费；手续简单。

速汇金汇款的缺点在于汇款人及收款人都必须是个人；必须是境外汇款；如果客户持现钞账户汇款，还需缴纳一定的现钞变汇的手续费。

速汇金汇款的费率为汇款金额 400 美元以下，手续费 10 美元；汇款金额 400（含 400）~500 美元，手续费 12 美元；汇款金额 500（含 500）~2 000 美元，手续费 15 美元；汇款金额 2 000（含 2 000）~5 000 美元，手续费 25 美元；汇款金额 5 000（含 5 000）~10 000 美元，手续费 33 美元。

需要注意的是，速汇金汇款的单笔最高汇款金额不得超过 10 000 美元（不含本数），每天每个汇款人的累计汇出最高限额为 20 000 美元（不含本数）。

7.1.2.1.6 香港离岸公司银行账户

这是指卖家通过在香港开设离岸银行账户，接收海外买家的汇款，再从香港账户汇往内地账户。

香港离岸公司银行账户的优点在于接收电汇无额度限制和不同货币可自由兑换。

香港离岸公司银行账户的缺点在于香港账户的资金还需要转到内地账户，较为烦琐；部分客户选择“地下钱庄”的方式，有资金风险和法律风险。

香港离岸公司银行账户的适用范围为传统外贸及跨境电商，特别是已有一定交易规模的卖家。

香港离岸公司银行账户的费用主要包括香港离岸公司银行账户的开户费用和后续维护费用。不同银行的开户费用略有不同，亲临香港办理的开户费用约为 1 150 港元；视频办理的开户费用为 1 750~3 150 港元。后续维护费用包括年审费用（不包括雇员申报等费用）、香港离岸公司满 18 个月报税费用、汇款费用以及资金量不到会员每月最低标准时的账户管理费。

7.1.2.2 跨境电商线上支付工具

7.1.2.2.1 PayPal

PayPal 是美国 eBay 公司的全资子公司，总部在美国加利福尼亚州。PayPal 与许多电子商务网站合作，成为跨境电商平台的线上支付方式之一。PayPal 是账户模式，需要交易双方都注册 PayPal 账号，买家必须在 PayPal 账户上绑定信用卡账号，才可以进行付款。PayPal 交易不经过银行网关，如果买家拒付，在线操作即可，对其信用没有任何影响。

PayPal 是目前全球使用最为广泛的网上交易工具。它能帮助用户进行便捷的外贸收款、提现与交易跟踪；从事安全的国际（地区）采购与消费；快捷支付接收包括美元、加拿大元、欧元、英镑、澳元和日元等 25 种国际主要流通货币。用户用 PayPal 支付方式转账时，需要支付一定数额的手续费。

①支付流程。付款人通过 PayPal 支付一笔金额给商家或收款人时，需要履行以下几个步骤：

第一，付款人先要有一个电子邮件地址，登录邮件地址开设 PayPal 账户；通过验证成为 PayPal 用户，并提供信用卡或相关银行资料；增加账户金额，将一定数额的款项从其开户时登记的账户中（如信用卡）转移至 PayPal 账户下。

第二，在进行付款时，付款人先进入 PayPal 账户，指定特定的汇出金额，并提供收款人的电子邮件账号。

第三，PayPal 向收款人发出电子邮件，通知其有等待领取或转账的款项。

第四，如果收款人也是 PayPal 用户，在决定接受款项后，付款人所指定的款项即汇入收款人的 PayPal 账户。

第五，如果收款人没有 PayPal 账户，收款人要根据 PayPal 电子邮件内容链接进入网页，注册取得 PayPal 账户。收款人可以选择将取得的款项转换成支票，寄到指定的处所并转入其个人的信用卡账户或转入其他银行账户。

②账户限制。关于 PayPal 账户使用遇到的问题，最常见的就是账户限制。关于 PayPal 账户限制的主要类型及应对措施如下：

第一，新账户 21 天低限。新账户的限制很频繁，这是因为 PayPal 对新账户的审核较严格。用户不需要提交任何资料，PayPal 会在审核结束后自动解除限制。遇到这种情况，用户只需耐心等待即可。

第二，临时审查限制。用户在多次收款之后的某一天突然被限制，这种情况表明 PayPal 需要了解卖家的经营模式和产品信息。卖家需要做出积极的回应，提供相应的资料让 PayPal 了解卖家所经营的产品。常见的解除限制的资料包括信用卡证明、地址证明、供应商信息、发票等。

第三，风险审查类限制。这类型的限制是由账户风险的审核引发的。账户风险包括两个方面，如果是来自买家的风险，即买家账户的风险过高，那么 PayPal 会自动退款，交易无法进行；如果是来自卖家的风险，那就要从几个方面找原因，如是否投诉率过高、是否短期内收款过多。

第四，高限。高限账户不能收款、不能付款。产品违规、投诉率都会导致高限的产生。另外，如果账户出现限制的情况，且用户如果没有及时回应，那么限制会自动升级到高限，直至账户被封。因此，如果账户出现限制的情况，那么用户要第一时间在账户中做出积极回应，按要求提交资料。

③PayPal 账户冻结。PayPal 账户冻结是指账户的某笔交易被临时冻结，用户不能对这笔交易进行退款、提现等操作。一个账户从注册到收款再到提现，PayPal 没有从用户手里得到过任何的资料，因此每个账户在从开通到提现的过程中肯定要被冻结一次。用户递交身份证明、地址等资料来证明账户使用者是真实存在且遵纪守法的。出现以下几种情况

PayPal 账户也会被冻结：

第一，收款后立即提现。例如，账户收到 1 000 美元，收款后马上提现 900 美元。存在这种情况，卖家收了款，货还没发就提现，难免会引起怀疑而导致账户被冻结。

第二，提现金额过高。例如，账户收款 1 000 美元，发货后，卖家需要资金周转，把 1 000 美元全部提现，一般提现金额在 80%以内是比较安全的，留 20%是为了防止买家退单。

第三，被客户投诉过多、退单过多。一般投诉率超过 3%、退单率超过 1%就会被 PayPal 终止合作。

第四，所售产品有知识产权问题。知识产权的保护越来越被重视，如果出现仿冒或假货，PayPal 将禁止交易。一旦国际品牌商向 PayPal 投诉，后果非常严重，卖家将难以再使用 PayPal 进行支付。

④费用。对收款方的每笔收取 0. 3 美元银行系统占用费；交易时收 2. 9%～3. 9%的手续费；跨境交易每笔收取 0. 5%的跨境费；每笔提现收取 35 美元。

⑤优点。PayPal 无开户费用；符合大多数国家或地区人群的交易方式，在国际上知名度较高，拥有不可忽视的用户群。

⑥缺点。PayPal 不支持仿牌收款；偏向保护买家利益，相对而言卖家没有保障；交易费用主要由卖家提供；提款等后续限制和费用较多；账户容易被冻结，如果有一笔交易存在争议，而买家和卖家不能达成一致意见，支付公司会冻结卖家的整个账户，用来保护买家的利益不受损失。

⑦适用范围。PayPal 适合跨境电商零售行业，特别是几十美元到几百美元的小额交易。

7. 1. 2. 2. 2　国际信用卡支付

国际信用卡支付通常是指国际信用卡在线支付。目前，国际信用卡支付是支付网关对支付网关模式（类似于网银支付）。信用卡消费是当今国际流行的一种消费方式，尤其是在欧美国家，信用体系非常完善，人们习惯用信用卡刷卡进行提前消费，购物时用信用卡在线付钱，早已成为主流。

①支付流程。国际信用卡支付的流程如下：

第一，买家从自己的信用卡上发出支付指令给发卡银行。

第二，银行先行垫钱支付给卖家银行。

第三，银行通知持卡人免息期满的还款日期和金额。虽然卖家已经完成交易，但只有当买家做出如下行动时货款才有 100%的保证：买家在还款日到期之前还款，交易顺利完成，卖家收取货款成功；买家先还部分，一般大于银行规定的最低还款额，将其余作为向银行贷的款项，并确认同意支付利息，以后再逐步偿还本息。最终买家得到融资便利，银行得到利息收入，卖家及时得到货款。

②优点。国际信用卡支付的优点如下：

第一，用户群巨大。国际上维萨卡（VISA）、万事达卡（MasterCard）的用户群超过 20 亿人，特别是在欧美国家，信用卡使用率很高。国际信用卡支付符合境外买家的提前消费习惯，使支付更方便。

第二，扩大潜在客户范围。信用卡支付是只要买家持有信用卡就能完成付款。信用卡持有人相较在支付公司注册的人数要多得多，信用卡支付是绝大多数人都接受也乐意使用的一种消费模式。

第三，减少拒付。由于信用卡支付属于银行对银行模式，因此买家拒付需要到发卡行操作。同时发卡行也会对该笔拒付进行核查，查看是否属于恶意拒付。如果是恶意拒付，银行就会在持卡人的信用上有所记录，会给买家以后的生活、学习和工作带来很大的不便，因此持卡人一般不会随意拒付。账号对账号模式的拒付对持卡人的信用记录没有任何影响，因此信用卡支付的拒付率相对于账号对账号模式的拒付率要低。根据国际卡组织的统计，使用信用卡消费的拒付率不超过5‰。

第四，不会冻结账号。在信用卡支付中，如果某笔交易存在争议，则银行会冻结该笔交易的资金，但不影响整个账户。信用卡通道注重买家和卖家双方的利益。银行会根据货品的发货情况以及买家的态度来进行处理，不会关闭信用卡通道造成商户资金冻结，因此对拒付的处理无疑更加公平。

第五，买家付款过程简单方便。买家在选定相应的物品后直接进入信用卡验证页面，减少付款步骤，方便买家付款。

③缺点。国际信用卡支付的缺点如下：

第一，需要开户费和年服务费，门槛较高。

第二，仍可能拒付。国际信用卡本身有180天的拒付期（个别信用卡甚至在180天后还可以拒付）。所谓拒付，是指信用卡持卡人主动要求把钱退回的行为。拒付的原因有没有收到货物、货不对板、货物质量存在问题以及“盗刷”等。

④适用范围。国际信用卡支付一般用于外贸中的1 000美元以下的小额收款，比较适合网店零售，主要商品有服饰、生活用品、电子产品、保健品、虚拟游戏等。

7.1.2.2.3　阿里巴巴安全支付（Secure Payment）

阿里巴巴安全支付是阿里巴巴国际站针对国际贸易，为交易资金提供安全保障的服务。它联合第三方支付平台支付宝（Alipay）提供在线交易资金支付的安全保障，同时保护买卖双方的在线交易，并解决交易中的资金纠纷问题。为了买卖双方更清晰地了解及认知线上交易中资金安全保障的流程、支付方式以及纠纷退款问题的处理方法等，阿里巴巴安全支付对原托管服务系统（Escrow）进行了升级优化。

①支付流程。阿里巴巴安全支付相当于国际支付宝服务，为在线交易提供资金安全保障，在交易双方的快递订单或在线批发订单中，提供资金安全的担保服务。其支付流程如下：

第一，买家通过阿里巴巴国际站下单。

第二，买家通过阿里巴巴安全支付账户付款。

第三，买家付款后，平台会通知卖家发货。卖家在看到买家的付款信息后通过EMS、DHL、UPS、FedEx、TNT、顺丰速运、邮政航空包裹七种运输方式发货。

第四，买家在阿里巴巴国际站确认收货。

第五，买家收到货物或买家收货超时，平台会放款给卖家。

②费用。仅开通阿里巴巴国际站平台的安全支付服务不需要支付额外费用，但使用该服务会产生交易手续费和提现手续费。

交易手续费的比例为5%，须包含在产品价格中，可根据交易手续费平衡交易产品价格。

提现费用为美元提现每次需支付15美元手续费（银行收取），人民币提现无手续费。

③优点。阿里巴巴安全支付的优点如下：

第一，快速交易。阿里巴巴安全支付支持起草快递订单或批发在线交易，买家通过阿里巴巴后台可实时查看订单进展。

第二，多种支付。阿里巴巴安全支付支持信用卡、西联汇款、银行汇款多种支付方式，方便买家支付。

第三，安全收款。买家支付货款成功后阿里巴巴安全支付会通知卖家发货；买家确认收货或物流妥投且超时后，阿里巴巴安全支付会放款至卖家账户。卖家不用担心收不到钱的情况。

④缺点。阿里巴巴安全支付针对国际贸易，为交易资金提供安全保障的服务，暂不能像支付宝一样直接付款或收款。

⑤适用范围。为降低用户在交易过程中产生的交易风险，阿里巴巴安全支付目前支持单笔订单金额在10 000美元（产品总价加上运费的总额）以下的交易。

7.1.2.2.4　Cashrun Cashpay

Cashrun Cashpay中文译名是“铠世宝”，旨在通过其诈骗防范和全球支付方案服务，保护电子商务免受不确定风险；利用先进的支付平台，给商户增添全球互联网市场支付渠道，扩充业务。其产品分别为现金盾和现金付。

现金盾主要是一个全面的风险控制和反欺诈的系统，通过对大量订单进行快速、有效的审核，有效识别欺诈性订单并做出合适的反应，根据欺诈方式的改变，不断改善风险评估标准，以应对互联网世界的纷繁复杂。现金付使得商家能够接受全球通用的PayPal、Yellow Pay、Moneybookers等支付渠道的交易，能在3天之内把款项偿还给商家，促进商户资金流动，从而扩展全球业务，增加销售额度。相对于境内现有的支付宝、财付通、网上银行或信用卡支付，现金付是更高效、更安全的支付渠道。

“铠世宝”成立于2007年，目标是帮助商户设立支付渠道和防止诈骗行为。为了进入亚洲市场，“铠世宝”于2008年在新加坡建立了分公司，计划开发与扩大亚洲市场其他业务。2010年，“铠世宝”在中国上海成立分公司，为广大网上商户提供防欺诈、抗风险的“安保”服务。通过一系列发展和创新，“铠世宝”不断改进解决方案，以应付不断改变的风险行为。“铠世宝”通过在全球的合作伙伴为商户提供风险控制的业务，在境外有一定的知名度。

“铠世宝”的费用。由收款方支付，现金付的费率一般在2%～3%，是所有支付工具中最低的。

“铠世宝”的优点如下：

第一，安全性高，有专门的风险控制防欺诈系统。

第二，可选择提现币种，商户不再受指定的外汇限制。现金付让商户可以选择用首选的支付货币来接收款项，降低外汇风险。

第三，快速偿还商户的款项。普通的支付服务可能需要一个星期的时间以偿还款项给商户，现金付能在3天之内把款项偿还给商户，促进商户资金流动。

第四，无隐藏费用。所有收费都会预先讲解给商户而且会清楚地记载在协议里，不会有其余的隐藏费用。

第五，本土化的支付。商户能拓展支付渠道，增加全球范围的业务。

③“铠世宝”的缺点在于刚进入境内市场，知名度不高。

7.1.2.2.5 Moneybookers

Moneybookers 是一家极具竞争力的网络电子银行，诞生于 2002 年 4 月，是英国伦敦盖特康比公园（Gatcombe Park）风险投资公司的子公司之一。Moneybookers 以邮件地址作为账户，用户在申请时要选择安全的邮箱地址。Moneybookers 注册完后就可以收付款，这一点对于没有信用卡的用户来说非常方便。Moneybookers 账户中的资金可以提现到国家（地区）内银行，每次转账到国家（地区）内银行会支付 1.8 欧元的费用。

Moneybookers 实现即时到账，付款方支付 1%手续费（最高 0.5 欧元），收款方免手续费；提现支付 1.8 欧元费用。

Moneybookers 的优点如下：

第一，安全。Moneybookers 以电子邮箱为支付标识，不需要暴露信用卡等个人信息。

第二，便捷。Moneybookers 只需要电子邮箱地址就可以转账。

第三，Moneybookers 可以通过网络实时进行收付费。

Moneybookers 不允许多账户，一个客户只能注册一个账户；目前不支持未成年人注册，用户必须年满 18 周岁。

7.1.2.2.6 派安营（Payoneer）

派安营（Payoneer）成立于2005 年，总部设在美国纽约，是万事达卡组织授权的具有发卡资格的机构。Payoneer 的主要业务是帮助其合作伙伴，将资金下发到全球，同时也为全球客户提供美国银行或欧洲银行收款账户，用于接收欧美电商平台和企业的贸易款项，为支付人群提供简单、安全、快捷的转款服务。Payoneer 的合作伙伴涉及众多领域且已将服务遍布全球。不管需要支付的对象是偏远区域的雇员、自由职业者、联盟成员还是其他人群，收款人都可以通过申请获得 Payoneer 万事达预付卡且使用安全、便利和灵活的收款方式。Payoneer 万事达预付卡可在全球任何接受万事达卡的刷卡机（POS 机）上刷卡，用于在线购物或在自动取款机取出当地货币。

Payoneer 的收费标准如下：

第一，转账到全球各个国家和地区的当地银行账户，收取 2%的手续费。

第二，使用 Payoneer 万事达预付卡内的资金时，在自动柜员机取款，每笔支付手续费 3.15 美元。在中国用自动柜员机直接取人民币时，还有不高于 3%的汇率损失，每天最多取 2 500 美元。在 POS 机上消费不收取费用。

第三，对超市、商场消费（每天最多 2 500 美元）不收手续费。

第四，合作联盟不同，以上费用会有所不同。

第五，Payoneer 万事达预付卡的年费为 29.95 美元，每年收取一次。

第六，美国银行账户转账收取金额的 1%为手续费，每笔进账都收取。

Payoneer 的优点如下：

第一，便捷。用户凭中国身份证即可完成 Payoneer 账户在线注册，并可自动绑定美国银行账户和欧洲银行账户。

第二，合规。用户可以像欧美企业一样接收欧美公司的付款，并通过 Payoneer 和中国支付公司的合作完成线上的外汇申报和结汇，可避开每年 5 万美元的个人结汇额度限制。

第三，安全。对于欧美客户的入账，Payoneer 在一定文件的基础上为卖家审核，并提供全额担保服务。

Payoneer 的缺点如下：

第一，Payoneer 账户之间不能互转资金，无法通过银行卡或信用卡充值，无法从 PayPal 收款。

第二，手续费较高。

Payoneer 适用于单笔资金额度小但是客户群分布广的跨境电商网站或卖家。

7.1.2.2.7　ClickandBuy

ClickandBuy 是独立的第三方支付公司，允许通过互联网进行付款和资金转移。1999 年，ClickandBuy 在德国科隆成立，之后在英国建立业务点。2010 年 3 月 25 日，德国电信收购 ClickandBuy 的国际有限公司。ClickandBuy 现有客户超过 13 万名，包括苹果 iTunes 商店、美国在线、MSN（微软门户网站）、Napster（纳普斯特）、McAfee（迈克菲）等，目前可在众多网店使用。ClickandBuy 是德国电信针对 PayPal 研发的版本。ClickandBuy 和 PayPal 在线支付系统的原理一样，网友只需要注册账户，通过自己的支付账户在网店购物，不需要在网店提交自己的账户信息。用户可以通过 ClickandBuy 向交易账户注入资金，自由选择任何一种适合自己的汇款方式。ClickandBuy 的汇款确认后，在 3~4 个工作日内会转入用户的账户中。每次交易金额最低 100 美元，每天最高交易金额 1 万美元。

ClickandBuy 的优点如下：

第一，绝大多数情况下是免费服务。

第二，很多网店接受使用，在国际范围内可以使用。

第三，购物者的权益能受到保护。

第四，账户资金过夜就有利息，利息有正有负。

第五，账户资金随着汇率波动有价差，同样有正收益和负收益。

ClickandBuy 的缺点如下：

第一，注册麻烦，需要特别认证。

第二，必须有维萨卡或万事达卡，并开通国际支付功能；

第三，提现时间长；

第四，有可能受到病毒邮件的攻击；

第五，每次购物都会留下信息痕迹。

7.1.2.2.8　WebMoney

WebMoney（简称 WM）是由 WebMoney 技术转移公司开发的一种在线电子商务支付系统，是俄罗斯的主流电子支付方式。俄罗斯各大银行均可自主充值取款，其支付系统在包括中国在内的全球 70 个国家和地区可以使用。

用户在使用 WebMoney 前需要先开通一个账号（WMID），此账号可以随时与别人聊天，像 ICQ（即时通信软件）、MSN 一样。账号里面可设有多种货币的钱包，如以美元来计算的 Z 钱包里的货币就是 WMZ。WebMoney 有多种使用方式，应用得比较多的是“Mini

版本”，用户只需要注册和设置账户就可以转账，但“Mini 版本”的转账有日、月限额；其次是“Keeper Classic 版本”，用户需要下载软件并安装，注册最新的“Keeper Classic”版本需要用 Mini 账号转换，进行二次注册。

国际上越来越多的公司和网络商店开始接受 WebMoney 支付方式，它已经成为人们进行电子商务交易强有力的工具。用户只需 3 分钟就可以免费申请一个 WebMoney 账号，账号之间互相转账只需 10 秒钟。用户可以把账号里的资金转到全球任何一个用户的账户里。目前许多国际性网站使用 WebMoney 向用户收款和付款，如一些外汇交易网站和投资类站点都接受 WebMoney 存取款。

WebMoney 支持中国银联卡取款，但手续费较高、流程较复杂，因此充值和提现一般通过第三方网站来进行。用户可以找有信誉的兑换站卖出自己的 WMZ（美元）、WME（欧元），买入需要的电子货币。

WebMoney 的费用标准如下：

第一，对 WMID 下不同钱包之间的转账收取 0.8%的转账手续费，由付款方支付。

第二，对 WMZ（美元）收取 0.8%的转账手续费，最低 0.01WMZ，最高 50WMZ。

第三，对 WME（欧元）收取 0.8%的转账手续费，最低 0.01WME，最高 50WME。

第四，对 WMR（俄罗斯卢布）收取 0.8%的转账手续费，最低 0.01WMR，最高 1 500WMR。

第五，对 WMG（黄金）收取 0.8%的转账手续费，最少 0.01 克，最多 2 克。

WebMoney 的优点如下：

第一，安全。转账需要手机短信验证，且 WebMoney 有异地登录网络之间互连的协议（IP）保护等多重保护功能。

第二，迅速。即时到账。

第三，稳定。WebMoney 是俄罗斯主流的电子支付方式。在俄罗斯各大银行均可自主充值取款。

第四，国际性。人人都能在网上匿名免费开户，账户可以零资金运行。

第五，方便。用户只需要知道对方的账号即可转账汇款，不需要去银行办理烦琐的手续。

第六，匿名申请，保护双方隐私。

第七，通用。全球许多外汇、投资类站点及购物网站都接受 WebMoney 收付款。

WebMoney 的缺点在于虽然支持中国银联卡取款，但是手续费较高、流程较复杂。

7.1.2.2.9 Paysafecard

Paysafecard 是欧洲比较流行的预付卡支付方式，不仅在欧洲可以使用，而且在澳大利亚以及北美洲、南美洲等地区都可以使用。Paysafecard 在全球有 45 万个销售网点，用户可以在超过 4 000 家在线商店使用 Paysafecard 支付。Paysafecard 购买手续非常简单，大多数国家的报刊亭、加油站、商场和店铺都可以买到，其支付过程也相当快捷安全。Paysafecard 主要用于购买虚拟类产品，如游戏充值等。境内很多销售到欧美的游戏币交易网站也已经支持 Paysafecard 支付。

用户在网上购物支付时，选择 Paysafecard 支付方式，只需输入一个 16 位的个人识别码密码（PIN Code）便可完成交易，不需要银行账号也不需要提供个人信息。支付的款项将从 Paysafecard 的账户里面扣除，终端客户可以随时查询账户的余额。Paysafecard 还可提供面值 10 欧元、25 欧元、50 欧元、100 欧元的代金券，大额交易用户可以使用多张卡实现组合支付，最高不超过 1 000 欧元。

Paysafecard 的优点如下：

第一，支付过程简单、快捷、安全，不需要消费者填写任何银行账号和个人信息，有效地提升了支付体验，保障交易安全。

第二，实时交易（和 PayPal 或信用卡是一样的）。

第三，不能拒付。

第四，无保证金或循环保证金，大大缓解了商家的资金周转压力。PayPal 或信用卡一般都会有一定的交易保证金以及 10%的循环保证金。

第五，无交易额度限制，支持英镑、欧元、美元、瑞士法郎等币种。

Paysafecard 的缺点如下：

第一，交易费用高，对于商家而言交易费用一般在 15%左右。费用高是预付卡支付的一个惯例，境内的游戏卡支付一般也是这一费用标准。

第二，用户需要有企业营业执照才能开通 Paysafecard。

Paysafecard 的应用范围非常广泛，如游戏、软件、音乐、电影、通信。

7.1.2.2.10 CashU

CashU 是中东和北非地区非常流行的一种预付支付方式，在埃及、沙特阿拉伯、科威特、利比亚以及阿联酋比较受欢迎。用户在线下购买充值卡，在线上使用充值卡付款。该地区很多人没有信用卡或银行账户，以埃及为例，只有约 2%的人有信用卡，而且本地的信用卡在国外都无法使用，当地人更愿意使用现金完成支付。据统计，该地区 70%~80%的在线购物是通过货到付款形式支付的。

CashU 隶属于阿拉伯门户网站 Maktoob，主要用于支付在线游戏费、电信和信息技术服务费以及实现外汇交易。CashU 允许使用任何货币进行支付，但该账户将始终以美元显示资金。CashU 现已为中东和北非地区广大网民所使用。在中东和北非地区，相对于其他付款方式，CashU 最大的好处就在于不能恶意退款。

CashU 是一种安全的支付方法，能提供定制服务。现有的服务在中东和北非地区的国家可以保证网上购物安全，提供方便和易于使用的支付解决方案。CashU 多年来已经建立了一个可信的、平易近人的大型网络供应商形象，确保了其在中东和北非地区的国家的可用性。

CashU 的年费为 1 美元，不同的国家或地区的汇兑手续费为交易金额的 5%~7%。

CashU 的优点如下：

第一，实时交易（和 PayPal 或信用卡是一样的）。

第二，不能拒付。

第三，无保证金或循环保证金，减轻了商家因资金周转而产生的压力。

CashU 适用于面向中东地区客户的电商及游戏公司。

扩展学习

请用电脑打开网址 https://www.cifnews.com/article/24593，了解亚马逊收款方式。

实训 7.1　跨境电汇转账操作

外贸业务一定会涉及国际支付与结算。在传统的支付方式中，电汇是最基本的汇款方式。以中国银行电汇为例，一般的步骤如下：

步骤 1：申请注册中国银行网上银行，记住用户名和登录密码。

步骤 2：登录后，进入外币跨境汇款。

步骤 3：填写相关必要信息，如收款银行名称、收款银行地址、收款银行识别代码(SWIFT Code)、收款人姓名、收款人账号、收款人所在地址（以上均为英文填写）。

步骤 4：录入完毕后，认真检查一下收款人姓名、账号、地址、金额，然后进行确认。系统提示选择安全工具后，用户需再次进行确认。验证安全后，款项将划出。

实训任务如下：

①请下载中国银行手机应用程序，通过中国银行手机应用程序完成跨境电汇转账操作。

②如果阿根廷客户向你电汇美元，你应如何通过中国银行手机应用程序进行收款和结汇操作呢？

任务 7.2　跨境支付的安全管理

【任务引入】

近日，不少全球速卖通的用户大吐苦水，一名商户更是直言不讳，称全球速卖通与 PayPal 拒付及无条件赔偿的仲裁，令商家财货两空，呼吁广大商户筹建“全球速卖通维权联盟”，向全球速卖通发出抗议。

据悉，这名商户在论坛上连续发表多篇帖子，指责全球速卖通没有合法保护商家财产。一些言辞激烈的帖文在百度和谷歌搜索“速卖通”时随处可见。此外，这名商户还着手筹建“全球速卖通维权联盟”，呼吁广大商户团结起来，抵制全球速卖通。他创建了多个 QQ 群，每个群里都有一两百人，皆是有同样遭遇的商户。

这名商户称，在线出口中，对卖家交易财产威胁最大的是 PayPal 拒付，PayPal 拒付造成卖家“财货两空”。那么，在跨境支付的过程中，究竟会遇到哪些风险呢？这些风险又该如何规避呢？带着这些问题，我们进入任务 7.2 的学习。

扩展学习

请用电脑打开网址 http://bank.hexun.com/2020-09-02/201990447.html，了解银行如何防范跨境电商洗钱风险。

7.2.1 跨境电商支付中面临的风险

随着跨境电商支付中小额外贸零售平台（如全球速卖通和敦煌网）的兴起和境外eBay 等平台的兴起，在线支付也逐渐被卖家接受，但在线支付的风险也随之而来。如果第三方缺乏足够的风险控制系统，或者用户的风险防范意识不足，拒付、冻结、退款和盗卡支付等情况必然出现。

7.2.1.1 跨境电商支付的交易信用风险

在跨境电商模式中，除跨境物流风险大、通关困难等严重制约跨境电商发展外，由于网络的虚拟性及开放性，参与者的信用问题也成为阻碍行业发展的又一难题。信用风险在本质上是指交易对象没有按照约定履行承诺，而对交易方的收益或资产造成损失的风险。跨境电商的交易双方由于时空差异、商业习惯不同，极易造成款项已付但货物未收或货物已发而款项未收等现象。在跨境支付服务中，由于没有完善的跨境信用协调体系，银行或第三方支付平台不能充分地了解交易主体的信用及信誉状况，难以确定交易的实际情况。在不同信用状况的国家（地区），实现跨境信用保障还存在一定的阻力。另外，第三方的介入也很难改善，比如 PayPal 在针对境外贸易法律纠纷时，往往会对买家有意偏袒，而使境内卖家企业在面对交易纠纷时处于被动地位，信用风险得不到控制。

7.2.1.2 交易真实性的核实风险

交易真实性是跨境电商运行和发展的生命线，是跨境电商平台必须守住的底线。交易真实性包括交易主体的真实性和交易内容的真实性。与一般跨境贸易相比，跨境电商支付的真实性更加难以把握。

从跨境交易的对象来看，跨境交易双方难以进行交易对象的审查，难以真正了解客户。在当前环境下，还未出台相关的有效法律法规，第三方交易平台及第三方支付机构缺乏有效的身份识别手段，极易导致交易主体提供虚假身份信息。

跨境交易内容真实性的审核同样存在一定困难，如难以判断客户实际财务状况、经营范围与资金交易情况是否与提供的信息相符，无法核实跨境交易金额和交易商品是否匹配。网上交易的部分商品或服务是虚拟产品，虚拟产品如何定价缺乏衡量标准，可能出现网络诈骗和欺诈交易。买卖双方基于邮件联系达成交易而产生付款请求，此邮件信息是否能作为认定交易真实性的材料尚不明确。支付机构难以通过比对订单信息、物流信息、支付信息等，确认现金流与货物流或服务流是否匹配，因为从信息获取渠道角度来讲，电商平台和支付平台是两个不同的主体，支付机构仅负责支付事项，并不掌握订单信息和物流信息。从信息质量角度看，支付机构从电商平台和物流公司获取的信息可能滞后，信息的准确性也受影响。总之，第三方支付机构审核跨境交易内容的真实性和主体的真实性都存在不少困难，因此跨境电商支付存在对交易真实性难以核实的风险。

7.2.1.3 跨境电商支付的网络风险

随着跨境电商的迅猛发展，尤其是跨境电商 B2C 和 C2C 的发展，交易双方迫切需要一站式跨境支付综合服务，以开展线上支付、信用支付、移动支付等业务。作为跨境电商交易流程中的关键一环，跨境支付涉及交易双方资金的转账安全。跨境电商支付是通过互联网的渠道来进行款项收付的，在交易转账的过程中可能产生诸多网络安全问题。其主要包括电子信息传输系统故障或计算机信息故障造成的支付信息丢失的风险、跨境支付信息因遭黑客攻击而产生的支付信息的泄漏、木马和钓鱼网站泛滥造成的资金流失等，严重影响消费者的跨境购物体验，进而阻碍跨境电商行业的发展。另外，跨境支付对支付信息的审核要求更高、时间更长、难度更大，因此相应的跨境支付需要更长的时间，进一步加大了跨境支付的风险。

7.2.1.4　跨境电商支付的法律风险

跨境电商支付涉及多个国家（地区），增加了跨境支付的法律风险。跨境电商支付的法律风险具体包括：第一，对不同国家（地区）之间风险监管法律制度冲突的风险、主权国家（地区）法律与国际电子支付风险监管规则之间的冲突以及跨境电商适用哪个国家（地区）的监管法律体系还存在有争议和模糊的地方。第二，传统金融业务法律不能适应电子商务、电子支付发展的需要，在电子支付服务中出现了许多新的问题，如发行电子货币的法律界定及范围，电子支付服务主体资格的确定，电子支付服务活动的监管缺少技术性强、层次较高的法律规定，等等。第三，洗钱的风险。犯罪分子利用互联网进行洗钱活动具有更强的隐蔽性，这给电子支付造成了法律上的连带风险。此外，电子支付还面临客户隐私权、网络交易等其他方面的法律风险，因此开展新的电子支付业务必须对其面临的法律风险进行认真分析与研究。

7.2.1.5　跨境电商支付的虚拟账户沉淀资金风险

虚拟账户沉淀资金的来源主要有以下三个方面：第一，在跨境第三方支付方式中，客户选择利用第三方作为交易中介，将货款划到第三方账户。第三方支付平台要求商家在规定时间内发货，客户收到货物并验证后通知第三方，第三方将其账户上的货款划入商家账户中，交易完成。资金将会在第三方的账户上停留一定时间，成为沉淀资金。第二，商家不能将虚拟账户中的资金全部提现，需要留下部分资金用于货不对板、货损货差、恶意拒付等造成的退款。以 PayPal 为例，一般 PayPal 账户提现比例不能超过 80%，否则容易导致 PayPal 账号被限制，这些留待退款的资金同样成为沉淀资金。第三，在诸多跨境在线支付方式中，将虚拟账户的资金提现需要缴纳金额不等的手续费（同样以 PayPal 为例，提现资金在 150~100 000 美元，单笔提现须支付 35 美元的费用）。商家为了降低资金的提现手续费率，会在资金积累到一定金额才提现，在此限额之前这些资金将停留在账户中成为沉淀资金。在跨境电商支付业务中，由于信息不对称及监管难度大，支付机构也无需缴纳存款准备金，支付机构可以轻易挪用虚拟账户的沉淀资金；支付机构有可能因为操作失误、结算周期长、调度不及时等发生结算资金不足的情况，引发流动性风险。另外，大量的沉淀资金容易引发洗钱、套现、赌博、欺诈等非法行为。

7.2.1.6　跨境电商支付的外汇管理监测风险

跨境电商支付的外汇管理监测风险主要体现在以下几个方面：第一，部分跨境电商平台的参与者是个人用户，而在第三方支付平台中，没有对企业用户和个人用户进行区分，加大了外汇管理的监管难度。第二，目前实行资本项目下的外汇管制，经常项目基本可自由兑换。对个人结售汇实行年度限额管理，个人年度结售汇限额不超过等值 5 万美元。为了规避个人结售汇限额，部分跨境电商商家开设香港离岸账户，以实现对账户资金更为自由的管控。第三，第三方支付机构为了保护交易双方的相关信息，对交易双方的银行账号、信用卡账号等进行保密，屏蔽资金的真实来源及去向，影响跨境电商商家的收支申报和外汇监管部门对其收支的监管。第四，第三方支付平台中沉淀资金的存在和不断积累，不仅会产生流动性风险等资金安全问题，而且会影响收支的统计及监管。

7.2.2 跨境电商支付的风险控制

本书针对跨境贸易中主体的信息审核、支付交易的汇率变动等潜在风险问题，从企业、第三方机构和监管机构角度考虑，提出以下具有建设意义的对策和建议，以便尽早发现跨境电商支付的漏洞和支付风险，保证跨境电商业务顺利进行、扩大规模。

7.2.2.1 应对跨境电商支付的交易信用风险

跨境电商发展的重要条件之一就是诚信。鉴于网络的虚拟性，买家和卖家没有面对面交流，大多数情况下都是通过沟通工具和视频工具进行交流，交易成功的关键取决于买家对于卖家公司、产品以及交易安全性的信心。网上交易失信的问题是商家和各电子商务网站应首先解决的问题。

就跨境电商商家而言，对于买家的信用风险，卖家也可以采取一些措施来鉴别是否是因为信用卡被盗或账户被盗而产生了欺诈交易，如通过搜索引擎的互联网协议地址定位服务跟踪并核实买家的送货地址。保留交易存根、建立买家黑名单、限制买家购买条件和电话核对买家信息也是有效的防范手段。同时，卖家需要紧密监测和核实收货地址为高欺诈风险的国家（地区）的订单、付款后提出变更收货地址的要求、邮寄至同一地址的多个订单、由于超额支付而提出的电汇退款申请以及其他可疑行为等。就敦煌网和全球速卖通等小额外贸批发平台而言，除了信息、支付和物流服务外，其还可以充分利用平台的风险预警系统。另外，跨境电商商家可以建立信用机制，将新的欺诈交易方纳入信用黑名单，及时停止与其进行跨境交易。

就跨境电商平台的角度而言，其应建立健全客户身份识别机制，对客户实行实名制管理，向买家提供真实、可靠的卖家信息，鼓励卖家诚信经商，引入第三方诚信认证和自身诚信评价。目前，中国规模较大的B2B网站，包括阿里巴巴、慧聪网、中国制造网、环球资源网、酷配网、敦煌网、中国供应商、阿土伯交易网等都推出了自身网站诚信认证和第三方诚信认证两种方式。同时，跨境电商平台可以与保险机构合作，推出针对平台卖家的跨境交易保险产品，如退货运费险、拒付货物损失险等网络购物类保险和个人消费信用类保险。

就政府层面而言，其可以建立跨境电商出口信用体系，营造良好的交易环境，给境外买家提供更好的用户体验，也给境内信誉良好的卖家提供一个公平竞争环境，用以解决信用体系和市场秩序有待改善的问题。政府层面应搭建跨境电商公共信息共享服务平台，建立企业、个人、事业单位、公共组织和政府等五类信用主体的信用主体库，提供电商主体身份识别、电商信用评价、电商信用查询、商品信息查询、货物运输以及贸易信息查询、对外贸易法律咨询服务、商务咨询服务、法律机构在线服务等信用服务，以帮助跨境电商企业、个人商家和跨境电商平台更好地防控信用风险。政府层面应推动建立信用认证体系，综合多方信用基础数据，建立跨境电商信用数据库、信用监管系统和负面清单系统，形成跨境电商平台、平台经营户、物流企业及其他服务企业的基础数据，实现对买卖双方的身份认证、资质审查和信用评价。

7.2.2.2 应对交易真实性的核实风险

交易真实性包括交易主体的真实性和交易内容的真实性。针对交易主体的真实性，从跨境电商商家的角度来看，其应通过互联网协议地址查询、买家购买行为分析、买家购买意图等多方面进行买家身份的核实，以降低欺诈等情况发生的概率。从跨境电商平台的角度来看，其应采用大数据信息技术实现核查，防范跨境贸易主体利用技术漏洞伪造个人身份信息，确保交易主体的身份真实。从政府监管的角度来看，外汇管理局及央行应出台相关的信息审核指导意见，要求第三方支付机构按照有关指导意见认真核实跨境电商支付业务中参与者的身份信息。

对于交易真实性的核实风险，从跨境电商商家的角度来看，其应本着诚信原则进行跨境电商交易，避免采用刷单、虚假信息引流等制造虚假交易的行为。从跨境电商平台角度来看，其应构建有效的交易审查机制，严格审查交易对象信息、订单信息、物流信息，并制定奖惩制度，对于不诚信、提供虚假信息的交易对象予以产品下架、账号限制等惩罚，以尽量减少刷单、欺诈等行为的发生。支付机构应当向客户充分提示网络支付业务的潜在风险，及时揭示不法分子新型作案手段，对客户进行必要的安全教育，并对高风险业务在操作前、操作中进行风险警示。在政府层面，海关、税务局、国家外汇管理局、中国人民银行、国家邮政局等多个监管部门应建立联动工作机制，构建适宜的监管和服务体系，制定相应的行业标准规范，优化监管服务体系，对跨境电商支付平台进行全面监管，实现信息流、资金流和物流的匹配与统一，有效解决跨境电商运作过程中存在的真实性和合法性问题。

7.2.2.3 应对跨境电商支付的网络风险

无论是企业内部的信息网络还是外部的网络平台，都必须建立在一个安全可信的网络之上。网络信息技术在现代外贸公司中的作用越来越大，并成为必不可少的工具。但网络信息技术是一把锋利的双刃剑，外贸公司在处理日常业务中可以大量运用网络信息技术，提高自身业务效率，但钓鱼网站盗号、木马病毒盗号等信息安全隐患也成为巨大的威胁。

对于网络风险，卖家可以加强对交易系统的维护，如对交易数据加密，配置网络安全漏洞扫描系统，对关键的网络服务器采取“容灾”的技术手段。支付机构处于跨境贸易的核心位置，是跨境交易参与者的中介。为保障交易的安全，支付机构应加大技术的研发力度，提升跨境电商支付的网络安全技术，如开发可以精确验证参与者身份信息的系统，对跨境支付的数据信息进行加密，利用当前先进的大数据以及云技术对跨境交易的参与者进行信用等级划分，并在后续的交易中对等级较低的客户和商家着重考量，为境内外客户提供更加安全和有保障的网络购物环境，赢得更多参与者的信赖。此外，监管机构应定期检查跨境电商的网络环境，加大对妨害支付安全行为的处罚力度，为境内消费者营造一个和谐的跨境消费氛围。

7.2.2.4 应对跨境电商支付的法律风险

对于法律风险，国家应提高立法层次，加强电子支付服务交易立法。国家应结合境内电子支付服务实践，制定相应的法律，以规范电子支付服务中参与主体间的权利义务关系。国家应适时修改并完善相关法律，明确国家外汇管理局的监管职责和跨境第三方支付机构的法律地位。跨境电商支付机构实际上承担了一定的类银行管理职责，执行一定的外汇管理政策，但第三方支付机构是非金融机构，让其承担这样的管理职责也缺乏依据。机构明确、权责统一是实现有效监管的基本前提。国家应及时修改法律法规，明确非金融机构在外汇管理中的法律地位。

同时，国家应加强与不同国家（地区）之间电子支付服务监管的法律协调性，具体包括电子支付服务内容、风险责任认定、监管标准等方面的协调，不同国家（地区）监管主体之间的协调、国家（地区）监管主体与国际规则监管主体之间的协调，明确各个国家（地区）监管主体的责任和任务。各国（地区）应联合起来专门制定有关跨境电子商务支付的规范，以解决跨境电子商务支付结算所产生的纠纷。另外，国家应加强国家（地区）内法律与国际监管规则的衔接。在国家（地区）间电子支付服务监管的法律协调性还不足的情况下，积极促进电子支付服务国际监管规则在主权国家（地区）间的适用具有更为重要的意义。

7.2.2.5 应对跨境电商支付的虚拟账户沉淀资金风险

首先，本金的充裕程度与抗风险能力直接对应，国家应建立健全风险准备金制度。中国人民银行发布的《非银行支付机构网络支付业务管理办法》第十九条规定："支付机构应当建立健全风险准备金制度和交易赔付制度……支付机构应在年度监管报告中如实反映上述内容和风险准备金计提、使用及结余等情况。"按照这一规定，支付机构可以直接避免在备付金账户里沉淀太多的资金，弱化部分支付机构账户体系的隐形清算结算功能，从而减少风险的积累和信息的不透明。

其次，设计风险监控指标。支付机构应将客户外汇备付金账户资金与自有外汇资金严格区分，并且将交易中所使用的资金存入银行独立账户中，对其设立风险监控指标，针对账户资金的使用情况和资金流向进行监控，出现可疑交易便可以立即触发风险指标预警。支付机构为客户办理结售汇及跨境收付业务均应通过外汇备付金账户进行。外汇备付金账户不得提取或存入现钞，不得在无交易情况下预收、预存。同时，支付机构应设计出分布于支付平台控制后台和客户端账户交易中的监控指标，分级评估风险大小，对后台操作和客户的危险转账行为进行风险划分，针对不同风险指标等级采取警告、暂停交易或冻结账户等措施。

再次，对监管部门来说，其可以考虑在借鉴境外经验基础上，结合境内金融改革的特色，逐渐尝试分层监管的模式。例如，在更严格的条款下可给予一定的容忍度，因为在现代金融产品和服务层面，支付清算、资金融通、风险和信息管理的功能融合趋势日益明显，在风险可控前提下，某些创新探索也有其存在的意义。

最后，理清沉淀资金的持有人与第三方支付机构的关系。在跨境支付过程中，用户与支付机构不是储蓄合同关系，因为支付机构不是金融机构而是信息服务提供商，第三方支付收入来源主要有按照交易比例收取的服务费或手续费、沉淀资金的利息等。为了确保安全，监管部门必须像限制保险资金投资那样，限制第三方支付沉淀资金的投资范围，严控风险。

7.2.2.6 应对跨境电商支付的外汇管理监测风险

现行的国际收支申报制度及其主要规定是建立在传统贸易、货物贸易占交易方式绝大部分比例的基础之上的。随着越来越多的贸易由线下转移到线上，服务贸易占比逐渐攀升，虚拟商品大量出现，一些贸易找不到对应的国际收支统计项目。一方面，国际收支统计申报项目需要进一步细化，保证国际收支统计的准确，缩小国际收支统计误差；另一方面，交易需要在网上加以监控，个人外汇账户需要加强真实性审核。把检测信息和外汇信息统计相联系，有助于强化监管制度和机制，同时落实责任追究制度，保障跨境支付有序进行。国家应建立审查的制度，针对异常情况给予交易账户预警的风险控制。这里要求处理跨境支付业务的第三方机构应具备真实物品和虚拟物品隔离的管理机制，对不同交易的信息进行分类和协同管理，并应该定期向国家外汇管理局或央行等监管机构汇报情况。另外，支付机构应在国家外汇管理局的协调下，与工商部门、海关合作，建立跨境贸易共享平台，使跨境贸易和跨境交易的信息监测更加准确与细化，降低支付的风险。

实训 7.2　汇率高低对跨境电商的影响

2020 年 10 月以来人民币继续提升升值幅度，且升值幅度大于美元贬值幅度。截至 2020 年 10 月 30 日，中国外汇交易中心（CFETS）人民币汇率指数收于 95.23（9 月 30 日为 94.4），人民币对主要货币均呈现升值。2020 年 11 月以来受美国大选不确定性影响，美元继续走低，人民币兑美元汇率逼近 6.6。中国人民银行授权中国外汇交易中心公布 2020 年 11 月 17 日银行间外汇市场人民币汇率中间价为 1 美元可兑换人民币 6.576 2 元，较上一交易日上升 286 基点，升到了 6.5 元。此外，在岸、离岸人民币对美元汇率均涨到了 6.5 元。人民币汇率升值有两项基础因素的支撑：新冠疫情后我国经济率先复苏，中国经济基本面相对全球占优；我国货币政策回归正常化，2020 年 5 月以来边际收紧短端流动性，市场利率上行，中美利差走阔。除此之外，当时也出现了其他边际变化。首先，我国贸易顺差持续扩大，在结汇率较为稳定的情况下，银行间外汇市场人民币供需结构发生变化，推升人民币汇率。其次，美国大选进入司法争议，暂无法顾及与中国的博弈，此前中美博弈的压制因素有所减少。因此，人民币汇率后续仍有升值空间，继续调高 2020 年年末至 2021 年汇率波动中枢至 6.5，波动区间为 6.3~6.7。超预期升值可能来自实体部门集中结汇、美元超预期下行；超预期贬值可能来自中美剧烈博弈超出预期。这几种情形出现并引发汇率大幅调整的概率并不大。

人民币对美元贬值，对于出口到美国的企业而言影响稍大些。一些人认为人民币贬值对跨境出口电商是好事情。比如一件产品上架的时候是以汇率 6.5 的价格出售，而实际卖出去之后，汇率可能在 6.8 左右了，而最终是以美元并非人民币结算，这期间就会赚取额外的“差价”。不过，也有人认为人民币贬值带来的影响并不大。这些人分析认为供应商给平台供货，对国内 B2B 的部分始终以人民币结算，而且不能因为汇差大了就抬价或压缩供应商，因此整体的账面还是持平的。毕竟汇率随时会波动，想要长久发展，保持正数就可以了。其实，整体来讲人民币贬值对出口企业而言是利好的。无论是一般贸易出口还是跨境电商，人民币贬值则意味着对应的货币，如美元、欧元等就升值了。那么就会有一部分额外的汇兑收益，而且中国企业的产品在国际上的竞争力也会提升。

应对人民币汇率变动，目前主要采用外汇汇率套期保值的方式进行管理，而根据套期保值交易所采取的方向，外汇期货的套期保值又可以分为多头套期保值和空头套期保值两种。前者是指在即期外汇市场上拥有某种货币负债的人，为防止将来偿付时该货币升值的风险，而在外汇期货市场上做一笔相应的买进该货币期货合约的交易，从而在即期外汇市场和外汇期货市场上建立盈亏冲抵机制。后者是指在即期外汇市场上持有某种货币的资产，为防止未来该货币贬值，而在外汇期货市场上做一笔相应的空头交易，达到回避汇率变动风险的目的。

还有一个导致跨境电商企业容易受人民币汇率波动影响的原因是跨境电商目前大部分采取单向资金流采购。例如，A股跨境出口企业环球易购主营出口业务，在国内以人民币采购，在海外以外币收款，这就导致了海外子公司收到的外币在支付一些本地物流、营销、人员管理等成本之后，要快速转移回国，用于支付采购费用及其他各种费用。在这种模式下，外币资金在结汇过程中不可避免地受到汇率波动的影响。假如跨境出口企业可以选择一些海外供应商，用外币支付采购费用的话，那么人民币汇率波动的影响可以大大减少。目前，像通拓、有棵树等涉及跨境进出口业务的企业在本轮人民币升值的过程中，受到的影响会比只做出口业务的企业小一些。

实训任务如下：

①什么是汇率？影响汇率的因素有哪些？

②查看近两年美元对人民币的汇率变化情况。

③结合此材料，你觉得跨境进口电商平台应如何积极面对汇率波动？

任务7.3　跨境电商支付的外汇管理与监管框架

【任务引入】

在国家外汇管理局宁波市分局的指导和大力支持下，宁波银行顺利获批跨境电商收结汇业务资格。2020年8月31日，宁波银行联合美国花旗银行推出的“跨境电商收款服务”成功上线，国内出口电商开通这项服务后，在国际网购平台亚马逊北美站上销售商品，亚马逊支付货款后，资金可以当天到账，而且结汇利率透明，提现手续费低于市场平均水平。

宁波银行跨境电商收款服务主要是为中国境内出口跨境电商企业出口贸易提供境外收款服务，具备店铺管理、跨境收款、提现结汇、还原申报等功能，在亚马逊北美站开店的出口电商可获得在线签约、一键提现、秒级结汇、快速入账等整体金融解决方案。

宁波A企业为工贸一体企业，主营办公文具出口，2019年出口额达1亿美元，受2020年新冠疫情影响，A企业开始在亚马逊北美站销售，日均销售额7 000美元，对境外收款的安全性、效率、费率有要求。宁波银行“跨境电商收款服务”推出后，A企业成为首批试点客户。

杭州B企业为工贸一体企业，主营窗帘出口，2019年出口额达1 700万美元，为欧美百货供货商。2020 年开始，B 企业开始在亚马逊北美站销售商品，日均销售额 5 000 美元，期望通过阳光合规的通道安全收款。宁波银行“跨境电商收款服务”上线当天仅用 10 分钟，B 企业即完成签约并绑定收款账号。

跨境电商支付往往都是用外币支付的，因此交易后的外汇管理就是很重要的问题了，那么跨境电商支付中的外汇是怎么管理的？如何结汇？面临哪些相关的风险？如何管理这些风险？带着这些问题，我们进入任务 7.3 的学习。

7.3.1 跨境电商支付的外汇管理现状

为了支持跨境电商等贸易新业态的发展，2020 年 5 月 20 日，国家外汇管理局发布《国家外汇管理局关于支持贸易新业态发展的通知》（以下简称《通知》），放宽贸易新业务外汇政策，优化外汇服务，实施“交易越合规、汇兑越便利”的信用约束和分类管理。《通知》自发布之日起实施，围绕着“快”和“省”做文章，为更多小微跨境电商企业创造更加便利的外汇结算条件，提高企业的资金周转率，降低企业的相关财务费用。

7.3.1.1 优化新业态外汇结算模式

优化新业态外汇结算模式，扩大了账户收支范围，推动了更多业务在网上办理，在降低市场主体综合成本的同时，提升了跨境结算效率。

①放宽外汇管理。一是便利跨境电商出口业务资金结算。跨境电商可以将境外仓储、物流、税收等费用与出口货款轧差结算。二是优化跨境电商相关税费的跨境代垫。企业可以为客户跨境代垫相关的仓储费用、物流费用、税费等。三是满足个人对外贸易结算需求。个人可以通过外汇账户办理跨境电商和市场采购贸易项下外汇结算。四是完善市场采购贸易资金结算。对于在市场采购贸易平台备案的主体，银行可以凭平台信息为其办理委托第三方报关的收结汇业务。五是支持外贸综合服务企业代办出口收汇。符合技术条件的外贸综合服务企业可以通过具备审核交易电子信息能力的银行为其服务的客户代办出口收汇手续。

②提升外汇服务。一是拓宽贸易新业态结算渠道，支持符合条件的银行凭交易电子信息办理外汇业务。二是便利企业远程办理外汇业务。企业可以与国家外汇管理局系统直连，实现贸易业务报告、国际收支申报等更多外汇业务网上办理。三是优化小额交易涉外收付款申报。企业可以以自身名义汇总申报小额涉外收支，满足其出口退税、融资的申报需求。四是持续跟踪贸易新业态的创新发展，主动回应市场主体外汇业务的新诉求。

7.3.1.2 企业跨境结算更灵活

外贸综合服务企业可以根据客户委托，代办出口收汇手续。经办银行可以凭外贸综合服务企业推送的交易电子信息办理出口收汇，外汇或结汇资金直接进入委托客户的账户。

目前，全国约有 300 多家外贸综合服务企业，服务了近 10 万家小微外贸企业。探索外贸综合服务企业代办出口收汇手续，实现小微外贸企业的报关报检、物流、退税、结算、信用保险等由外贸综合服务企业全流程代办，能够推动外贸领域分工更专业化。这使小微企业在拓展国际市场的同时，可以通过外贸综合服务企业的专业服务和规模优势，有效降低报关、物流、结算等外贸综合成本。

同时，国家外汇管理局通过技术手段支持企业优化外汇业务流程。贸易新业态市场主体可以通过联机接口服务连接货物贸易外汇监测系统，联机查询名录状态，办理企业货物贸易外汇业务报告等。

跨境电商企业可以将出口货物在境外发生的仓储、物流、税收等费用与出口货款轧差结算，并按规定办理实际收付数据和还原数据申报。从节省交易时间及成本方面看，这大大缩短了从境外资金平台收款到结算至境内关联企业，再到境内服务企业之间结算的资金链条。缩短资金链条一方面节省了企业的财务和管理成本，另一方面使得交易更灵活、更有效率。以往由于资金链条较长，在业务旺季发货量大、物流结算频次高的场景下，企业急单催付的情况很多。改革措施便利了跨境电商出口业务资金结算，并优化相关税费的跨境代垫，实际上就放开了直接跨境支付税费，有效提升了企业在业务旺季的支付效率，对提高业务反应速度和效率是一个有力的支撑。

7.3.1.3　为支付机构提供政策依据

传统贸易中银行主要依据企业提供的报关单、合同、发票等传统纸质单证为企业办理贸易项下外汇业务，往往难以满足贸易新业态市场主体凭交易电子信息办理结算的诉求。

为进一步顺应对外贸易中电子交易的快速发展，国家外汇管理局在现有支付机构为跨境电商办理跨境结算的基础上，支持符合条件的银行凭线上电子订单、物流等交易电子信息为跨境电商和外贸综合服务等新业态市场主体提供结售汇及相关资金收付服务。

银行凭交易电子信息即可开展外汇结算，有利于银行发挥其跨境资金清算的优势，丰富贸易新业态结算渠道，为市场主体提供更加高效、便捷、低成本的跨境结算服务，进一步提升跨境交易便利化水平。

国家外汇管理局数据显示，截至2020年9月底，全国6家银行、5 565家小微企业已实现凭交易电子信息办理贸易新业态外汇业务，涉及订单247万笔，累计收汇3 997万美元。跨境电商结算周期由平均2天缩短至30分钟。

7.3.2　我国跨境电商支付的监管框架

我国法律层次可以分为五级：宪法、法律、行政法规、地方性法规、部门规章与地方政府规章。行业主管部门和行业自律协会都是我国跨境支付行业的监管主体。行业主管部门与行业自律协会的职责不同，前者主要负责规范和促进跨境支付行业的发展，后者主要协助政府部门处理相关工作，并发起相关交流活动。

中国人民银行的职责是整体监管支付市场，建立该行业的准入门槛及制定行业标准，以行政主管部门的身份，规范支付行业现状。中国人民银行的监管，即央行的监管既有平时的日常监督，又包含不定期对跨境支付行业进行的现场检查。中国人民银行日常监督的内容有：第一，规定被监管机构每日上传业务数据，并进行双向比对，将支付机构的备付金管理纳入监控体系；第二，针对日常交易中的可疑行为，要求被监管机构及时向其提交可疑信息及汇报；第三，每年度邀请符合标准的外部独立机构对业务进行核查。对备付金管理、业务合规性、风险控制程度、内控完善程度、反洗钱防范等方面实施全方位检查，即不定期检查内容。

支付清算体系是金融基础设施的核心。中国人民银行对国家支付系统安全和效率负有法律责任。目前，我国已形成以中国人民银行现代化支付系统为核心、商业银行支付清算系统为基础、社会化支付系统（第三方支付）为重要补充的支付体系架构。近年来，随着开放程度的日益提高，跨境支付交易量迅速增长，跨境支付系统的复杂程度与集中程度也不断提高。自2009年7月1日由中国人民银行、财政部、商务部、海关总署、国家税务总局、中国银监会共同制定的《跨境贸易人民币结算试点管理办法》自正式公布实施以来，监管部门陆续出台一系列规范人民币跨境支付结算业务及跨境支付机构的规则与安排。其主要包括《人民币跨境支付系统业务规则》《人民币跨境支付系统业务操作指引》和《国家外汇管理局关于开展支付机构跨境外汇支付业务试点的通知》等。这些制度规范在一定程度上强化了制度建设、明确了运营机构、规范了运营管理，保持了跨境支付结算体系的总体运行平稳。

中国支付清算协会的主要工作范围和责任在于维护支付清算市场的秩序、防范支付风险、保障行业健康发展。跨境电商在我国发展至今，跨境电商支付相关的法律监管制度已成体系，并在各自范围内起到了一定程度的监管作用。

除上述文件外，跨境业务持牌经营的重要性也日益显现。凡是没有取得监管许可而为中国境内居民提供跨境支付结算服务的，都属于跨境无证经营。原则上，国内公司想要开展跨境支付业务，首先必须成为支付机构，持有中国人民银行颁发的“支付业务许可证”，同时还需要国家外汇管理局准许开展跨境电子商务外汇支付业务试点的批复文件。如果不涉及换汇，支付机构持有各地中国人民银行分支机构颁发的人民币跨境支付许可即可，跨境人民币支付业务不需要国家外汇管理局的批复。以上海地区为例，在上海市内和上海自贸区内注册成立的支付机构以及在上海市以外注册成立的支付机构在自贸区内设立的分公司，只要拥有互联网支付业务许可，在中国人民银行上海分行提交备案即可开展跨境人民币支付业务。除持牌第三方跨境支付公司外，跨境支付行业的参与者还有国际支付公司和国内非持牌企业。

随着跨境支付业务监管趋严，未来整个跨境支付行业或将迎来巨变。监管制度建设不断完善、业务流程的重构等将有效提升跨境监管能力，防范内外风险联动，构筑跨境支付监管新生态。

扩展学习

请用电脑打开网址：http://beta.dooland.com/index.php?s=/magazine/article/id/801026.html&from=singlemessage，了解人民币跨境支付系统（CIPS）。

实训7.3　PingPong率先响应中国人民银行最新监管框架

2019年7月12日，跨境金融公司PingPong率先响应中国人民银行最新监管框架。PingPong表示，公司将开启业务模式的升级计划和针对性改进，且在升级期间对客户的提现和资金安全不会造成任何影响。

以下为公示原文：

尊敬的PingPong客户：

PingPong作为领先的金融科技企业，与全球各国的监管和金融体系有良好的沟通和合作基础，长期以来一直深受客户信任和市场认可，PingPong对此深感荣幸和责任重大。

作为行业领军者，PingPong率先响应中国人民银行总行有关规范跨境支付市场的最新监管框架，报经中国人民银行同意，PingPong近期已经开启了业务模式的升级计划和针对性改进。

升级期间对客户的提现和资金安全不会造成任何影响，请大家放心使用。此次升级将极大地促进行业的发展，更好地保护广大跨境电商卖家的资金安全，这与PingPong“越世界，为中国”的创业初心完全一致。

感谢大家的理解和支持。

PingPong

2019年07月12日

国家外汇管理局于2019年4月29日已经发布了《支付机构外汇业务管理办法》（以下简称《办法》），明确了支付机构开展外汇业务时的多项管理要求。

与此同时，国家外汇管理局规定了《办法》实施前参与跨境外汇支付业务试点的支付机构需要按照《办法》要求，在2019年7月29日前向注册地国家外汇管理局分局、外汇管理部进行名录登记。

实训任务如下：

①登录PingPong官网，查阅了解相关业务。

②尝试绑定PingPong到自己的亚马逊店铺。

③查找资料，你觉得跨境金融对跨境电商的作用体现在哪些方面?

任务7.4 我国跨境电商支付的发展

【任务引入】

通联支付成立于2008年10月，总部位于上海，是国内支付行业的先行者和开拓者，是首批取得中国人民银行支付业务许可证的支付机构，获准在中国范围内开展支付业务。与此同时，通联支付又是首批获得国家外汇管理局跨境外汇支付试点资质和中国人民银行跨境人民币支付资质的企业，是中国少有的同时具备中国银联、维萨（VISA）、万事达（MasterCard）、发现卡（Discover）、美运通卡（AE）、日本国际卡（JCB）等主要国际卡组织会员资质的支付企业，也支持支付宝、微信等主流钱包。

通联支付相关负责人在2020年第三届中国国际进口博览会谈道：“通联支付运用国内外支付网络，为跨境电商平台销售的跨境进口电商以及在境外电商平台销售、自建站平台销售和企业自建网站销售的跨境出口电商等各类新兴业态提供综合的一站式服务解决方案。”

我国跨境电商支付是如何发展起来的？发展的现状如何？跨境电商卖家如何收款结汇？整个流程是怎样的？带着这些问题，我们进入任务7.4的学习。

7.4.1 我国跨境电商支付产生的背景

跨境电商的高速发展态势，必然离不开跨境支付企业的支撑，跨境支付市场也已然成为支付领域新的增长点。

2013年，国家外汇管理局颁发了首批17张跨境支付牌照。进入2015年，跨境支付走上法治化和规范化的道路。2015年，国家外汇管理局发布《国家外汇管理局关于开展支付机构跨境外汇支付业务试点的通知》和《支付机构跨境电子商务外汇支付业务试点指导意见》，允许30家试点支付机构开展跨境外汇支付业务试点，并为每家试点支付机构划定了一定的业务范围，如货物贸易、旅游服务、机票航空、留学教育、国际会议等，这也为支付机构服务于跨境电子商务交易双方提供了法规支撑。

近年来，国家外汇管理局加强了对支付机构外汇业务的监管力度。2019年4月，国家外汇管理局下发了《支付机构外汇业务管理办法》，意味着过去跨境外汇支付业务试点支付机构迎来"转正"阶段，而未能获得跨境外汇支付业务资质却仍在进行跨境外汇支付业务的企业将进入业务调整期。

截至2020年3月底，共有30家支付机构获得试点牌照，试点业务范围包括货物贸易、留学教育、航空机票、酒店住宿以及软件服务。获得正式牌照的仅有十余家跨境支付机构。支付宝、财付通、汇付天下、平安壹钱包、连连支付、快钱、盛付通、网易宝等十几家第三方支付机构已取得监管部门批复的开展跨境支付业务的许可文件。

除了已获得跨境支付牌照的以上企业之外，国内还有众多支付企业通过与境内外各大银行机构合作，也在合法开展着跨境支付服务。

中国建设银行、中国银行和招商银行于2003年首先涉足"Visa验证"服务。中国建设银行作为收单行率先向在线商户提供基于三维（3D）安全认证体系的网络支付服务。银联互联网跨境支付业务全面整合了中国银联、境内发卡银行和境外主流银行卡收单服务机构三方资源，具有商户资源全球覆盖、交易支付安全便捷、业务流程统一规范等显著特点，深受广大银联卡持卡人信赖，通过与PayPal、日本三井住友、香港东亚银行等境外主流收单机构合作，使受理"62"开头银联卡的境外网上商户的覆盖范围将越来越广，数量将越来越多。

经过数年的发展，国内跨境支付市场逐步发展壮大，凭借低成本、高效率、本土化的竞争优势受到越来越多跨境中小企业的青睐和信任，不再被境外支付平台碾压，也使竞争格局逐步清晰明朗。各家企业正在逐步寻找各自的立足点及独特的行业优势。

7.4.2 我国跨境电商支付的规模

随着全球经济合作的不断深化和中国改革开放进程的持续深入推进，中国经济发展与世界各国的融合程度不断加深。"一带一路"倡议下产业政策的实施更强化了各经济体之间的贸易往来，中国对外交流空间不断得到扩展。伴随国民收入的增加和消费观念的更新，以跨境电商为首的多样场景下的跨境交易规模稳步扩大。

2013年以来，为支持跨境电商发展，我国在部分地区开展了第三方支付机构跨境电商外汇支付业务试点，并于2015年年初将试点范围扩大到全国。试点以来，第三方支付机构跨境外汇支付业务总体上发展规范、风险可控，不仅有效满足了企业、个人跨境快捷支付的需求，而且有力支持了跨境电子商务的快速发展。2019 年，中国进出口跨境电商交易规模达 10.5 万亿元，较 2018 年增加了 1.5 万亿元，同比增长 16.67%（见图 7-4-1）。

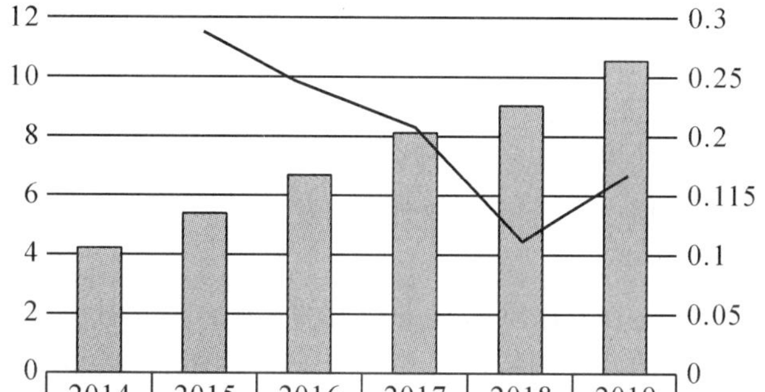

	2014	2015	2016	2017	2018	2019
进出口跨境电商交易规模(万亿元)	4.2	5.4	6.7	8.1	9	10.5
增速(%)	—	28.57	24.07	20.90	11.11	16.67

图 7-4-1　2014—2019 年中国进出口跨境电商交易规模及增速

资料来源：电子商务研究中心、智研咨询整理。

近年来，中国大部分商业银行针对跨境支付业务进行了一系列的改革和创新，目的就是满足电商企业和个人消费者在跨境支付方面的便捷性、安全性需要。2014—2019 年，中国人民币跨境支付系统处理业务数量持续增长。2019 年，中国人民币跨境支付系统处理业务数量达到 188.43 万笔，较 2018 年增加 44.19 万笔，中国人民币跨境支付系统处理业务金额为 33.93 万亿元，较 2018 年增加 7.48 万亿元（见图 7-4-2）。

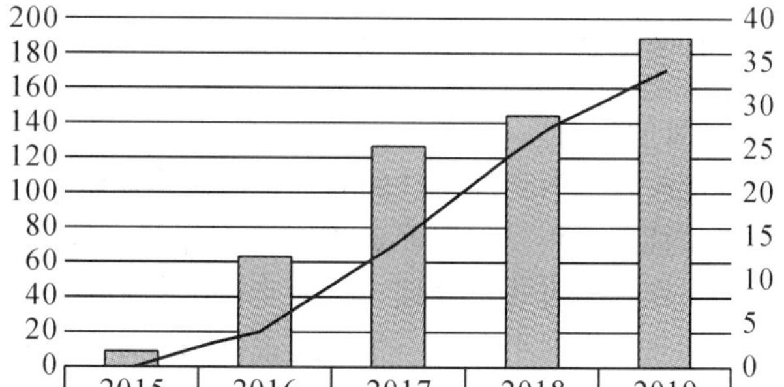

	2015	2016	2017	2018	2019
人民币跨境支付系统处理业务(万笔)	8.67	63.61	125.9	144.24	188.43
金额(万亿元)	0.48	4.36	14.55	26.45	33.93

图 7-4-2　2015—2019 年中国人民币跨境支付系统处理业务数量及金额

跨境支付平台的出现，符合电子商务的发展需要，是网上支付业务创新的具体表现形式之一。跨境支付平台无论是从其自身的交易流程看，还是从其附属于大型门户网站的性质看，通过与银行合作，以银行信用为依托，都将较好地做到网络交易信用化，有利于电子商务的快速发展。

7.4.3 促进我国跨境电商支付发展的因素

7.4.3.1 互联网及信息交互的发展

互联网技术的发展和信息交互设备（如电脑、平板电脑、智能手机）的功能不断完善是推动跨境电商支付发展的基础条件。

7.4.3.2 经济发展

经济全球化的发展使各国经济联系日益密切，国家积极发展外贸产业，跨境电商交易规模逐步扩大，促进了跨境电商支付的发展。

7.4.3.3 消费升级

当代年轻人是在互联网时代下长大的人群，属于社会中的消费主力，生活习惯和消费习惯都带有很强的互联网特性，并倾向于购买国际品牌的产品，为跨境电商支付提供了庞大的市场需求。随着经济的发展，人们的收入增加的同时也伴随着消费的升级，中国消费者对海外商品的需求日益上升，人们对国际奢侈品、高质量产品、母婴用品、化妆品的需求巨大，出境旅游和出国留学的市场也越来越大，消费市场日益丰富和扩大。

7.4.3.4 政策支持

2015 年，国家外汇管理局将支付机构跨境外汇支付业务的试点推广到了全国范围，并将跨境电商单笔限额由 1 万美元提升至 5 万美元。此外，国家还允许支付机构可以轧差结算，极大地降低了支付机构的结算成本。国家外汇管理局不再对备付金合作银行和备付金账户的数量进行限制，令更多银行加入跨境电商支付贸易。

7.4.3.5 第三方支付平台角度

第三方支付平台日渐成熟使得消费者可以足不出户在网页或手机应用程序上查询商品和服务信息，并轻松下单和支付，十分便利。

7.4.4 我国跨境电商支付存在的问题

7.4.4.1 监管问题

由于跨境电商支付有着虚拟性的特点，因此跨境电商市场快速发展阶段面临的最大问题是交易的真实性无法得到保障。此外，监管部门也难以对跨境交易进行审核。近年来，海淘逐渐兴起，在管理方式不合理、外汇监管存在无法触及的“灰色地带”的背景下，部分交易是通过第三方支付平台而不是通过银行进行外汇交易的，银行基本无法通过第三方机构了解到用户的具体信息。对于个人结售汇业务，国家对同一人或同一机构的结售汇业务有统一的次数规定，对于不符合规定的，银行一般无法受理。对于第三方支付机构，相关规定只针对在境内进行的支付业务有所规定，而对跨境业务尚无具体要求，因此在跨境支付领域还存在监管盲区。

7.4.4.2 安全问题

在跨境电商支付方面，不同国家具有不同的标准和法律法规。跨境电商支付的支付信息确认相对困难，同时个人信息和银行卡也存在被盗的风险。虽然跨境电商使得消费者能够接触到更多国内无法购买到的海外产品，并且在价格上也比国内商品更具优势，但是很多消费者更关心交易安全性问题，对境外电商网站缺乏信任。此外，在开通、操作过程中诸多繁琐的步骤也成为一道阻碍，是制约跨境电商支付发展的主要问题。

7.4.4.3　交易问题

跨境电商支付的整个交易流程涉及各方主体的交互，因此跨境电商支付的交易风险也是制约跨境电商支付健康发展的一大因素。跨境电商支付存在的两类风险包括第三方支付机构本身发生的不合规交易和用户遭遇的交易风险。

7.4.4.4　资金问题

很多从事跨境电商活动的中小卖家由于自身资金实力不足，除了考虑跨境电商支付交易过程中的安全性、支付成本、放款效率外，还非常关心资金的安全。因为很多中小卖家对跨境电商平台的相关条款并没有完全吃透，对国外的法律法规更不了解，因此经常会在这些方面吃亏。

7.4.5　我国跨境支付行业发展的前景和趋势

7.4.5.1　内资外资机构并驾齐驱

国内支付市场难以撼动，外资企业将重点布局跨境支付。2019 年 9 月 30 日，PayPal 通过旗下公司收购国付宝信息科技有限公司 70%的股权。此次股权变更申请获中国人民银行批准，PayPal 成为进入中国支付市场的首家外资机构。此前，中国人民银行在 2018 年放开了外商投资支付机构的准入限制，明确了准入规则和监管要求，同时强调对外资企业一视同仁，实行统一管理办法，标志着行业政策向外资企业正式敞开，而 PayPal 正是在此政策利好的节点上快速抓住了机遇。

7.4.5.2　并购或转型

不同梯队非持牌公司未来发展前景分化。强监管政策及外资机构的进驻，势必带来行业格局发生变化，在此大环境下不同梯队的支付公司也将面临不同的发展方向。2015 年，中国人民银行暂停支付牌照申请之后，支付公司向国家外汇管理局申请跨境支付试点资质非常困难，因此对已经处在头部的非持牌机构而言，获得牌照的最佳途径无疑是并购。对中小型非持牌支付机构而言，受自身规模及收益限制，其没有足够的现金量去采购牌照，因此未来的发展方向可能是向第四方公司转型，以自身的渠道优势为第三方支付公司及跨境商户提供不同的支付解决方案。

7.4.5.3　技术升级

区块链等金融科技将为跨境支付带来颠覆性飞跃。区块链以其共享账本、分布式架构等特点，能够大幅提升跨境支付的效率。同时，点对点的模式不再需要传统中介提供信用证明和记账服务，可以大大降低跨境支付成本。与其他技术相比，区块链还具有安全性的优势。2019 年开始，我国大力推进区块链技术，预计会有更多的“区块链+跨境支付”项目落地。同时，云计算、人工智能和多方安全计算等金融科技在第三方跨境支付中的应用还有待进一步普及。未来，第三方跨境支付企业将在跨境支付反洗钱、反欺诈、风险控制、支付体验、产品升级等领域更加广泛地运用金融科技，为行业参与者带来飞速发展的机遇。

扩展学习

请用电脑打开网址 http://www.safe.gov.cn/safe/2020/0520/16232.html，了解《国家外汇管理局关于支持贸易新业态发展的通知》的相关内容。

实训 7.4　模拟卖家收款结汇的过程

实训目标如下：

①了解支付宝和 PayPal 两种收款类型。

②熟知支付宝和 PayPal 的优势、交易流程以及支付方式。

实训内容如下：

①掌握注册和激活支付宝和 PayPal 账户的方法。

②熟悉平台认证流程。

③掌握平台收款流程。

④了解外币收款的相关问题。

⑤了解平台收费标准。

⑥掌握提现方法。

⑦熟悉平台放款原则。

形式与过程（以 PayPal 为例）如下：

用户登录网址 www.paypal.com，点击注册，选择“商家账户(个体/企业)”(见图 7-4-3)。

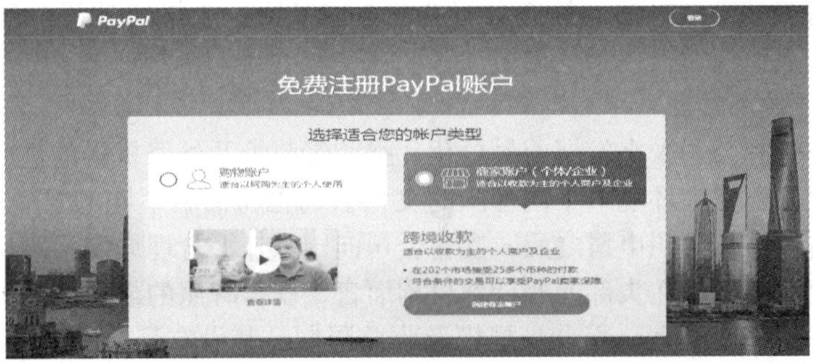

图 7-4-3　“商家账户(个体/企业)”

用户填写注册信息后，点击“创建商家账户”(见图 7-4-4)。

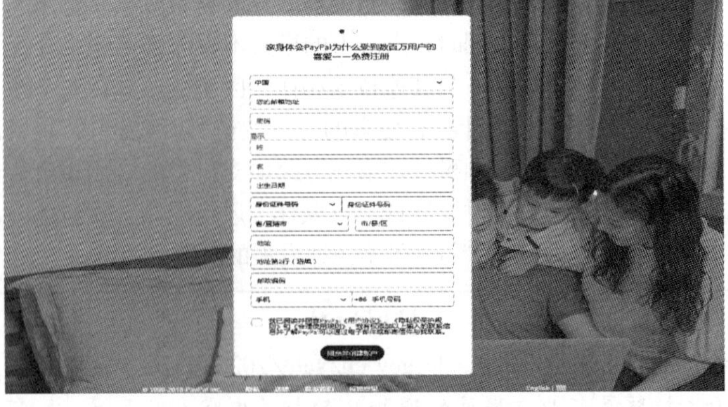

图 7-4-4　“创建商家账户”

用户输入需要注册的邮箱地址，点击“下一步”（见图 7-4-5）。

图 7-4-5 “下一步”

用户填写信息，点击“同意并继续”（见图 7-4-6）。

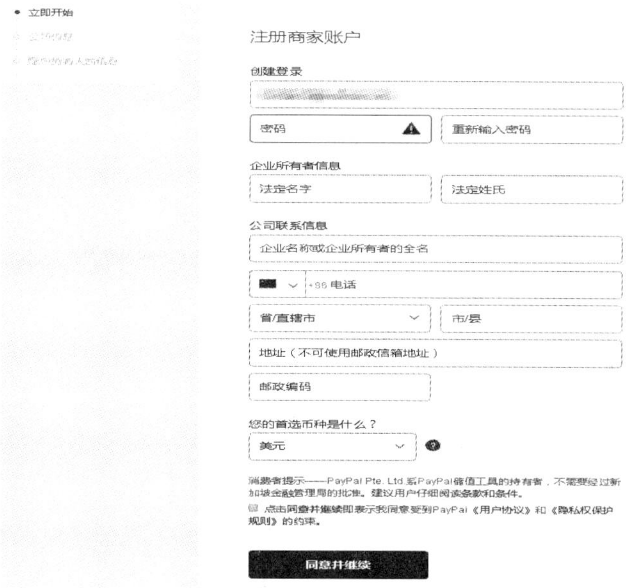

图 7-4-6 “同意并继续”

用户填写公司信息（见图 7-4-7）。

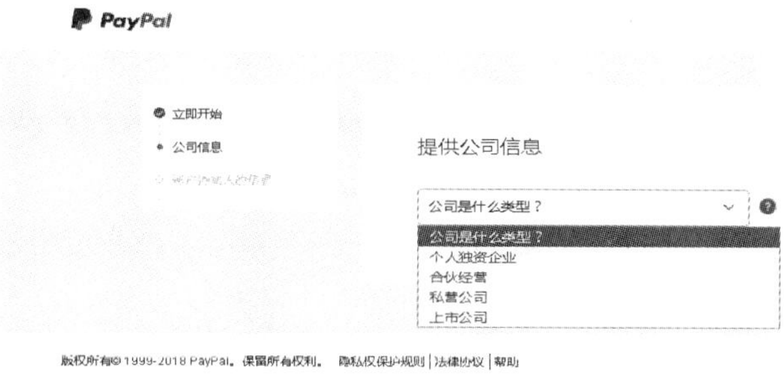

图 7-4-7 填写公司信息

用户填写账号持有人信息，点击“继续”（见图7-4-8）。用户点击“提交”（见图7-4-9），PayPal注册便成功了。

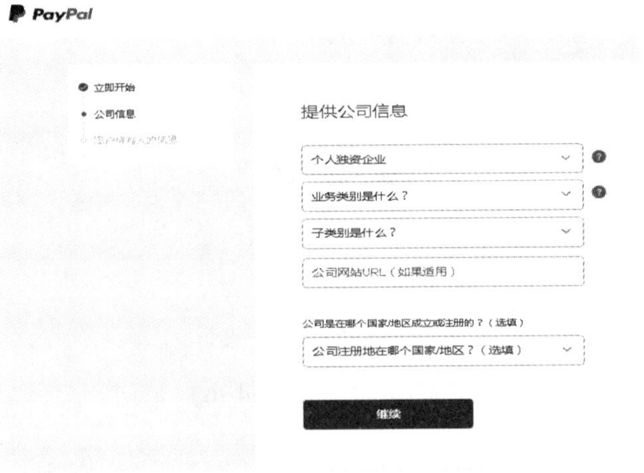

图7-4-8 “继续”

图7-4-9 “提交”

关于付款方式设置，在“商家设置”中，有“付款设置”和“账户设置”两大类。用户点击“设置付款”（见图7-4-10），可以看到如图7-4-11所示界面。

图7-4-10 “设置付款”

图 7-4-11　商家设置

用户点击“账户设置”，可以看到如图 7-4-12 所示界面。

图 7-4-12　账户设置

我们选择通过验证电子邮箱来激活账户。用户可以在设置的邮箱中找到验证邮件，点击后账户被激活（见图 7-4-13）。

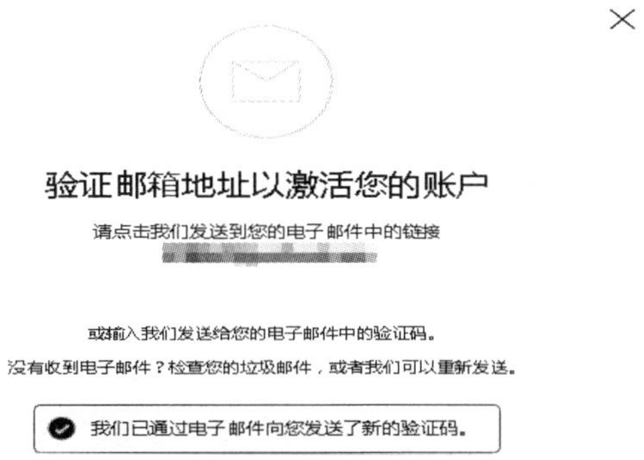

图 7-4-13　账户被激活

用户验证完邮箱地址后，选择“账户设置”→“关联您的银行账户”（见图 7-4-14）。

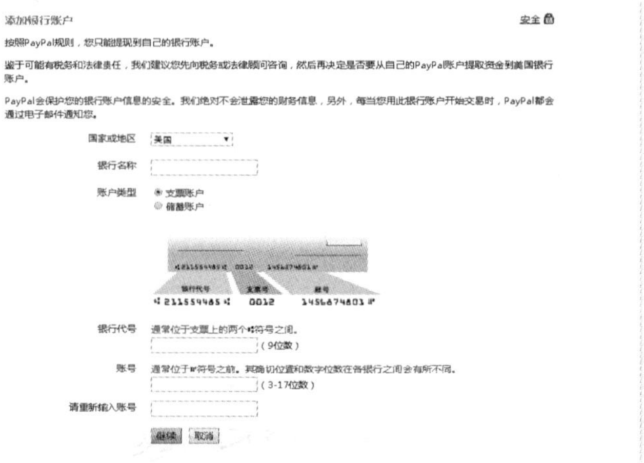

图 7-4-14　添加银行账户

用户开始下一步设置，进入“账户设置”→“确保客户能清楚看到您的公司名称”，进行公司信息确认。

用户进行限额设置，进入“账户设置”→“提高限额，转账更轻松”（见图 7-4-15）。

图 7-4-15　账户限额

用户进行收款设置，在“商家设置”下方选择“收款方式”（见图 7-4-16）。

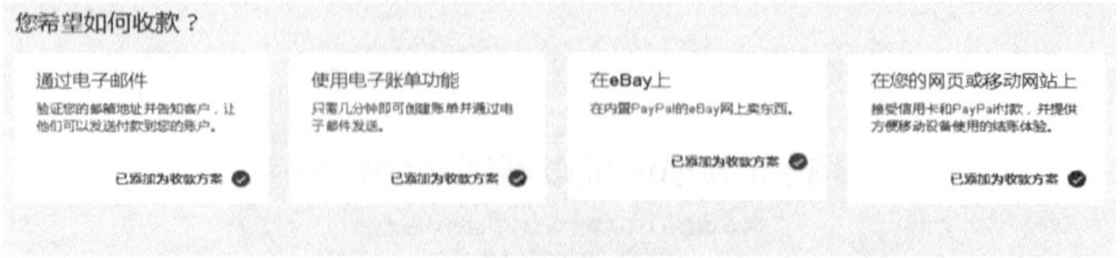

图 7-4-16　“收款方式”

用户完成了收付款的设置后，还有最后一步，即需要进行银行卡的绑定，用户进入“用户信息”→“用户信息与设置”→“我的用户信息”→“财务信息”（见图 7-4-17）。

图 7-4-17　“财务信息”

用户添加信用卡或借记卡如图 7-4-18 所示。

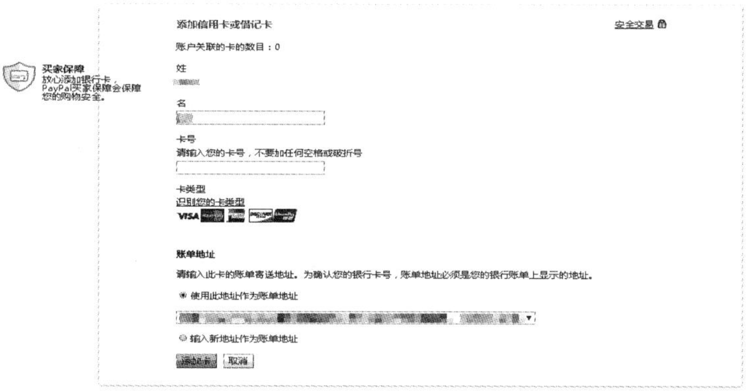

图 7-4-18　添加信用卡或借记卡

用户确认卡后完成该设置（见图 7-4-19）。

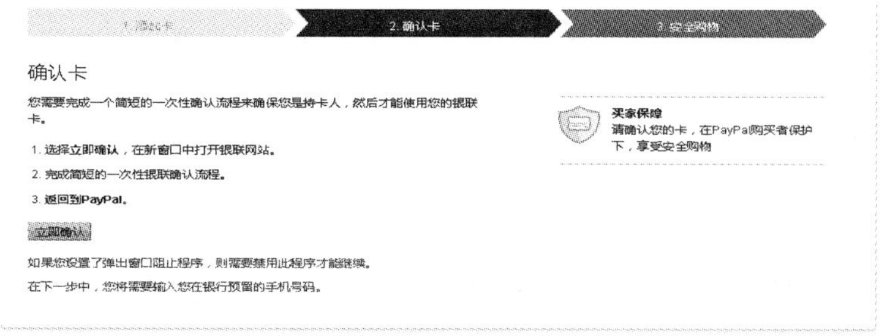

图 7-4-19　确认卡

项目 8　跨境电商平台的营销与推广

【学习目标】

知识目标	了解互联网营销的特点、方式 掌握跨境电商平台站内营销推广工具的使用方法 掌握常见的站外营销的类型 掌握移动营销的特征与技巧 熟悉主流社交平台的属性
能力目标	能够正确使用店铺自主营销推广工具 能够在交易环节中熟练运用店外营销，提高店铺的转化率 能够初步使用社交平台进行营销推广
素养目标	能够形成对海外消费市场数据的敏感度 能够利用网络资源查看、收集、了解信息 能够具备对不同的营销推广方式的整合能力，洞察新趋势、新方向

任务 8.1　跨境电商的互联网营销

【任务引入】

如果一个跨境电商卖家遇到如下问题：单量少，销售业绩上不去；客流量少，开拓新顾客无从下手，找不到精准客户群；店铺知名度低，品牌打不响，行业被龙头垄断，没机会展示优势。这个卖家该怎么办？无论是国内电商还是跨境电商，都需要掌握共性的营销方法和理念。跨境电商营销理论是随着互联网发展而兴起的新理论。跨境电商营销本质上是营销，但是又不同于传统的营销模式。要在跨境电商的模式下理解与运用营销理论，需要了解互联网营销的方式，对海外客户的特征、海外电商的发展有一定程度的了解，还要了解典型的跨境电商营销活动的内容与方式。

那么，什么是互联网营销？在跨境电商中如何应用互联网营销理论？互联网营销又有什么特点？互联网营销的方式有哪些？带着这些问题，我们进入任务 8.1 的学习。

扩展学习

请用电脑打开网址 https://www.1558.cn/yingxiao/22682.html，了解互联网营销更多相关知识。

8.1.1　互联网营销在跨境电商中的运用

互联网时代信息瞬息万变，人们身边充斥着大量的信息，人的大脑往往存在信息超载的现象。视频在信息超载的时代以视听结合的形式传播，较文字、广播等更容易让人接受。互联网以其强大的交互性，极大地提升了人与人交流沟通的信息传递效率。以互联网为基础的营销活动应运而生。

互联网营销主要包括网络营销和社区化媒体营销。狭义的互联网营销也称为网络营销，是以国际互联网络为基础，利用数字化的信息和网络媒体的交互性来实现营销目标的一种新型的市场营销方式。卖家通过互联网极大地缩短了信息在空间和时间上的距离，从而能够利用互联网上的一个节点，以很低的成本把商品卖到全国各地甚至是全世界各地，不需要像传统商业业态那样为了把商品尽可能卖到更多的地方而形成一级一级的经销商。

但是目前跨境电商的互联网营销中也有很多的问题，比如付费流量成本越来越高，难以保证投资回报。另外，相较于国内电商营销，跨境电商营销推广人员还要了解不同目标市场的文化习俗、消费人群的偏好、消费市场的特点和规律，这些都直接影响到营销投入的投资回报率，这也要求更高的人员素质。如何引流也是互联网营销的一大痛点，跨境电商营销对引流有更高的要求，引流需要和国外大的媒介合作，而这也增加了引流的难度。推广的方案、图片、视频、文字等都需要外文撰写，对材料的要求非常严格，更要符合合法版权的要求，并且要根据用户需求经常创新。可以引流的平台很多，每个平台的政策都不相同，如“脸书”（Facebook）、推特（Twitter）、谷歌（Google）等流量巨头都有非常严格的广告标准，跨境电商平台内部也有广告系统，对广告推广的要求非常严格，对不符合标准的广告，停止、关闭账户都是有可能的。卖家不熟悉相应的政策以及未能及时应对政策变化，都会面临较大的推广风险。

8.1.2　互联网营销的特点

随着网络技术的日益成熟，低廉的运营成本让越来越多的卖家、买家能够利用互联网这一平台各取所需。互联网营销是企业整体营销战略的一个重要组成部分，互联网营销是手段，具有独特的优势。互联网营销的特点可以归纳为以下几个方面：

8.1.2.1　不受时空限制

互联网不受时间和空间的限制，信息能够更快、更准确地完成交换，企业、团体和个人能够全天候地为全世界的客户提供服务，极大地方便了消费者的购买。互联网技术的发展已经突破了空间的束缚，从过去受地理位置限制的局部市场，扩展为范围更加广阔的全球市场。全球几乎每个地方都能够通过连接互联网而参与国际商务。

8.1.2.2　信息传播的媒介非常丰富

互联网可以对多种信息进行传递，如文字、声音、图片和视频信息等，多种媒体的信息使得为达成交易进行的信息交换能以多种形式存在，这些传播媒介能够让产品更加形象立体地呈现出来，能够让消费者对商品的了解更加深刻详尽。这些丰富的传播媒介资源还能够让企业和组织的营销人员充分发挥其能动性和创造性，让营销变得更有趣味性。

8.1.2.3　与消费者的交互性强

有别于传统媒介形式（如电视、广播等）中消费者被动接受商品信息，不能与商家实时沟通和向商家反馈信息，互联网可以使消费者主动查询产品或商家信息，还可以让买卖双方进行实时信息沟通。营销方也可以通过互联网进行客户满意度调查、客户需求调查等，为商品或服务的设计、改进提供及时的意见信息。互联网营销是一种以消费者为主导的交易方式，因此消费者可以理性地选择所需商品，可以避免强迫性推销。供需双方可以通过信息交换、沟通建立起良好的合作关系。消费者可以体会到互联网营销带来的好处——较低的价格、人性化的服务。这是其他营销方式难以比拟的。

8.1.2.4　营销成本低

互联网的发展日益成熟，互联网营销的运营成本也在逐步降低，尤其是与之前的实物交换相比较，一方面可以减少印刷与邮递成本，可以无店面销售、免交租金、节约水电与人工成本；另一方面可以减少由于多次交换带来的损耗。互联网营销通过网上的一系列宣传、推广，使信息复制传递的边际成本几乎为零，这对客户来说是低成本高产出的经营活动。运营成本低廉和受众规模大能够使企业提升竞争力、拓展销售渠道、扩大用户规模，因此互联网营销受到越来越多企业的关注。

8.1.2.5　高技术性

互联网营销是建立在以高技术为支撑的互联网的基础上的，企业实施整合互联网营销必须有一定的技术投入和技术支持。除了需具备先进的计算机配套设施以外，企业还需要有一定的技术投入和技术支持，这就需要企业能够引进既精通营销又擅长计算机技术的复合型人才。传统营销时代，企业往往要通过专业的广告公司进行策划，根据自身产品的特点，定位消费群体，寻找媒体投放广告，不但繁琐且资本投入高。互联网营销让相关环节都简单化，企业可以跨越时间和空间的限制，直接将广告传递给消费者个人，实现利益的最大化。

8.1.2.6　超前性

互联网络是一种功能强大的营销工具，它同时兼具渠道、促销、电子交易、互动客户服务以及市场信息分析与提供等多种功能。互联网营销所具备的一对一营销能力，正符合定制营销与直复营销［直复营销是以盈利为目标，通过个性化的沟通媒介向目标市场成员发布发盘信息，以寻求对方直接回应（问询或订购）的社会和管理过程］的未来趋势。计算机可以储存大量的信息，可以传送的信息数量与精确度远超其他媒体，并能适应市场需求，及时更新产品或调整价格，因此可以及时有效了解并满足客户的需求。互联网作为一种功能强大的营销工具，它所提供的功能是全方位的，无论是渠道、促销、电子交易，还是互动、售后服务，都满足了营销的全部需求，它所具备的营销能力具有超前性。

8.1.3　互联网营销的方式

随着互联网的普及，企业让“互联网+”的创新思维逐步运用到企业的品牌营销推广中，借此实现转型升级，提升品牌影响力。随着互联网技术的深入发展，单一的营销方式逐步向多元的全网整合营销方式转变。

8.1.3.1 搜索引擎营销

搜索引擎营销（search engine marketing，SEM）是基于搜索引擎平台的网络营销，利用人们对搜索引擎的依赖和使用习惯，通过对用户搜索关键词竞价，让用户在搜索这些关键词时使商家营销信息展现在用户面前。用户发现信息，并通过点击进入网页，进一步了解所需要的信息。企业通过搜索引擎付费推广，让用户可以直接与企业客服进行交流，实现交易。

8.1.3.2 搜索引擎优化

搜索引擎优化（search engine optimization，SEO）是一种通过分析搜索引擎的排名规律，了解各种搜索引擎怎样进行搜索、怎样抓取互联网页面、怎样确定特定关键词的搜索结果排名的技术。搜索引擎采用易于被搜索引用的手段，对网站进行有针对性的优化，提高网站在搜索引擎中的自然排名，吸引更多的用户访问网站，提高网站的访问量、销售能力和宣传能力，从而提升网站的品牌效应。

8.1.3.3 网络广告

企业通过网络广告投放平台，利用网站上的广告横幅、文本链接、多媒体的方法，在互联网上刊登或发布广告。网络广告是一种高科技广告运作方式。与传统的传播媒体（报纸、杂志、电视、广播）广告及近来备受垂青的户外广告相比，网络广告具有得天独厚的优势，是实施现代营销媒体战略的重要部分。网络广告是主要的网络营销方法之一，在网络营销方法体系中具有举足轻重的地位。

8.1.3.4 电子邮件营销

电子邮件营销（email direct marketing，EDM）是在用户事先许可的前提下，通过电子邮件的方式向目标用户传递价值信息的一种网络营销手段。电子邮件营销有三个基本因素：用户许可、电子邮件传递信息、信息对用户有价值。三个因素缺少任何一个，其都不能称为有效的电子邮件营销。电子邮件营销是利用电子邮件与受众客户进行商业交流的一种直销方式，同时也广泛应用于网络营销领域。

8.1.3.5 网络社区营销

网络社区是网站所提供的虚拟频道，把具有共同兴趣的访问者集中到一个虚拟空间，让网民产生互动、维系情感以及分享资讯。网络社区的功能包括电子公告牌（BBS）、电子邮件、聊天室、讨论组、回复即时通知和博客等。网络社区主要包括综合性的社区和专业性的社区，专业性的社区分为自己建设的网络社区和基于其他网站的专业社区。例如，新浪网络社区内容囊括了社会生活的方方面面，而阿里巴巴网络社区的受众定位是网上商人。从网站经营者的角度来看，网络社区经营成功，不仅可以带来稳定及更多的流量，增加广告收入，更能使注册会员拥有独立的资讯存放与讨论空间。会员多、人气旺，还给社区营销造就了良好的场所。网络社区营销是网络营销的主要手段之一。

8.1.3.6 微信营销和微博营销

微信营销是网络经济时代企业或个人营销模式中的一种，是伴随着微信的火热而兴起的网络营销方式。商家通过微信公众平台开展公众号软文推广，进行广告展示或内容推送。目前，微信有10万多个优质微信大号，覆盖约8亿用户组成的巨大用户群。商家可以利用微信中的朋友圈进行熟人口碑营销，让商家的广告在朋友圈中广泛传播。朋友圈的广告功能可以实现精准投放，让商家与客户像朋友一样交流。微信营销已经成为一种主流的线上线下微信互动营销方式，实现点对点的营销。

微博营销是指商家或个人通过微博平台发现并满足用户的各类需求的商业行为方式。微博营销以微博作为营销平台，每一个微博用户都是潜在的营销对象，企业通过更新微博向网友传播企业信息、产品信息，树立良好的企业形象和产品形象。在每条更新内容下，企业还可以与微博用户在线交流互动，或者发布人们感兴趣的热点话题，借助热点新闻事件来达到营销的目的。微信营销信息发布门槛低，成本远低于广告，效果却不差。与传统的大众媒体相比，微博的受众同样广泛，并且前期只需一次投入，后期维护成本低廉。目前，基于微博强大的营销能力，在微博上实现一站式购物已不再遥远，微博营销的闭环行动也在提速。

8.1.3.7 *移动互联网营销*

随着移动通信工具的发展，消费者越来越依赖于手机购物，营销方式也随之向移动端倾斜。移动互联网营销是基于手机、平板电脑等移动通信终端，利用互联网技术基础和无线通信技术来满足企业与客户之间的交换产品、服务的需求，通过在线活动创造、宣传、传递客户价值，并且对客户关系进行移动系统管理，以达到一定企业营销目的的新型营销活动。移动互联网营销借助国际先进移动信息技术，将各类网站及企业的大量信息以及各种各样的业务引入移动互联网中。移动互联网营销具有灵活性强、精准度高、互动性强等特点。

8.1.3.8 *互联网整合营销方式*

虽然很多营销企业已经创作出了非常有创意的广告作品，能够打动用户，甚至赢得广告或传播奖项，但这些作品不一定对企业的战略目标（如提高销量、市场份额和利润目标）有贡献。顾客的信息获取方式较多，传统营销很难接触到所有目标人群。消费者的个性化需求不断增长，已经不愿意再听同一媒体的一种声音。

整合营销（integrated marketing）是将各种营销工具和手段系统化结合，根据环境进行即时性的动态修正，以使交换双方在交互中实现价值增值的一种营销理念与方法。整合就是把各个独立的营销综合成一个整体，以产生协同效应。这些独立的营销工作包括广告、直接营销、销售促进、人员推销、包装、事件赞助和客户服务等。企业应战略性地审视整合营销体系、行业、产品、客户，从而制定出符合企业实际情况的整合营销策略。

整合营销以消费者为对象，使营销与传播彼此交融，使营销与传播手段相互整合。互联网整合营销是指将产品策划、产品开发、网站建设、网店运营、品牌推广、产品分销等一系列电子商务内容整合在一起，将传统网络、移动互联网、电脑网络整合在一起进行营销的一种新型营销模式。企业使用以互联网渠道为主的各种传播方式，以统一的目标和形象，传播连续、一致的企业或产品信息，实现与消费者的双向沟通，迅速树立品牌形象，建立产品与消费者的长期密切关系，更有效地达到品牌传播和产品营销的目的。

互联网整合营销观念的核心思想是必需时刻关注消费者的价值取向，能够深刻理解什么正在吸引消费者的眼球。企业在深刻理解消费者价值取向的基础上，将价值观融入品牌，通过品牌传达让消费者产生相应的心理体验，让品牌通过心理体验深深印入消费者的脑海当中，从而让消费者形成品牌体验，达到口碑营销、品牌传播的目的。企业应协调使用不同的传播手段，发挥不同传播工具的优势，将与企业进行市场营销有关的一切传播活动一体化。总体来讲，网络整合营销传播=传统广告+移动通信传播+搜索引擎营销+ 电子邮件营销+ 互动营销（微博、论坛、问答、SNS）+ 网络新闻营销（软文、博客）+视频营销等。

当然，除了这些外部可借助的营销方式外企业还可以自建营销平台，但不是每个企业都能够自建营销平台，特别是中小卖家，它们往往需要入驻第三方跨境电商平台。这些跨境电商平台凭借自己庞大的客户流量，成为众所周知的购物平台。这些平台也会在站内提供给卖家可选的自主营销工具，我们将会在下一节进行介绍。

实训 8.1　互联网营销与传统营销的区别

陈倩在一家互联网社交网站企业担任人力资源管理工作时，有位电视台的朋友过来面试。被问到跳槽原因时，他如是说："受网络媒体的冲击，现在电视台的广告业务已经缩水了一半，公司内部重组，不得不考虑换行业。"

听到这句话，陈倩不禁想到，未来几年，第五代移动通信技术（5G）、人工智能（AI）、区块链等新技术即将普及，这种颠覆只会愈演愈烈，传统营销渠道将进一步失效。当讨论产品、运营、宣传、渠道等问题的时候，人们亟须将传统的营销思维转变成互联网的营销思维。

传统的营销思维为定位+"4P"（产品、价格、渠道、促销）。通常的做法就是为产品找准定位，取一个独特、好记的名字，设计最"洗脑"的广告语和视频，买断当地电视台的黄金时间，重复播放，最终达到的效果就是出上句人们就能对下句。

互联网的营销思维为爆品+新"4C"（场景、社群、内容、人与人连接）+迭代。讲到互联网营销就不得不提小米公司。

首先，小米在创业之初并没有做手机，而是做安卓第三方的刷机 room 系统，这是极少部分手机发烧友才玩的东西。小米团队先在手机刷机论坛上找到 100 个铁杆粉丝，并与这群粉丝深度互动。在此过程中，小米把 MIUI（米柚）做到极致（极致设计、极致体验），从而使"米粉"（小米的粉丝）从 100 个变成了 1 万个、10 万个、100 万个……小米顺势推出了小米手机，又一次做到了极致——同配置的其他品牌的手机要三四千元，而小米只要 1 999 元。

这令人尖叫的价格，让用户和粉丝们想抢都抢不到，每月的一轮轮的手机预订活动也赚足了眼球。小米的这种营销模式，也被人吐槽为"卖期货"或"饥饿营销"。原因是虽然在产品发布的时候性价比极高，但是市场能够预订到的量却很少，而在后期大批量出货的时候，硬件生产成本大大降低，这个价格已经没有太大优势了。

传统分销模式是以实体店面为基础的，分有大区代理、省级代理、市级代理、县级代理等。现在流行的微商模式，代理的成本非常低，根本不需要有店面和库存，普通人就能够申请代理。代理人只需要在微信群里和朋友圈里将产品卖出去后坐等收钱。原来中间商的差价直接返利给代理人和消费者，激发了个体潜能。

互联网产品极其关注数据，在营销投放上也是如此。在传统媒体上投放广告，最大的缺点是投放效果难以及时评估，而网络媒体可以通过用户画像针对卖家的目标人群进行精准投放，如果直接引流到电商平台，卖家还能够评估每个投放渠道的效果怎么样，有多少流失、有多少转化，再根据数据来动态优化自己的营销策略。

互联网营销不完全等于互联网传播手段。现在很多现象级“网红”产品往往通过制造噱头和饥饿感进行传播，但是忽视了产品本身的问题。

传统的营销思维和互联网的营销思维对比情况如表 8-1-1 所示。

表 8-1-1　传统的营销思维和互联网的营销思维对比情况

传统营销思维	互联网营销思维
品牌定位：寻找需求的空白点	找尖叫点：寻找用户未被满足的需求
产品：能够解决用户的实际问题	爆品：令人尖叫的极致单品
价格受多因素影响	令人感动的价格
渠道为实体分销渠道	渠道为个体+网络平台
促销：打折优惠	口碑传播、病毒传播
广告（通常一条）	高频易于传播的内容（有趣、有料、有话题）
产品更新	社群迭代
电视台的黄金时段	投放精准目标用户
单向输出	社群互动
数据反馈周期长	定时获得数据反馈

这是一个变革的时代，如果你是传统行业的从业者，应当积极拥抱互联网。根据以上介绍，请回答企业进行互联网营销应该在思维上注意哪些问题？

任务 8.2　跨境电商平台站内营销活动

【任务引入】

刚刚在全球速卖通上开通店铺的陈倩最近有点烦恼。作为卖家，她要思考：如何开展有效的店铺营销活动，将精心准备的商品销售出去？如何在同价位的产品中销售得比别的卖家好？如何在商品质量一样的时候，比别人卖的价格更高？如何能够让自己店铺的曝光度提升从而有更多的流量？如何提升流量的转化率？如何通过合适的促销活动提升销量？

这些问题都是作为店铺的营销推广人员在经营跨境电商平台店铺时需要考虑的问题。如何用最小的成本取得最大的营销成果当然也是营销专员要考虑的。怎么利用跨境平台提供的营销工具开展站内营销活动从而在站内搜索中表现优异？带着这些问题，我们进入任务 8.2 的学习。

扩展学习

全球速卖通的直通车是卖家常用的站内付费营销工具，很多其他的相似跨境电商平台也都有直通车业务。请用手机或电脑打开全球速卖通广告营销页面网址（https://activity.alibaba.com/admarketing/05258aa1.html? spm = a2728. 10419608.j6ztljih. 2. 7d027955pbH33x），了解全球速卖通直通车更多详细的相关知识。

每一个跨境电商平台的站内推广政策与活动都不尽相同，我们以任务引入中陈倩入驻的全球速卖通平台为例，了解一下全球速卖通的站内营销活动。

根据电子商务营销的经典公式：销售金额=商品访客数×浏览支付转化率×客单价。营销活动往往围绕着这个公式展开。正常情况下，浏览支付转化率和客单价在短时间内不会发生太大的变化，卖家更多关注的是想办法提高店铺的访客数，或者说通过店铺的营销方法来为店铺引流。因此，了解店铺引流的方法显得尤为重要。

全球速卖通引流分为站外引流和站内引流。站外引流成本过高，相比站外引流，站内引流更加便捷。全球速卖通平台提供了很多站内引流的办法。例如，deal 活动频道、搜索、买家后台、购物车、收藏夹、平台首页、商品问答等，这些都可以为店铺带来访客或流量。除了以上的流量来源路径外，站内引流的办法还有直通车、联盟营销、关联营销、粉丝营销、客户管理营销、优惠券和满立减营销、内容活动中心（金银牌）、平台活动、“网红”直播等流量获取活动和渠道，同样可以较快地提高店铺的流量和销售额，但是各种营销的引流方法和技巧又有所不同。

8.2.1　搜索框搜索优化

对于卖家来讲，自然流量是最有保障的流量来源。搜索框是跨境电商平台站内流量来源最基本的形式。消费者往往在搜索框通过关键词搜索自己想要的产品。这是消费者主动搜索的行为，转化率往往比较高。因此，搜索优化至关重要。

做好搜索优化要从优化标题、优化主图、优化价格角度入手。标题中应尽量包含商品的产品词、属性词。单词一定要拼写正确，否则用户无法搜索到卖家的产品。主图的背景底色建议为白色或纯色，图片尺寸在 800×800 像素及以上，图片横向和纵向的比例建议为 1∶1~1∶1.3；图片最好无边框、无水印，不允许拉扯，标志统一放在图片左上角……这样的图比较容易受消费者喜爱。

图 8-2-1 与图 8-2-2 分别是在全球速卖通首页的搜索框，按关键词匹配度和按订单量排序的情况。我们可以看到，匹配度高是订单量的保证。

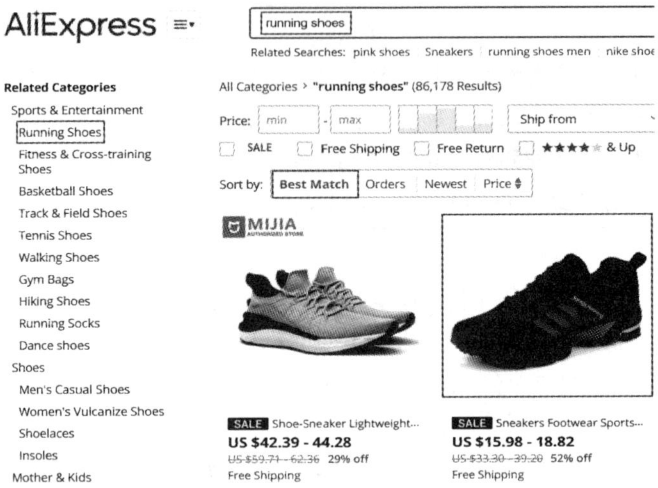

图 8-2-1　在全球速卖通首页搜索关键词“running shoes”按匹配度排名

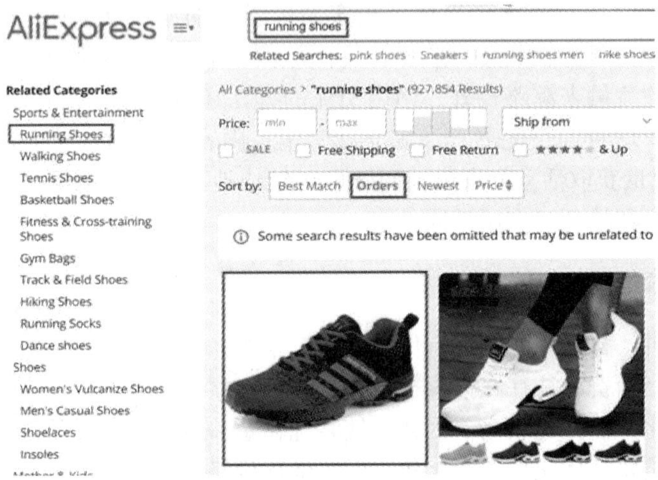

图 8-2-2　在全球速卖通首页搜索关键词“running shoes”按订单量排名

8.2.2　橱窗推荐

当买家通过搜索某个关键词或类目来到搜索结果页面时，会看到自然的排序结果，而橱窗推荐就在自然排序的结果下。全球速卖通给橱窗的产品增加排序权限，从而提高橱窗产品的排名。当卖家达到一定水平时，全球速卖通会提供商品橱窗建议。这是全球速卖通提供的一种推广技术工具，能让使用橱窗的产品较自然地展现在更靠前的位置（设置为橱窗推荐的产品，其曝光量比普通产品高 8~10 倍），从而使买家能够优先搜索到橱窗推荐产品，提高产品曝光率。卖家可以利用这个优势获得大量的免费流量。卖家利用这个推广工具的关键是选择高品质的橱窗推荐产品。卖家通常可以结合主打产品、热门产品、新产品、季节产品等。全球速卖通的买家页面没有针对橱窗产品安排固定显示位置，卖家只能在后台通过设置来提高产品排名。全球速卖通根据入驻店铺的等级奖励给卖家一定的橱窗推荐机会。卖家服务等级越高，店铺获得的橱窗就越多，从而得到的曝光量也越多。

8.2.3　平台优惠活动推广

全球速卖通为卖家提供了四大免费站内推广工具（营销工具）——限时限量折扣、全店铺打折、满立减/满件折、店铺优惠券等。

在店铺的四大营销工具中，限时限量折扣是四大营销工具之首，在店铺营销中最常用。限时限量折扣设置有利于打造新品引流和提高客户下单转化率。卖家登录全球速卖通，点击营销活动→店铺活动→限时限量折扣→创建活动即可使用该功能。

从客户体验度来说，全店铺打折是最受买家欢迎的方式，对卖家整体提高店铺销售额有明显的帮助。全球速卖通对设置全店铺打折的卖家有流量扶持，那么卖家就可以借助平台大量引流，提升店铺的竞争力。当全球速卖通促销活动结束后，卖家仍可以持续使销量增长。除此之外，在多款商品上架和换季时节，全店铺打折可以提升新品的销量，也可以对过季商品进行清仓。这是全店铺打折的独到之处。

满立减是指达到一定金额或数量就给予减价的优惠活动。满件折是全球速卖通在 2018 年推出的自主营销活动。卖家可以根据自身经营状况，对店铺设置“满 X 件优惠 Y 元”的促销规则（X 和 Y 都由卖家自己设置）。买家下单时，若订单总商品数超过了设置的 X 件，在买家付款时，系统自动减掉 Y 元，无需卖家修改价格。满立减/满件折活动类型分为四种：全店铺满立减（全店铺参与活动）、商品满立减（部分商品参加活动）、全店铺满件折、商品满件折。

店铺优惠券是一种与店铺满立减很相似的活动，同样都是属于满减性质的优惠活动，主要目的是增加二次营销，巩固老顾客。

店铺优惠券可划分为领取型店铺优惠券、定向发放型优惠券、金币兑换优惠券、秒抢优惠券、聚人气优惠券。最常用的是领取型优惠券。活动进入路径为营销活动→店铺活动→店铺优惠券→添加优惠券。

8.2.4　站内付费推广——直通车

全球速卖通直通车是阿里巴巴全球速卖通平台通过自主设置多维度关键词，免费展示产品信息，大量曝光产品以吸引买家，并按照点击付费的全新网络推广方式。也就是说，直通车可以把卖家的产品排到前面，让买家在搜索关键词时，该产品可以展示在买家眼前。产品曝光是不扣费的，只有客户点击了产品才需要扣费。因为产品的排名是非常重要的，一般只有排在前几页的产品才有可能被买家浏览到，卖家的产品只有排在前几页，被曝光的可能性才会更大。只有产品有曝光量且被买家看见，才有机会成交订单。

全球速卖通直通车是付费的，是需要竞价的。卖家需要先在直通车账户里充钱，之后就可以开通直通车。卖家选择要推广的产品、关键词竞价排名、每次点击的费用。点击热门关键词进入首页的费用从几元到几十元不等。这个方法适合有利润的产品卖家。

卖家可以将自己店铺中所有的商品都投放在直通车上，在投放一段时间后，可以根据各个产品的推广数据来找出一些点击率比较高和转化率比较高的商品，这类推广商品，就是适合通过直通车推广的。另外，卖家还可以选择店铺中主推的一个爆款商品，投放直通车，然后根据直通车中推广广告的数据，找出一些点击量比较高和平均转化率比较高的关键词。也就是说，在刚刚开始的时候，出价完全相同，但是卖家需要找出在出价相同的情况下表现最好的关键词，然后使用这些关键词做推广。

8.2.4.1 直通车的开通

卖家按以下步骤即可开通直通车：第一步，登录卖家后台；第二步，在营销活动中进入店铺活动，找到直通车入口；第三步，充值；第四步，创建计划，选择产品进行推广（见图 8-2-3）。

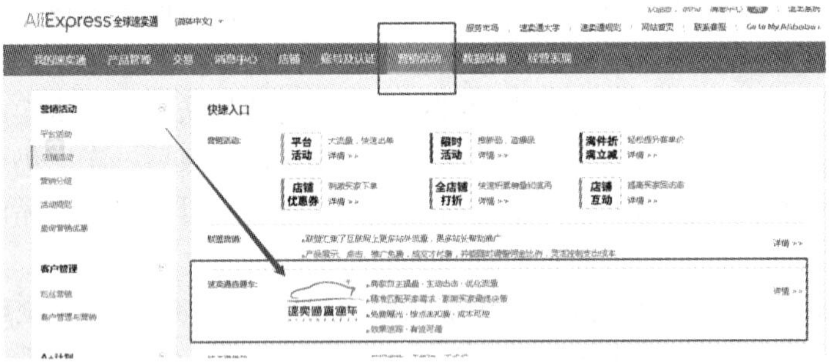

图 8-2-3 全球速卖通直通车开通页面

8.2.4.2 直通车的位置

直通车是卖家常用的站内付费推广工具，它通过竞价的方式提供固定的展示位置，帮助卖家提升店铺的流量。直通车电脑端与移动端展示的位置有所不同。直通车电脑端的推广位分为右侧推广区与底部推广区。在买家进行搜索或通过类目浏览时，每一页的结果列表的右侧区域可供同时展示最多 5 条直通车商品。在第 5、10、15、20、25、30、35、40、45、50、55、60 位（隔 4 插 1），产品右下角有 AD 字样（见图 8-2-4）。直通车移动端的展示位置将会混合在自然搜索中，主搜每页 20 个，推广位置第一页为第 3、11、19 位，第二页及以后为第 6 位和 16 位。

图 8-2-4 全球速卖通直通车电脑端搜索框右侧显示位置

8.2.4.3　直通车的原理

①卖家按点击付费，仅展示产品不付费。

②竞价排名规则：综合排名=关键词质量评分×出价。关键词质量由产品的属性、标题的关键词、详情页的描述来决定。

③扣费规则：卖家实际扣费=某关键词的下一名出价者×下一名质量得分÷本人质量得分+0.01。当卖家的商品排在竞争该关键词卖家的最后一名时，或者卖家的商品是这个关键词下展示的唯一推广商品时，所需要支付的点击价格为该关键词的底价。每次发生扣费时，系统会根据对应展示所监控到的关键词出价人数等情况，自动计算出保持关键词排名所需的最低价格。由于商品排名与推广评分、出价两个因素有关，因此卖家商品的推广评分越高，实际点击扣费就会越低，即每次实际的点击花费，取决于卖家和其他卖家的排名关系、出价和推广评分。

点击扣费会受其他卖家影响。即使卖家的出价不变，同一关键词在不同时刻的实际点击扣费也可能是不同的。

点击扣费会受推广评分的影响。卖家的推广商品与关键词的推广评分越高，所需要付出的每次点击花费越低。因此，卖家优化商品详情页的标题、图片、店铺的评价等可以降低直通车的成本。

8.2.4.4　直通车开通前的准备工作

①准备好商品。直通车可以用来测试新品，也可以用来提升已出单产品的销量。选品可以说是此推广方案的核心，选品不好，直通车只能是“纯烧钱”的行为。卖家可以选下单和反馈都比较好的产品，或者一些有价格优势的产品，先选几个产品做尝试，重点推广。新品要选产品质量优良的产品，可以快速测试市场对新品的反应。

②准备好关键词。卖家可以从买家热搜词词表、飙升词词表中筛选出与产品相关性高的几个关键词，也可以从客户页面搜索框中摘取联想词（见图 8-2-5）。

图 8-2-5　摘取联想词

③充值、开启新建推广。卖家新建推广后即可加入准备好的产品，开启直通车计划。

8.2.5　站内达人直播平台——live

随着国内电商平台直播带货的火爆，全球速卖通也于 2019 年开通上线了达人直播功能。在买家首页的“live”中（见图 8-2-6），买家可点击进入直播页面，会看到很多达人的直播带货视频。“直播+出口电商”是目前出口跨境平台上火热的营销方式。海外消费者在观看直播的同时，可以在下方直接找到中意的产品进行购买，打破了只能通过产品详情页来了解产品的瓶颈，实实在在增加了消费者的用户体验。

卖家需要申请直播权限，金牌和银牌全球速卖通卖家已经在 2019 年 10 月 9 日统一开通直播权限，非金牌或银牌的全球速卖通商家需要填写申请信息，申请开通直播权限。卖家开启直播，直播间支持日语、俄语、西班牙语、英语四种语言同时直播以及直播回放。

图 8-2-6　全球速卖通直播平台入口

实训 8.2　全球速卖通站内营销

陈倩知道全球速卖通有大量的站内流量，这些流量是她的店铺的潜在顾客流量。为了吸引这些站内流量，她决定通过一些营销方式吸引更多的站内流量。陈倩决定利用全球速卖通站内的一些推广优化工具。假如她在全球速卖通的店铺是卖日用品的，其中有一款主打产品便捷式榨汁机（见图 8-2-7）。产品标题为“Portable Size USB Electric Fruit Juicer Handheld Smoothie Maker Blender Rechargeable Mini Portable Juice Cup Water”。便捷式榨汁机产品主图如图 8-2-7 所示。

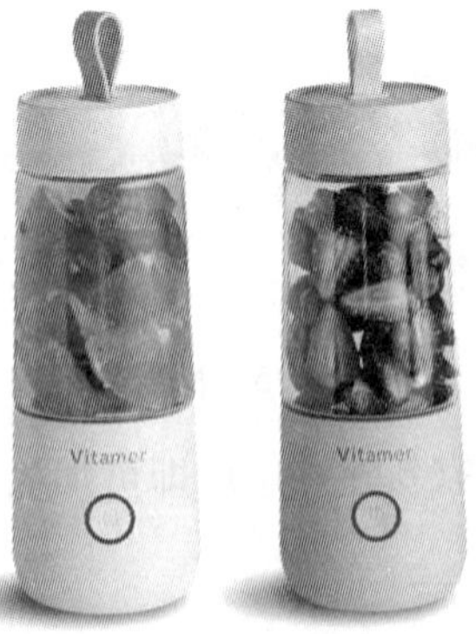

图 8-2-7　便捷式榨汁机产品主图

产品的一些特征（features）如下：

Imported high - power motor. Stainless steel stirring blade, sharp and durable. Unique carrying rope design, portable, practical, taking silicone material, durable pull constantly. Truly portable and conveniently, makes you blend and drink from the same bottle. Enjoy your fruit juice anytime and anywhere.

A best gift for your friends and yourself, great ideal for home or accessory for traveling.

Food grade material, safe and clean.

Material: Food grade PP+PC+ABS+304 stainless steel.

Size: 75×75×230mm.

Color: pink/blue/purple/green.

请根据以上信息完成以下实训任务：

登录全球速卖通官方网站，查找同类产品的销售情况，找到销量排前三位的同类产品，分析这些产品参与的站内推广方式。

任务 8.3 社交媒体营销

【任务引入】

随着跨境电子商务的快速发展，政策红利期即将过去，跨境电商卖家的竞争越来越激烈，蓝海越来越难发现，陈倩就面临这样的困难。最近，陈倩一直在寻找好的营销方式，以提升店铺的整体流量与关注度。陈倩发现品牌想要在海外打响知名度，社交媒体是很重要的渠道。陈倩很想利用海外的这些社交媒体进行低成本的推广，但是又不知道如何入手。

海外的主要社交媒体有哪些？如何利用这些社交媒体进行有效的营销？营销的成本如何？带着这些问题，我们进入任务 8.3 的学习。

扩展学习

请访问网址 https://www.cifnews.com/article/77204，了解主流的海外社交媒体。

传统营销是销售导向的，即将产品或服务信息传播给潜在的消费者。现代营销是关系导向的，强调的是与消费者的互动。通过电视、广播、报纸等媒体广告，卖家无法与消费者互动；通过搜索引擎营销、邮件营销，卖家同样无法与消费者互动。卖家只能组织一些线下推广活动，实现面对面的互动。然而，这种线下推广活动不仅费用高，而且辐射面窄。现在，随着 Facebook、Twitter 等社交网络的蓬勃发展，企业开始踏入互动式的关系导向型营销时代。

8.3.1 主要的海外社交媒体

社交媒体（social media）是人们用来创作、分享、交流意见和观点以及经验的虚拟社区或网络平台。社交媒体和一般的社会大众媒体最显著的不同是让用户享有更多的选择权利和编辑能力，自行集结成某种社群。社交媒体能够以多种不同的形式来呈现，包括文本、图像、音乐和视频。社交媒体在互联网的沃土上蓬勃发展，爆发出令人惊讶的能量，其传播的信息已成为人们浏览互联网的重要内容，不仅制造了人们社交生活中争相讨论的一个又一个热门话题，更吸引传统媒体争相跟进。

社交媒体的传播过程是大批网民自发贡献、提取、创造新闻资讯，然后加以传播的过程。社交媒体需要具备两个特点：一是人数众多；二是自发传播。缺少这两个因素中的任何一个，社交媒体就不会构成。社交媒体的产生，依赖的是网络 2.0 的发展，如果网络不赋予网民更多主动权，社交媒体就失去了群众基础和技术支持，失去了根基。如果没有技术的支撑，那么多的互动模式、互动产品就不会出现，网民的需求只能被压制而无法释放。如果没有网民对于互动的、自我表达的强烈愿望，也不会催生那么多眼花缭乱的技术。社交媒体正是基于群众基础和技术支持才得以发展。

社交媒体可分为社会关系网络（social networking sites）、视频分享网络（video sharing sites）、照片分享网络（photo sharing sites）、互动媒体（content voting sites）、商务关系网络（business networking sites）等。

卖家启动社交媒体策略，更需要了解最适合卖家的是哪种类型的平台。卖家不需要通过所有平台宣传，因为管理和运营不同平台会消耗大量的精力。这就需要卖家了解主要的社交媒体平台。像中国的微信一样，在欧洲、美国、日本、韩国等，每个地区都会有一两个全民社交网站，比如 Facebook、Twitter、Pinterest、Youtabe、Instagram 等。

8.3.1.1 Facebook

Facebook 是世界上最大的社交网站。目前 Facebook 的月活跃用户约为 30 亿人。Facebook 在美国有约 2 亿用户，占美国人口的 2/3。Facebook 于 2004 年由马克·扎克伯格与爱德华多·萨维林等创建，起初只限于哈佛学生注册，但不久就扩大到波士顿地区、常青藤联盟、斯坦福大学等高校。Facebook 最重要的特征是用户之间的社会参与。一个用户拥有的朋友越多，通过对帖子、信息等的评论，对话变得越有吸引力。目前，Facebook 已经成为各种规模的企业的强大营销工具，Facebook 有大量针对商业领域的营销机会，主要包括 5 种营销方式：Facebook Business Page、在 Facebook 及其旗下平台 Instagram 上运行 Facebook 广告、参与 Facebook 群组、在 Facebook Marketplace 上列出产品以及联合营销。Facebook 的主要战略是提高品牌知名度。

① Facebook Business Page（商业页面）。Facebook Business Page 是个人资料页面的商业版本，包含位置、时间、服务和用户评论以及添加自定义选项卡和 CTA 选项，如“book now”（立即预订）或“Facebook Shop”。为了创建 Facebook 广告，企业必须有一个 Facebook 商业页面。Facebook 商业页面不仅可以在 Facebook 上找到，还可以在谷歌等搜索引擎中找到。通常 Facebook 商业页面被用来建立品牌知名度、联系目标受众、宣传促销等。同时，Facebook 商业页面也是使用 Facebook 广告和 Facebook 群组等其他营销工具的先决条件之一。

②Facebook 广告。Facebook 广告为企业提供了一种通过特定信息接触目标受众的方式，而这些特定信息不一定能够通过帖子接触到。Facebook 广告是一种按点击量付费的广

告，企业根据点击量、视频观看次数或转化率等来付费。任何拥有 Facebook 商业页面的企业都可以通过“Facebook Ads Manager”设置广告。Facebook 广告的独特之处在于它为企业提供了一种接触目标受众的途径。换句话说，广告客户可以精确地进行广告展示。除了目标受众，Facebook 广告还可以帮助企业实现特定的营销目标，如产生意识或销售线索。

③Facebook 群组。Facebook 群组是用户为了共同的兴趣或业务而建立的社区。企业通过积极参与现有的群组或创建和管理自己的 Facebook 群组来进行营销，可以获得自然关注并接触到积极参与的目标受众。Facebook 群组并不是一种直接的广告形式或一种推广平台。相反，其重点是群组中的成员，并围绕成员的共同兴趣、目标或事业建立社区。

④Facebook Marketplace。Facebook Marketplace 类似于分类信息网站 Craigslist 或 Gumtree。虽然通过平台销售的大部分群体都是个人，但企业也可以在平台上列出产品。这并非企业的主要销售渠道，通常是为了让企业获得额外的曝光，从而转化为更多的销售。

⑤联合营销。联合营销是指两家企业合作推广和交叉销售彼此的产品。这是一种免费的策略，可以帮助企业获得信誉和知名度。社交媒体营销中常见的形式就是与“网红”的联合营销。然而，企业也可以与其他企业联合营销，以促进彼此的产品或服务销售，并从其他企业受众那里获得曝光。

Facebook 有两种主要的营销策略，即自然社交和付费社交。自然社交是一种长期的免费社交增长策略，包括建立商业页面、生成帖子、通过评论和聊天与关注者互动。付费社交包括通过“Facebook Ads Manager”管理和优化广告活动，是一种快速接触目标受众的短期策略。企业要想使用自然社交进行营销，首先需要登录 Facebook 账户，点击屏幕右上角的下拉选项，并选择“Create a Page”，创建一个商业页面，之后开始持续生成内容或帖子，并通过向现有的客户共享页面或加入 Facebook 群组来扩大关注者范围。如果企业要在 Facebook 上投放广告，可以先进入 Facebook 商业页面，点击屏幕右上角的下拉箭头，选择“Manage Ads”，点击“Create”按钮开始广告活动创建过程。这一过程将引导企业选择广告类型、营销目标、目标受众以及撰写广告文案。

Facebook 是一种经济的营销渠道，为企业提供免费的工具，如 Facebook 商业页面和群组。Facebook 广告的成本也比较低，平均点击成本为 1.86 美元。企业没有每月最低销售广告支出，但每天在广告活动上的支出至少需要 1 美元，因此企业可以选择在 Facebook 广告上花费多少。一般小型企业平均每月在 Facebook 广告上花费约 1 000 美元，即每次点击 1.86 美元，将产生近 540 次点击。当企业使用第三方 Facebook 营销工具和管理服务时，可能会产生额外的成本。跨境电商企业可以通过在 Facebook 商业页面上添加一个购物标签或通过 Facebook Marketplace 来销售产品。使用 Facebook 进行产品销售的企业，每一批货物将产生 5%的销售费用，或者对销售额 8 美元及以下的产品产生固定费用 0.40 美元。

8.3.1.2 Twitter

Twitter 是美国的一个在线社交网络服务和微博服务的网站，中文名为“推特”。Twitter 只允许用户发送 140 个字符（除中文、日文和韩文外，其余语种已经提高到 280 个字符）的文本消息，被称为互联网的短信服务。Twitter 是一个动态的社交媒体平台，专业人士和其他用户可以定期、频繁地分享他们感兴趣的话题或生活的动态。由于 Twitter 的动态性，它的内容能够比其他平台更快地进行传播。Twitter 于 2006 年由杰克多尔西与其合伙人创办并启动上线，之后迅速风靡全球。截至 2020 年第三季度末，Twitter 的日活跃用户达 1.87 亿人。Twitter 每月有 3.3 亿活跃用户，每天发送 5 亿条推文。全球所有 Twitter 用户中，有 63%在 35~65 岁。75%的 B2B 企业在 Twitter 上销售其产品或服务。Twitter 可以说是初创卖家构建个人品牌的强大工具。近 40%的 Twitter 用户表示受“网红”影响购买过产品。平均而言，Twitter 用户在社交网络上至少关注 5 个品牌。更令人印象深刻的是，有 37%的消费者会从他们关注的品牌那里购买商品。此外，每 5 个 Twitter 用户中有 4 个在其推文中提到了品牌，从而表明 Twitter 用户不是品牌厌恶者。Twitter 营销对于提升跨境电商业务至关重要。Twitter 允许用户和品牌之间进行强大的双向通信。超过一半的 Twitter 用户在看到一条推文中提到某个品牌后，已经采取了行动，如访问网站。普通品牌在约 1.5 小时内在 Twitter 上回复客户询问。卖家每天在 Twitter 上保持活跃是一个很好的经验，每天发布 1~5 个帖子则会大大增加用户购买的概率。

Twitter 的营销需要注意以下几点：

①巧用趋势性或热门性标签。在社交媒体帖子中加入趋势性和热门性标签是一种非常好的营销方式，可以让卖家的信息不仅仅局限于自己的粉丝。使用流行的标签会将该消息展示给讨论该主题的所有人。Twitter 还根据用户的位置和关注对象为每位用户提供量身定制的趋势性标签内容。

②使用主题标签。Twitter 提供了使用主题标签功能，即通过关键字将信息捆绑在一起的方式。话题标签“#”的功能使一个话题标签可以贯串 Twitter 上的同一个话题，让本来毫无关系的人，因为同一个标签而连接起来。卖家可以通过这一标签更好地定位目标群体。同时，卖家可以多参与 Twitter 上的热门话题讨论，去结识“有识之士”，他们可以将对某主题感兴趣的用户集中在一起。卖家可以利用该功能达到将产品、品牌信息让更多的非粉丝看到的目的。卖家在使用相关的主题标签时，应该注意以下几点：每个帖子不要使用 3 个以上的标签；标签越准确越好；要使标签容易记住和容易拼写；广告标签要求原创，不要带无关的内容。

③善于利用图像及社交功能。调查发现，图片对人的吸引力往往大于文字，图片的转录率比普通文字的转录率翻了三倍。由于图像占据了 Twitter 的主页面，卖家的信息变得更加突出，更容易引发用户的注意力。但是，卖家以 Twitter 作为一种社交营销方式，还是应该先社交再营销。当下社交网络都强调人与人、人与品牌之间的联系与沟通，大家关注的是自己感兴趣的人或事，因此已经很难接受大众媒体时代的强制性广告植入。卖家需要明白社交网站的主要功能是交朋友，先要忘掉广告、忘掉推广、忘掉营销，先以交朋友的心态，拢聚粉丝，建立起忠诚度高的小社群。卖家可以利用社交网站的一些功能，如评论、点赞、转发、“@”或“#”等，多去寻找一些自己的目标客户，给客户的推文评论、点赞以及转发，这决定了卖家是否是一个活跃的用户，而卖家的活跃度又决定了卖家的存在感。卖家如果注意到 Twitter 用户对企业或产品的评价，尤其是好的评价，应马上进行转发并“@”评论者。这样企业的可信度和影响力就提高了不少。如果遇到表达不满的客户，卖家需要尽快联系买家，帮助客户解决问题，避免恶劣影响。

④定期发文，用心经营。卖家要想利用 Twitter 达到有效的营销，一定要让账户“活”

起来。卖家要定期发声，用心写推文，利用粉丝感兴趣的内容编写软文，精心组织，做到每一篇推文都能引起用户关注、转发、点赞，不仅让用户愿意关注，还会引发共鸣，进而转发分享。这样，用户的朋友就能看到卖家的消息，这些人可能也是卖家的目标客户，卖家的传播路径就扩宽了，从而形成良性循环。卖家页面的个人资料要完善，当用户进入卖家的主页后，个人简介是用户最先看到的。第一印象很重要，因此简历必不可少，卖家也可以适当地把店铺地址附上。

⑤使用 Twitter 分析工具。Twitter 分析工具是用户分析其数据的最简单方法之一。它允许用户从广告系列中排除猜测，以提高成功水平。它可以让卖家看到有用的 Twitter 指标，如卖家的热门推文、参与等。Twitter 分析的最大好处之一是人口统计数据。卖家可以通过兴趣、职业、收入、购买风格和其他人口统计信息来查看受众群体的细分情况，这对投放系列广告或规划卖家的 Twitter 日历非常重要。

8.3.1.3 Pinterest（拼趣）

Pinterest 由美国加利福尼亚州帕罗奥多的一个名为冷萃实验室（Cold Brew Labs）的团队创办并于 2010 年正式上线，目前是世界上最大的图片社交分享网站。Pinterest 是一个以兴趣为基础的社交网络，通过图片墙（Pinboard）发布图片，采用瀑布流的形式展现图片内容，无需用户翻页，新的图片不断自动加载在页面底端，让用户不断发现新的图片。Pinterest 堪称图片版的 Twitter，允许用户创建和管理主题图片集合，如事件、兴趣和爱好，并将这些图片进行储存并分类（称为 board，即一个个分门别类储藏图片的储物柜，相同类型或主题的图片可以归类到同一个 board 下），其他网友可以关注，也可以转发图片。热门类别有旅游、汽车、食品、电影、幽默、家居设计、运动、时尚等。许多公司在 Pinterest 建立了主页，用图片营销旗下的产品和服务。在移动互联网时代，网民在移动设备上更喜欢观看图片，Pinterest 图片社交平台受到用户热捧，目前市场估值也明显高于其他“文本”社交网络。

用户在 Pinterest 上发表的帖子称为“pins”，发布帖子的人统称为“pinners”。一个“pin”通常是由一张图片、一个外部网页的链接（可以是产品页面、登录或销售页面、文章页面、活动页面等）以及几句简短的描述组成，并且发布的时候需要将其归类到它所属的“board”里。用户可以看到四种状态，即 pins from people we follow（我们关注的人发布的帖子）、popular pins（最近的热门帖子，就像新浪微博的热门一样）、suggested pins（根据用户的喜好推荐的相关帖子）、promoted pins（他人付费推广的帖子）。用户也可以对看到的某一个帖子进行“send”（分享到其他社交平台或分享给其他用户）、“report pin”（向平台反馈这个帖子）、“embed”（通过简单代码将这个帖子创建成一个按钮或小部件，并放到卖家的网站上，访客可以直接在网站上对这个帖子进行评论）、“save”（保存在卖家的“board”里，相当于转发）。对于一个帖子，用户可以看到多少人保存了它以及保存到哪项分类里。如果帖子的质量高，很受欢迎，就会增加曝光率和提高排名。卖家要想将帖子展示给更多的人，就要想办法增加帖子被保存的次数。

Pinterest 中的分类很重要，卖家要想做好营销，就需要使帖子主题清晰、易于管理以及有利于访客找到其关心的内容。卖家要用准确的高质量关键词来命名“board”或“section”，“board”是一个大分类，“section”是部分的意思，因此“section”可以看成大分类下面的小分类。例如，卖家创建了一个叫做“sport socks”的“board”，由于“sports socks”又分为 knee high、crew、ankle 等，因此可以创建几个叫做“knee high sports socks”“crew sports socks”等的“section”。分类清楚，用户体验就会更好。

用户可以将类别设置为“secret board”，即私密分类，只有用户自己或用户邀请（授权）的人才能看到该分类。用户也可以将类别设置为“group boards”（“collaborative boards”），类似 Facebook 群组、QQ 群，可以理解为可共享内容的群组。“group board”有个明显的标志，就是一个圆圈+三个用户头像。其中，左侧占据半个圆圈的头像的用户是这个“group boards”的创建者。创建“group boards”的用户可以邀请其他的用户进去，非成员也可以向创建者提出加入申请然后等待邀请。用户在加入某一“group boards”后，就成为其贡献者，就有了在里面发帖子的资格。这无疑是 Pinterest 营销的一块宝地。

8.3.1.4　YouTube

YouTube 是一个视频网站，公司位于美国加利福尼亚州的圣布鲁诺，注册于 2005 年 2 月 15 日，由美籍华人陈士骏等人创立，让用户下载、观看以及分享影片或短片。2006 年 11 月，Google 公司以 16.5 亿美元收购了 YouTube，并将其当做一家子公司来经营。被收购后的 YouTube 依然风靡全球。在 YouTube 上，每个月有超过 10 亿的独立访客，每天则有超过 3 000 万的使用者。近几年 YouTube 已经是全球第二大搜索网站，每个月的流量都以 10 亿计算。用户在 YouTube 视频上输入关键词，同时在谷歌搜索关键词的时候，首页往往会有 YouTube 视频，这表明 YouTube 自带的权重非常高，做好 YouTube 视频不仅可以获取 YouTube 站内流量，同时可以获取谷歌搜索流量。YouTube 依靠母公司谷歌的强大技术支持，在具体的搜索排名中添加了谷歌排名算法的机制。

YouTube 影片基本资料包括影片的档案名称、影片标题、描述、标签。就像一般的搜索引擎一样，这些资料能够帮助 YouTube 辨别用户的档案内容和使用者的搜索结果之间的相关性，也能让使用者一眼就看出影片内容是否符合他们的需求。做好 YouTube 影片搜索引擎优化（SEO），让卖家的影片搜索结果排到第一页，需要从以下几个要点进行优化：

①优化标题。标题往往是使用者在搜索后最先关注的事情，因此标题是目前来说影响 YouTube 视频排名的最重要因素，一个好的标题，需要简练，太长的标题可能使访客根本不愿意看。同时，标题太长，移动端的用户体验不是很好。关键词应尽量往前面放，根据国外营销公司的统计，关键词放在标题的前面，视频排名会占优势。

例如，卖家应确保每个标题、说明和关键词都与内容直接相关。如果卖家不确定选择哪些关键词，可以尝试使用关键词搜索工具等来获取关键词。

②重视描述。除了重视标题外，YouTube 的人工智慧辨识系统还可以通过其他内容来辨别影音内容。在 YouTube 上搜索热门关键词时，在出现的前几名搜索结果中，它们的影片标题也不一定包含使用者搜索时所使用的关键词，这与影片上传者使用描述性的文字标签有很大的关联，描述性的文字标签增进了内容的辨识度。

举例来说，在 YouTube 的搜索列寻找“电锅美食”，主要出现的结果是“电锅料理”“电锅食谱”。这是因为搜索引擎可以通过人们使用的字词判读使用者想要搜索的结果是什么（想要用电锅做出好吃的食物，也就是“电锅料理”或“电锅食谱”）。如果影片的内容较长，有不同的主题，上传者可以在描述部分加入秒数，让使用者可以直接点选时间，跳到他们想要看的部分。

③设置视频缩略图。为了提升用户点击视频的概率，缩略图无疑是最重要的因素之一。缩略图的主要目的是向观众展示视频的内容，并且让观众产生点击观看的欲望。因此，制作缩略图要忠实地体现出视频的内容，要能够提升观众的点击意愿，要足够吸引观众的注意力。根据这三点需要，封面应使用面部近景或特写，最好同时有眼神的接触。人类对面孔有更高的敏感度，通常来讲，当很多的元素同时摆在面前时，面孔会最先引起人的注意。此外，阅读面部表情也是人类实现交流的一大方式。另外，在封面中营造出一定的情绪氛围也很重要，出现在缩略图中的面孔最好充满强烈的情绪，这个情绪可以是紧张、害怕、开心、嫌弃、震惊。当然，情绪要根据视频的具体内容而定，只是在表现方式上把已有的情绪夸张化一些即可。人类毕竟是充满感情的动物，图片越能调动起观众的感情，也就越能够吸引点击。YouTube 的平台背景默认为白色，在夜间模式下为黑色，因此缩略图背景用其他更鲜艳的颜色更有助于让视频显眼。上传者也可以使用一些其他的制图小技巧，让主体突出，避免融入背景当中。上传者可以给每个视频都添加统一的标志或角标，这样可以增加视频的辨识度。标志的摆放方式可以很灵活，既可以统一放在封面的某个位置（如左上角或左下角），也可以根据每个封面的不同构图放在不同的位置。

④设置标签。YouTube 视频标签可以帮助用户对视频进行快速分类，同时可以快速获取视频的内容方向。卖家通过视频标签可以更加精准地进行 YouTube 广告投放。“TubeBuddy”是一款可以查看视频标签的工具，用户可以直接在应用中心下载，然后注册使用。用户也可以进入该视频播放页面，右键单击页面的空白处，选择“查看网页源代码”，按下键盘上的“Ctrl+F”键，输入“keywords”之后显示的内容就是该视频的标签。

8.3.1.5　Instagram（照片墙）

Instagram 创立于 2010 年，是一款分享图片、视频的社交应用程序。Instagram 让用户随时随地、简单快捷地完成拍摄和编辑，满足了用户利用智能手机而不需要昂贵的摄影器材就能拍出美观的照片和视频，并与他人分享的基本需求。Instagram 是北美最火爆的图片社交平台之一，拥有约 8 亿活跃用户，女性用户占比 60%以上，用户以年轻的受众为主。最大比例的用户年龄在 18~29 岁（占比 55%），30~49 岁的用户占比 28%。Instagram 的用户中只有 11%在 50~64 岁，只有 4%是 65 岁以上的老年人。每日有约 8 000 万张图片在 Instagram 上分享，点赞数量高达 35 亿次。在美国，年龄在 18~24 岁的年轻人中 61%的人每天都会使用 Instagram。2012 年，Facebook 收购了 Instagram。

由于 Instagram 是一个视觉平台，因此卖家需要一张图片、一组图片或视频（可以附带文字）才能通过 Instagram 广告吸引受众。与 Facebook 广告类似，在发帖后，付费进行推广可以提高品牌的曝光率，并且可以更好地控制谁可以看到帖子。Instagram 广告是一种付费广告，卖家可以将广告内容发布到 Instagram 平台上，以覆盖更广范围的目标受众。Instagram 广告经常被用来增加品牌知名度、网站访问量，以产生新的销售线索以及将当前的销售线索转移到渠道中并实现转化。

Instagram 有强大的目标受众定位功能，根据人口统计特征、地区、兴趣、行为、自定义受众等，定位潜在客户目标人群，再进行广告推广投放。Instagram 是专门为手机情景而设计的，广告设计者可以自由发挥，让广告置身于美轮美奂的影像世界中，打造符合

Instagram 特色的原生广告体验。这样的优势给予广告设计者充分的空间，使其运用视觉元素去吸引受众的眼球，吸引受众采取进一步行动。Instagram 有以下几种营销类型：

①图片广告。卖家可以借助 Instagram 图片广告讲述品牌故事，用精美的图片打动视觉灵感追随者。“MARQUEE”是一种独家广告购买形式，投放期为一天，可提供有保证的展示次数，并能面向广泛受众大幅提升品牌知名度。

②视频广告。卖家可以用视频记录精彩瞬间，利用视频广告打造强烈的动态画面和声效体验，视频的最长时间为 30 秒。

③轮播广告。轮播广告可以使用户浏览一系列品牌视频（或照片），这为广告商提供了更多创意空间，并能够突出多个产品。轮播广告的展示位置非常适合展示更多品牌内容或让用户更深入了解品牌及其提供的产品或服务等。轮播广告支持 2~10 张图片，最多可添加 3 个可滑动的互动视频——这相当于允许广告商在 1 则广告中展示 3 倍的内容。卖家可以利用这个广告创意，充分让用户以其喜爱的方式浏览卖家的视频，更好地吸引观众。

④Instagram TV（IGTV）。IGTV 于 2019 年 6 月推出，是专为移动用户设计的全新视频平台。用户要在拥有 Instagram 账户的前提下，才能将视频发布到 IGTV。IGTV 是一个独立的应用程序，但其账户的关注列表和粉丝与 Instagram 账户是相同的。可以说，IGTV 更大的作用是作为增加 Instagram 受众的工具。IGTV 可以提供可长达 1 小时的垂直视频广告。同时，IGTV 通过竖屏的视频播放和内容为营销人员提供了与移动端受众产生互动的方式。用户可以下载并打开 IGTV 应用程序，或者点击 Instagram 应用程序右上角的 IGTV 图标，点击“设置”图标，然后点击“创建频道”（create channel）。

实训 8.3　Wayfair 社交媒体案例分析

Wayfair 是一家美国的电子商务公司，主要销售家具和家居用品。该公司成立于 2002 年，其平台已经汇集了来自全球的 11 000 多家供应商的 1 400 万件商品。该公司的门店已经遍及全美国，其在加拿大、德国、爱尔兰和英国设有办公室和仓库。

Wayfair 是社交媒体上一个成功的案例。Wayfair 通过 Facebook、Twitter 和 Instagram 来不断增加用户，尤其是在 Instagram 上，与用户的互动率特别高。2016 年 10 月至 11 月期间，Wayfair 美国 Instagram 渠道占据了该品牌整体社交参与度的 84%。

由于家居和室内设计行业已经接近饱和状态，既有 Pinterest 和 Instagram 这类图片网站，又有宜家（IKEA）和 West Elm 这类知名品牌的激烈竞争，再加上设计和时尚博客越来越火，因此 Wayfair 想要脱颖而出，非常困难。最大的挑战是坚持创建风格一致的内容，但不会显得重复和无趣。在 Instagram 创建风格一致的内容，有助于品牌创建独特而有辨识度的形象。很多人使用颜色或风格进行品牌化设计。但如果海报太简单，显得重复，Instagram 用户可能很快就忽略了。Wayfair 偶尔使用与其核心颜色黄色和紫色匹配的图像，但它选择了一个总体上明亮多彩的主题，不会局限于有限色彩内。除了颜色，它还使用各种不同类型的帖子，从标准室内设计景观拍摄到动物和其他生活方式的照片。

与 Twitter 或 Facebook 相比，Instagram 是一个交流没那么频繁的平台，但品牌仍要注重与用户互动并回复评论。Wayfair 推动用户参与的一个方式是通过其照片说明——Wayfair 会提出问题或提出讨论点。一些异想天开或幽默的评论，也能提高用户参与度。Wayfair 通过直接回复，提供有用的提示和建议，让用户满意和提高忠诚度。让客户放心或给客户指出正确的方向，可以增加客户对品牌的正面印象。这种类型的内容提升了真实感，激发人们想象自己拥有这些产品是什么样的，而不是仅仅从品牌的角度来看待产品。更重要的是，这也使那些照片被选中的用户感到特别，有助于加强品牌与消费者之间的联系。

标签可以帮助整理用户生成的内容，但它们主要用于帮助发现帖子。Wayfair 经常使用与产品类别相关的主题标签，虽然看着不热门，但这意味着当用户搜索这类产品时，品牌内容会出现。同时，Wayfair 并不坚持只用与产品相关的标签，它还经常使用与趋势或热门话题相关的内容。有时候，某些随机和无意义的主题标签也是有效果的，它增加了品牌古怪和幽默的形象。

Wayfair 一直把“网红”营销作为其社交媒体营销策略的一部分。在 2015 年，Wayfair 甚至推出了一个名为 HeartHome 的会议，专门用于促进品牌和“网红”博主之间的合作。在 Instagram 平台，Wayfair 定期推出由“网红”参与或“网红”创建的品牌内容。Wayfair 更倾向于选择小“网红”，或者选择具有中等数量粉丝的“网红”合作，以增强其营销内容的真实性。

请根据以上内容回答以下问题：

①Wayfair 的发展历程与定位是什么？

②Wayfair 的 Instagram 营销手段有哪些？

项目 9　跨境电商风险

【学习目标】

知识目标	了解跨境电商风险的含义 掌握跨境电商风险的类型 掌握跨境电商知识产权风险及其防范措施 了解海外跨境电商政策对我国跨境电商的影响 掌握跨境电商的风险防控措施
能力目标	能够深刻了解跨境电商运营中的风险 能够运用风险防控措施进行实际操作
素养目标	培养爱岗敬业、细心踏实的工作态度 培养自主学习、积极探索的精神

任务 9.1　跨境电商风险概述

【任务引入】

2020 年 1 月 30 日晚，世界卫生组织（WHO）宣布将新型冠状病毒肺炎疫情定义为国际关注的突发公共卫生事件（PHEIC）。受此疫情影响，各国在公民入出境、货物运输检验检疫、航班船舶等方面，均采取了不同程度的管控措施。这对广大国内出口企业来说，无疑是一次巨大的考验。

据维运网消息，受疫情影响，2020 年 2 月，船舶公司大面积停航，东南亚线空班率达 25. 50%；日韩线（含远东）空班率达 14. 52%；中东红海线空班率达 32. 77%；澳新线空班率达 34. 42%；欧地线（含北非）空班率达 35. 57%；北美加拿大线空班率达 33. 39%；拉美线空班率达 29. 13%；非洲线空班率达 39. 69%。

对跨境电商企业而言，新冠疫情的发生无疑是一次无法预见、无法避免的巨大冲击，那如何去应对这种意外事件呢？跨境电商在运营过程中还可能遭遇哪些不确定性呢？带着这些问题，我们进入任务 9.1 的学习。

扩展学习

将跨境电商企业纳入海关信用管理

根据规定，参与跨境电商零售进出口业务并在海关注册登记的企业纳入海关信用管理。2020 年 3 月 1 日，专门针对跨境电商的海关 AEO（经认定的经营者）认证标准已经实施。自此，海关认证企业标准“1+*N*”中的“*N*”增加到 5：进出口货物收发货人单项标准、报关企业单项标准、外贸综合服务企业单项标准、跨境电商平台企业单项标准、进出境快件运营人单项标准。

9.1.1 跨境电商风险内涵

受新冠疫情影响，传统外贸受到了严重冲击，但跨境电商释放出巨大的发展潜力，显示出其对外贸创新发展的引领作用。跨境电商是互联网时代发展最为迅速的对外贸易方式，能够突破时空限制，减少中间环节，解决供需双方信息不对称问题，为更多国家、企业、群体提供新的发展机遇，这也体现了对外贸易的创新性发展。随着新冠疫情在全球蔓延，传统线下渠道受阻，线上采购需求却不断增长，跨境电商优势得以发挥。跨境电商迅速发展的同时，其蕴含的产品质量风险、知识产权风险等法律风险也日益凸显。

风险是指某种特定的危险事件（事故或意外事件）发生的可能性与其产生的后果的组合。通过风险的定义可以看出，风险是由两个因素共同作用而成的，一是该危险发生的可能性，即危险概率；二是该危险事件发生后所产生的后果。

国际贸易风险是指国际贸易流程中存在的风险，也有人认为国际贸易风险是指在国际贸易中，与国际贸易有关的某些因素在一定的时间内发生始料未及的变化，导致国际贸易主体在实际收益与预期收益或实际成本与预期成本上发生不一致，从而蒙受损失的可能性。

跨境电商属于国际贸易的范畴，是基于网络发展起来的，其运营模式、进出口监管政策、税收政策等相对于传统国际贸易方式有所不同，因此跨境电商风险与传统国际贸易风险既存在共性，也有个性。跨境电商还出现了一些新的风险类型。

9.1.2 跨境电商风险的原因、分类和重要性

9.1.2.1 跨境电商风险的原因

信息不对称是风险产生的最主要原因。信息不对称导致的不确定性可能出现在跨境电商流程的各个方面，如物流、清关、仓储、政策、收汇、知识产权、电商平台、消费者权益等，从而导致不同类型的风险。

9.1.2.2 跨境电商风险的分类

从产生原因角度，跨境电商风险分为自然风险、社会风险和经营风险。

从表现形态角度，跨境电商风险分为有形风险和无形风险。

从作用强度角度，跨境电商风险分为高度风险、中度风险和低度风险。

有人将国际贸易风险分为国家性风险、市场性风险和欺诈性风险三个大类，也有人从市场风险角度将国际贸易风险分为国际市场区域选择与进入时机风险、价格波动风险、汇

率波动风险、政治局势风险。

从宏观层面看，跨境电商风险应包括本国和目标市场国家的政治风险、社会风险、政策风险、经济风险、技术风险和文化风险，即营销环境中 PEST 结构化的风险。从微观层面看，跨境电商风险应包括企业经营战略方面的风险和经营策略方面的风险，后者最为常见，如合同风险、运输风险、结算风险、价格风险等。

以国际贸易海上货物风险为例，在国际货物运输过程中，可能会遇到自然灾害和意外事故以及运输欺诈等风险。自然灾害是指恶劣气候、雷电、海啸、地震、火山爆发等；意外事故是指船舶搁浅、碰撞、沉没、失踪等；运输欺诈是指货物运输的过程中，由于合同一方当事人、承运人、代理人故意隐瞒事实，而对另一方当事人造成损失或使之失去收益的行为。

跨境电商模式下，企业除了要面对传统国际贸易可能会遭遇的风险，还需要面对新型法律风险，如平台账号风险、电子支付风险、侵权风险、消费者权益保障合规风险、企业信用管理合规风险等。

9.1.2.3　关注跨境电商风险的重要性

①跨境电商风险可能带来巨大损失。跨境电商运营如果仅仅关注业务的增长，不关注可能发生的风险，将可能使企业遭遇灭顶之灾。

②跨境电商可能遭遇更多政策风险。跨境电商以物美价廉的商品和更好的购物体验来抢夺所在国的零售市场份额。在全球市场，跨境产品的到来一方面对当地零售市场供应商是一个巨大的冲击，另一方面每个国家的税务、法务、风俗、习惯等各不相同，因此在一些国家，跨境电商对监管和税收方面来说仍属于“灰色地带”。在这种情况下，跨境电商业务发生贸易摩擦的可能性和风险都非常高。

③跨境电商整体法律风险范围扩大、种类增多。与传统出口代工业务相比，跨境电商把企业的价值链从传统制造环节，延伸到市场和研发前后两端，必然导致企业整体法律风险范围扩大。其风险既包括传统国际贸易面临的各种风险，如物流风险、供货风险、汇率风险、知识产权风险、支付风险等，又增加了新型合规风险、平台账号风险、消费者权益保障风险等。

跨境电商一定要有风险防范意识，并且制定有效的风险防控机制，借助政府出台的风险防控措施，抵御风险的冲击。

实训 9.1　新冠疫情冲击给跨境电商企业带来的影响

结合任务 9.1 进行小组讨论，分析新冠疫情给跨境电商企业带来了哪些影响？应该如何认识和应对？

任务 9.2　跨境电商风险类别

【任务引入】

2020 年 12 月 6 日，印度教民族主义者组织的经济部门将中国在印度日益活跃的跨境电商全球速卖通等推向了风口浪尖。

中国跨境电商每天向印度发送超过 20 万个包裹，基本上由快递直邮和邮政小包方式发货。虽然派送时间长达 2~3 周，但由于商品多样、价格实惠、款式时尚，因此中国跨境电商广受印度年轻购物者喜爱，市场份额迅速扩大。

部分印度媒体认为，此举涉嫌逃避关税和销售税，从而扰乱了印度中小微企业的正常贸易。为了遏制中国跨境电商在印度的发展，该经济部门要求所有从中国运往印度的产品都要途经海关，禁止来自中国的商品通过邮政小包方式运输，禁止印度民众下载不符合商品税标准的、未经注册的中国跨境电商应用程序，并且关闭其线上支付渠道。

为了有更大的影响力，该经济部门还将问题还上升至印度商务部，准备提交给印度总理，以求在政府层面采取行动。

上述案例中中国跨境电商在印度遭遇了哪些种类的风险呢？带着这个问题，我们进入任务 9.2 的学习。

9.2.1　供货风险

跨境电商企业运营的基础就是找到稳定可靠的供应商。一种产品从新品期到爆品期需要一个过程。新品期出单较少，缺货会影响排名；成为爆品后，缺货会导致顾客会投诉，因此企业必须找到强有力的供货方才能保证后续的出货不会受到影响。

企业需要保证产品的品质以及供货的稳定性，并有持续的新品研发能力，保证在交易的过程中不会出现断货的现象。企业只有供货稳定才会避免因为缺货而被顾客投诉，从而提升店铺的价值。

9.2.2　物流风险

跨境电商首先需要由国内发货，涉及的物流实体较多，这个过程存在一定的风险。进入海关通关时，商品的自由流动受到了国界的限制，同样面临风险。除此之外，自然灾害，如洪水、台风、地震，或者交通事故等情况都会影响运输。海外物流的链条较长，从中国起运到目的国的海关，在目的国的海关清完关以后进行配送，如果有一个环节出现问题，就会导致整个物流成本提升等。因此，企业在进行海外物流布局时就要考虑便捷、低成本、在时间上实现平衡。常见的物流风险如下：

①货运代理风险。某些货运代理为了追求更高的利润选择更换偏远的渠道，从而导致货物上网的信息非常慢。由于物流线路较长，一些较远的城市就容易出现车辆颠簸、转运碰撞等情况，造成货物丢失或破损。个别货运代理对高价值产品扣货，这种现象在平时的

物流中虽不常见但时有发生。物流操作人员的不规范操作或暴力分拣。

企业要选择正规的货运代理公司，要严格包装好产品。

②转运途中的风险。航空包裹在到达目的国时要经过很多中转，在这个过程中就很容易出现问题，如国际物流中转过程中的丢失、恶劣天气导致的包裹投递延迟、分拣人员暴力分拣、中转拆包导致的外包装破损等。

如果货物中有易碎物品，商家要多贴易碎品标签，在发货前多垫气泡袋、泡沫，或者使用木架或木箱，以保证货物的安全。

在货物价值较高的情况下，商家应购买保险。

面对时效性要求较高的货物，商家应注意选择物流方式，慎用邮政大小包。

③海关没收查验的风险。商家在国内海关查验方面容易出现的问题主要有以下三个：

第一，假冒产品。

第二，海关禁止出口的产品，如电池、粉末、液体、贵金属等。

第三，冲关问题，主要指的是商业快递，有些货运代理公司会建议商家对需要商检的商品虚报货值、货量等。

商家要遵纪守法，按海关规定出口，尽量避免出现以上问题，在出口前一定要了解需要的出口清单材料，如商检证明、报关文书等。

④海外仓风险。海外仓是指将货物批量发送至国外仓库，实现本地销售、本地配送的跨国物流形式。当地买家下单之后，由当地仓库直接向其配送包裹，大大缩短了包裹配送时间，提高了买家的购物体验。海外仓是一种资本和技术密集型产业，需要不断地投入资金和时间来完善，并且不是所有商品都适合海外仓。

海外仓自建仓成本高，一般中小企业无力承担。商家选择第三方海外仓服务需要谨慎，因为不同国家的政策不同，而且费用高昂、名目繁多，包括仓储费、入仓费、标签打印费、订单处理费、退件费等。

长期以来，部分中国企业欠缺知识产权意识，对境外的法律体系和法律风险不甚了解，导致侵权行为时有发生。一旦被取证，企业就可能被冻结账户，甚至使海外仓商品被查封。

海外仓需要提前备货，中小卖家对大数据的运用不具有优势，对货品的销售情况很难做出准确的预估，存在滞销的风险。因此，企业如果对产品销售情况很难把握，那么不要备货太多，可以先试销售，然后根据试销售的情况补充库存。对于滞销品的处理，一般来说不建议运回本国，企业应通过各种促销手段和销售渠道尽快在当地处理掉。

9.2.3 清关风险

在传统的出口贸易中，在进口国的清关工作一般都是由进口商负责办理的，进口商熟悉本国相关法律法规和清关工作流程。在跨境出口模式下，买家一般为最终消费者，进口清关必须由出口方自行办理，或者委托第三方海外仓办理代理清关。企业如果违反进口国海关法，将面临罚款、没收违法所得以及被海关降级等惩罚，甚至导致出口企业之后面临更严格的审查，通关效率大幅下降、通关成本提高，影响业务经营活动。如果违法行为涉及偷税逃税或逃避贸易限制等，企业将面临被判处罚金、没收货物甚至刑事诉讼的风险。

企业必须了解产品在目的国海关清关的要求，如实申报产品价值和避免涉嫌侵权。

9.2.4 收汇风险

收汇风险是指企业出口本国产品后，未能按合同金额收取相应的货币，其中包括本币和外币，从而导致对外债权流失的可能性。一般的收汇风险包括以下类型：

市场风险，即由于国际市场上商品价格的变动，使出口企业无法收汇或无法全额收汇。

信用风险，即交易对象没有履行或没有完全履行结算约定而发生的收汇风险，包括商业信用风险和银行信用风险。

操作风险，即出口企业或有关银行在办理出口业务时，因操作失误而导致的出口收汇风险。

环境风险，即在国际贸易环境发生不利于出口商的变化时，如汇率波动或自然灾害、战争等不可抗力引起的出口收汇风险。

政策风险，即由于在制定和执行出口政策上的偏差，导致的出口收汇风险。

出口逃汇，即为逃避国家对出口收汇的监管，擅自在境内外截留出口应收外汇的行为。

操作风险，如出货规格、日期与合同规定不符造成收汇风险；单证质量差造成收汇风险；信用证规定的“陷阱条款”造成的收汇风险。

9.2.5 合规风险

跨境电商由于具有涉外性，在不同国家会涉及不同的法律风险。有些国家为了保证自身的既得利益、本国企业的市场份额或行业优势地位，采取地方保护主义，使得跨境电商发展受阻，严重影响跨境电商效率，甚至中断服务。企业开展跨境电商业务前，必须仔细研读相关法律法规，保障自己的合法权益，严格按照规则运营，尽可能减少操作失误。虽然客户在国外维权方面也比较困难，但企业不能因为一些诱惑而不遵守原则。

①政府监管合规风险。在传统出口业务中，当地市场的各类政府合规调查的对象往往是境外经销商或零售商，由境外经销商或零售商再通过合同违约索赔机制传导给制造商。在跨境电商业务中，本国企业已部分或全部取代境外经销商或零售商的角色，相关监管风险也就自然而然地直接延伸到本国企业。

②消费者索赔风险。传统出口业务往往是贴客户品牌（产品和包装上没有体现本国制造商名称，用户也不知晓产品由谁代工），相关产品售后通常也不由本国企业负责，因此用户直接的索赔对象是境外经销商或零售商，而不是本国企业。在跨境电商业务中，企业会直接面对来自前端用户的索赔，如处理不当则可能导致事件升级从而引发更大的风险。

③知识产权侵权风险。传统出口业务的研发环节很可能由境外买家完全负责，品牌也可能是境外买家授权使用的品牌，因此面向第三方的知识产权侵权风险可能由买家承担或分担。跨境电商企业由于主导了研发和品牌，也就要面对相关的知识产权侵权风险。

9.2.6 平台账号风险

在新手开店和运营的过程中，账号都有风险，可能会因为某些原因而导致店铺被封。等待解封的过程中，卖家要付出大量的精力和财力。针对这种情况，卖家可以采取多账号、多平台的运营策略。

实训 9.2　跨境电商运营风险讨论

跨境电商既是一种贸易模式，又是一种海关监管方式。不同于境内商品买卖，跨境电商中的商品交易受到海关监管规则的严格规制，违背监管规则将导致被追究法律责任的风险。

请分组讨论：从合规性角度分析进口跨境电商在运营过程中面临哪些风险？

任务 9.3　跨境电商知识产权

【任务引入】

2018 年 11 月，蒙奇奇（Monchhichi）在跨境电商平台上发起维权，多位卖家中招、被起诉，并被处以几百美元到几万美元不等的罚款。此次被告侵权的商品中，大部分商品侵犯了蒙奇奇的外观专利。近 196 个独立站卖家因为侵权阿迪达斯被起诉，侵权的不仅仅是阿迪达斯商标，还有三叶草图案以及三条斜杠。

2018 年 12 月，芭比娃娃品牌维权，超过 200 个卖家账号被告，多位卖家损失惨重。

2018 年 5 月，美国律师事务所针对全球速卖通卖家发起侵权指控，1 000 多位中国卖家的账户被冻结。

2018 年 6 月，一位易贝卖家被“HULA HOOP”商标所有者在美国起诉，该卖家上架的飞盘一件没有卖出却被罚款 6 万美元，只因店铺标题中含有“HULA HOOP”商标词。

2018 年 9 月，90 个易贝卖家被美国律师事务所起诉，这些卖家侵犯了一款名为“Moose Toys Pty LTD”品牌的知识产权，有的卖家的账户因此被冻结 1.2 万美元。

上述案例都属于知识产权侵权案，什么是知识产权？关于知识产权问题，企业在跨境电商运营过程中应注意什么？带着这些问题，我们进入任务 9.3 的学习。

9.3.1　知识产权的含义

知识产权主要是指版权（copyright）、商标权（trademark）、设计专利权（design patent）和发明专利权（utility patent）。

9.3.2　知识产权的侵权类型

①版权侵权。版权侵权通常是指侵犯作者的著作权，版权侵权常见的有动漫人物形象侵权，如未经授权将 X 战警、蜘蛛侠、小猪佩奇等形象印在产品上。例如，“小猪佩奇”著作权侵权纠纷案中，广东的两家公司共计赔偿 15 万元。

②商标权侵权。商标权侵权是指未得到产品品牌官方的正规授权，擅自使用对方的商标。例如，2012 年的时候苹果公司就平板电脑（iPad）商标权的问题与亚马逊等电商产生

纠纷，苹果公司表示多年前就购买了唯冠公司在全球十个不同国家的 iPad 商标权，导致亚马逊等电商一度将 iPad 下架。

③外观设计专利权侵权。外观设计专利是指对产品的形状、图案或者其结合以及色彩与形状、图案的结合所做出的富有美感并适合在工业上应用的新设计。外观设计相似度有60%以上就视为侵权。例如，蒙奇奇投诉多平台卖家侵犯其外观设计专利权。

④发明专利权侵权。如果卖家出售的产品是他人发明的，而且他人申请了专利保护，卖家未经允许擅自生产销售，就侵犯了他人的发明专利权。例如，2015 年的平衡车侵权事件，由于涉及侵犯他人发明专利权问题，众多的平衡车被亚马逊下架，导致卖家损失上亿元。

9.3.3　跨境电商知识产权纠纷频发的原因

①跨境电商的无界性与知识产权的地域性的矛盾。相较于传统的知识产权纠纷，跨境电商领域内的知识产权纠纷问题具有明显的无界性。所谓无界性，是指跨境电商往往是发生在 2 个及以上国家、地区主体之间的贸易，该类交易涉及的跨境往往不受地域、国界限制，交易对象也不仅限于境外的单一国家或地区。知识产权具有明显的地域性，受政治、文化以及经济发展水平影响，各个国家在知识产权的立法、保护内容、保护力度等方面存在着诸多差异，且其权利的保护范围往往也仅在该国有效。因此，在跨境电商贸易中，尤其是 B2C 模式下，即便跨境电商经营者在其本国就所销售的产品享有合法的知识产权，也无法确保其在产品销售到的国家拥有合法的知识产权。这不仅是很难实现的，而且会大大增加经营成本，降低经济效率。这种跨境电商的无界性和知识产权保护的地域性的矛盾，是跨境电商领域知识产权纠纷产生的根本原因。

②跨境电商在知识产权领域的贸易保护政策。近年来，随着我国企业“走出去”步伐的加快，跨境电商模式由传统的 B2B 模式逐渐衍生发展出了 B2C 模式、C2C 模式等。在 B2B 模式下，由于订单金额高、数量多，因此交易双方均会通过书面合同的方式，较为规范地对相关知识产权问题进行约定，且一般此类模式下的卖家均为大型企业，既有严格的知识产权保护及风险防范意识，又有充足的资金和专业的团队进行前期产品的知识产权背景调查以规避潜在的侵权风险，因此 B2B 模式产生的知识产权纠纷也相对较少。在 B2C 模式、C2C 模式下，跨境电商出口企业往往通过第三方平台网站进行产品销售，而用户网购的产品往往是生活所需，具有品种多样、单笔交易额低、交易数量多等特点。一旦发生知识产权纠纷，跨境电商出口企业往往会通过第三方平台的交易规则解决纠纷，而很少会通过单独起诉的方式解决。因此，平台交易规则是否公平公正也影响着知识产权纠纷的产生。然而，平台规则的制定往往还受制于平台所在国法律的规定，如所在国过分保护本国交易者的权利，那最终利用平台规则或平台所在国法律所做出的裁决结果往往对卖家不利。

目前，除阿里巴巴外，亚马逊、易贝等大型跨境电商平台的经营者大部分是美国、欧洲企业，对知识产权侵权纠纷案件的解决有着主导权。以亚马逊平台为例，依照该平台规则，一旦发现涉嫌侵犯知识产权的行为，在收到法院有效裁决前，平台有权下架、冻结电商用户的账户。一旦平台采取下架产品、冻结账户等措施，对卖家来说一方面增加了维权及应诉的压力，另一方面也意味着长时间错失交易机会。2015年的平衡车下架事件便体现了这一点。亚马逊在“双12”之际下架了中国卖家的电动平衡车，甚至进一步追溯到此前已经收到货的买家，告知其可以申请全额退款，并从中国卖家账户直接扣除退款，给中国卖家造成了巨大的经济损失。

③跨境电商企业的知识产权意识薄弱。就跨境电商主体来看，虽然我国跨境电商企业数量众多，但企业间经济实力相差悬殊。知识产权保护在前期需要投入大量人力与财力，但大部分中小企业自身资金实力弱，交易品种多样但额度小，没有足够的资源和能力去防范潜在的知识产权风险。因此，不少企业在发展前期均未将知识产权保护作为跨境贸易的“先锋”，不愿意在知识产权上投入过多的成本。

与此同时，一些企业缺乏知识产权保护意识，售卖仿冒产品，一旦被发现侵权，就立马更换平台账号或销售主体再次售卖，导致知识产权侵权问题频发，并极大地影响了中国卖家的整体形象。

④跨境电商企业的合规意识不足。现阶段，在我国跨境出口电商领域中，卖家主要以中小企业和自然人为主，知识产权保护意识相对薄弱。我国具有强大的生产制造能力，产品成本低带来的价格差异能够形成巨大的经济效益，再加之汇率差异导致了部分企业贪图短期利润而实施侵犯知识产权的不法行为。因此，低成本的仿冒、伪造带来的知识产权侵权问题在跨境电商领域中显得尤为突出。随着“一带一路”倡议的提出以及“互联网+”模式的深入发展，我国与美国、欧洲以及东南亚国家与地区的贸易合作更加紧密，跨境电商空前发展。在知识产权保护意识相对较强、法律规范较为完备的发达国家和地区，针对知识产权侵权行为的打击力度较大，权利人一旦维权成功，不但可以减少跨境卖家带来的市场份额的冲击，还可以获得较为可观的经济利益。因此，在维护自身合法权益、维护市场份额以及维权利益的促动下，境外权利人一旦发现知识产权侵权行为，就会纷纷拿起法律武器进行维权，这在一定程度上也加剧了跨境电商领域知识产权纠纷的产生。

在跨境进口电商领域，近年来由于我国消费者对海外商品的需求量日益增大，消费能力不断提高，因此不少跨境电商经营者与平台纷纷转向跨境进口电商领域，出现了代购、海淘等方式的跨境交易。在跨境进口时，同样存在因为合规意识不足而侵犯国内知识产权人的合法权益的不法行为。

9.3.4 跨境电商的知识产权侵权风险

①著作权侵权。相较于传统的作品存储及传播方式，当今大部分作品主要以电子化形式进行存储与传播，而电子化形式的作品更容易被复制与传播，大大降低了侵权人的侵权成本，为实施侵权行为带来便利。在跨境电商活动中，著作权侵权涉及的相关权利主要集中在复制权、传播权与发行权等权利。从表现形式来看，普通跨境电商经营活动中的著作权侵权行为主要存在以下三种情况：

第一是未经著作权人许可，擅自使用权利人的图片、宣传语、音乐等进行宣传，较为典型的行为就是“盗图”。在“小猪佩奇”国内著作权纠纷首案中，侵权人非法使用著作权人的卡通形象，在淘宝网展示侵权商标，并销售印有“小猪佩奇”形象的玩具，被杭州互联网法院认定为侵犯了作品的发行权、信息网络传播权与复制权，最终判赔15万元。

第二是未经权利人同意，擅自出售、传播作品。例如，盗版书籍、盗版影片等。又如，某商家在未获得授权的情况下在亚马逊销售米老鼠毛绒玩具。该类侵权行为在跨境电商发展的早期阶段较为普遍，目前已经逐渐减少。

第三是未经权利人同意，擅自修改他人作品。此类行为往往与不正当竞争行为挂钩，一般表现为侵权人故意对权利人享有著作权的美术作品、卡通形象等进行小幅度修改，形成与原作品有区别却神似的“新作品”，以期通过鱼目混珠、搭上原作品的“便车”来扩展销售市场。

②商标权侵权。商标权侵权是跨境电商经营活动中知识产权侵权频发的高风险区。中国海关总署的统计数据显示，在跨境电商贸易中，侵犯商标权的产品已占据了所有侵权产品总量的98. 48%，属于侵权“重灾区”。这是由于跨境电商交易活动是通过线上平台完成的。境外买家在收到货物之前，无法判断所购商品的真伪、质量优劣，而只能通过对品牌的信任与依赖来选择商品。正因如此，不少跨境电商企业往往会利用他人知名商标或品牌已有的影响力，来混淆消费者的视听。实践中，一些企业的商标权侵权行为多种多样，主要包括将店铺名称或网站域名注册成与商标权人的商标一致或近似、在产品介绍时使用与商标权人相同或近似的商标、售卖标有他人注册商标的产品、销售仿冒产品等。

③专利权侵权。相较于著作权侵权与商标权侵权，专利权（外观设计专利权和发明专利权）侵权在知识产权侵权案件中所占的比例并不高，这是专利权侵权确认的复杂性与专业性所导致的。在跨境电商活动中，专利权侵权行为主要表现为未经授权假冒、销售专利权人的产品；未经权利人许可，许诺销售、销售、进口、制造他人享有专利权的产品；未经权利人许可，利用专利方案制造、销售、许诺销售专利产品等。虽然专利权侵权的占比不高，一旦被认定为存在侵权行为，就会掀起不小的波澜。2015 年轰动一时的平衡车下架事件以及美国婚纱业协会起诉事件，均是由于商家涉嫌销售侵害专利权产品所引起的，上述事件的相关权利人及平台均对上千家商家采取了平台产品全线下架、卖家账户资金冻结的措施。相关商家还面临着高额的专利权侵权赔偿。

9. 3. 5　应对知识产权侵权风险

①事前防范。具体措施如下：

第一，企业应调查供货商及其竞争对手，充分了解供货方资质。

第二，企业应避免从不能提供知识产权所有权或使用权证明文件的批发商处进货，相关文件一般包括真正品牌商的授权委托书等。

第三，企业应妥善保管采购合同、发票、供货方出具的进货单等交易凭证。一旦发生知识产权侵权纠纷，这些凭证都将成为有力证据。

第四，企业应了解清楚货源细节，如产品是自主研发的，还是他人改良、模仿的。

扩展学习

商标专利查询渠道

中国商标网：http://www.ctmo.gov.cn/
美国商标网：https://www.uspto.gov/trademark
欧盟商标网：https://euipo.europa.eu/eSearch/
中国专利网：http://www.pss-system.gov.cn/sip … pp/home/declare.jsp
美国专利网：https://www.uspto.gov/patent
欧盟外观专利网：https://www.tmdn.org/tmdsview-web/welcome
欧盟发明专利网：https://worldwide.espacenet.com/

②事后救济。在陷入被控侵犯知识产权的纠纷时，企业应冷静分析案件情况，针对个案采取不同措施。

第一，企业应了解产品是否真正侵权。如果被诉侵权，企业可以从平台发送的通知信息中获取侵权产品信息和投诉方具体的商标权、专利权、版权，只有先分析店铺产品是否真的侵犯了投诉方的知识产权，才能进一步确定如何妥善处理。

第二，企业应停止售卖并立即下架产品。如果发现确有侵权，企业应在停售和下架产品的同时，主动删除已发布的类似产品及相关链接，规避再次被投诉的风险。

第三，企业应联系投诉方寻求和解。企业应多渠道查找（如利用谷歌找到品牌方的网站和联系邮箱，查找投诉方的公司页面等），主动联系投诉方，诚恳道歉并对其说明情况，主动提出赔偿，争取和解。

第四，企业应寻求专业人士的帮助。若对方提出的和解金额过高或和解失败，企业应尽快委托专业律师帮助处理相关事宜。

委托律师进行侵权和解或应诉须提供的材料包括原告律所信息；冻结平台账号信息，如店铺名称、所有者姓名、账号及其冻结金额；侵权产品售卖链接；侵权产品销售总金额和历史记录（订单详情截图）；被告联系地址（个人住址或办公地址）；供应商信息（店铺名或网址、联系地址）。

第五，如和解金额过高、条件过于苛刻，企业应考虑应诉，法院可能会将赔偿金降至合理金额。

第六，如果被冻结的资金不多，企业可以选择不和解也不应诉，而是放弃店铺。过了应诉期后，原告会继续向法院提交缺席审判申请，法院会给被告一定的时间以考虑是否应诉。在规定时间内若被告依然没有回应，那么法院就会下发缺席判决，账户的钱会被划走，店铺也就无法运营了。新店铺要使用全新的资料，因为只要有和之前店铺存在关联的信息，都会面临再次被追诉的风险。

9.3.6 恶意投诉处理

企业应查清楚对方的商标专利申请情况，自证产品不构成侵权并与平台交涉，使产品恢复上架；考虑竞争对手的知识产权是否无效，以迫使其自动撤诉；必要时请律师代为沟通。

9.3.7　避免侵权

在如今的跨境电商行业，无论是商标权侵权还是专利权侵权都比之前发生的频率更高，而且涉及的产品范围越来越广，数量也明显增多。

卖家知识产权意识薄弱。一方面，卖家在跟卖他人产品时，照搬照抄，包括产品信息以及相关图片；另一方面，卖家向工厂拿货、拿图后，在产品上传到店铺之前或在售卖之前，没有做有效的产品检索和分析，导致侵权。

提高跨境电商企业的知识产权保护意识、提升企业自主创新能力、完善企业知识产权制度建设是应对普通跨境电商知识产权侵权风险的根本性措施。

在我国跨境电商企业“走出去”的过程中，企业应充分注重知识产权的保护，在拓展海外市场前，充分了解进口国相关知识产权法律规定；提前做好知识产权布局，视产品的市场需求及企业资金状况，在全球主要市场提前注册、申请相关知识产权；做好知识产权风险排查与预警工作，在产品生产、采购、营销环节中尽可能避免知识产权侵权行为的发生。

企业应注册商标权和专利权，销售自有品牌和自主设计的产品。

企业要有自己的品牌，所售卖的产品涉及的相关专利或技术一定要保证是自己的和合法的，而不是在网站上随便挪用的其他企业的。尽量不要使用没有做过前期检索的相关产品。若遇到商标、专利抢注事件，企业应第一时间将对方的商标、专利宣告无效。

企业取得了商标权和专利权之后，侵权的风险将大大降低，但还是要尽量在相关的网站、平台上检索或实时监控，排除被其他企业侵权的可能性。一些中小卖家首先要能够保证自己的产品合法有效、不侵权。之后，随着企业规模不断扩大、人员不断增加，有意识地配备相关工作人员或选择专业的知识产权服务机构代为管理。

实训 9.3　案例讨论

案例一

2016 年，美国婚纱业协会以销售假冒产品、侵犯知识产权为由在美国新泽西州地区法院起诉了中国 3 000 多家跨境电商独立站，控告中国企业假冒商标、商标侵权、不公平竞争和使用虚假原产地名称的行为。与此同时，近年来，境外权利人维权的战场已慢慢转至国内。2019 年，德国汽车工业协会向北京市海淀区法院提起诉讼，称其合法拥有的商标“ADBLUE”被中国公司侵犯了商标权，理由是中国公司在其阿里巴巴相关网站上使用了该标志。中国公司认为，“ADBLUE”在国内就是车用尿素的意思，是一种通用名称，不构成侵权。此外，中国公司主张自己并未将“ADBLUE”用于产品包装上，仅在阿里巴巴网站的关键字中使用。经查，“ADBLUE”是原告于 1970 年在德国注册的商标，后注册申请国际商标，已获得中国商标保护，并且也在尿素所属第一类中注册了商标，因此中国公司侵权成立。

案例二

杭州互联网法院对漂洋过海来维权的小猪佩奇著作权侵权案件判决的法槌刚落下不久，国际知名动画影视作品《瓢虫少女》（Miraculous Ladybug）的品牌方在2020年新年伊始，以侵害著作权与商标权为由，再次举起了跨境电商领域的维权旗帜。与小猪佩奇的维权做法一样，该公司聘请了专业律师，向美国伊利诺伊州地方法院申请临时禁令，冻结了中国多家企业的账户，致使许多企业在新冠疫情和账户冻结的双重打击下受到了重创，经营活动难以为继。

请结合以上案例分析知识产权侵权的危害以及如何规避和应对知识产权侵权？

扩展学习

跨境电商过程中可能遇到的“致命”风险

在跨境电商中，一直有一个“致命”问题——侵权。这个问题一出，往往账号不保。在跨境出口电商这个集体中，因为侵权问题而被封店的案例实在是太多了。

上百位卖家涉嫌米菲兔品牌商标权侵权而被冻结账号。当侵权被发现后，账号的正常使用也将受到影响。直到在进一步调查之前，卖家的付款、收款、提现以及查看账户资金的功能都将被限制。接下来的判决可能会对卖家的账户里的资金产生影响。

像这样的例子还是较多的，只是前些年监管不是很严，虽然也有不少侵权的账号被冻结，但是依然阻止不了一些卖家在监管不严的情形下浑水摸鱼。如今跨境电商监管已经基本完善，这类卖家要特别注意了。

其实，有关米菲兔品牌产品在，各大电商平台上可以搜索出不少的相关产品，到底是不是授权的产品，其实相关产品的卖家心里多少还是有点数的。如果卖家收到警告还不及时进行处理的话，不仅会影响账号的正常运转，而且账户中的资金也会被冻结，甚至是被直接清空。

跨境电商行业的新手要怎样有效避免侵权问题呢？

任务9.4 海外政府加强监管与我国跨境电商企业的应对策略

【任务引入】

出口产品在国外被第三人指控侵犯他人外观或专利权，如何处理？在亚马逊上被他人投诉侵犯他人外观或专利权，应该如何处理？

企业一般应先审核第三人是否有权利基础，然后将出口产品和涉嫌侵权的专利进行对比分析。具体有以下三种处理结果：

第一，企业通过对比分析确认出口产品并不侵权，则对指控方做出不侵权回应及不侵权应诉。

第二，如果确实侵权，企业可以通过下架侵权商品、取得专利许可等方式与指控方进行和解。

第三，如果和解不成功，企业应积极做应诉准备，通过专利权无效、降低赔偿金等的诉讼策略进行应诉。同时，企业也要做好出口产品的侵权规避方案，以应对后续的产品出口。

各个国家和地区都有不同的法律法规，这对跨境电商会产生哪些方面的影响呢？带着这个问题，我们进入任务9.4的学习。

9.4.1　海外政府加强监管

近年来，随着贸易全球化不断地深化以及“一带一路”倡议的深入推进，我国跨境电商业务得到了迅猛发展。与此同时，快速发展的跨境电商行业也对各国法律如何规范新兴交易模式、保护本国经营者相关权利等问题提出了新的挑战。我国在2018年出台了《中华人民共和国电子商务法》等相关法律政策以规范跨境电商业务。地域文化的差异性以及知识产权的地域性等原因，导致了境外企业控告我国跨境电商侵权的事件层出不穷，使得我国跨境电商企业在贸易过程中屡屡遭到知识产权侵权纠纷的困扰。

海外政府从2014年开始对中国在线出口商品的监管更加严格，在清关、税法和质检等方面都加强了监管。

①消费者保护程度高，侵权索赔金额高，违规成本高。如果侵权事件发生在发达国家，由于其消费者保护程度高，因此侵权索赔金额会很高。以美国为例，美国法院倾向于裁决较高的赔偿额，包括原告较高的预期收入、高昂的医药费用、精神损失费用甚至惩罚性赔偿损失等。此外，企业除了面临最直接的用户民事索赔，可能还会被牵连进政府部门合规调查，引发集体诉讼风险，甚至演变成媒体事件，对品牌产生负面影响。因此，遇到此类事件，企业必须高度重视。

企业必须展开前端调查，核实相关投诉或索赔的事实依据、诉求和事件所处的阶段。企业必须在内部排除产品的相关情况，客观评估涉案产品是否确实存在质量或合规问题。企业基于以上分析和评估，并结合对外签署的合同和已购买的保险情况预判整体风险（比如最大风险有多大？哪些风险已有保险承保？哪些风险归属于供应商？哪些风险无法转嫁），在此基础上形成整体应对思路。如果是规模较大的企业，其内部应该建立一套产品质量危机事件的处理流程，避免发生事故时决策和沟通出现混乱。

②政策手段成为制约跨境电商企业的重要手段。在《2018年特别301报告》中，美国贸易代表办公室把中国、印尼等12个国家列入“优先观察国名单”。从企业层面看，美国企业利用中国电商知识产权保护意识薄弱、对知识产权保护制度不熟悉以及不愿意投入法律成本等特点，频繁对中国企业提起知识产权诉讼。可以说，知识产权已经成为西方政府及企业制约中国企业的重要手段之一。据不完全统计，自2012年年底以来，数以万计的中国跨境电商因涉嫌知识产权侵权被原告品牌商在美国法院起诉。

③企业最容易因为税务问题招致打击。税务问题是跨境电商企业较容易出现的问题。跨境电商对很多新兴市场来说依然是新的商业模式，政府对跨境电商的政策并不明朗。此外，跨境电商直接冲击了本地中小微企业的线下贸易，本地中小微企业动用政府资源，在税务问题上打击跨境电商，这在一些国家看起来是最容易采用的措施。

9.4.2 我国跨境电商企业的应对策略

①聘用有本地合规经验的员工。中国企业“走出去”，在解决语言和文化问题之后，就需要解决用人的策略问题了。过去几年，在新兴市场上具有中国背景的人才，主要集中在中小规模贸易领域和大型基建项目上。中小规模贸易的交易链条短，合规的责任由本地代理商或渠道商承担，积累的有本地合规经验的员工并不多，而大型基建项目基本为国有企业承担，有本地合规经验的人才很少外流。

②聘用合格的外部法律和税务咨询师。全球电商“克隆工厂”——火箭网（Rocket Internet）在发展劲头最足的时候，曾经达到平均一个月在一个新兴市场国家注册一家公司、部署一个团队的扩张速度。火箭网的诀窍在于高薪聘请从麦肯锡等顶级咨询公司离职的高端人才，一开始就以相对规范和合规的方式搭建海外运营的框架和基础。

其他谋求在海外稳健长期发展的“出海”企业，每到新市场，都会依靠靠谱的咨询顾问，尤其在本地法律、税务、用工条件等方面更是需要本土化的咨询服务。

扩展学习

阅读《中国跨境电商在美应诉获支持：原告文书送达不符合海牙公约要求》（http://kjdzsw.org.cn/h-nd-282.html）。

实训 9.4 案例讨论

案例一

华为和中兴在伊朗的合规运营问题已成为中美贸易摩擦的焦点之一。2020 年 9 月，印度宣布禁止华为和中兴参与其第五代移动通信网络（5G）建设。

案例二

非洲出现极个别中国员工因在当地购买、私藏象牙以及携带象牙制品回国而被举报的事件，引发企业在当地经营的公共风险。

案例三

2020 年 8 月，沙特以违反该国签证政策为由，抓捕了 160 万名外来劳务人员。

案例四

2020 年年初，某中国互联网企业市场调研人员一行 4 人在沙特利雅得误入政府禁区，被拘留。

请结合上述案例，分组讨论如何合理规避海外运营的风险？

任务 9.5　跨境电商风险控制

【任务引入】

从指尖陀螺等爆款产品再到美国 GBC 律所事件，卖家或是遇到海外律所的钓鱼执法，或是打擦边球后的东窗事发，防不胜防的侵权诉讼着实让人头疼。大部分海外律所的投诉，都是一个试探性的过程，如果卖家在第一次、第二次能够比较有技巧地处理好这类投诉的话，对方可能就会选择放弃，转向其他看起来更弱的目标。如何降低产品侵权的概率？遭遇侵权诉讼后卖家又该如何应对？带着这些问题，我们进入任务 9.5 的学习。

跨境电商风险防控需要政府部门和跨境电商企业联动进行。

9.5.1　政府部门措施

①建立跨境电商风险防控体系。政府部门应组织开展跨境电商全流程的专业风险分析，有效防控跨境电商综合试验区非真实贸易洗钱等经济风险，数据存储、支付交易、网络安全等技术风险，以及产品安全、贸易摩擦、主体信用等交易风险，创建各类市场主体公平参与市场竞争的良好营商环境。

②引入出口信用保险机制。政府部门应鼓励跨境物流企业或商业保险公司向市场提供相关保险产品，设立专项基金补贴承保企业，通过降低其市场价格的形式提高广大电商对出口信用保险的接受度。政府部门应针对不同国家的特点“量身定做”若干款保险产品，在缓解和防范跨境物流风险的同时，促进跨境电商业务量的发展，从而推动跨境物流体系的完善。

③健全和完善有关跨境支付、结汇制度的监管体系。政府部门应进行定期或不定期的审查，对没有严格执行规定的第三方支付机构进行处罚；同时，制订科学的监管方案，对支付机构进行监管，建立联动的信息申报平台，使得第三方支付机构、海关、工商以及税务部门实现数据的同步共享，从而使跨境交易的监测更加高效及时。

④加强行业风险共享和合作机制。政府部门应搭建风险管理架构，以大数据为核心，在传统的反欺诈手段的基础上，加强行业内部的风险共享和合作机制，从根本上提高整体支付风险防控能力；同时，继续加大研发力度，提升跨境交易的安全性，增强跨境交易的数据保密性，利用云计算的优势对交易双方进行审核，为跨境交易双方提供更加安全和有保障的交易环境。

9.5.2　跨境电商企业措施

①跨境电商企业应选择合适的物流、合适的包装，并购买保险，减少物流运输过程中的货物丢失和损毁。

②跨境电商企业应熟悉海外跨境电商政策规定，避免陷入合规性风险。

③跨境电商企业应应对清关困难、海外仓风险。跨境电商企业要了解产品在目的国海关的清关要求，尽量避免涉嫌侵权仿牌产品，如实申报产品价值。申报品名要尽量详细，避免只写“礼品”“配件”字样。跨境电商企业要注意的是，商业快递邮寄到巴西，一定要写上收件人的增值税（VAT）税号，电子产品邮寄到欧洲，尤其是意大利、西班牙，一般需要 CE 认证等。

针对清关比较困难的市场，跨境电商企业可以采用边境仓。边境仓仍在本国境内，货物还在自己的控制之下，人力成本相对较低，当客户下单后，货物从边境出关，用邮政清关，既保证了清关效率，也保障了货物的安全性。价值低、重量轻的商品比较适合边境仓的模式。

跨境电商企业应努力开拓 O2O 经营模式，线上线下双管齐下。线下店可以有多种功能相结合，可以向当地批发商提供小额采购服务，帮助卖家展示品牌货物和提供零售服务，为买家提供本土化服务。

跨境电商企业应加强与当地企业的合作，与当地的代理运营公司和税务解决方案公司合作，为本国商家提供代理运营、仓储、清关以及税务等一揽子服务。

④加强大数据的运用，提高周转率，降低库存。通过大数据，跨境电商企业可以对消费者购买行为进行分析，如消费者的消费偏好，购买人群的收入水平、年龄、购买数量、购买频率、购买时间段等，从而提高市场需求预测的准确性，更为精准地备货和补货，降低库存成本，提高运营管理效率，加快资金周转。

⑤增加盈利，提高风险防控的能力。拥有充足的资金才能顶得住更大的变动，跨境电商企业必须要提高产品的利润和销量。跨境电商企业需要注意国内和国外的不同，由于人口基数不同，在国内往往能日出百单的商品在国外却不一定有销量。

跨境电商企业只有掌握了市场数据，发掘市场潜力，不断追寻属于自己产品的目标客户，才能获得更高的出单率。跨境电商企业的利润增加了，应对平台的不确定性因素的能力也会越来越强。跨境电商企业要做好规避风险的准备，同时要争取获得更多的利润，以此来降低自己可能会遇到的不确定性。

2020 年新冠疫情期间，很多跨境电商小企业都倒闭了，最重要的原因就是没有足够的利润支撑。没有足够的利润，跨境电商企业就不要扩张得那么快；没有足够的利润，跨境电商企业就不要招那么多人、开那么多账号；没有足够的利润，跨境电商企业就不要铺那么多货、发那么多货到海外仓。

⑥保证产品的品质以及供货的稳定性，并有持续的新品研发能力。跨境电商企业应保证在交易的过程中不会出现断货的现象。拥有稳定的库存供货，跨境电商企业才能避免因为缺货而被顾客投诉，从而提升店铺的价值。

⑦知识产权风险防控。知识产权保护是有地域性的，在中国境内注册的商标只能在中国境内获得保护；同理，在出口国当地注册的商标，也只能在出口国获得保护。跨境电商企业的产品通过跨境电商出口到国外，十分有必要在出口国注册商标。

注册商标是品牌得到法律保护的重要手段。跨境电商企业通过注册涉外商标后，可以防止被他人抄袭模仿，提升品牌的竞争力。

若被他人侵权，跨境电商企业有权进行维权。

跨境电商企业应防范品牌被抢注，降低可能发生的应诉风险及应诉成本。

在一些知名跨境电商平台，如亚马逊等，注册产品品牌时，必须是在出口国已经获得商标权的产品。商标体现了企业的品牌，拥有注册商标的产品，商品的辨识度和消费者的信赖度会更高。注册商标可以提升产品及品牌的市场价值。

⑧汇率风险防控。跨境电商企业的汇率风险防控措施如下：

第一，选择合适的结算货币。交易中扮演的角色（进口方还是出口方）、产品销售市场所在地以及两种货币在交易期间的定价都影响着结算货币的选择。

第二，巧用“双币种发票”（dual currency invoicing），选择有利币种结算。若美国进口商欲从中国进口货物，该企业应该向中国出口商获取双币种报价单。该企业一旦拥有了在购进货品期间的双币种报价单，就可以依据金融衍生市场来预测美元价格。这样可以计算出人民币报价所对应的美元价格以及依据美元报价的预期结算价格，从而清晰对比出用哪种货币结算更有利。若进口商为中国企业，则应以人民币结算。以当地币种结算对出口商而言也有潜在益处。在市场上，一家愿意以人民币结算的美国出口商会更有竞争力。美国出口企业以美元结算的话，中国进口商则需要承担全部外汇风险。这样一来，中国进口商就需要承担外汇风险管理及货币兑换成本。

⑨应对新冠疫情等突发性事件的冲击。

第一，协商延期。受新冠疫情防控和延期复工的影响，部分出口订单可能会延迟交付，为此企业应及时与国外买家沟通，说明相关情况，争取通过书面形式（邮件、补充协议、重签合同等），与国外买家协商延长交货期。

第二，协商解除合同。对于确因新冠疫情影响无法履行或无法如期履行的订单，企业应及时与国外买家协商，以解除合同，必要时可以开具不可抗力事实性证明书，降低因违约而被索赔的风险。

第三，政策支持。为帮助企业有效应对新冠疫情造成的不利影响，2020 年 1 月 26 日起，中国国际贸易促进委员会认证平台新增不可抗力事实性证明在线申请功能，助力企业最大限度减轻因新冠疫情而造成的不能履约的责任。2020 年 2 月 5 日，商务部办公厅印发《关于帮助外贸企业应对疫情克服困难减少损失的通知》，全力做好出具不可抗力证明、法律咨询、参展协调、供需对接等相关服务。企业可以准备相关材料，选择向有关商会或中国国际贸易促进委员会申请开具不可抗力事实性证明。

第四，及时办理延期出境手续，规避海关监管风险。根据《中华人民共和国海关进出口货物征税管理办法》第四十五条的规定，暂时进出境货物未在规定期限内复运进境或复运出境，且纳税义务人未在规定期限届满前向海关申报办理进出口及纳税手续的，海关除按照规定征收应缴纳的税款外，还应当自规定期限届满之日起至纳税义务人申报纳税之日止按日加收应缴纳税款 0.05%的滞纳金。因此，企业应密切注意复运出境期限，根据自身情况，及时向海关申请延长复运出境期限，避免缴纳滞纳金等不必要的损失。

延迟复工和出货可能导致加工贸易手（账）册核销、深加工结转、内销征税等业务超过海关规定时限，加工贸易企业应当按照海关总署的要求，及时向海关申请办理延期手续。企业受新冠疫情影响而延迟复工，造成加工贸易手（账）册超过有效期（核销周期）、加工贸易手（账）册项下深加工结转和内销征税等各类申报业务超过规定时限的，主管海关可先行办理手（账）册延期手续，企业事后补充提交有关材料。

第五，密切关注关联企业的复工时间、物流运营情况，确认新的供货时间。新冠疫情特殊时期，出口企业应密切跟踪上下游关联企业，确认复工时间、发货安排等最新情况，时刻关注国内外港口、机场等重要交货地点的运营情况，及时调整物流与仓储作业。

扩展学习

阅读《跨境电商遭遇知识产权诉讼？主动防范是正道！》(http://www.acius.org/doc_1f36ffba.html)。

实训 9.5　模拟演练规避风险

请分小组模拟演练如何规避和应对某一类跨境电商风险。

①发现亚马逊上有其他卖家侵犯了我方的专利权，我方应如何维权？

②产品出口国外后，被投诉发生安全事故或产品不达标，如何处理？

③出口产品涉嫌侵犯第三人商标权，导致亚马逊或全球速卖通的资金账户被冻结，我方应如何处理？

项目 10　跨境电商客服与纠纷处理

【学习目标】

知识目标	掌握客服工作的职责 掌握客服工作的原则 掌握客服工作的流程 掌握客服工作的思路与沟通技巧
能力目标	能够以客服的身份服务顾客 能够结合顾客面临的不同问题比较圆满地解决问题
素养目标	具备客服的工作能力 能够应对好各种交易过程中的纠纷 能够利用所学知识做好客服的售前、售中与售后工作

任务 10.1　跨境电商客服概述

【任务引入】

谈到跨境电商，大家首先想到的是易贝和亚马逊，也会想到卖家需要天天分析处理各种数据，还会想到琳琅满目的产品信息，而很少有人会提到客服。其实客服在跨境电商运营中非常重要，因为客服直接面对客户，客户有什么问题都是直接找客服的。特别是外国买家，他们对售前和售后的服务质量要求很高，客服处理得不好就可能会丢失订单机会，也可能会招致差评，影响评分。客户有时候态度不好，可能还会发脾气，客服的工作要承担很大的压力。因此，客服在跨境电商交易过程中扮演着至关重要的角色。

那么作为一名跨境电商客服人员，面临的工作内容有哪些？如何做好客服工作？需要具备什么技能？带着这些问题，我们进入任务 10.1 的学习。

10.1.1　跨境电商客服主管的岗位职责

①负责客服团队建设。

②管理客服团队，针对目前服务质量存在的问题，提出改进建议并组织实施，有效提升服务质量，提高客服的问题解决能力及客户满意度。

③针对线上销售，制订并执行培训计划，推动培训系统的完善和优化，提升销售转化率，定期为客服人员实施培训，提升其工作技能。

④把控客服团队的日常工作流程，监督并持续提高团队业绩水平，指导并归纳团队成员在工作中的疑难问题，监督并提升客服团队各项服务指标，根据相关制度完成每月的绩效考核。

⑤做好人才引进、人才培养和人才输送工作，定期培训客服团队，带领团队提高转化率和服务品质，降低退款率和投诉率。

⑥全面把控跨境电商平台售前和售后整个过程的处理与维护。

10.1.2 跨境电商客服主管的任职要求

跨境电商客服主管的任职要求如下：

①5 年以上跨境贸易平台或跨境电商服务平台管理经验，熟悉国际电商贸易平台运作模式，对电子类产品熟悉者优先。

②对亚马逊平台打造有一定资源，对网络营销、数据库营销以及客户管理等方面有深刻认识。

③具备极强的市场敏感性、数据分析能力、创新能力，能根据市场情况制订有针对性的营销方案。

④沟通能力强，能独立解决各种客户问题。

⑤具备优秀的统筹、组建团队的能力以及组织协调、沟通的能力，并且执行力强。

10.1.3 跨境电商客服专员的岗位职责

跨境电商客服专员的岗位职责如下：

①及时处理客户邮件，包括售前咨询、售后维护以及妥善处理各种争议。

②负责客户维护工作，提高客户满意度，跟踪客户服务。

③妥善处理中差评及客户投诉，提高账户好评率，保持账号良好运行状态。

④提供良好客服，快速、准确回复和处理来自全球各类客户的咨询与反馈。

⑤积极反馈工作中发现的问题，让相关人员更好地完善与提高。

⑥汇总销售过程中遇到的投诉，制作 Excel 报表以供分析参考。

⑦完成上级交代的其他任务。

10.1.4 跨境电商客服专员的任职要求

跨境电商客服专员的任职要求如下：

①大专及以上学历，英语四级（CET-4）及以上，英文商务信函写作熟练，国际经济与贸易专业、电子商务专业、跨境电子商务专业、国际商务专业、商务英语专业优先。

②具备良好的理解能力和书面表达能力；

③工作主动性强、执行力强、认真耐心、有责任心。

实训 10.1　跨境电商客服的工作职责

随着电子信息技术和经济全球化的发展，亚马逊、易贝、敦煌网、全球速卖通等跨境电子商务平台快速崛起。亚马逊作为当前全球最大的跨境电商交易平台，是全球商品种类最多的网上零售商，提供包括图书、影视产品、音乐、游戏、电子和电脑、家居和园艺用品、玩具、婴幼儿用品、杂货、服饰、鞋类、珠宝、健康和美容用品、体育用品、户外用品以及汽车和工业产品等在内的数百万种独特的全新、翻新、二手商品。亚马逊平台对中国卖家来说，是一个销售产品的好地方。

通过本次实训，学生分组简述跨境电商客服人员的工作职责（每组可以选择不同的行业）。

任务 10.2　跨境电商客服流程

【任务引入】

全球速卖通是阿里巴巴集团旗下面向国际市场打造的跨境电商平台，被广大卖家称为“国际版淘宝”，是当前中国最大的出口 B2C 电商平台。其业务覆盖全球 200 多个国家和地区，产品覆盖数码产品、服装、家居用品、饰品等 30 多个一级行业类目，其优势产品主要集中在服装服饰、手机通信、鞋包、美容健康、珠宝手表、电脑网络、家居、灯具等。截至 2019 年年底，全球速卖通海外成交买家数量已突破 1.5 亿人，海量的用户需求让其成为一个实力不容小觑的跨境电商平台。

那么，面对海量的海外买家市场，中国卖家在面对海外客户的询盘时该如何进行高效回复，以促成交易呢？有什么函电模板进行套用吗？带着这些问题，我们进入任务 10.2 的学习。

扩展学习

沟通技巧：告知客户货已经发送出去了。

邮件模板如下：

Dear ××,

How are you?

Several days ago, I wrote you several messages to tell you that we don't have good items in stock but got no reply from you.

Here, I am so glad to tell you that the new batches have come and just now I have arranged our warehouse to recheck your item very carefully and will send your item within 1 hour.

Hope you could get it soon.
No matter how, sorry again for all the hassle.

Regards,

××

10.2.1 回复售前咨询

①创建常用回复。跨境电商客服应深入了解业务知识、操作流程、回复技巧等，并建立一个完整且全面的常用话术文档，可以在日常邮件回复中提高回复效率，节省邮件编辑时间。

②催付提醒。跨境电商客服应及时给下单但未付款的买家发催付邮件。该种情况经常会发生，一般情况是买家收到温馨的提醒邮件后会尽快付款。温馨的提醒邮件给客户留下了良好的印象，大大提升了转化率。

10.2.2 销售中期跟进

①已发货通知。跨境电商客服应在发货后第一时间给买家发一封提醒邮件，告知物流渠道及物流跟踪号，最好能告知预计到达时间，让买家感受到客服无比贴心的服务。

②未发货通知。对于因为特殊情况延迟发货的订单，跨境电商客服应及时主动联系买家，道歉并说明情况。如果遇到买家催发货，客服应尽全力安抚其情绪。

10.2.3 完善售后

①给买家留评。买家确认收货后，跨境电商客服应积极对客户进行评价以及引导客户留下好评，这对于店铺评分及缩短回款周期有重要作用。

②建立黑名单。跨境电商企业会遇到一些不良买家的诈骗、威胁，或者故意给的差评，严重的还会造成经济损失。跨境电商客服在处理差评时，需筛选出这些不良买家，建立一个黑名单库，做好记录和防范工作。

③纠纷处理。买家收到货物不满意，是退货还是退款，这些都考验跨境电商客服的应变能力及危机处理能力，跨境电商客服要知道买家的问题所在，在给买家满意解决方案的同时又要权衡利弊。

实训 10.2 跨境电商客服工作流程

经过任务10.2的学习，学生已掌握了跨境电商客服人员工作的流程，了解了各个流程的客服人员所应具备的技巧。

为检验学习成果，本次实训任务将运用差评数据分析法来做邮件回复训练。

步骤一：搜索热卖商品。学生在全球速卖通平台上搜集1款近期销量较高，但商品评分低于4.7分的热销儿童玩具。

步骤二：分析差评数据。学生对该款儿童玩具的数据进行分析，总结出其让顾客不满意的地方。

步骤三：从好评中挖掘需求痛点。学生从该款儿童玩具的好评中挖掘顾客的需求痛点，总结其优势和让顾客满意的地方，然后两名学生模拟买卖双方，进行邮件书写训练。

任务 10.3 询盘沟通思路与技巧

【任务引入】

面对海量的海外买家市场，跨境电商客服的询盘沟通思路与技巧是什么？带着这个问题，我们进入任务 10.3 的学习。

扩展学习

客人要求减价的询盘

沟通技巧：首先告知顾客商品价格在平台上已经是最优惠的了，其次如果单量到达某个量可以享有更加优惠的价格。

邮件模板（亚马逊）如下：

Dear ××,

Thank you for your inquiry.

The price on our Amazon listing is the best price which we can give to our customers. (If you want more than - items, please let me know so that I can let our wholesale contact you directly, who can offer you a wholesale price.)

Please do feel free to contact us if there is anything that we can assist with you.

Regards,

××

10.3.1 沟通的重要性

客服的工作在于沟通，在整个跨境电商的发展过程中，在每天的具体业务操作过程中，自始至终都不离开沟通，因此沟通技巧是跨境电商的重要课题之一。掌握熟练的沟通技巧，就能使问题迎刃而解，通往成功之路，否则将寸步难行。

何谓沟通？所谓沟通，就是交流双方的思想、观念、观点，达成共识。沟通的灵魂不是你想说什么，而是别人想听什么。

10.3.2 客服的工作思路

①问题转换。客服应准确读懂客户邮件的意思和相关问题的目的，通过问题转换，告知客户类似问题的相关信息，消除客户疑问。

②过失转移。客服获知客户反馈的问题后，应找到问题背后可能的原因以及原因背后可能的相关责任方，通过把相关过失转移给第三方，或者把主动过失转化为客观过失，寻求客户的谅解。

③自圆其说。当客户反馈的相关问题基本上不影响客户正常使用，客户只是寻求一个合理的解释时，客服应通过合理的理由来自我圆场。同时面对不同的客户、不同的问题，在提供解决方案时，要能够随机应变。

④师出有名。作为客服，不是所有问题都有确切的答案，有时候客户联系客服，也并不一定是要一个确切的答案，其更多的时候是想要一个信服的理由，使其维持现有的状态。因此，客服应当千人千面地提供量身定做的理由，让客户信服，这一点非常重要。

10.3.3 客服的工作技巧

询盘是客户浏览店铺网页后留下购买意向的第一步，好的回复对达成交易非常重要。客服人员回复客户询盘之前需要通过客户询盘内容分析客户心理、推理客户购买意图，之后选择好的方法和技巧进行回复或与客户展开聊天。

①时间技巧。现在的即时聊天工具非常多，如果客户通过即时聊天工具留言询盘，那么客服人员需要尽快回复。据统计，客户通常不会在一个聊天页面等待超过 40 秒。回复时的第一、二句话语可以是客套话术。客服人员在此期间快速思考和分析客户的心理及购买意图，了解客户才能把握目标。

对于邮件询盘，客服人员可以有较充裕的时间进行分析与推理，但是最好控制在 3 小时内回复。按照现行工作时间制度，一般 4 小时为半天工作时间，如果没有控制在当下班次内回复，客户流失的概率非常高。

②情感技巧。客服人员在了解客户心理及购买意图后需要从客户情感角度出发，为客户推荐合适的产品或功能载体。客服人员应了解客户国别、节日习俗等，在邮件或聊天中适当提一下节日习俗，并给予相应的祝福语，让客户感觉到来自卖家的温情，这对达成交易有催化作用。

10.3.4 客服常见问题沟通技巧模板

以下邮件模板是多年客服经验总结出来的，是针对不同的客户问题而进行沟通的邮件模板。

10.3.4.1 产品相关问题沟通邮件模板

①产品出现不可解决的质量问题。

沟通技巧：客服人员应询问客户需要退货还是重发。

邮件模板如下：

Hi, I am sorry to hear that.

Maybe you are very disappointed with our product. I apologise for your inconvenience. But this dose not usually happen.

Would you like a replacement to be sent to you? This time, I will contact our colleague in warehouse to test the replacement carefully before sending out. But if you insist on a refund, please let me know. We can refund you after we receive your return.

We just would like to provide a happy buying experience to you. Hope you can consider it and give us a reply.

Regards,

××

②产品出现质量问题，且换货解决不了问题。

沟通技巧：客服人员劝客户接受退款。

邮件模板如下：

Dear customer,

Sorry about that, we got news from our supplier, as this issue is still hasn't been confirmed.

We cannot ensure the replacement will solve this issue. Maybe the replacement will have the same issue. In order to save your time, we suggest you buy from another seller, is that OK? We will provide you RMA to return this one back for refund, could you accept?

Regards,

××

③客户买错产品。

沟通技巧：客服人员建议客户保留原产品，给予客户折扣优惠以重买正确的产品。

邮件模板如下：

Thanks for your message. I am sorry to hear that you bought the wrong item.

Usually we don't accept item returns without any defects. However as you need one item# ××× (item number), I advice you send us ××× (how much money) and hope you can understand that we did offer you a great discount. In this way, there is no need for you to return the previous wrong item and we will resend you a correct item.

As you know, if you return it back, you need to take it to the post office and pay for the postage and restocking fee. Once we received the return, we will arrange the reshipmen. That will take about 2 weeks for you to get a new item or refund.

What do you think? If you agree, here is our account: ××× (correct PayPal account). Once you send the money please tell me here, and I will arrange the reshipment in time. If you don't agree, please let me know, I will offer you other solution.

Regards,

××

10.3.4.2 订单修改模板

①客户付款后，发货前要求换货。

沟通技巧：产品货值可能不一样，客户需要补差价。

邮件模板如下：

Thanks for your mail and please find the following item ID: ×××.

If this is the item you want, please pay ××× as price difference. If you can accept that, I will send a money request to your email, please check it.

Once you have paid for it, please let me know, I will keep an eye on it.

Any problem please contact me freely, I will try me best to help you.

Regards,

××

②客户要取消交易。这有两种情况：下了订单但未付款、订单已经生成，但还未发货。

沟通技巧：针对第一种情况，客服人员可以帮客户取消，但是尽量让客人留好评。

邮件模板如下（比如在易贝上）：

Dear customer,

If you mean you do not want it and want us to cancel the order? If so, we would like to help you to cancel the order per your request. Could you please do me a favor to leave us a positive feedback first?

Once done, we will cancel the transaction for you soon. Is that OK?

Thanks for your kindly understanding in advance!

Regards,

××

沟通技巧：针对第二种情况，客服人员应进行退款操作。

邮件模板如下（比如在易贝上）：

Thanks for your mail and I will cancel the order and refund you. Your refund will be arranged today and you will receive it in the 48 hours, so please kindly check your PayPal account after 48 hours.

By the way, I will send you a cancel the transaction link for you. Could you help to accept it? Please kindly understand that doing business is not a easy thing. What is more, every transaction we should pay for PayPal commission and ebay transaction fees. So could you help to accept the link for me, if I send it to you later? Thanks a lot.

If you have any problem, you can contact me freely. I will be ready for help.

Regards,

××

10.3.4.3 付款退款模板

①客户没有 PayPal 账号但是仍想购买。

沟通技巧：如果购买量小，让客户找有 PayPal 账号的亲朋好友帮助；如果购买量大，直接让销售人员与客户联系。

邮件模板如下：

Hi ×××,

Thanks for your inquiry and sorry that we could only accept PayPal payment. So would you please try to use your family members of friends' for the payment?

Or if you want a large quantity, please kindly let me know so that I can let our sales contact you directly and offer a payment method other than PayPal.

Any problem, please feel free to contact us.

Regards,

××

②客户要求降价。

沟通技巧：客服人员应先告知客户商品价格在平台上已经是最优惠的了，如果购买量达到一定数量可以享受更加优惠的价格。

邮件模板如下（比如在亚马逊上）：

Dear ×××,

Thank you for your inquiry.

The price on our Amazon listing is the best price which we can give to our customers. (If you want more than ××× items, please let me know so that I can let our wholesale contact you directly, who can offer you a wholesale price.)

Please do feel free to contact us, if there is anything that we can assist with you.

Regards,

××

10.3.4.4　缺货沟通模板

①缺货沟通（如果近期会有货）。

沟通技巧：如果客户愿意等，可以让客户等待。

邮件模板如下（比如在亚马逊上）：

Hi,

This is ×× from Amazon. I checked that you bought a item from us. We are so sorry to tell you that when we planned to send your item out, we got a bad news. The items met terrible crush last night.

Our warehouse rechecked the items again to confirm the quality and found the last pieces could not work well. I am afraid that as a reliable seller, we could only send the product in 100% well-tested and perfect working condition.

So we have contacted our original supplier immediately and asked them to send us new batches ASAP. They said they could send us new items about this Thursday or Friday to meet our needs.

So here, I want to know whether you can wait for several more days to wait for the 100% working items.

So sorry for the inconvenience but hope to get your kind understanding. Once the item arrives, we will recheck it again and send it out to you immediately.

May I get your idea?

Regards,

××

②缺货沟通（需要比较久的时间才有货）。

沟通技巧：建议客户退款操作。

邮件模板如下（比如在亚马逊上）：

Hi,

This is ×× from Amazon. I checked that you bought a item from us. We are sorry to tell that when we arranged your order and did the normal test and check before shipping out, we found the last several items cause a loud noise when working, I am afraid that as a reliable seller, we could only send the product in 100% well-tested and perfect working condition.

And we have contacted our original supplier and they told us the new batches will come two months later. It is so long for it. So in order not to let you wait for more time, would you allow us refund your money and then you can buy it from other seller in time?

If we could not get your reply within 24 hours, I will refund your money so that we will not waste you more time for this issue.

Sorry again for the inconvenience.

Looking forward to your reply.

Regards,

××

10.3.4.5 中差评修改模板

①对于沟通过的中差评。

沟通技巧：客服人员再次请求客户取消中差评并且愿意予以部分或全额退款。

邮件模板如下：

Dear customer,

We are extremely sorry to hear that you have left a negative feedback for us. We really didn't realize that you were so mad at us. I'd like to solve the problem for you and I will always try my best. You see, we are just a small shop selling small items with little margins of profit and business is really not very good now. Could you please do me a favor to remove the negative feedback for me? It really has such a great influence on us. We would like to bear all the loss to resend you a new one or make a full refund to you. Can you accept that? Let me know your idea asap please. I will always be here for you.

Have a nice day.

Sincerely,

××

②对于无沟通的中差评。

沟通技巧：客服人员询问客户哪些方面做得不够好，如果客户愿意修改中差评可以提供一些补偿。

邮件模板如下：

Thanks for your buying our product.

We should have offered you a nice experience here, while it seems not as your feedback shows. In the feedback you left us a neutral feedback and said ...

Is there anything we could not meet your demand? Please tell me and I will try our best to meet your demand.

As you know your neutral feedback is the same as negative one, which could be harm to our account. Whether there is any chance for you to help me to revise it to positive one? We would like to offer some compensation for you.

If there is anything you are not satisfied with please tell me freely. We are always here and would like to help you.

Have a nice day.

Sincerely,

××

10.3.4.6 运输问题模板

①客户询问到指定目的地运费价格而客服人员难以确定。

沟通技巧：客服人员告知客户不同的货品可能运费会不一样，并告知客户查询运费的方式。

邮件模板如下：

Dear customer,

Please kindly know that the postage is different with different ways of shipment. You can choose the shipping courier when you buy it, then you will see the postage.

Have a nice day and hope we can do business.

Regards,

××

②客户询问能否第二天到货（如果不能到）。

沟通技巧：客服人员告知客户没有次日到达服务，希望谅解。

邮件模板如下：

Dear customer,

Thanks for your inquiry. But sorry to inform you that we are not able to provide overnight shipping service. It is so urgent. Shipping company can not ensure the delivery time some times. Hope you can understand.

Please do feel free to contact us if there is anything that we can assist with you.

Regards,

××

③追踪号显示妥投但客户投诉未收到货。

沟通技巧：客服人员告知客户追踪号显示已经妥投，建议客户询问其家人朋友是否有帮忙代取或联系当地邮局。

邮件模板如下：

Thank you for your inquiry. I have checked my system and do see that it has left out ware-house as of ××× via USPS/UPS/Royal Mail.

Your USPS tracking number is ×××. The status says its already delivered on ××× at ××× AM/PM. Please check with your family/neighbors if they have collected it on your behalf or check with your local post office. You are more familiar than us in your local. We hope you can do us this favor.

Any news, please let me know.

Regards,

××

实训 10.3　询盘沟通技巧

经过任务 10.3 的学习，学生已掌握询盘回复的原则和技巧，具备在各大跨境电商平台作为客服人员回复客户询盘的工作能力。

为检验学习效果，本次实训任务将使用亚马逊客户留言来做邮件回复训练。客户在亚马逊平台留言，询问如果订购货物是否能提供增值税（VAT）发票？

步骤一：根据客户留言推理客户意图。

步骤二：根据店铺实际情况回复该邮件。

技巧提示：告知客户我们是一家小额零售商，不从客户处收取增值税，成交价格不包括增值税。但是，我们可以提供交易凭证（如形式发票或商业发票）。

任务 10.4　客户关系管理

【任务引入】

面对国外消费者日益增长的个性化需求和市场变化的差异，客户关系管理已成为跨境电商客服工作中的一个核心环节。当然，客户关系管理必须遵循一定的逻辑与原则，不能只依靠个人的主观判断，更不能忽视客户心理分析。客户关系管理的好坏决定店铺经营的成败。

那么，客户关系管理应遵循什么样的工作思路与理念呢？又有什么原则与方法呢？带着这些问题，我们进入任务 10.4 的学习。

10.4.1　客户关系管理的概念

客户关系管理（customer relationship management，CRM），是指企业为提高核心竞争力，利用相应的信息技术以及互联网技术来实现企业与客户在销售、营销和服务上的交流互动，从而提升其管理方式，并向客户提供创新的、个性化的客户交互和服务。其最终目标是吸引新客户、留住老客户以及将已有客户转为忠实客户，增加市场份额。

10.4.2 跨境电商如何防范老客户流失

不管在哪个行业，客户都对企业来说至关重要，特别是一些老客户，他们会不断地带来新客户，因此如何防范老客户流失变得尤为重要。在跨境电商领域，如何防范老客户的流失呢?

10.4.2.1 实施全面质量营销

客户追求的是高质量的产品和服务，如果企业不能给客户提供优质的产品和服务，那么客户就不会满意，更不要提建立什么客户忠诚度了。因此，企业应实施全面质量营销，在产品质量、服务质量、客户满意度和盈利方面形成密切关系。

企业在竞争中为防止竞争对手挖走自己的客户，并吸引更多的客户，就必须向客户提供更多有“顾客让渡价值”的产品，这样才能提高客户满意度，并增加买卖双方深入合作的可能性。为此，企业可以从两个方面改进自己的工作：一是通过改进产品、服务、人员素质和形象，提高产品的总价值；二是通过改善服务和促销手段，减少客户购买产品的时间、体力和精力的消耗，从而降低货币和非货币成本。

10.4.2.2 提高市场反应速度

①善于倾听客户的意见和建议。买家与卖家间是一种平等的交易关系，卖家应认真对待买家提出的各种意见甚至是抱怨，并有针对性地改进。在买家抱怨时，卖家应认真倾听，扮好听众的角色，要让买家觉得自己得到了尊重，自己的意见得到了重视。当然仅仅是倾听还不够，卖家应及时调查买家的反映是否属实，迅速将解决方法及结果反馈给买家，并提请其监督。

买家意见是卖家创新的源泉。通过倾听，卖家可以得到有效的信息，并可以据此进行创新，更好地促进自身发展，创造更多的经营价值。当然，卖家也要能正确识别买家的要求，并进行正确的评估，以最快的速度生产或采购到最符合买家要求的产品，以满足买家的需求。

②减少老客户的流失。部分卖家会错误地认为，买家流失了就流失了，旧的不去，新的不来。这些卖家根本不知道流失一个客户，卖家要损失多少。据统计，卖家如果每年降低 5%的客户流失率，每年可以增加 25%~85%的利润，因此对买家进行成本分析是必要的。

③用平和的心态来对待客户的建议。对于买家来说，当其对产品不满意的时候，95%的可能会向卖家和平台投诉。遇到买家投诉的时候，首先应该让买家感觉到卖家是抱着积极的态度来解决问题的，而不是让问题更加严重。因此，当买家提出一些要求的时候，只要合理且在卖家接受的范围内，卖家可以接受。但是，卖家同样要坚持原则，对于买家提出的不合理的要求，坚决抵制。

10.4.2.3 与客户建立关联

卖家通过为买家建立客户关系档案，可以及时了解买家的动态。卖家建立客户关系资源库，可以维护客户关系。

①向客户宣传长远合作的好处。买家与卖家在合作的过程中经常会发生很多的短期行为，这就需要卖家向其客户宣传长期合作的好处，并对短期行为进行成本分析，指出短期

行为不仅给自身带来很多不利，而且还给客户带来了资源和成本的浪费。卖家应该向老客户充分阐述自己的美好愿景，使老客户认识到只有和卖家长期合作才能够获得长期的利益。这样才能使客户不会被短期的利益所迷惑而投奔竞争对手。

②优化客户关系。感情是维系客户关系的重要方式，日常的拜访、节日的真诚问候以及一句真诚的祝福、一束鲜花，都会使客户深受感动。交易的结束并不意味着客户关系的结束，卖家在售后还必须与客户保持联系，以确保客户的满足持续下去。

实训 10.4　纠纷处理

2020 年，新冠疫情发生后，人们对生活用品的需求发生了明显的变化，更加关注卫生、健康相关商品。在当地无法正常供给这些商品的情况下，中国政府与各大跨境电商平台的中国卖家发挥了积极的作用，为世界做出了巨大的贡献。同时，很多人的消费观念和对生活的态度也发生了不小的转变。

本次实训任务，将联系现行各大跨境电商平台医疗设备旺销的实际情况，并结合当前市场环境设置。假设全球速卖通平台收到来自欧洲客户的不满发货期的邮件，客户的意见如下：已经下单 24 小时，却还不发货。请就此情况进行邮件回复。